LE PARLEMENT

DE

BOURGOGNE

I

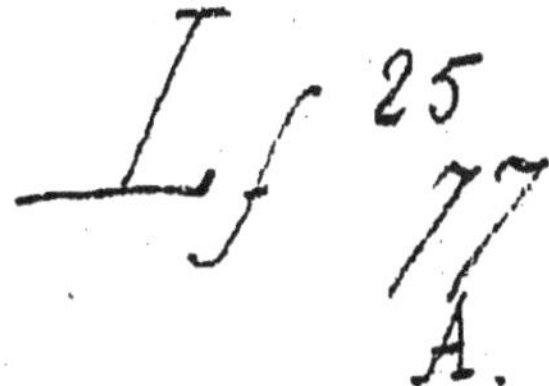

La première édition de cet ouvrage, deux volumes in-8° publiés à la fin de 1857, a été honorée de la souscription de l'État sur la proposition délibérée à Paris en Conseil supérieur de l'Instruction publique, et de celle de la Liste civile pour les principales bibliothèques de l'Empire et de la Couronne.

La Correspondance inédite de Brulart, Premier Président du Parlement de Dijon, avec les principaux ministres de Louis XIV, colligée et publiée par le même auteur en 1859, deux volumes in-8° accompagnés de sommaires, notes et d'une Etude historique qui s'y rapportent, est la suite de cette publication, forment ensemble cinq volumes du même format.

LE PARLEMENT
DE BOURGOGNE

DEPUIS SON ORIGINE JUSQU'A SA CHUTE

PRÉCÉDÉ

D'UN DISCOURS PRÉLIMINAIRE SUR LA VILLE DE DIJON
ET SES INSTITUTIONS LES PLUS RECULÉES COMME CAPITALE DE CETTE
ANCIENNE PROVINCE

PAR M. DE LA CUISINE

Président à la Cour impériale de Dijon; président de l'Académie impériale des Sciences, Arts et Belles-Lettres de la même ville; membre du Conseil académique du ressort universitaire; des Académies de Lyon, Toulouse, Marseille, Bordeaux, etc.; correspondant du Ministère de l'Instruction publique pour les travaux historiques; officier de la Légion-d'Honneur.

In civitate nostra peregrini, fundum alienum aramus, incultum familiarem deserimus, ad alios Deos confugimus, rem propriam ignorantes. (Mercuriales, 1584.)

DEUXIÈME ÉDITION

revue et considérablement augmentée par l'auteur, comprenant l'origine véritable, le caractère, les mœurs, les vicissitudes et l'influence des Parlements sur les phases principales de notre histoire nationale.

TOME PREMIER.

DIJON
J.-E. RABUTOT, IMPRIMEUR-ÉDITEUR
et chez tous les libraires.
PARIS
A. DURAND, RUE DES GRÈS-SORBONNE, 7
1864

AVANT-PROPOS.

L'histoire de l'ancien Parlement de Bourgogne que nous publions est, à défaut des registres réguliers de ce corps, le résultat des chroniques et de documents recueillis de toutes parts. Mutilés par cette compagnie pour des fautes dont elle voulut effacer la trace, détruits ou dispersés par le vandalisme révolutionnaire dans les dernières années du XVIIIe siècle, les actes, en petit nombre, qui ont été sauvés, étaient devenus la propriété de quelques familles et celle de nos archives publiques, lorsque nous conçûmes la pensée d'un travail auquel les traditions ne pouvaient plus suppléer. Rassembler les restes épars de ces monuments, et ne pas laisser périr des noms illustres et des faits oubliés ou corrompus, nous a paru digne du pays qui en fut le théâtre et où ces hommes prirent le jour. Ce que des craintes trop sérieuses n'eussent pas permis d'écrire autrefois d'un corps puissant, la connaissance acquise d'un passé fertile en événements faisait un devoir de le tenter de nos jours, où la voix de chroniques et de correspondances ignorées se fait partout entendre et prolonge l'horizon de l'histoire.

A défaut d'autre plus hardi, nous avons entrepris cette œuvre de patience et de veilles. Résolution périlleuse, pour le succès de laquelle il fallait s'inspirer des époques, coordonner les faits, ressusciter les personnages et leurs passions éteintes, relever leurs caractères ou leurs génies différents, en tenant compte, dans ce tableau, des mœurs et des préjugés qui constituèrent la société de ces temps si éloignée de celle où nous vivons et où il faut se garder de les apprécier avec nos idées modernes et de les peindre avec nos couleurs.

Aujourd'hui, et loin de ces tendances du jour, ce Parlement doit être jugé par ses œuvres et par l'esprit du temps qui les a dominées; amis ou antagonistes d'une institution morte, le temps étant venu pour tous où les intérêts disparaissant, il ne peut rester pour le faire que des esprits calmes. L'histoire d'un Parlement, comme celle des corps politiques, est le tableau de l'humanité; les plus sages sont ceux qui ont commis le moins de fautes, les plus dangereux sont ceux qui les ont perpétuées pour satisfaire leur domination ou leur orgueil. Ainsi avons-nous compris cette tâche, la plus attachante par ses découvertes, la plus féconde par les exemples de ce que peut l'esprit d'empiétement dans un corps qui se renouvelle lui-même.

Mais si les passions sont un danger dans les études de ce genre, il ne faut pas oublier que la flatterie en est la pire et à laquelle le public pardonne le moins. Nous avons essayé de marcher entre ces écueils, sans ambition de plaire et avec la seule crainte de blesser. Une première édition de cet ouvrage, et des adhésions venues de toutes parts répondent assez que nous ne nous sommes point égaré dans une route où, libre d'engagement, l'histoire ne sera pas sacrifiée à des calculs, ni les principes fondamentaux à de vaines louanges. L'étude des hommes, réunis en société dans le gouvernement des Etats modernes, pourra aussi gagner à ces souvenirs d'époques où la liberté réveillée chercha à se faire jour, mais ne profita guère qu'à ceux qui la flattèrent.

Cette réimpression sera enrichie de documents que nous devons au hasard ou à l'amitié, le plus grand nombre à nos persévérants efforts. A un édifice construit avec des débris, nous avons ajouté ce que le temps garde à celui qui sait attendre et ne désespère pas : *Nobis pleraque digna cognitu obvenere, quanquam ab aliis incelebrata* (1). Fortifiés par ces titres nouveaux, nos jugements, en demeurant les mêmes, recevront une consécration de plus. Chose digne de remarque, ces

(1) Tacite.

jugements ont été ceux de la plupart des écrivains qui, à l'insu les uns des autres, ont traité des sujets analogues dans la politique et dans l'histoire. Un publiciste d'un mérite éminent et d'une grande bonne foi (1), a fait le premier cette remarque dans un article de critique où il lutte contre ces tendances d'esprits divers, mais qui, dans leur accord, constituent, selon nous, la plus sûre garantie de la vérité. Nier cette conclusion, serait effacer de nos annales ce qu'elles ont de mieux avéré et jusqu'à ces remontrances elles-mêmes des Parlements, où fermentent, durant des siècles, des passions haineuses et souvent turbulentes. Or, par les exemples empruntés à un seul, nous montrerons chez tous l'esprit de sédition devenu l'esprit de corps, germant dans les délibérations, tendant la main aux mécontents de tous les règnes, même les meilleurs, cassant les testaments des Rois, troublant les minorités et se coalisant par une solidarité menaçante à mesure que la royauté s'abaisse ou que la fortune l'abandonne.

Telle il faut envisager la vie de ces corps dans leurs œuvres, plutôt que dans un idéal de conduite que les faits réprouvent. Non que dans l'origine et après le christianisme ils n'eussent rendu des services à la civilisation. Plus sévèrement contenus dans leur mission juridique, ils avaient développé en France l'idée du

(1) M. le comte Beugnot.

juste qui prenait sa source dans les plus vieilles coutumes. Ils servirent la royauté dans le renversement de la féodalité ennemie du peuple, ainsi que du Prince dont elle était vassale. Ils luttèrent avec courage pour le maintien des règles contre l'arbitraire, en attaquant l'arbitraire aux prises avec la liberté de l'homme. Ils corrigèrent les abus de la juridiction ecclésiastique dans des temps d'épaisse ignorance. Au XVIIIe siècle, les mêmes s'élevèrent contre la dilapidation des finances, après avoir, sous Louis XIV, combattu les meilleures réformes de Colbert. Enfin leur opposition toujours redoutée fit que les peuples furent parfois épargnés dans leurs misères, à défaut des Etats de province qu'ils avaient réduits et des Etats généraux qu'ils firent oublier. Tel fut l'esprit d'envahissement qui tourmenta des compagnies accoutumées à faire la loi et où dans un orbite indéfini, le pouvoir royal et elles vinrent s'entrechoquer. En cela fut le vice d'une institution parasite et la cause des maux qu'elle engendra. Lentes à se mouvoir, quand la royauté parlait, d'une ardeur inquiète quand elles purent s'en attribuer les prérogatives, qu'avaient-elles fait de cette maxime de Montesquieu : « que les corps ne marchent jamais mieux que quand ils marchent à pas tardifs (1)? » Au lieu de délibérations réfléchies, un expédient intéressé.

(1) *Esprit des Lois*, liv. V, chap. x; *Barbaris cunctatio servilis; statim exsequi regium videtur*. Tacite, *Annal.*, liv. V.

On peut juger par là qu'il y eut loin de ces Parlements sans règle à nos institutions constitutionnelles définies, auxquelles on a prétendu les comparer. Or, à la différence de celles-ci, nous montrerons chez ces corps des entreprises en tout point, et le défaut de sanction en toute chose, ce qui les rendit factieux, sans quoi leurs remontrances eussent été vaines. Preuve la meilleure qu'ils ne furent en politique qu'une usurpation militante appuyée sur des forces empruntées, et protégée, en cas de revers, par les besoins de la justice dont ils étaient les dispensateurs, et qui, par des retours obligés, leur épargnèrent de longues disgrâces; ce qui les enhardit davantage.

Dans ce travail, revu avec un soin extrême, nous avons coordonné tout ce qui, durant l'existence du premier corps de magistrature du duché de Bourgogne, pouvait exciter l'intérêt, depuis sa fondation au sein des déchirements causés par la réunion de cette province à la monarchie, jusqu'à la fin du XVIIIe siècle. L'envahissement du protestantisme dans ce pays voisin de Genève et de l'Allemagne; les époques si calamiteuses de la Ligue et de la Fronde au centre d'une province qui eut pour gouverneurs Mayenne et Condé, ainsi que les luttes de cette compagnie contre l'autorité des Papes après les empiétements plus anciens de la cour de Rome sur le temporel; les usurpations faites par Louis XIV des priviléges des villes et des provinces; celles beaucoup plus nombreuses que ce Parlement se permit sur des Princes faibles ; son attitude au sein des schismes et jusqu'à ses inspirations révolutionnaires, quand l'abîme qu'il avait creusé à son issu allait l'engloutir, sont pleins d'enseignements et de caractère.

Un discours préliminaire sur la cité au sein de laquelle ce Parlement exerça son autorité, servira d'introduction à cette vaste étude où les mœurs de la commune se réfléchissent sans s'y confondre, de même qu'à son tour la commune s'inspira des mœurs de ce Corps dans les crises que chacune de ces institutions eut à traverser. Par là se trouveront associées l'histoire du gouvernement municipal, celle du gouvernement politique et celle de la justice souveraine qui les domina et à laquelle rien ne demeura étranger en Bourgogne, où, en absorbant toutes les influences, elle étendit son empire sur l'opinion, puissance à peine éclose et qui, comme un levier, lui vint en aide.

Nous vivons à une époque où, par des regrets intéressés, c'est à peine si ces questions peuvent être discutées froidement. Abusés par leurs souvenirs, des hommes d'élite se réfugient dans l'histoire où, par la louange qu'ils prodiguent à des institutions éteintes, ils semblent chercher la justification de la liberté politique que nul n'accuse, ou l'oubli de grandes fautes dont les meilleurs gouvernements ne sont pas exempts. Ainsi ont-ils essayé de faire sur les ouvrages publiés sur les anciens Parlements une sorte de critique, sous prétexte qu'en signalant leurs vices organiques, on se serait adressé à autre chose qu'à ces corps. Efforts inutiles! En effet, qu'y a-t-il de commun aujourd'hui entre la liberté appartenant à tous, et des libertés sous-entendues résultant de charges acquises à prix d'or ou dues à la faveur? Qu'a de commun surtout le mandat confié à un corps par l'élection, avec celui plus douteux qui pouvait se transmettre au premier venu sans souci de la chose publique! Vainement on a dit que : « la fermeté de leur langage entretint de la part des Parlements une opinion publique animée et libre, qui empêcha la France de se courber sous le joug du pouvoir arbitraire (1). » Comme si, enchaînée par la puissance royale pendant tant de siècles, elle n'eût eu, sans le secours des Parlements, qu'à se taire et à s'humilier! On oublie que la monarchie exista bien avant ces corps politiques, grande et parfois libérale;

(1) M. de Barante (*Le Parlement de Paris et la Fronde,* Didier, 1859). L'auteur était mieux inspiré quand, quelques lignes auparavant, il avait écrit avec autorité: « Ce n'est pas à dire que le Parlement fût une institution telle que les intérêts et les libertés du pays y trouvassent une efficace garantie. Cette Compagnie n'était point une assemblée de représentants de la nation; elle n'avait pas la mission expresse de contrôler l'administration du royaume; elle ne pouvait opposer un refus définitif aux volontés du Roi.... Faire écouter ses remontrances, ne rien dissimuler au Prince, et servir d'organe aux plaintes et aux murmures du peuple, annoncer quels dangers pourraient en être la suite...., ainsi procédait l'opposition du Parlement, et avait-il suppléé aux attributions qui lui manquaient. » L'histoire dira si c'est ainsi que les Parlements agirent, ou en vertu de prérogatives qu'il n'avaient pas et qu'ils s'attribuèrent.

or, ces temps furent ceux de Charlemagne, de Philippe-Auguste, de saint Louis, c'est-à-dire de la première partie de la période féodale, où l'humanité trouva son appui dans des Princes forts et dans des idées chrétiennes, comme déjà elle en avait rencontré dans les assemblées d'Etats, et dans la fierté des races qui fondèrent la nationalité française.

Loin de là, disons que les Parlements s'emparèrent de l'esprit public pour l'aigrir, au lieu du désintéressement qu'ils auraient dû montrer pour convaincre le peuple de leur amour. On peut hardiment conclure qu'il n'en fut jamais ainsi, c'est-à-dire qu'ils placèrent leur intérêt par-dessus toute chose. Aussi l'opinion ne s'est-elle pas méprise sur cette assimilation affectée d'institutions vagues avec des libertés définies, tempérées par des droits dont les Parlements se crurent affranchis en montrant au peuple une trompeuse école de ses droits, quand les pays d'Etats, comme la Bourgogne, en étaient la seule bien qu'imparfaite figure. Nous verrons comment les Parlements respectèrent ces institutions vieillies dont il ne restait que des débris, quand arriva la révolution du XVIIIe siècle qui les emporta à leur tour.

Après ces soins difficiles d'un travail qui embrasse la religion, la justice et la politique, c'est-à-dire ce qu'il y a de plus grave et de plus délicat dans les affaires de ce genre, nous avons dû relever la mémoire d'un des hommes les plus éminents de la France parlementaire, et faire connaître à la province qui l'a vu naître des harangues dignes du siècle où il vécut. Ce que des contemporains haineux et un corps impatient du frein s'étaient promis d'affaiblir des services de Brulart, il nous aura été donné, grâce à des pièces originales, de le rétablir en reconstruisant ce patrimoine de grandeur. Telle est la réparation à laquelle nous avons aussi aspiré en écrivant la vie d'un corps où le mérite fit moins défaut que la sagesse, et où les hommes, pris à part, l'emportèrent sur le corps entier en lutte avec les passions qui lui firent la loi. Cette réflexion s'appliquera à tous les Parlements de l'ancienne monarchie, éclatants par les noms, affaiblis par les œuvres, à mesure que leurs pouvoirs se corrompent. Aussi un auteur contemporain, dont le nom seul est un éloge (1), voulant faire l'apologie de ces corps, a-t-il choisi la grande figure de Mathieu Molé, qui, mise en relief, absorbe un sujet, et, en tenant les esprits captifs, ne laisse place qu'à l'admiration. Premier Président du Parlement de Bourgogne dans un temps de compression, on ne dira pas de Brulart, ainsi que du premier magistrat du Parlement de Paris : *Tunc pietate gravem et meritis si forte virum quem conspexere, silent... ille regit animos* (2). A l'exemple de ce

(1) M. de Barante.
(2) *Géorgiques.*

dernier, il ne vit pas sa vie menacée dans ces drames sanglants amenés par des ambitions ou des intrigues. De même, il ne se trouva pas placé entre les faveurs de la multitude, éternelle convoitise des Parlements, et le devoir de défendre la royauté menacée dans un enfant et dans une femme. Né pour l'action par son énergie, pour les négociations par un esprit qui sut s'assouplir, pour la parole par une éloquence mâle et abondante, sa seule résistance s'exerça contre sa Compagnie et du côté d'un règne enivré de sa force. En cela, si, moins que Mathieu Molé, il appartient à l'histoire, sa place est au rang de ces caractères vigoureux auxquels il ne manqua qu'un plus vaste théâtre pour se produire et des temps plus agités pour s'élever davantage.

Des souvenirs plus confus et un plus long espace écoulé depuis sa mort avaient laissé périr le nom d'un autre magistrat, le plus grand des temps de la Ligue. En fouillant les débris d'une vie si glorieusement remplie, nous aurons pu montrer, dans le président Fremiot, l'exemple du patriotisme joint à la foi chrétienne, donné par un homme fidèle à son roi et à l'Etat déchiré par les factions. Magistrat, soldat et politique inspiré, Bénigne Fremiot fut du nombre de ces hommes dont le génie grandit avec les situations et en triomphe. Ici, à la tête du Parlement royal transféré à Flavigny ; là, au milieu des camps et du bruit des armes, levant des troupes à ses frais et préparant le succès d'une cause devenue sacrée ; plus tard appelé dans les Conseils de deux rois, où, par des efforts suprêmes, il ralliera tout ce qui reste en France d'esprits sages, quand, par l'appel fait à l'étranger, la nationalité française va succomber sacrifiée aux passions dont la religion n'est plus restée que le masque, tel sera celui dont il nous aura été donné de rappeler les services presque oubliés. Peintre impuissant d'une si grande figure, l'acte seul de l'avoir ébauchée pouvait faire le succès d'un livre, si un sentiment plus digne du modèle n'avait dirigé notre plume dans cette esquisse qu'il nous sera permis d'appeler, faute de mieux, une dette acquittée envers le pays que Fremiot a illustré dans ces temps de malheurs. Ainsi seront dissipées peu à peu les ténèbres de notre histoire locale, en attendant que des études mieux favorisées achèvent ce que nous avons entrepris dans ces fouilles du temps.

A côté de ces grandes figures qui prennent dans ces études la place qui leur appartient, d'autres magistrats d'un rang égal étaient restés célèbres. Tels furent Bégat, à l'époque des hérésies où il triompha, en présence de Charles IX, de la politique de l'Hôpital ; depuis, Jeannin, grand par les services qu'il rendit à l'Etat, après avoir donné l'exemple du courage dans ces jours lamentables où la pitié fut un crime; en dernier lieu, de Brosses, esprit universel, longtemps maître de sa Compagnie jusqu'à ce qu'il en fût devenu le chef au nom de la royauté vaincue. Tous ces noms, mis en relief, devaient trouver, encadrés dans les faits par le récit des événements auxquels ils prirent part, des jugements plus sûrs. Il en sera de même d'autres mérites éclos par une semence heureuse d'émulation dans un seul corps, auxquels, pour s'élever plus haut, il ne manqua que l'occasion. Ainsi en jugera-t-on par la revue de ces hommes que chaque siècle va montrer à nos regards à travers des fautes auxquelles plusieurs ne craignirent pas de s'associer, mais qu'il ne fut donné à aucun de prévenir.

La publication que nous avons faite de la correspondance inédite de Brulart, est la suite de cet ouvrage, dont elle forme une des principales preuves. Nous renvoyons nos lecteurs à l'introduction qui précède ce recueil, pour en saisir la portée, outre d'intéressants détails de mœurs ajoutés dans ces lettres, au sujet d'événements devenus moins rapides s'ils s'y fussent trouvés mêlés. Dans cette lutte de la vérité avec les amours-propres, il était nécessaire que les hommes de bonne foi pussent se convaincre, par le témoignage des acteurs de scènes différentes, que nous n'avions rien exagéré dans nos jugements. C'est à ces derniers que ce second livre s'adresse, ainsi qu'à ceux qui veulent connaître à fond le gouvernement de Louis XIV, luttant par des réformes prodigieuses contre les préjugés d'un siècle encore peu connu.

De nos jours, et grâce aux encouragements de l'Etat, ces études s'accroissent d'un intérêt qui ne peut échapper aux hommes sérieux. Depuis le nivellement politique qui a fait disparaître les diverses institutions qui couvraient autrefois la France, le nombre des gens ne manque pas qui se soucient peu de nos souvenirs nationaux en dehors de leur temps et de leurs idées. Mais ceux qui ne craignent pas de surmonter ces ignorances par le travail, savent tout ce qu'il y a à apprendre en méditant sur des ruines qui reflètent dans chaque province la gloire des siècles ou leurs malheurs. C'est à ce public privilégié à servir, par son concours, ce changement qui semble se manifester, et dont l'histoire entière aura à recueillir tant de lumières. On jugerait mal la France nouvelle si l'on n'étudiait à fond les institutions qui ont si longtemps gouverné la France ancienne. Elles prouvent que ce vaste empire ne s'est pas formé d'une seule pièce, mais, comme les monuments durables, de la part de travail que chaque génération lui a apportée et où la civilisation s'est frayée la voie. Ainsi se fondent et s'affermissent les choses de ce monde, où le temps ne respecte pas ce qui a été fait sans lui.

Toutefois si la forme des gouvernements a changé, le caractère national est demeuré le même, emprunté au climat et aux origines qui ne changent jamais. Les événements en ont conservé l'empreinte, les hommes l'ont accommodé à leurs passions ou à leur intérêt au milieu des mœurs modifiées ou corrompues. Dans le travail qui tourmente de nos jours peuples et souverains, ce serait une belle tâche de montrer l'influence de ce caractère sur les événements, aux époques les plus troublées de notre histoire. On y verrait que la gloire d'une nation ou ses travers viennent de là, et que c'est par cette connaissance qu'elle doit être gouvernée entre des courants trompeurs et des résistances vaines, comme fait le génie qui modère tout. Les études générales s'y enrichissent aussi de celle des anciennes provinces, qui, pour avoir été effacées de la carte, n'ont rien perdu de leur diversité de races. On a dit et on dira toujours la Bourgogne, la Franche-Comté, la Bretagne, la Picardie, le Languedoc. Le patriotisme d'un grand Etat a tout à gagner dans ces contrastes qui deviennent, par la variété dans l'unité, le germe des émulations, au lieu de ces haines rivales que le temps a éteintes.

Voilà le progrès, progrès heureux, joint à d'autres encore, et qui, dans une voie contraire à son but, pourrait, s'il n'était réglé, devenir menaçant. En effet, si le passé a eu ses mauvais jours, nés d'une exubérance de forces chez une société neuve et en travail, n'avons-nous pas l'instabilité politique et le déclassement immodéré des conditions dans une société sans digues? N'avons-nous pas la soif des fortunes rapides et à tout prix, la mobilisation des patrimoines avec ses dangers, le luxe, avec l'agiotage et les entreprises gigantesques substituées au produit modeste des champs, autrefois possédés par des hommes sages qui savaient se contenter de peu pour jouir longtemps? De là les ruines précipitées, l'agriculture inquiète, les noms déchus, la fraude venant en aide aux besoins factices et au vain orgueil. Qui oserait dire aujourd'hui qu'avec les convoitises qui menacent les familles, cette société sans croyances soit assise sur des bases aussi sûres que celles dont nous parlerons, où dans la foi du peuple, dans des institutions fixes, chacun sut garder son rang et borner ses désirs, premier gage de stabilité dans l'Etat, qui est lui-même une grande famille? Prophètes du passé, il appartient aux hommes chargés du gouvernement, comme à ceux qui l'ont eu en main, d'avertir cette nation des périls qui la menacent et par lesquels, dans des révolutions sans fin, elle joue son crédit et sa durée : *Sic profanis sacris peritura Troja perdidit primùm Deos* (1). Assez d'apologistes de nos jours, contempteurs intéressés de l'histoire, ont caché sous de faux semblants ou en s'enfonçant dans les ignorances, ce qui pousse dans des gouffres qu'on ne voit guère que lorsque le jour des désastres est venu, quand, la société surprise, le respect n'est plus qui tient lieu de digue. Or, ébranlé dans ses fondements par les tempêtes qui agitent sa surface, cet Etat n'a-t-il pas à craindre davantage! Affaibli par l'expansion de ses forces au profit d'une civilisation hors de voie, ne sert-il pas à son insu cette décomposition latente, par laquelle périrent l'an-

(1) Lucain.

cienne Grèce et Rome elle-même; « où l'on vit, dit Salluste, une génération de gens qui ne pouvaient avoir de patrimoine ni souffrir que d'autres en eussent, *ut merito dicatur genitos esse qui nec ipsi habere possent res familiares, nec alios pati;* » principe délétère des sociétés chancelantes et que vingt siècles n'ont pas vieilli.

Dans un ordre de dangers différents, et en remontant dans le passé, les corps politiques sont exposés aux mêmes entraînements qui menacent la société civile. Cette tendance de leur part y sera d'autant plus marquée que leur autorité aura à se faire pardonner des usurpations. Les exemples sévères qui, dans des institutions bien définies, sont la garantie des devoirs, deviendront pour ces corps un écueil qu'ils auront soin d'éviter, de peur de déplaire à la multitude qui fait leur force. Qu'attendre d'un élément dans l'Etat qui s'est constitué lui-même, flatte l'un par l'intérêt ou combat l'autre par calcul, et ne songe qu'à se maintenir pour dominer? De là cet antagonisme continuel qui devient leur raison d'être. Telle sera, à ce point de vue spécial et par des vérités mises en lumière, l'histoire que nous écrivons. Sous l'ancienne monarchie française, les Parlements donnèrent l'exemple de ces défaillances dans la censure publique, dont envers le Prince ils se montrèrent si prodigues. Occupés de la garde de leurs priviléges, ils flattèrent les passions de chaque époque en présence des abîmes que les guerres civiles avaient entr'ouverts et où tout autour d'eux sembla s'engloutir. Ainsi les vit-on traverser chaque règne avec une habileté de conduite garantie par l'esprit de corps. Dans les temps où l'agitation fut dans les idées avant de passer dans les actes, ils combattirent rarement l'erreur et suivirent les courants toujours, traînant à leur suite la royauté humiliée. Dans ceux où cette royauté les accabla elle-même, ils gardèrent un silence prudent jusqu'à ce qu'ils cessassent d'être maîtrisés. En cela peut se résumer leur vie. Arrogants ou abattus, auxiliaires intéressés ou rivaux redoutables, nous prouverons que si ces corps eurent leur grandeur, ils prirent une large part au mouvement qui précipita la liberté dans des voies funestes, à côté d'utiles réformes qu'ils avaient combattues en vain et que le temps a consacrées parce qu'elles furent justes.

De ces études un autre enseignement découlera. Dans l'origine la justice des Parlements avait protégé tous les droits et déraciné les abus. Sortie de sa sphère, elle fit appel aux partis qui, en faussant son caractère, lui ôtèrent son prestige. Rendue à sa mission juridique par nos institutions modernes, comme un principe dévié, au lieu des fausses voies de son passé qui l'eussent perdue, nous l'avons vue servir d'appui à une société chancelante, où tout fut mis en question excepté elle. De ces époques si opposées de son règne, on verra celle où cette justice avait trouvé la vraie grandeur, alors qu'elle ne se mêla plus aux passions politiques, le pire de tous les contacts.

Telle est la tâche que nous avons essayé de remplir en sauvant de l'oubli des actes que chacun peut juger maintenant, après avoir étudié comme nous ces graves questions sur lesquelles il faut bien que la lumière se fasse, si elle ne l'est déjà pour ceux qui cherchent la vérité de bonne foi au lieu d'y apporter un jugement tout fait. Ainsi, par un travail emprunté à de rares loisirs, avons-nous marqué le but d'une grande pensée, si nous ne l'avons atteint, en creusant pour la première fois le sillon dans une terre abandonnée où, à travers des fouilles qui remuaient tant de souvenirs, les écueils ne manquaient pas.

DISCOURS PRÉLIMINAIRE.

DIJON ET SES INSTITUTIONS ANCIENNES.

Ad gloriam civitatis veterem.

SOMMAIRE.

Origine de Dijon et son élévation comme capitale de la Bourgogne. — Rivalités de la ville et du Parlement. — Pouvoirs du maire et de la Chambre de ville. — Guerres contre le dehors. — Guerres civiles. — La peste. — Résistance de la ville dans ses libertés. — Le Château. — Mœurs judiciaires. — Dijon pendant la Ligue. — Administration intérieure. — Instruction publique. — Elections. — Monuments et établissements publics. — Maires célèbres. — Suprématie et décadence de la ville. — Dijon sous le gouvernement des Ducs. — Entrée des Rois. — Personnages illustres. — Académie. — Conclusion.

Origine de Dijon.

Il n'est pas aussi facile qu'on pourrait le croire de fixer l'époque de la fondation des villes au milieu des ténèbres qui environnent leur berceau. Les monuments lapidaires, les cartulaires et les chroniques, plutôt qu'une tradition confuse, peuvent éclairer cette partie si peu connue de l'histoire, et c'est à remonter si haut dans le passé que s'appliquent les paléographes et les archéologues modernes. Mais rarement les titres viennent en aide à leurs recherches, et plus rarement encore les auteurs s'accordent pour les interpréter dans ce qu'ils ont d'obscur, quand ils sont assez sages pour en bannir la fable ou le merveilleux.

Sans pouvoir pénétrer plus loin dans ses origines, on sait que la commune de Dijon existait en réalité longtemps avant la charte que nous possédons et qui remonte à l'année 1187 ; c'est donc mal à propos que les auteurs l'ont nommée *charte d'affranchissement* (1). Cette preuve d'antériorité de droits municipaux alors nommés *franchises,* résulte de ce que, dès 1183, le roi Philippe-Auguste avait, dans ses lettres patentes données à Chaumont, confirmé une première reconnaissance de priviléges par les Ducs, priviléges dont la date, quoique non rappelée dans la charte précitée, doit être reportée à l'année 1182, c'est-à-dire à cinq ans avant celle qui a été conservée jusqu'à nos jours (2).

On voit, de plus, dans le cartulaire de Saint-Bénigne,

(1) Cette charte, dit M. Augustin Thierry, que les habitants de Dijon étaient allés chercher en Picardie, foyer des villes affranchies, leur fut accordée par le duc de Bourgogne, *in perpetuum ad formam communiæ Suessionis* (Soissons, 11 mars 1187). Le même auteur qui rappelle cette origine reconnaît que les prudhommes adjoints au maire et aux échevins étaient ici, lors de l'organisation de la commune, des débris des anciennes libertés. (*Essai sur l'histoire du Tiers Etat.*)

(2) Emanée du duc Robert II, et relatée dans une ordonnance de Philippe-le-Hardi. — Voir au Recueil de Pérard, p. 346.

des personnes qui se qualifient de *mayeurs* près d'un siècle avant l'époque dont nous parlons. Ce fait capital, joint à ces mots : *salva libertate quam prius habebant*, qu'on trouve dans ces deux titres, démontre, d'ailleurs, que le duc Hugues III, en accordant la charte de 1187, avait moins fait aux habitants une concession nouvelle, qu'il n'avait voulu réparer, par une déclaration authentique, la perte des anciens titres dévorés par un incendie qui avait détruit la plus grande partie de la ville avec ses principaux monuments (1).

Ainsi se reporterait au moins au berceau du moyen âge l'origine ou la création de cette commune, soit qu'elle eût résisté par sa propre force aux atteintes de la puissance féodale, ou qu'après avoir été par elle effacée, elle eût obtenu plus tard de la justice de ses Ducs le retour à ses droits primitifs, qui furent en France ceux d'un grand nombre de cités. D'où l'on peut assurément conclure que dès ce temps reculé, la ville eut ses magistrats particuliers, sa police et son administration, c'est-à-dire une forme régulière du gouvernement municipal.

Après la conquête des Gaules par les Romains, les

(1) Cet incendie, arrivé le 28 juin 1137, et dont on attribua la cause à un *orvale de feu*, fut tel, dit Guillaume Paradin, « que le lendemain « tous les seigneurs, bourgeois et peuple n'eurent moyen de se mettre « à couvert, n'y ayant eu ni palais ni église qui en fussent exceptés. » Les ducs Capétiens profitèrent de cet événement pour agrandir, par la démolition du *Castrum*, l'enceinte de la ville, en en étendant les fortifications qui furent achevées seulement vers 1371, sous les Ducs de la seconde race, et depuis successivement augmentées.

villes qui ne furent point soumises à l'esclavage conservèrent le droit de vivre selon leurs coutumes et de se choisir des magistrats. Dijon fut de ce nombre, et obtint, sous la protection des Césars, des priviléges égaux à ceux qu'elle avait possédés, et même de plus étendus. On doit en juger ainsi par un grand nombre d'inscriptions et de bas-reliefs employés en sous-œuvre comme matériaux, et découverts dans des ruines jusque sous le palais de ses anciens Ducs (1). Ces traces d'édifices attestent, outre l'importance de cette ville à l'époque gallo-romaine, que ses habitants jouissaient alors de tous les droits de citoyen. Déjà une tradition fort répandue en avait fait, dans les âges les plus reculés, la résidence du grand-prêtre des Druides, qui, dans cette partie de l'ancienne

(1) Témoins les fragments découverts dans le XIIIe siècle lors de la destruction des trente-trois tours qui environnaient la ville; plus tard, quand on fonda le collége des Godrans; depuis rue Portelle, après la Ligue, sous le *majorat* du président Fremiot, ainsi que l'atteste la chronique de Pépin; moins anciennement, en 1733, pendant la construction de l'escalier du palais des Etats; et de nos jours, enfin, lors de l'établissement des fontaines publiques passant dans les fondations de l'aile orientale de l'ancien palais des ducs de Bourgogne. Ces inscriptions et ces bas-reliefs avaient appartenu pour la plupart à des temples païens, dont quelques débris conservés attestent l'ancienne magnificence. « On y trouva encore, dit Legouz de Gerland, des figures colossales de Diane et d'Apollon, des sacrificateurs, des prêtres, des autels, des augures et tout ce qui a rapport aux sacrifices, ainsi que les tombeaux des familles les plus illustres de l'empire. » Preuve vivante de ce qu'avait été la grandeur de cette cité bien avant la construction de son *Castrum*, qui, pour les besoins de sa défense, en avait restreint les limites. On sait d'ailleurs que l'expression *castrum* avait toujours signifié une *ville forte*, sans exclure le titre de cité ancienne.

Gaule, présidait aux cérémonies sacrées. Un fait éclatant était venu sanctionner cette opinion à la fin du XVIe siècle, par la découverte, faite à Dijon, d'un mausolée (1). Les témoignagnes irrécusables qui s'attachèrent

(1) Le tombeau de Chindonax, prince des Vaccies, trouvé le 2 novembre 1598 dans les vignes des *Poussots*, aux portes de cette ville, et dont l'existence à cette époque est attestée par un grand nombre d'érudits tels que Philibert de La Mare, Claude Saumaise, Legouz de Gerland, Gruter et le médecin Guénebauld, dans la propriété duquel cette découverte avait été faite. Ce dernier en a publié une relation sous ce titre : *Le réveil de Chindonax, princes des Vaccies, druydes celtiques Dijonnais* (Dijon, Cl. Guyot, 1621, in-4°). Voir également ce qu'en dit Papillon : *Bibliothèque des auteurs de Bourgogne*, au nom de *Guenebauld*, Courtépée et tous ceux qui ont écrit sur cette ancienne ruine.

Ce monument fut visité par les principaux savants de cette époque et par le duc de Bellegarde, gouverneur de la Bourgogne, sur l'ordre de Henri IV, comme il le fut depuis par tous les gentilshommes qui accompagnèrent ce prince en Bresse en 1600, à l'époque de la guerre entreprise contre la Savoie. Une telle preuve, qui reculerait nos origines au-delà de l'empereur Claude, sous lequel furent exterminés les Druides, à cause de leurs sacrifices humains, aurait disparu, selon le témoignage de Courtépée, dès le commencement du XVIIIe siècle : la pierre de ce monument qui consacrait ce souvenir ayant passé, suivant cet historien, des mains du cardinal de Richelieu, qui l'avait acquise du fils de Guenebauld, à celles de Gaston d'Orléans, et, depuis, à plusieurs autres. On y lisait ces mots, écrits en langue grecque :

DANS LE BOCAGE DE MITHRA
CE TOMBEAU COUVRE LE CORPS DE CHINDONAX, GRAND-PRÊTRE.
ARRIÈRE, IMPIE, CAR LES DIEUX SAUVEURS GARDENT MES CENDRES.

Nous ajouterons, d'après de nombreux auteurs, que tout près de Talant était le manoir de ces prêtres gaulois. (*Hist. du duché de Bourgogne*, liv. I; Favyn, *Théâtre d'honneur*, p. 351; etc.) Or, on sait que les Druides ne s'établissaient que dans les forêts voisines des villes; le tombeau de leur pontife à nos portes serait donc par lui seul un témoignage suffisant de l'importance ancienne de cette cité.

Le Premier Président de Villeneuve, ainsi que le fait en est rapporté dans les *Mémoires de l'Académie des inscriptions*, trouva au XVIe siècle, lors de sa captivité en Suisse, une chronique fort ancienne qui confirmait ces origines.

à un tel événement, ne laissent nulle prise au doute, malgré les efforts que quelques esprits sceptiques ont faits, près de deux siècles plus tard, pour en contester l'évidence (1).

Mais bientôt les officiers préposés par les empereurs au gouvernement des provinces attirèrent à eux toute l'autorité, et dans cette période de l'histoire dite *gallo-romaine*, Dijon eut, comme les autres villes, ses comtes, c'est-à-dire des usurpateurs de ses droits municipaux. Térence exerçait à ce titre dans cette ville l'autorité souveraine au nom de l'empereur Aurélien (2), au temps où saint Bénigne, cet apôtre de la foi, *apud Divionense Castrum matyrio consummatus est* (3). Toutefois, l'autorité dont ce gouverneur était revêtu ne porta point d'atteinte au droit que conserva la ville de se choisir des officiers, alors connus sous le nom de *defensores civitatis, defensores*

(1) Cette école se révèle à diverses époques de l'histoire. Ainsi, vers la fin du XVIe siècle, plusieurs critiques osèrent-ils soutenir que Beaune était la *Bibracte* dont parle César dans ses Commentaires, et non pas Autun. Cette dispute fit grand bruit, comme de nos jours la question usée d'Alise, et eut le même sort. (Voir, contre une erreur aussi grave, la dissertation de Valois, Moreau de Mautour, Baudot et d'Anville, et en dernier lieu Courtépée, *Description topographique de Beaune.*)

(2) Marc-Aurèle, suivant quelques-uns.

(3) Gregor. Turon., *De gloria martyrum*, lib. I, cap. 51. — Ce martyre eut lieu en l'année 173 de l'ère chrétienne, la même où l'empereur romain fit établir le *Castrum.*

On sait d'ailleurs que les hommes apostoliques qui se répandirent dans les Gaules pour y prêcher l'Evangile ne s'arrêtaient que dans les lieux les plus considérables du pays, raison de plus qui démontrerait l'importance de cette ville dans ces temps reculés.

plebis, et dont le chef se nommait *major*. De là serait venu le titre dont nous parlerons plus tard, et qui devait occuper une si grande place dans nos annales municipales. Ces défenseurs de la cité faisaient la répartition des impôts; ils veillaient à l'ordre intérieur et connaissaient, dans tous les cas, des causes civiles et criminelles. Dijon dépendait, comme ville, de la cité des Lingons, lorsque les évêques de Langres la choisirent pour leur résidence habituelle, après qu'ils l'eurent obtenue de la munificence des rois Carlovingiens (1).

Les Bourguignons, venus de la Vistule et qui avaient connu la liberté dans leurs habitudes barbares, en s'établissant dans les Gaules comme hôtes ou comme conquérants, ne changèrent rien à l'administration

(1) Saint Urbain, l'un d'eux, y fit construire les basiliques de Saint-Etienne et de Saint-Jean; saint Grégoire celle de Saint-Bénigne. Ce dernier évêque, ainsi que saint Tétrique, son fils et son successeur, furent inhumés à Saint-Jean, dans laquelle une marque indique encore la place où furent leurs tombeaux. Ce même saint Grégoire, qu'il ne faut pas confondre avec le grand pape de ce nom, fut bisaïeul de Grégoire, métropolitain de Tours, l'Hérodote du moyen-âge, et qui a répandu de grandes lumières sur les antiquités de Dijon, où il vint préluder à ses travaux dans des écrits qui prouvent qu'il avait habité longtemps cette ville.

L'hôtel de ces évêques à Dijon, désigné dans le *Gallia christiana* sous le nom de *palatium Lingonense*, était situé au lieu de l'ancien couvent des Jacobines, place d'Armes. Il fut vendu, après la Ligue, par Charles d'Escars, l'un d'eux, à Denis Brulart, Premier Président du Parlement, dont le petit-fils le revendit à cette communauté. Auparavant, les mêmes évêques avaient, suivant l'opinion de quelques-uns, habité le cloître Saint-Vincent, voisin de l'église Saint-Etienne, et qui communiquait par un souterrain avec la crypte de cette église.

intérieure des villes, et les comtes nommés par les rois de Bourgogne ne firent qu'exercer sous ce nom l'autorité qu'ils avaient déjà sous les empereurs. Dans ce mélange des hommes et des races, où les mœurs primitives survécurent à la domination elle-même, les lois, chose étonnante, conservèrent leur puissance et leur personnalité. Les Bourguignons suivirent la loi *Gombette* (1) et les Gaulois la loi romaine, sous laquelle ils avaient vécu ; distinction aussi funeste qu'impolitique, qui entretint la division dans un État nouveau qui ne devait compter que des frères. Ce fut de l'union de ces peuples par le mariage que se formèrent ici les mœurs de la cité par les mœurs confondues de la famille, qui leur servirent de fondement. De cet état primordial, on vit sortir les différents génies qui ont caractérisé notre nation, fortifiés depuis par le climat et les habitudes.

Dijon avait conservé durant plusieurs siècles les coutumes et les maximes romaines. Il garda les faux dieux pendant que le christianisme, par la beauté de sa morale, s'inoculait secrètement dans les cœurs, en attendant que les tourments et la mort en hâtassent les progrès. Mais les changements survenus par l'invasion des barbares avaient ralenti peu à peu la première ferveur. La Gaule était presque entièrement chrétienne, lorsque les Bourgui-

(1) Elle tirait ce nom de Gondebauld, troisième roi de Bourgogne, son fondateur.

gnons envahirent ces contrées. Ceux-ci, quoique chrétiens eux-mêmes et les premiers de tous, étaient tombés dans l'arianisme, tandis que les Francs avaient ramené une idolâtrie pire que le culte païen.

A partir de cette époque, on voit Gondebaud resté maître de Dijon qu'il possédait, comme souverain ainsi que son frère Gondégésile du royaume de Bourgogne, attaqué et battu par Clovis, roi des Francs, dans le combat célèbre livré non loin de cette ville (1). La défection de Gondégésile qui, au plus fort de la bataille, était passé à l'ennemi avec ses troupes, fut la cause de ce désastre. Gondebaud s'en vengea bientôt ; il attaqua son frère, le défit, et lui ôta la vie. Resté seul maître de la Bourgogne, le royaume de ce nom avait vu réduire ainsi ses limites par les succès de Clovis. Auparavant, cet État comprenait dans sa plus haute puissance, la Provence, le Dauphiné, le Lyonnais, la haute et basse Bourgogne, une partie de la Champagne, la province des Séquanais, la Tarentaise, la Suisse jusqu'au mont Saint-Bernard, le mont Jura et tout le pays situé le long du Rhin, avec la plus grande partie de l'Alsace. Une nation aussi formidable, après avoir perdu ses premiers souverains, fut

(1) En 500, près de la rivière d'Ouche, entre Fleurey et Lantenay, petit vallon où l'on a trouvé des armes et des tombeaux, *ad castrum cui Divione nomen super Oscaram*. (Greg. Turon., *Historia Francorum.*) Cette bataille a conservé depuis le nom de Fleurey, *Villa in Divionensi territorio Floriacus* (Vales, *Not. Gall.*). Mille, abrégé chronologique de l'histoire de Bourgogne.

encore longtemps gouvernée par des rois particuliers. Le royaume de Bourgogne a subsisté sous les enfants de Clovis et de Charlemagne avec ses coutumes et les lois de Gondebaud. Tels furent nos ancêtres avec leur caractère puisé dans la fierté du Bourguignon, l'urbanité romaine et la fermeté d'âme des Gaulois. De nos jours, deux anciennes provinces, la Bourgogne et la Franche-Comté, rappellent seules ces origines d'un peuple ayant formé un grand État, dont elles personnifient le souvenir, en continuant, par une préférence de race, à en porter le nom.

Depuis la révolution des fiefs, arrivée en 877 dans l'assemblée de Quiercy-sur-Oise, les comtes institués à Dijon par les évêques de Langres pour gouverner en leur nom, au lieu de simples bénéficiaires qu'ils étaient, disposèrent de l'hérédité de leurs charges. Ce fut par l'effet de ce changement mémorable survenu dans la constitution féodale que le gouvernement de la ville passa, avec tous les droits qui y étaient attachés, dans la maison de Vergy, moins quelques priviléges seigneuriaux que les évêques s'étaient réservés à l'exemple des rois de France, leurs prédécesseurs et leurs maîtres. Depuis cette transmission, le comté de Dijon, après être demeuré pendant de longues années dans la succession d'Othe-Guillaume (1), qui en était devenu propriétaire,

(1) Fils adoptif de Henri-le-Grand, frère de Hugues Capet, Othe-Guillaume lutta avec succès contre le roi Robert, qui voulut en vain

avait été racheté par le roi Robert, qui l'avait rétrocédé à son fils du même nom, premier Duc de la race Capétienne. Ce prince lui transmit dans le même temps la souveraineté de la Bourgogne, auparavant gouvernée durant un siècle et demi par les Ducs bénéficiaires (1), c'est-à-dire nommés par commission du Roi. Les évêques, dans la personne de leurs comtes, s'étaient fait aussi remplacer par des vicomtes, *vice comites,* auxquels ils avaient, en leur absence et celle de leurs représentants, délégué une portion de leur autorité, et qui, à l'exemple de ces comtes, invoquèrent, pour en disposer eux-mêmes, la loi qui avait rendu ceux-ci héréditaires.

Telle fut l'origine du vicomté de Dijon. Séparé du comté dès le IXe siècle, personnel et viager jusqu'au commencement du XIe, il était échu en partage à une famille puissante dont Guy-le-Riche fut le chef, et qui finit par s'en dessaisir par l'effet du rachat qu'en firent, en 1276, les ducs de Bourgogne. de Guillaume de Pontailler, l'un de ses membres. Ces princes le cédèrent depuis à la ville, *cum omnibus juribus, et pertinentibus justitia, dominio et aliis,* dit une charte de 1284, émanée

lui reprendre par les armes le duché dans lequel il s'était fait reconnaître comme successeur de son père; mais il céda, à la suite d'une négociation entamée avec Robert, et ne conserva que le comté de Dijon, dont il jouit jusqu'à sa mort.

(1) Ce titre, qui emportait la révocabilité, ne fut retiré à aucun d'eux et n'affaiblit pas leur autorité à cette époque de l'histoire où la puissance royale alla s'abîmer dans le droit féodal sous les faibles descendants de Charlemagne.

de l'un d'eux (1). Mais une telle concession ne fut pas la seule, et en même temps qu'avec ses privilèges Dijon obtenait le patrimoine de la justice municipale, le Duc convertissait la dette de cinq cents marcs d'argent, à laquelle se trouvait obligée la commune par cette charte, en un impôt moins onéreux. Pour une faveur si importante on lui imposa quelques taxes qui n'étaient qu'un équivalent fictif du vicomté, dont elle venait de voir ses libertés s'accroître. Cette forme de transaction fut faite en 1282 et confirmée de même par le roi de France. Ainsi commença dès cette époque dans sa plénitude ce pouvoir nouveau que nos Ducs avaient contribué à fonder, qui s'élevait à côté d'eux-mêmes, concession nécessaire, mais dont ils ne tardèrent pas à subir les traverses.

L'attention singulière que ces princes avaient apportée dans l'organisation de la commune coïncide encore avec un acte politique qui en releva l'importance. Nous voulons parler du choix que le roi Robert, fils et successeur de Hugues Capet, avait fait de Dijon comme capitale des nouveaux Etats qui devaient constituer, entre les mains du duc son fils (2), l'une des plus grandes souverainetés

(1) Le duc Robert II. Cette charte est relatée dans une ordonnance du roi Philippe-le-Hardi; acte qu'on peut voir au recueil de Pérard, page 346.

(2) Ce prince, devenu plus tard roi de France sous le nom de Henri Ier, appartient, comme duc de Bourgogne, à la classe des Ducs bénéficiaires dont il fut le dernier de ceux qui, sous ce titre, gouvernèrent la Bourgogne jusqu'à l'année 1032, époque à laquelle com-

féodales du royaume. Ce choix, accompli au détriment des villes considérables qui existaient alorsen Bourgogne, vient prouver une fois de plus l'importance primitive de cette cité déjà attestée par les monuments que nous avons rappelés. Chalon, malgré son droit d'aînesse et qui avait été sous Gontran (1) la capitale des rois de Bourgogne, ne réclama pas. Autun, ville importante, recommandable par ses souvenirs et son antiquité, et où les premiers Ducs bénéficiaires avaient tenu quelque temps leur cour, subit le choix du nouveau Duc; il en fut de même des autres. Dijon vit donc proclamer dès cette époque sa primauté politique après avoir été, comme on l'a dit, la propriété des évêques de Langres qui l'avaient concédé aux Ducs sans abdiquer leur juridiction spirituelle qu'ils conservèrent sur elle durant plusieurs siècles. N'oublions point qu'à cette époque le comté de Bourgogne n'était pas encore réuni au duché, ce qui arriva plus de trois siècles après qu'il fut apporté en dot à Philippe-le-Hardi, premier Duc de la seconde race, par Marguerite de Flandres, sa première femme, réunion qui fit de Dijon la

mencèrent les Ducs héréditaires de la première race dite des Capets, et dont Robert, frère de Henri et petit-fils de Hugues Capet, est le premier reconnu par l'histoire.

(1) Les rois de Bourgogne n'eurent pas, comme après eux les Ducs bénéficiaires, de résidence fixe et héréditaire. Lyon, Besançon, Genève, Vienne, Arles et d'autres villes pouvaient revendiquer encore l'honneur d'avoir été leur capitale, surtout aux époques où le royaume de ce nom fut divisé entre plusieurs d'entre eux par force ou par succession. Tous ces choix se firent, à chaque avénement de ces souverains, suivant l'intérêt ou le caprice.

capitale des deux provinces jusqu'à la mort de son dernier Duc (1).

Telle fut, avec celle de ses agrandissements au sein d'un nouvel état, la cause de cette institution de la commune née des débris du système féodal. De la part des Ducs, elle n'avait eu d'autre but que d'acquérir des sujets nouveaux à la place de ceux que leur avait enlevés par le servage la puissance alors si redoutable des seigneurs. On vit en effet ces Ducs s'appuyer sur la commune pour résister à ceux-ci dans des luttes inégales où ils eussent succombé sans elle. En cela fut le secret d'une création que la raison d'Etat plutôt que le bien de l'humanité avait conseillée. Ainsi s'était fondée, par l'appui qu'on en attendit, une puissance occulte et jusque-là sans nom, qui devait changer dans la suite des temps le gouvernement lui-même, désormais fondé sur des intérêts que la politique avait appelés à son aide et qui ne connut plus de bornes quand elle sentit son importance.

Rivalités de la ville et du Parlement.

Les gouverneurs qui représentèrent plus tard à Dijon, pendant des siècles, l'autorité des Rois, suivirent les mêmes maximes de conduite et eurent lieu de s'en applaudir. Cette politique, puisée dans les mœurs, leur imprima un élan nouveau, et les actes s'en multiplient avec les époques. Depuis Louis XI, l'ennemi des grands

(1) Charles-le-Téméraire. Après de longues guerres, Charles VIII, roi de France, céda la Franche-Comté à l'archiduc Maximilien par le traité de Senlis; d'où elle est passée à l'Espagne.

fiefs, la bourgeoisie était devenue une force nouvelle avec laquelle il fallut compter. Le maire Millotet, durant la Fronde, lutta, de concert avec le duc de Vendôme, contre les entreprises du Parlement soutenu par le Premier Président Bouchu. Condé lui-même, aux prises avec la Compagnie, par suite des refus de subsides que la défense contre l'invasion allemande de 1636 en Bourgogne avait rendus indispensables, appelait les officiers de la ville *ses bons amis* et tonnait, dans des allocutions publiques, contre les privilégiés et leur domination. Au déclin du Parlement, un autre gouverneur du même nom encourageait, du champ de bataille où il avait fait triompher les armes du Roi, les entreprises des Elus sur l'autorité du Parlement et leur défendait de s'y soumettre. Enfin et auparavant, ce fut aussi un prince de cette maison qui soutint la Chambre de ville dans ses luttes habituelles avec celle des pauvres où dominait le Parlement, et fit si bien par son crédit, que la ville racheta, moyennant finance, le droit d'élire ses officiers que l'édit de Versailles avait anéanti, comme il le fit pour toutes les cités du royaume où ce privilége existait (1).

Ces préférences, qu'on retrouve à chaque pas dans notre histoire municipale et dont, sans le soin que nous prenons de les rappeler d'avance, on ne saisirait pas le

(1) Regist. munic., 24 janvier 1693.

caractère, entretenaient entre le Parlement et la Chambre de ville un foyer d'irritation qui ne s'éteignit jamais. Ces haines héréditaires, puisées dans l'antagonisme et les traditions, se perpétuèrent jusqu'aux derniers jours des libertés de la commune. Jamais le Parlement ne pardonna à la ville des priviléges qui, au centre d'un Etat monarchique, semblaient en faire une petite république égale et parfois supérieure à lui.

Les Registres de ces deux Corps attestent en effet les efforts que fit en tout temps le premier d'entre eux pour amoindrir dans l'élection ces libertés trop souvent menaçantes. Tantôt c'était la brigue qu'il fallait déjouer, tantôt l'autorité royale qu'il en disait atteinte et pour laquelle il se montrait singulièrement jaloux. Sous la Ligue, ce fut l'intérêt de la foi menacée; sous la Fronde, celui des princes réfractaires déguisé sous une forme trompeuse; en toute chose, des motifs autres que les véritables qu'on n'osait avouer. Puis, passant de la violence à la dérision, le même Parlement alla jusqu'à ordonner, au lieu d'une élection sérieuse, la désignation par le sort d'un des trois noms qui auraient obtenu le plus de voix; ce qui força la ville à recourir au Roi qui fit casser par son Conseil un acte qui remplaçait les choix par le hasard (1). Dans certains cas, il ne craignait pas de circonvenir le gouverneur de la province, ou bien de dépu-

(1) Juin 1529. Les mêmes efforts se renouvelèrent sans succès en 1599, et depuis en 1610.

ter, au Souverain lui-même; et la ville d'envoyer, de son côté des députations ruineuses, pour répondre à celles que ce Parlement entretenait à la Cour (1).

La présence des Rois à Dijon fut saisie avec ardeur pour faire prévaloir ces empiétements ou en inspirer la pensée. On voit au XVIIe siècle qu'il ne tint pas au Premier Président de la Berchère que Louis XIII, qui l'avait consulté, ne supprimât, dans le serment qu'il devait prêter à Saint-Bénigne lors de sa première entrée, la promesse de respecter les priviléges municipaux. Il alla jusqu'à proposer à ce Prince d'imiter l'exemple des rois Henri III et Henri IV qui avaient usé de cette restriction ; conseils pernicieux qui portèrent leur fruit et devinrent dans la suite une des causes de l'anéantissement de ces droits (2).

A côté de tels dangers se succédaient des luttes et des

(1) Bénigne Bossuet, père de l'évêque de Meaux, avait été, en 1625, envoyé par la Chambre de ville à Paris avec le célèbre avocat Charles Févret, pour défendre ces priviléges contre les empiétements du Parlement. On peut lire dans la *Vie de Bossuet* par M. Floquet (t. I, p. 22), les difficultés qu'il eut à surmonter dans cette occasion, jointes aux calomnies dont il fut l'objet de la part de ses concitoyens et dont son patriotisme triompha.

(2) C'était peu de temps avant la révolte dite de *Lanturelu*, qui servit de prétexte à ces rigueurs. On lit dans les Registres du Parlement, du 31 janvier 1629, que Louis XIII, bien qu'il eût reçu à Saint-Bénigne le serment accoutumé du maire et des échevins, *ne jura pas* d'observer les priviléges municipaux, ainsi que l'avaient fait avant lui les autres souverains, et se contenta de *promettre* d'en faire donner lettres de confirmation par son garde-des-sceaux. (Registre de la ville, du même jour.)

exigences nouvelles. C'est ainsi que, feignant d'ignorer ces priviléges municipaux bien antérieurs à sa création, on vit le Parlement en demander des communications aussi injurieuses qu'inutiles. C'était, disait-on, nous éprouvons quelque honte à le dire « pour en vérifier l'existence. » Mais la Chambre ne s'y laissa pas tromper, elle gardait fidèlement son *trésor*, assemblait les habitants et en imposait, par cette attitude, à des menées indignes d'un grand Corps. On lit, dans les Registres du XVIe siècle, que la Chambre de ville ayant osé, dans une occasion semblable, protester contre des injures proférées contre elle par le Premier Président en pleine audience, le Parlement manda à sa barre le syndic et le menaça, s'il osait renouveler ses plaintes, *de lui faire brûler jusqu'au bout une torche entre les doigts* (1). Tel est en abrégé le récit de ces dissensions qui tiennent une place notable dans les annales de cette commune et en font pressentir la vie politique, dont l'histoire du Parlement réfléchira les traits et le caractère.

La ville avait habituellement succombé dans des luttes aussi disproportionnées avec le plus grand Corps de magistrature qui fût en Bourgogne. Une fois, néanmoins, le contraire arriva. C'était au commencement du XVIIe siècle, alors que les querelles déjà si anciennes entre le

(1) Voy. les détails de cette affaire au Registre du 30 mars 1577.

Parlement et la Chambre des Comptes ne connaissaient plus de bornes. Il s'agissait de l'une de ces préséances d'honneur, sujet de débats sans cesse renaissants entre ces deux Compagnies et auxquels l'esprit d'empiètement ne permit dans aucun temps à la puissance royale de mettre un frein. Après d'impuissants efforts de sa part pour vaincre des prétentions injustes, le Parlement avait obtenu du Roi, comme dernier remède, la translation de la Chambre des Comptes dans une autre ville du ressort; ayant menacé, s'il n'en était pas ordonné ainsi, de transporter sa résidence ailleurs. Les Comptes refusèrent d'obéir, et déjà, pour les y contraindre, le maire, par l'ordre qu'il en avait reçu, avait fait charger sur des voitures les archives de cette Compagnie, lorsqu'une motion extrême vint mettre fin à cette lutte.

Un simple échevin, du nom de Pérard, prit seul la parole au sein de la Chambre de ville assemblée. Il reprocha au maire d'abandonner lâchement les intérêts de la commune privée désormais de la résidence d'un de ses plus grands corps, fit jurer à tous les assistants que cet ordre ne s'accomplirait pas, et força, au sein d'une sédition qui lui vint en aide (1), les voitures à demeurer, sans que le Parlement osât se prononcer contre cette résistance où le sang avait coulé.

Une prépondérance aussi considérable de la cité tenait

(1) Arrivée rue Madeleine, le 26 octobre 1627. (Reg. munic.)

à son organisation aussi bien qu'au caractère de ses délégués et ne contribua pas peu à donner essor à ses passions flattées dans leurs tendances contre un pouvoir rival. L'état d'abaissement du Parlement resté à Dijon pendant la Ligue fera voir assez ce qu'était capable d'entreprendre une juridiction populaire ainsi abandonnée à elle-même. Le maire, déjà investi de la police et de l'administration, prétendait avoir encore la justice souveraine, c'est-à-dire le droit de faire exécuter ses sentences sans appel. A la vérité, il devait être assisté des échevins et d'un certain nombre de gradués, sorte de jury d'alors; mais le Parlement restait étranger à ces procédures. Suivant la ville, la prétention de ce Corps d'asservir par l'appel la justice municipale à sa juridiction était la suite de nombreux empiétements. Elle invoquait, pour l'établir, sa fondation comme commune garantie par ses droits de justice (1) résultant de son affranchissement, qui avait précédé longtemps l'organisation d'une Cour de magistrature souveraine à Dijon.

Des exemples éclatants semblaient confirmer cette prétention. Le maire La Verne et le capitaine Gault, de la milice bourgeoise, convaincus de haute trahison, pour avoir tenté d'ouvrir les portes de la ville à Henri IV, dans la personne de Vaugrenant commandant à Saint-

(1) Voir la charte de 1187 par laquelle le Duc, en fondant la commune, ne se réserva la justice souveraine que pour certains crimes peu nombreux.

Jean-de-Losne, eurent la tête tranchée au Morimont, par l'effet d'une de ces sentences et malgré l'appel qu'ils en firent au Parlement (1), auquel Mayenne avait interdit, comme incompétent, d'en connaître (2). Vainement Tavannes, gouverneur du Château, venait-il, pour obtenir leurs aveux, d'engager envers les prisonniers sa foi de gentilhomme qu'ils ne périraient pas ; il eut le déboire de voir annuler sa parole dans un conseil de légistes, où elle fut débattue comme contraire à la justice de la ville qui avait provoqué cette assemblée (3). Enfin, il ne fallut pas moins que l'intervention du même Mayenne pour arracher plus tard à ces juges bourgeois les membres du Parlement que le maire Fleutelot, simple procureur en ce siége, avait osé faire arrêter comme complices de la trahison (4). Le châtiment suivit ainsi son cours

(1) La tête de La Verne fut apportée à la main, par un boucher du Bourg, du lieu de l'exécution au cimetière Saint-Médard où elle fut enterrée avec le corps. Sa famille et ses amis n'obtinrent de la Chambre la permission de lui faire célébrer un service qu'à la condition, portait la délibération, de le faire *secrètement et sans cérémonie.* (Reg. munic., 3 nov. 1594.)

(2) En envoyant, le 19 septembre, de Bruxelles à la ville, par un trompette, commission d'instruire « sans respect ni opposition de qui que ce fût, pour révérence desquels ne serait différé de passer outre, et d'y travailler en diligence. »

(3) Voir le Registre du 10 septembre 1594, qui contient les protestations de Tavannes et des gentilshommes que, sur sa demande, le conseil avait fait appeler, et qui tous réclamèrent vainement en faveur de la parole donnée.

(4) Les conseillers Fyot, Gagne, Bretagne et Quarré, les premiers auteurs du complot dans lequel ils avaient entraîné La Verne, en lui

et l'on vit le chanoine Gagne de la Sainte-Chapelle compromis dans cette affaire, jugé par la justice de la ville, et pendu en effigie avec ses habits sacerdotaux, malgré sa dignité ecclésiastique.

Ce fut une grande affaire que ce procès qui occupe dans les annales municipales du XVIe siècle une place pleine d'enseignements et dont on trouvera les suites dans l'ouvrage que nous publions. Si l'on en croit la déclaration de La Verne, la justice de la ville s'y était rendue coupable de forfaiture. Ce condamné affirma, au moment de mourir, qu'il eût pu sauver sa tête *moyennant finance,* ainsi que l'avait fait Lavisey, son complice, qui, sur quinze cents écus distribués à des officiers de la Chambre, en avait fait compter cinq cents au procureur syndic qui l'aurait ainsi favorisé. Du reste, La Verne fut aussi lâche dans l'adversité qu'il avait été arrogant dans le pouvoir, quand, à la tête de la cité, il faisait peser sur le peuple une dictature inconnue jusqu'à lui. Au contraire, Gault, autre de ses complices qu'il avait dénoncé dans l'espoir de conserver la vie, mourut avec courage, sans accuser personne, « après s'être offert en sacrifice à Dieu pour les maux dont Dijon

promettant la *mairie perpétuelle et* 20,000 *écus d'argent.* Encore ces magistrats n'obtinrent-ils pas leur liberté sans qu'ils eussent déboursé une grosse somme que *sous main* on leur fit dire d'avoir à donner, et que se partagèrent entre eux les valets du fils du duc de Mayenne, qui n'étaient pas payés de leurs gages. (*Mémoires de Breunot.*)

était menacé et qu'il avait voulu, dit-il, prévenir par une résolution trop prompte. »

Au milieu de cette confusion des pouvoirs, on accusa Fleutelot *d'avoir passé outre aux appellations* dans l'exécution de la sentence que l'arrivée prochaine du duc de Mayenne pouvait empêcher. Ce maire s'est défendu d'un tel reproche; mais des témoignages irrécusables apprennent qu'il avait repoussé la femme et les parents de La Verne qui étaient venus lui demander sa grâce (1), et que ce fut par ses ordres que les condamnés subirent leur supplice. Mesure extrême provoquée par des passions haineuses et qui n'empêcha pas plus tard que, changeant avec la fortune, on ne vît ce même Fleutelot préparer la reddition de la ville à Henri IV, dont il obtint en récompense des lettres de noblesse (2).

A une époque antérieure, un personnage non moins important, Fervaque, commandant de la province en l'absence du gouverneur, s'était vu, sur un simple soupçon de félonie, détenu au Château où il avait sa résidence et son commandement. Vainement Mayenne et le Parlement s'intéressèrent-ils à son élargissement ; le peuple, dans une assemblée tenue aux Jacobins, décida qu'il garderait prison comme suspect à la cause de l'Union qu'il devait défendre. Ceci se passait en 1589 (3), cinq

(1) *Mémoires de Breunot.*
(2) Entérinées le 1er septembre 1595. (Reg. munic.)
(3) Le 24 avril. (Reg. munic.)

ans avant le procès de La Verne, et, chose si commune en révolution, ce fut ce même homme, condamné depuis pour avoir trahi la cause de la Ligue, qui était maire alors et se rendit l'agent de ces rigueurs. Fervaque fut élargi, mais il ne fallut pas moins que l'intervention du Légat, la plus grande puissance d'alors, puisqu'elle représentait la papauté, pour obtenir de la ville un retour à des sentiments plus traitables (1). Le prisonnier, comme premier gage de sa délivrance, fut obligé de compter jusqu'à 20,000 écus, somme énorme pour le temps dont nous parlons. Il jura, *sur le salut de son âme,* de ne rien entreprendre contre l'Union ; mais la commune ne se contenta pas de sa parole et exigea de lui, outre des cautions qui furent obligées plus tard de payer à sa place, la remise du château de Grancey où elle envoya garnison avec un officier chargé de le commander pour elle. Du reste, Fervaque ne fut pas le seul compromis dans cette affaire, par suite de laquelle la ville fit encore emprisonner plusieurs membres du Parlement. Ces mesures hardies excitèrent les plaintes de cette Compagnie qui prétendit, non sans raison, que c'était faire *brèche* à ses priviléges, et furent suivies d'une résolution

(1) Le cardinal Cajetan, envoyé en France à l'occasion des troubles de la Ligue, se rendit au Château le 15 décembre 1589 et y fit mettre en liberté Fervaque, après lui avoir fait jurer les articles de sa délivrance : ce qui n'empêcha pas cet officier de menacer la ville quelques années plus tard, étant devenu, depuis, l'un des plus dévoués partisans du roi de Navarre, pour lequel il se battit bravement.

des principaux notables portant que ces magistrats seraient relâchés pourvu qu'ils se *continssent désormais envers les habitants* (1). Tel était, dans cette institution de justice, le pouvoir exorbitant qu'avait fondé la concession du vicomté, faite par les Ducs à la ville, mais qui devait subir les empiétements dont la Chambre avait elle-même donné l'exemple.

Pouvoirs du Maire et de la Chambre de ville.

Ainsi qu'on peut en juger par ses actes, le maire, de qui procédait jusqu'au regard des Cours souveraines une autorité si étendue, était l'élu du peuple. Il était nommé pour un an, l'avant-veille de la Saint-Jean-Baptiste, au couvent des Jacobins; il prêtait, à Notre-Dame, devant le grand-autel, le serment d'usage dans lequel il promettait, entre autres choses, « de garder les fran- « chises et libertés de la ville envers le Prince et ses « officiers, *d'aimer et chérir* ses échevins, de faire « prompte justice à chacun, de faire exécuter les actes « du conseil et de ne laisser molester personne par ses « sergents (2). » Outre les priviléges que lui donnaient dans leur plénitude la justice et l'administration, il était chef de la milice dans un temps où tout habitant était soldat, même les gens d'église et de robe, et où aucun homme de guerre ne pouvait entrer en ville sans en violer les priviléges. C'est ainsi qu'on le voyait tour à tour

(1) Reg. munic., 1589.
(2) Reg. munic., 24 juin 1445.

haranguer les princes en simarre et défiler devant eux, flamberge en main, à la tête des bataillons des paroisses; ce qui explique ces anciens sceaux de la commune, où il est représenté avec les attributs de la justice et de la guerre. De plus, il avait la noblesse, quelle que fût sa naissance le plus souvent obscure, et malgré les résistances du Parlement, qui ne craignit pas de faire *biffer* par arrêt un privilége incontestable déposé depuis des siècles au trésor de la ville et que les Rois avaient respecté (1). Vingt-quatre sergents en manteaux rouges et armés de hallebardes, au lieu des faisceaux consulaires, le suivaient et l'accompagnaient partout, en même temps qu'il avait ses canons et ses artilleurs à lui. Il était, aux Etats, président-né du *tiers* dans ces assemblées triennales qui réglaient entre les trois Ordres les dépenses et le budjet de la province. Ajoutons qu'il nommait les officiers de la milice bourgeoise et les gardiens des portes de la ville. Ceux-ci étaient tenus chaque soir de lui en apporter les clefs. Enfin, en l'absence du gouverneur, il donnait le *mot* et commandait la place, au mépris des prétentions du Premier Président du Parlement

(1) L'arrêt est du 24 janvier 1646 et porte la confirmation des priviléges de la ville, au sujet desquels on lit par exception : « Sans que les maires ni leur postérité se puissent prétendre nobles, si la noblesse ne leur en a été acquise d'ailleurs. » Voir auparavant le Registre de la ville du 22 avril 1591.

Fut-ce à cause de ces résistances que l'on vit Henri IV accorder spécialement la noblesse à Fleutelot (1595), comme auparavant Charles IX en avait envoyé des lettres à La Verne (1590)? (Reg. munic.)

qui ne craignit pas de réclamer pour son Corps cette singulière préférence (1).

Ce magistrat n'était pas un personnage sans importance. Inquiétant pour le Prince, dangereux pour le peuple lui-même qui l'avait élu, il fût promptement devenu le maître de la cité, si la puissance dont il était armé n'eût pas trouvé des bornes dans la brièveté de son mandat. Un nouvel exemple, puisé dans le temps de la Ligue, en fournit la preuve, en même temps qu'il montrera jusqu'où purent aller les passions de cette époque chez les hommes les plus élevés en dignité. Ce même La Verne, dont nous avons raconté la fin tragique, était maire encore quand il fit étrangler *sur l'heure* un échevin nommé Chantepinot qui l'avait offensé (2). Le bourreau avait refusé d'obéir, mais il s'inclina sans hésiter devant une sorte de sentence rédigée par un avocat complaisant qui ne craignit pas de se prêter, dans ce simulacre de justice, à une vengeance atroce que La Verne ne devait pas tarder à expier.

Ainsi était mort assassiné un des principaux officiers de la cité, sans que personne, ni le Parlement lui-même

(1) Ainsi vit-on Biron lui-même, après le combat de Fontaine-Française, charger en son nom le maire de commander la ville, sans en excepter le Château. (Reg. munic., 4 juillet 1595.)

(2) L'exécution eut lieu à l'un des *bochots* de bois qui supportaient le toit couvrant l'entrée d'une tour qui était dans la cour de la maison de ville, aujourd'hui palais des Archives. (Chronique de Sulot, aujourd'hui perdue.)

eussent osé élever la voix pour le venger, après même que La Verne avait été dépouillé du *majorat* par l'élection de Fleutelot, son compétiteur. Appelé, malgré son crime, par la seule autorité du duc de Mayenne, à occuper un siége au Parlement, La Verne s'en était vu plus tard refuser l'entrée par cette Compagnie, qui, toute déchue qu'elle était encore, ne craignit plus de le menacer de poursuites pour le meurtre qu'il avait commis. Ce fut à cette unique cause et non point à des retours politiques désintéressés, chose rare en révolution, que dut être attribuée la défection de cet homme au parti de la Ligue, ainsi que la tentative qu'il fit en faveur du roi de Navarre, et qui lui coûta la vie. Toutefois, à son entrée à Dijon après les troubles, Henri IV ne sembla voir dans cette conduite que l'acte d'un sujet qui avait essayé de rendre un grand service à sa cause, et réhabilita sa mémoire par des lettres qu'on peut lire encore, où il exalta sa fidélité (1).

Guerres contre le dehors.

Cet excès d'autorité de La Verne poussé, par la mort de Chantepinot, jusqu'à l'audace du crime de la part d'un homme élevé par les suffrages de la multitude, prouvait assez la force d'un pouvoir puisé à pareille source et qui ne craignit pas d'en abuser à ce point. Mais la ville y avait trouvé à son tour, par l'autorité de

(1) Reg. munic., 16 juin 1595. Déjà auparavant Mayenne avait remis aux héritiers les amendes et *la réputation*.

ses maires, cette puissante énergie qui la fit triompher des plus grands périls. Seule et presque sans autre secours qu'une milice exercée au maniement des armes, on l'avait vue résister, par un dévouement héroïque, à cinquante mille Suisses et Comtois qui, dans l'année 1513, étaient venus battre ses murailles en brèche et lui livrer jusqu'à deux assauts (1). La politique adroite de La Trémouille seconda puissamment, à la vérité, le courage de ses habitants ; mais, ce courage, à son tour, fit la force du négociateur, qui n'eût pas été écouté sans la résistance désespérée d'une ville fidèle. On sait que, moyennant quelques subsides, le gouverneur obtint le départ de cette nombreuse armée, qui menaça de s'emparer de la province et la mit à deux doigts de sa perte.

Le patriotisme de cette capitale fit tous les frais de cette retraite, et Dijon en puisa l'élan dans l'exemple de ses officiers municipaux. Pour favoriser sa défense, les faubourgs avaient été brûlés, les brèches réparées, la milice réunie enfin sous les auspices de cette Vierge noire qui, promenée sur nos remparts, conserva pendant

(1) Ils arrivèrent le 6 septembre et dressèrent leur artillerie nombreuse et de gros calibre sur la hauteur des *Petites-Roches* au levant, et sur les *Perrières* au couchant. On sait que dès le 4 du même mois et par les ordres du gouverneur, le faubourg Saint-Nicolas avait été détruit par le feu ; celui de Saint-Pierre le 5 ; celui de la Porte-Neuve le 6, et celui d'Ouche le 7 ; l'église Saint-Nicolas, alors à l'entrée de la ville, et l'hospice du Saint-Esprit, aujourd'hui le Grand-Hôpital, ayant été seuls épargnés des destructions dans les faubourgs. L'ennemi se retira le 13, après six jours de siége. (Reg. munic.)

des siècles de la reconnaissance publique le surnom de *Notre-Dame-des-Suisses*. A des propositions déshonorantes par lesquelles l'ennemi avait demandé la Bourgogne, Milan, Crémone, Gênes, le comté d'Ast et 400,000 écus, le gouverneur avait répondu par un coup de canon, qui, rompant une première trève, enflamma les habitants et prépara, par le désespoir, le succès de la négociation. Les Suisses regagnèrent leurs montagnes avec leur grosse artillerie, n'emportant de cette campagne que la promesse d'une somme d'argent (1) pour la garantie de laquelle le maire Bénigne de Cirey, et avec lui René de Maizières, Jean de Rochefort, Philibert Godran, Jean Noël et Bénigne Serre, qui s'étaient offerts en otages, furent conduits en Suisse, où ils demeurèrent seize mois dans l'attente de la mort (2). Un magistrat, dont cet acte immortalisa le nom, le Premier Président de Villeneuve, eut le courage d'aller les réclamer peu de temps après et les obtint des cantons au péril de sa vie (3), tandis que Louis XII venait acquitter enfin, avec

(1) Outre 25,000 livres payées comptant, qui furent tout ce que la ville put emprunter dans une quête faite pendant la nuit chez les habitants. (Reg. munic., 13 septembre 1513.)

(2) Condamnés qu'ils furent par la diète, savoir : de Maizières et Rochefort à avoir la tête tranchée, et les quatre bourgeois à être pendus, chacun d'eux n'ayant dû la vie qu'à la crainte que l'on fit concevoir aux cantons, de perdre, par le supplice de ces otages, l'argent qui leur était dû.

(3) Témoin l'indigne traitement que les Suisses avaient fait subir au premier président du Parlement de Grenoble, livré à eux par les Génois et auquel ils n'avaient pas craint de faire donner la question. Le

la rançon des captifs, la dette d'une ville ainsi ruinée pour l'honneur de la France et pour son salut.

Depuis, et à une époque plus rapprochée (1636), lorsque Gallas et le duc de Lorraine vinrent envahir la Bourgogne et échouer devant une bicoque défendue par une poignée de braves (1), Dijon aussi arma ses remparts (2), fit raser ses faubourgs, congédia les bouches

Premier Président de Villeneuve, arrêté lui-même comme il sortait de Genève, fut conduit à Berne au mépris de son sauf-conduit, et racheté depuis comme otage avec les autres, moyennant 10,000 écus; la Suisse ayant, par cette conduite déloyale, voulu se venger de la honte d'une expédition manquée. On voit de plus, au Registre du Parlement du mois de novembre 1513, que le Premier Président de Villeneuve cessa de présider cette Compagnie, *étant allé en Suisse par ordre du Roi*; ce qui reportait ce voyage à deux mois après la levée du siége. Le nom de ce magistrat ne reparaît en effet dans les Registres qu'à Pâques 1515, ce qui prouve que son absence avait duré tout cet intervalle de temps.

(1) Saint-Jean-de-Losne, sans autre secours que celui de quelques soldats pestiférés. L'on vit, pendant ce siége, des vieillards, des infirmes et jusqu'à des femmes accourir et mourir sur la brèche.

L'Autriche, en envahissant la Bourgogne, était venue au secours du duc de Lorraine, auquel Louis XIII avait déclaré la guerre pour le punir de ses menées dans la révolte de Gaston. Telle fut la cause de cette campagne, qui laissa, de Champlitte à la Saône, dans tous les villages environnants, des traces de sang et de feu, qui rappelèrent l'époque de l'invasion des barbares vers la décadence de l'empire romain. Les Etats de Bourgogne voulurent, dix ans plus tard, faire visiter par des commissaires les communes ravagées; mais ils n'y trouvèrent que de la cendre, des ruines et quelques rares habitants vivant dans des huttes derrière des murailles noircies, au milieu de terres en friches. (Voir, aux Archives départementales, les *Procès-verbaux de la visite des feux du bailliage de Dijon, en 1644 et 1645.*)

(2) En faisant travailler aux fortifications tous les habitants, femmes, enfants et vieillards, lesquels, porte une délibération du 25 octobre 1635, « furent tenus sans distinction de se trouver en personne à l'hôtel de ville avec pelles, pioches et autres instruments » (Reg. 1635), situa-

inutiles et échappa, par son attitude guerrière, au pillage et à la mort. Un prince digne de la reconnaissance publique, Condé, premier de son nom gouverneur de la province, vint seul, malgré les distances, s'enfermer dans ses murailles, au milieu de la peste qui les désolait. On vit ce prince partager avec les habitants tous les périls, ordonner toutes les défenses et communiquer à chacun cette ardeur dont la Chambre de ville ne craignit pas de donner les premiers exemples. Tant de patriotisme réuni fit qu'une armée de quatre-vingt mille hommes de troupes aguerries, traînant à sa suite plus de cent pièces de canon, n'osa rien entreprendre de sérieux contre une place réduite à sa seule milice et se contenta de brûler nos villages, dont on voyait l'incendie sur un rayon de près de vingt lieues, du haut de la tour ducale qui dominait cet affreux spectacle (1).

tion des plus critiques, que le commentateur de la Marre résume en ces termes : *Sed plus in Condeo valuit publicæ salutis cura quam suæ, qui attonitos civium animos præsentia sua erexit, et ad toleranda belli incommoda fecit alacriores. Recreata certe plurimum illius adventu civitas, quæ non modo sibi a Cæsareis timebat, sed etiam a gente omnium rapacissima, Suecicis, qui, amicorum specie, nos velut hostes habebant...*

(1) Parmi ces villages on compta ceux de Vesvrottes, Taniot, Bèze, Maxilly, Vonges, Lamarche, Pontailler, Longecourt, Cessey, Genlis, Gemeaux, Brazey, Spoix, Is-sur-Tille, Selongey, Beire, Pluvault, Viévigne, Arceau, Rouvres, dont le vieux château fut renversé à coups de canon; Chevigny, Dampierre, Noiron, Drambon, Oizilly, Beaumont, Fontaine-Française, Talmay, Pouilly, Saint-Seine-sur-Vingeanne, Mitreuil, Saint-Léger, Blagny, Champagne, Bezouotte, Charmes, Renève, Cheuge, Savolle, Jancigny, Heuilley, Bellefond, Norges, Lux, Mirebeau, Auvillars, Verdun, Binges, Bressey, Poncey-les-Maillys, Charrey, Esbarres, Magny, Trochères, Pontoux, Charnay, Navilly, Ciel,

Parlerons-nous de ces Suédois et Allemands qui, sous prétexte de défendre la ville, vinrent, sous la conduite de La Vallette et du duc de Weimar, égorger jusqu'à ses portes des habitants paisibles, des femmes sans défense, des enfants au berceau, des prêtres à l'autel, pillant ou brûlant toutes choses (1)? Ce qui fit que, malgré les défenses du Parlement de *méfaire* contre ces farouches alliés, il fallut les combattre comme on eût combattu l'ennemi lui-même, qu'ils n'osèrent attaquer. Chose à peine mentionnée dans l'histoire, cette province avait ainsi, à la honte de Richelieu, qui l'abandonna, et de La Vallette, qui lui refusa tout secours (2), résisté seule à tant de forces réunies. Une conduite si courageuse lui mérita cette légende inscrite au revers d'une médaille que les États firent frapper plus tard à sa gloire et qui en est restée le seul témoignage : *Una fugatis hostibus insignis*. Ainsi en fut-il encore de ces reîtres ou lansquenets qui, pendant nos guerres de religion, s'étaient précipités deux fois en Bourgogne sous la conduite du prince des Deux-Ponts (3), à l'appel de protestants fran-

Verjux, Chauvort, Bragny, Chaussin, Frontenard, etc. Cîteaux et son abbaye furent aussi pillés par les impériaux, qui profanèrent la sépulture des Ducs de la première race, inhumés dans l'église de ce lieu.

(1) Reg. munic. 21 octobre 1636.

(2) Reg. munic. 24, 25, 26, 27, 28 et 30 octobre 1636.

(3) D'abord en 1568, à la tête d'un corps français et de 15,000 reîtres et lansquenets, qui furent battus plus tard à Jarnac et à Moncontour, après avoir désolé cette province, dans laquelle ils laissèrent des traces sanglantes de leur passage. Puis en 1577, où le même prince occupa

çais ; campèrent en dernier lieu devant cette ville qu'ils ne purent forcer, et allèrent venger leur affront en s'emparant de Nuits qu'ils pillèrent pendant trois jours, comme ils l'eussent fait de Dijon elle-même, moins brave et moins bien défendue (1).

Dans ces actes d'héroïsme, cette ville avait trouvé dans son passé le plus reculé des faits glorieux et de grands exemples. Sous les Ducs de la seconde race, et au milieu du XVe siècle, quand nos campagnes désolées avaient vu leurs habitants égorgés et leurs maisons détruites par ces bandes qui portèrent la désolation partout, les *écorcheurs*, qui avaient battu les troupes du Roi commandées par Jean de Bourbon, saccagé le pays d'alentour, et forcé plus tard Duguesclin lui-même à capituler avec eux, n'entrèrent point à Dijon et s'arrêtèrent devant ses murailles au retentissement du beffroi (2), mêlé au cri de ses sentinelles. La vigilance du maire avait pourvu à la défense commune, en appelant chaque habitant sous les armes, celui-ci sous son *dizenier*, celui-là sous son *capitaine de paroisse*, tous attendant l'ennemi partout où

Messigny et les villages les plus voisins, à la tête d'une armée qui y commit de grands ravages. (Reg. munic., années précitées.)

(1) Le comte de Charny à sa tête, le même qui avait sauvé la Bourgogne des massacres de la Saint-Barthélemy.

(2) *La guette* de Notre-Dame, placée au sommet du clocher de cette église, joua un rôle important dans les invasions comme dans les troubles de la Bourgogne; c'était là qu'un préposé de la ville, appelé le *guetteur*, veillait jour et nuit pour avertir les habitants du *péril imminent* par le tintement de la grosse cloche.

il pourrait se montrer. Avec une milice belliqueuse et toujours prête, la ville avait ses tours, ses fossés, ses remparts, des commandants instruits, des chaînes dans les rues, des magasins bien approvisionnés et une artillerie nombreuse. Ce fut à ces précautions multipliées, non moins qu'au courage de ses citoyens, qu'elle dut d'être préservée des horreurs qui signalèrent dans tout le reste de la province le passage de ces barbares, que l'on retrouve vingt fois à nos portes dans le récit de leurs excursions (1). Ainsi s'était-elle montrée toujours vis-à-vis les ennemis du dehors victorieux ou menaçants. Placée aux limites orientales du royaume, Dijon, comme on l'a vu, avait sauvé plus d'une fois la France de sa ruine, sans autre secours que le patriotisme de ses habitants, développé par ces institutions municipales qui inspirent les grandes résolutions ou les fortifient.

Guerres civiles.

Après le courage déployé contre l'étranger, nous retrouvons la même ville constante dans ses devoirs envers le Prince, chef de la monarchie héréditaire à laquelle la Bourgogne s'était réunie dès la fin du XVe siècle. A l'exception du temps de la Ligue, dont nous parlerons plus tard, et à l'encontre du Parlement, moins enclin

(1) Les Registres font plus particulièrement mention de leur présence en 1437, puis en 1440, où la ville contribua pour 400 *saluts* à leur départ, et enfin, pour la dernière fois en 1445.

Le 28 mars 1440, treize de ces misérables, surpris dans une habitation du faubourg d'Ouche, furent noyés dans la rivière, par suite d'une sentence de la ville. (*Tablettes bourguignonnes.*)

à la soumission, jamais sa fidélité ne s'était démentie durant les troubles civils. Ceux de la Fronde furent pour elle une époque de grandeur par la force de résistance qui en ressortit en montrant ce qu'il y avait alors d'énergie dans ces cités municipales plus rapprochées de leur origine. Ni les influences de Condé, à cette époque de l'histoire, dans une ville ancienne capitale de son gouvernement, où son crédit était si considérable, ni les appuis qu'il trouva plus tard dans le Parlement, ennemi secret de Mazarin, ne purent rien sur des âmes éprouvées par le devoir. Seul contre tous, le maire Millotet lutta, avec les habitants réunis, contre les événements, et parvint à s'en rendre maître, au risque de voir incendier la ville par le feu du Château, qui, sur la fin des troubles et durant un mois entier, la couvrit de ruines. La cause d'un tel succès fut dans ces institutions éprouvées qui lui vinrent en aide; de même qu'un siècle plus tard, dégénérées ou corrompues, elles eussent, par impuissance, laissé avorter, sans coup-férir, l'une des entreprises les plus audacieuses qui aient été conçues en province.

L'histoire de Dijon pendant cette période fut, par le caractère des personnages non moins que par la succession des événements, l'un des épisodes les plus curieux de nos annales, où l'intrigue eut non moins de part que la force déclarée, et l'esprit de suite le disputa au courage lui-même en expédients comme en entreprises hardies. Le maire Millotet, que nous avons nommé, et le Premier Président Bouchu furent les deux grandes figures d'une époque qui, par la persistance de la lutte, développa en Bourgogne, plus qu'ailleurs, le germe des mœurs politiques. A côté de ces chefs vinrent se ranger ce que la Cour comptait alors de sujets fidèles, les princes d'ambitieux et de mécontents, et, à la tête de ces derniers, le Parlement, toujours prêt à tout entreprendre quand il s'agissait de sa dòmination.

En prenant le parti de la Cour contre les princes rebelles, la ville obéit à ses antipathies contre cette Compagnie comme à ses plus anciennes traditions de fidélité envers le Souverain. Dans une conjoncture si difficile, la politique de conduite se trouva d'accord avec le devoir et fit la force de la situation, l'une des plus périlleuses que les habitants de cette cité aient eu à traverser. Ce ne fut pas en effet une des choses les moins surprenantes du temps, que de voir un membre d'une cour de justice gouverner la ville et commander les habitants malgré les résistances de son Corps. Millotet, tout ensemble maire et avocat général, fit respecter son caractère au milieu de la position la plus difficile. Fidèle au Roi au sein d'une assemblée rebelle et l'élu du peuple dans les comices publics, il se montra ferme contre les persécutions de ses collègues, en même temps qu'il opposait un front sévère aux clameurs de la multitude qui l'avait élevé; apprenant ainsi à tous, au milieu des épreuves de tout genre, ce que peut l'homme de bien qui unit le courage à la constance et le devoir accompli à l'abnégation de lui-même.

Tel fut, au point de vue de la cité, le grand citoyen que suscitèrent dans ses murs les événements de cette époque. Les ravages que fit le canon du Château, occupé par une garnison dévouée à la fortune du prince, et qui jour et nuit tira sur les habitations bombes et boulets, prouvent à quel degré de misère Dijon était descendue et avec quelle impatience elle devait attendre l'approche de sa délivrance. La guerre de la Fronde avait cessé partout, que ce Château tenait encore, comme il avait résisté déjà, après les défaites de la Ligue, aux armes de Henri IV. On lit dans les Registres municipaux qu'il fallut, pour le forcer, l'arrivée des régiments de Navarre et de Bourgogne, qui en entreprirent le siége au mois de novembre 1651. Cette forteresse fut battue de deux côtés en brèche jusqu'à ce qu'une mine, pratiquée au pied d'une de ses tours, eût amené la capitulation qui fut signée trente jours après le commencement de l'attaque.

Vingt années auparavant, un prince turbulent et rebelle avait deux fois, à la tête d'une armée nombreuse, traversé cette province et planté ses étendards jusqu'aux portes de Dijon (1). La ville, inébranlable dans sa fidélité,

(1) L'armée du prince avait son quartier général à Ahuy, sa cavalerie à Pouilly, des troupes au faubourg Saint-Nicolas, où quelques hommes ayant mis le feu à plusieurs maisons, les habitants ripostèrent à coups de fusil. (Reg. munic. 1631.)

refusa, en présence de quatre mille habitants sous les armes, de lire la sommation que Gaston lui avait envoyée (1), congédia ses parlementaires et fit tirer le canon sur son arrière-garde (2). Mais ce ne fut pas sans que le Parlement eût engagé avec la Chambre de ville une de ces luttes si communes alors au sujet des préférences de commandement, et qui fut telle que l'on vit deux membres de ce Corps (3) près d'en venir aux mains avec un capitaine de la milice bourgeoise dont ils voulaient usurper les droits. De là, les plaintes que la ville portera plus tard à ce sujet au Roi contre des prétentions qui n'avaient plus de bornes et joignaient en cette occasion le ridicule à l'injustice.

Ce dévouement de la cité était d'autant plus louable que Louis XIII venait de la traiter en rebelle à l'occasion d'une émeute qu'il n'avait pas dépendu de ses magistrats d'empêcher, et dans laquelle son maire, Bénigne Euvrard, avait, comme le disent les délibérations du temps, *couru fortune de sa vie* (4). L'édit de 1630, connu sous le nom des *élections*, dont le but était d'établir un impôt sur les boissons, en avait été la cause s'il n'en fut pas le prétexte. Publié dans un pays comme la Bourgogne, cet édit avait

(1) Reg. munic., 18 juin 1631.
(2) *Ibid.*, même année.
(3) Les conseillers Maillard et Berbis. (Registres de la ville et du Parlement.)
(4) 27 février 1630. (Reg. munic. du lendemain 28.)

excité parmi les vignerons de la commune (1) une émotion si violente, qu'après s'être répandus en armes dans la ville, ils avaient pillé et brûlé sept maisons, poursuivi de cris menaçants le maire et le Premier Président, et insulté une députation du Parlement, envoyée pour faire cesser leurs désordres. Les membres qui la composaient n'avaient eu que le temps de se retirer pour éviter la mort. Dans une situation aussi périlleuse, une poignée de bons citoyens, et parmi eux Bénigne Bossuet, déjà cité, ne craignirent pas d'attaquer à coups de fusil cette troupe pleine d'audace dont plusieurs furent tués sur place (2), ce qui mit fin à la révolte. Une telle sédition resta désignée depuis dans les souvenirs comme dans les actes municipaux sous la dénomination de *Lanturelu*, nom d'une chanson guerrière que naguère encore le peuple chantait en Bourgogne et aux refrains de laquelle elle avait éclaté.

Mais, cette repression tardive, à défaut de la milice locale qui ne s'était montrée qu'en petit nombre, n'avait pas satisfait la Cour. C'était une grande affaire alors qu'un tel événement, suscité, comme on en eut le soupçon, par les intrigues du duc d'Orléans, et où le portrait du Roi avait été traîné dans les rues et le cri de *vive l'Em-*

(1) Classe importante alors, et dont les préférences influèrent le plus souvent sur l'élection des maïeurs; leur quartier principal était la rue Saint-Philibert, où l'émeute alla se réfugier et fut définitivement réduite.

(2) Rues des Juifs et du Grand-Potet, aujourd'hui rue Buffon.

pereur proféré tout exprès dans une ville frontière pour exprimer des préférences politiques. Aussi le châtiment ne se fit-il pas attendre : les remparts désarmés, les libertés suspendues, les vignerons chassés de la ville, furent les mesures qui précédèrent, par les ordres de la Cour, l'entrée de Louis XIII à Dijon. Là, il voulut recevoir en son Palais les supplications de cent cinquante habitants, à genoux, venus pour implorer leur pardon, et qui l'obtinrent, grâce au patriotisme de l'avocat Charles Févret, chargé de le haranguer en leur nom (1). Mais ce ne sera qu'une année après que le Roi remettra à la ville les priviléges dont il l'avait privée d'abord et pour la restitution desquels l'attitude vigoureuse des habitants contre les tentatives de Gaston n'aura pas été sans influence. Dans cet acte de vertu civique où la supplication n'ôta rien au caractère ni l'assurance au respect, Févret resta ferme et pathétique à la fois en face

(1) Le garde des sceaux, Marillac, y répondit après avoir fait ressortir au nom du Roi toute l'énormité de la faute; il ajouta « qu'elle eût porté le souverain à en faire un châtiment exemplaire, si sa propre bonté et les prières instantes du duc de Bellegarde n'eussent fléchi sa juste indignation; qu'il s'était aussi voulu souvenir que d'ici le christianisme était entré dans la maison royale (mariage de Clovis avec Clotilde, fille de Chilpéric, roi des Bourguignons, et qui avait converti Clovis à la foi); que cette ville et la province avaient montré tant d'affection à l'Etat, qu'elles n'avaient pu souffrir d'en être séparées et qu'elles avaient fait de grandes instances pour y demeurer encore; » après quoi il prononça l'arrêt du Conseil qui abolissait le crime de sédition.

Parmi les conditions qui furent imposées à cette grâce, on remarque l'obligation pour la ville de désintéresser les personnes qui par son fait avaient éprouvé des dommages, ce qui était proclamer d'avance

du Prince et de la faute, n'acceptant rien pour lui des offres d'une Cour qu'il avait étonnée, après avoir obtenu pour d'autres une miséricorde inattendue ; triomphe heureux qui lui mérita cette devise devenue celle de sa famille, que *le témoignage de soi-même est le comble d'une bonne action* (1).

La Peste. A côté de ces vertus publiques, nées des crises de l'État et de la province, la peste elle-même, comme on l'appelait alors, et si l'on doit donner ce nom à des maladies qui, pendant deux siècles, décimèrent la population entière, excita aussi dans ces murs l'élan de l'héroïsme civique. Lorsque le Parlement dispersé cherchait dans toute la Bourgogne un abri contre le fléau, quand les rues étaient désertes, les habitations infectes marquées, les communications interdites, les pauvres entassés l'un sur l'autre dans ces loges improvisées sur l'Ouche que les besoins du temps avaient fait construire; quand tout fuyait qui pouvait fuir, nobles, gens de robe et bourgeois, Dijon vit ses officiers

la règle de la responsabilité des communes, qui est devenue depuis, pour les temps de troubles, un des grands principes de notre législation. (Reg. munic., 28 avril 1630.) Voy., pour les détails de cette sédition, les lettres de Barthélemy Morisot et le *Mercure français*, t. VI, année 1630, p. 178.

Ce fut à cette époque encore que fut supprimée la *Mère-Folle*, société de moqueurs, fort ancienne à Dijon, et qui, dans une ville pétillante de malice et de verve, avait fait un monstrueux abus de l'épigramme. Elle voulut se relever plus tard, mais une ordonnance de police du 1er juin 1677 la supprima pour jamais; elle avait pris pour légende cette épigraphe : *Numerus stultorum infinitus*, et joignit le plus souvent les travestissements à la satire.

(1) *Conscientia virtuti satis amplum theatrum est.*

municipaux, intrépides comme aux jours des plus grands périls, donner des ordres, fonder des hôpitaux, publier des règlements sévères, servir et visiter les malades au sein de la mort et du désespoir. Pendant près de trente années que le fléau visita nos murs dans la seule période municipale que nous parcourons (1), on ne rencontre qu'un seul exemple d'un officier public qui ait montré de la faiblesse à côté de tant d'autres qui moururent

(1) La plus grande peste de cette période fut celle de 1546. Elle sévit ici en même temps qu'une famine horrible qui fit que la population presque entière fut obligée de se nourrir de glands, de chardons et d'herbages. (Reg. munic., 14 octobre 1547.)

Avant, comme depuis cette époque, on retrouve les traces de ce fléau, savoir : en 1499, où le corps municipal fait dresser l'état des morts pour démontrer au Parlement qu'il doit se retirer à Beaune. En 1499, où les processions générales demandées pour remercier Dieu de la conquête du Milanais furent interdites pour cette cause, et où l'on publia contre le progrès du mal un règlement sévère qui a été depuis constamment pratiqué. (Reg. munic., 7 et 12 septembre de ladite année.) En 1506, aux Cordeliers. En 1507 et 1508, dans la ville entière, où l'ordonnance fut de nouveau mise en vigueur. En 1518, où le Parlement fut obligé de se retirer à Beaune et où la ville fit loger les *barbiers*, qui représentaient les chirurgiens du temps, à la Tour-aux-Anes, de peur que, donnant leurs soins aux malades, ils ne communiquassent avec les personnes saines. En 1519, où le Parlement se retira de nouveau à Semur et ensuite à Arnay, la contagion ayant atteint les autres villes du duché. En 1521 et 1531, où la violence du mal fut telle que la Chambre de ville fut obligée de se réfugier à Saint-Apollinaire et de tenir ses séances à Montmusard; le maire lui-même ayant déserté son poste pour se rendre *aux champs*. En 1543, où la ville fit établir des maisonnettes sur l'Ouche pour y recevoir les pestiférés indigents. En 1544, où l'épidémie devint telle que la plupart des habitants se retirèrent à la campagne et que, pour la plus grande terreur, on éleva quatre potences dans les rues à l'effet d'empêcher les personnes atteintes de les parcourir, avec menace contre les médecins de la ville de les en chasser s'ils continuaient à refuser leur ministère pour le salut commun. Les Registres de la ville, ceux de la Chambre des pauvres et de l'hospice du Saint-Esprit, auquel ont été réunis depuis tous les hôpitaux de cette ville, sont remplis de ces souvenirs que les bornes de ce discours ne permettent pas de rappeler, et dont le peuple garda la mémoire, comme il en avait ressenti les consolations.

Résistance de la ville dans ses libertés.

Les hommes qui donnèrent de si grands exemples étaient fiers autant que généreux. La liberté les avait

sous prétexte de l'indépendance de leur profession. En 1546, en 1554, où ces mêmes médecins convoqués donnèrent une consultation curieuse qu'on peut voir au Registre de cette année. En 1564, où le mal sévit de plus fort. En 1567, en 1568, où pour cette cause le Parlement fut obligé de suspendre ses audiences jusqu'à Noël. En 1569, où cette suspension fut renouvelée. En 1574, en 1584, en 1585, en 1597, où les régents furent renvoyés du collége et défense fut faite d'aller à l'île, où étaient les malades, « sous peine d'être arquebusé. » En 1606 et 1628, où le fléau plus particulièrement exerça ses ravages aux Capucins. En 1631, où la ville devint comme déserte, et où *pour arracher*, disent les Registres de cette année, *le fléau des mains de Dieu*, on renouvéla la procession du vœu de sainte Anne, que la ville avait prise pour protectrice lors de la peste de 1531, et qui fit disparaître le mal suivant la tradition la plus constante. En 1633, 1634 et 1635, enfin, pour la dernière fois.

Depuis ce temps, nos Registres cessent de faire mention du fléau, dont la fin doit être attribuée à l'assainissement de la cité, dans laquelle les fossés furent vidés des eaux qui les remplissaient et dont la pêche avait formé jusqu'alors un des revenus municipaux. Déjà avant l'époque dont nous parlons, il y avait eu, au Xe siècle seulement, dix famines et treize pestes. La seule disette arrivée en 1030 en Bourgogne dura trois ans et fit que l'on vendit, dans un marché de la province, de la chair humaine, pendant qu'un aubergiste massacrait ses hôtes pour s'en préparer un repas. Les auteurs de ces abominations subirent le supplice du feu. Ce fut dans ce temps de calamités qu'à Dijon le célèbre abbé Guillaume, réformateur de Saint-Bénigne, distribua au peuple malheureux tout l'or des églises et fit admirer sa charité. Une des principales rues de Dijon porte encore aujourd'hui son nom.

élevés et ils lui restèrent fidèles, de même qu'ils le furent aux souverains qui gouvernèrent la Bourgogne à toutes les époques. Sous les Ducs, où les priviléges municipaux n'avaient pas encore souffert d'amoindrissement, on les vit refusant d'accorder ce qu'ils savaient ne pas devoir au Prince ou à ses officiers en fait de taxes ou de cotisations, pour n'avoir pas été votées par la ville ou dans une assemblée générale des Etats, suivant les constitutions de la province. Il en fut de même sous les rois où ils luttèrent de tous leurs efforts contre les entreprises des gouverneurs, qui persistaient à reprendre peu à peu les concessions dont nous avons parlé et que le temps, par la faveur, avait corrompues.

Ces conflits municipaux, dont nous citerons les traits les plus saillants, se mesurèrent à la force ou aux affaiblissements de la commune, suivant qu'elle s'éloigna de son origine. On voit, en remontant au XVe siècle, qu'après la mort de Philippe-le-Hardi, la ville refusa de reconnaître un capitaine étranger que la duchesse douairière avait nommé malgré ses remontrances, et délibéra qu'elle ne le paierait pas (1). Sous Jean-sans-Peur, héritier de ce prince, un gentilhomme, au nom du Duc, ayant osé usurper le titre de vicomté-mairie qui appartenait à la ville, celle-ci lui fit dire que, *si plus il agissoit ainsi, on lui crèveroit les yeux de la tête,* et l'officier,

(1) Reg. munic., 18 novembre 1410.

surpris, s'inclina devant cette menace (1). Le même prince avait demandé aux habitants le paiement d'un subside de 6,000 livres pour ses propres affaires; la ville répondit qu'elle n'en pouvait donner que mille et tint ferme dans sa résistance, bravant la colère du Duc, qui voulait faire lever cette somme par ses officiers (2). Vainement, plus tard, le maréchal de Bourgogne demanda-t-il à son tour une somme d'argent pour l'aider au siége de Mailly-la-Ville : la commune répondit qu'elle était hors d'état de faire ces avances. Elle s'opposa, de plus, au départ de ses archers, sous prétexte qu'ils étaient nécessaires à la garde de la duchesse, aux prières de laquelle elle refusa encore une somme de trois cents livres que celle-ci n'avait pas craint de lui faire demander « pour ses premières couches (3). » Enfin, Philippe-le-Bon n'avait pas été mieux obéi quand il réclama le paiement de huit mille livres dues par la ville à son père, le maire ayant osé répondre «que cette dette était prescrite, que le Duc Jean ne l'avait jamais réclamée de son vivant, et que, si l'on ne voulait s'en départir, il aurait recours au Parlement du pays (4). » Résistances hardies qui s'adressaient à des souverains, lesquels, malgré leur toute-puissance, eurent la noblesse d'y obtempérer. Qu'arriva-t-il? L'af-

(1) Reg. munic., 13 février 1411.
(2) *Ibid.*, 28 mai 1415.
(3) *Ibid.*, 17 novembre 1433.
(4) Alors le Parlement de Paris. (Reg. munic., 15 mars 1443.)

fection du peuple envers ces princes redoubla avec le respect pour ses droits, et ce sentiment leur demeura jusque dans la mauvaise fortune. Jean-sans-Peur, alors comte de Nevers, resté sur la fin du XIVe siècle prisonnier du sultan Bajazet dans la bataille de Nicopolis, vit sa rançon, bien qu'énorme, payée par les Etats et les particuliers. A son retour en Bourgogne, les habitants de Dijon se portèrent en cérémonie à sa rencontre jusqu'à Gray, pour célébrer la délivrance d'un brave qui, dans un combat de géant, avait immortalisé son nom.

Parmi les grands personnages de cette époque, Jean de Beaufremont, l'un des cousins de nos Ducs et compagnon de leur gloire militaire, s'était permis de violer en plein jour le droit d'asile des Jacobins. Par son ordre on avait arrêté chez eux un charlatan de Valence, nommé d'Estaing, qui fut conduit à Mirebeau, attaché par les pieds sous le ventre d'un cheval. La Chambre de ville, indignée de ces violences non moins que de l'usurpation faite de sa justice, s'en plaignit au Duc Philippe-le-Bon, alors en Hollande, et obtint de ce prince cette réparation inattendue : à défaut de Jean de Beaufremont, ses serviteurs furent livrés et condamnés à venir de Talant à Dijon, pieds nus et en chemise, en criant : *Merci à Dieu, au Duc et à la justice de la ville*, après que le procureur syndic avait conclu à ce qu'ils eussent le poing coupé. Déjà, quarante années plus tôt, sous le règne de Jean-sans-Peur, la commune s'était vu contester, parmi ces mêmes droits de justice, ceux de connaître de certains crimes, comme ceux de meurtre et du *feu bouté*. Les officiers du Duc, en accédant aux réclamations de la Chambre, tentèrent, sans succès, d'y mettre des entraves. Sur la convocation du peuple dans une assemblée et un appel au Parlement, ce Prince mit terme au litige en ordonnant que la ville jouirait, comme par le passé, de tous ses priviléges (1).

De ces droits le plus précieux fut celui qu'avait eu en tout temps Dijon d'être exemptée de garnison, privilége que ses chartes les plus anciennes lui accordaient et qui fut pour cette cité l'objet de luttes toujours renaissantes. Même au temps de la Ligue, où un grand danger eût autorisé à le méconnaître, on avait vu la Chambre de ville menacer le duc de Mayenne d'une résistance désespérée le jour où il tenterait de confier à d'autres qu'à ses habitants la défense de cette place (2). Le Parlement lui-même, malgré ses rivalités habituelles avec la magistrature municipale, et de peur qu'on en abusât contre

(1) Registres municipaux de 1415. Ceux de 1423 et 1424 font encore mention d'un procès considérable que, sous le *majorat* d'Etienne Chambellan, la ville fut obligée de soutenir à Paris contre le même Duc, et par suite duquel elle y entretint des commissaires à ses frais.

(2) Nous en citerons ces exemples, pris parmi un très grand nombre. On lit dans les Registres des 29 mars et 9 avril 1585 que, vu l'importance du sujet, la Chambre de ville s'était adjoint des députations du Parlement, de la Chambre des comptes, du bailliage et des officiers du Roi, lesquels refusèrent tout d'une voix et dans deux assemblées différentes d'accéder à la demande du gouverneur. Ajoutez un acte de la même Chambre du mois de mai 1595, qui porte : que M. de

son autorité, combattit pour l'immunité de ce droit, auquel des commissaires envoyés par la Cour furent plusieurs fois obligés de rendre hommage et qui ne fut abrogé que vers le milieu du XVIIe siècle (1).

Enfin, il n'est pas jusqu'aux officiers du Roi qui ne furent les premiers châtiés de leurs insultes, quand ils osèrent s'en permettre à leur tour. Parmi plusieurs exemples de ce genre, on voit au Registre de 1500 Rémond Pacote, prévôt à Dijon, venir au Conseil, « où, à genoux, tête nue et la robe *déceinctée,* il demanda pardon à *Messieurs* des paroles injurieuses qu'il avait proférées contre la ville, et que ceux-ci lui accordèrent à cette condition. »

Mais, à côté de ces actes d'indépendance, il arriva parfois à la Chambre d'entreprendre contre les droits du Prince, en usurpant son autorité souveraine. L'exemple le plus ancien de cette usurpation s'était vu en 1386, où le mayeur avait osé dispenser plusieurs personnes des charges publiques, accorder des sauvegardes générales,

Mayenne ayant fait entrer trois cents hommes de garnison dans la ville, malgré les protestations de la Chambre, celle-ci répondit « que les habitants étaient disposés à mourir plutôt que de souffrir l'insolence des gens de guerre, qui sont la ruine et la désolation des villes. » Puis une délibération du 20 mars 1637, où le mayeur annonce qu'il a obtenu du prince de Condé que le régiment de Normandie ne tiendra pas garnison à Dijon, pourvu, comme l'a exigé ce gouverneur, que ledit maire et les échevins en personne promettent d'exécuter ses ordres au péril de la vie des habitants, ce que ces officiers n'hésitèrent pas à faire.

(1) Reg. munic., 12 mai 1594.

et refusé de rendre compte des taxes perçues. Ces faits réunis à d'autres avaient excité le mécontentement du Duc. Bien qu'il eût pu se faire justice à lui-même, ce prince saisit, à l'exemple du dernier de ses sujets, le Parlement de ses griefs et consentit plus tard, sur les prières de la ville assemblée, un arrangement tout favorable à celle-ci (1). Dijon en fut quitte pour quelques réparations civiles, quand le procureur du Duc avait conclu à des amendes excessives, à la dissolution de la commune et au retrait de sa justice, qui formait son principal privilége. Philippe-le-Hardi régnait alors, prince débonnaire non moins que brave, et que Philippe-le-Bon, l'un de ses successeurs, ne crut pas pouvoir imiter, quand, à côté d'actes semblables, qui se renouvelèrent en 1427, il retira cette justice à la ville dont le maire avait laissé insulter ses officiers et fait briser ses armoiries (2). Plus tard enfin, sous le gouvernement du même prince, il n'avait fallu rien moins que la force pour contraindre les sergents qui précédaient le mayeur à abaisser leurs verges qu'ils s'obstinaient à porter levées dans le palais du Duc (3). On verra près de trois siècles après, au déclin du grand règne, le Parlement de Dijon imiter cet exemple jusque dans le logis du prince de Condé, qui tenait en Bourgogne la place du Souverain.

(1) Dom Plancher, t. III, Preuves justificatives, n° CIII.
(2) Dom Plancher et dom Merle, t. IV, Preuves justific., n° LXII.
(3) Reg. munic., 6 décembre 1433,

Au milieu de ces abus des droits, les seuls dont il soit resté des traces, l'Eglise, toute puissante qu'elle fût alors, n'en imposa pas davantage à la Chambre lorsqu'il s'agit de faire observer par elle l'ordre dans la cité et l'égalité dans la distribution des charges publiques. L'abbé de Saint-Etienne, chef d'une maison célèbre, qui battait monnaie au moyen-âge et qui réunissait dans la ville, à côté de grands priviléges, celui du gouvernement de cinq paroisses (1), s'était permis, oublieux de sa dignité, « de se déguiser en public et d'y commettre plusieurs *insolences.* » Le maire, qui avait la police, l'avertit qu'il le châtierait s'il le rencontrait encore en cet état, et l'abbé ne renouvela pas ce scandale (2). Quelques années après, le grand prieur de Saint-Bénigne était mandé à la Chambre de ville, à raison de propos tenus contre elle. Il s'en excusa sur le défaut d'intention et proposa de se rétracter en chaire, « sans quoi, porte la délibération que nous rapportons, il eût été sévèrement puni (3). » Les Chartreux, seigneurs de leur enclos, où ils exerçaient la haute et basse justice, s'obstinaient à fermer leur porte d'en bas aux habitants de la Porte-d'Ouche qui voulaient venir aux offices. La ville les fit prévenir « que, s'ils ne l'ouvraient pas sur-le-

(1) Notre-Dame, Saint-Michel, Saint-Pierre, Saint-Médard et Saint-Nicolas, soustraits ainsi à l'*ordinaire*, c'est-à-dire à la juridiction de l'évêque diocésain.

(2) Reg. munic., 19 mai 1502.

(3) *Ibid.*, 1508.

champ, on leur fermerait cette porte, et en même temps l'accès du marché dont ils accaparaient les plus beaux poissons (1). » Les Oratoriens, qui avaient refusé de monter la garde quand tout le clergé et le Parlement entier concouraient à ce devoir commun, se virent condamnés à de fortes amendes, et le duc de Bourgogne lui-même, pour avoir voulu dispenser son Palais des charges municipales, fut, en 1460, menacé d'un procès qu'il n'évita qu'en se soumettant sans bruit (2). Plus tard, enfin, la Chambre de ville refusa à Anne d'Autriche, alors à Dijon, de céder aux Chartreux une portion de l'étang *l'Abbé* dans leur enclos, par le seul motif « qu'il ne lui appartenait pas d'aliéner les biens communaux sans l'aveu des habitants; » raison légale dont cette reine fut obligée de se contenter (3). Ainsi étaient gouvernés nos pères et se gouvernèrent-ils à la fois dans ces temps peu connus de nos jours, où, par une heureuse alliance, le respect fit la force avec le droit.

Dans l'ordre plus élevé des événements politiques, la Bourgogne et sa capitale en tête avaient donné de mémorables exemples de ces résistances, soit qu'elles protestassent contre le traité de Madrid par lequel François Ier avait cédé cette province à l'Espagne (4), soit que dans

(1) Reg. munic., 31 juillet 1609.
(2) *Ibid.*, 28 juillet 1460.
(3) *Ibid.*, 22 et 23 avril 1650.
(4) Une lacune regrettable dans les actes municipaux de cette époque n'a pas permis de conserver les noms des députés que la ville en-

un temps plus reculé, la ville elle-même, par ses habitants, eût refusé d'adhérer à ce traité de Troyes par lequel la France s'était donnée en toute souveraineté à l'Angleterre (1).

Les actes qu'on vient de lire, empruntés à une longue

voya à l'assemblée tenue à Cognac le 2 mai 1526 où fut agitée la question de ce démembrement juré par François Ier pendant sa captivité de Madrid. Les annales du temps ne mentionnent que celui du Premier Président Patarin (*), l'un d'entre eux, surnommé depuis le *père du peuple* par les Etats de la province. On sait qu'aux objections tirées de la parole du Roi, les députés Bourguignons firent cette belle réponse, que nous transcrivons ici par honneur : « Ce serment, Sire, est nul parce qu'il est contraire à celui que vous avez prêté à votre couronnement; il est contraire aux libertés de votre peuple et aux lois fondamentales de la monarchie, et par conséquent de nul effet; d'ailleurs, il a été arraché par la violence à un roi prisonnier. Si toutefois, Sire, vous persistez à rejeter des sujets fidèles, si les Etats du royaume nous retranchent de leur association, alors c'est à nous-mêmes à disposer de nous; rendez-nous à notre ancienne liberté, et nous adopterons telle forme de gouvernement qu'il nous plaira; nous déclarons d'avance que nous n'obéirons jamais à des maîtres qui ne seront pas de notre choix. » François Ier s'était vainement excusé « sur la nécessité où il avait été, en remontrant aux Bourguignons qu'ils seraient traités avec douceur par leur nouveau maître, qu'on leur conserverait leurs priviléges, priant l'assemblée qu'on le mît à même de tenir son serment. » Ce fut grâce à cette résistance que la Bourgogne ne cessa pas d'être française, les Etats de la province assemblés ayant refusé le démembrement promis.

(1) On voit dans les Registres municipaux que les habitants, réunis en corps aux Jacobins, le 22 février 1422, avaient protesté contre l'adhésion à ce traité demandée à la Chambre de ville par le Duc Philippe-le-Bon; mais que cette protestation demeura sans effet par le serment exigé le 27 du même mois de la Chambre de ville et qu'elle prêta. Cette manifestation, qui demeura comme un désaveu de la con-

(*) Qui eut son hôtel rue Charrue, comme La Trémouille avait eu le sien rue du Petit-Potet. Pourquoi ces rues, au lieu de ces dénominations barbares, ne rappelleraient-elles pas le souvenir de deux hommes qui ont ainsi, chacun par des services différents, sauvé la nationalité de la province et si bien mérité de la reconnaissance publique?

période d'existence d'une ville, et qui firent que le Prince souverain qui y résidait et les Corps les plus importants demeurèrent assujettis aux charges publiques à l'égal des derniers citoyens, forment une étude de mœurs pleine d'enseignement. Ils montrent aux générations nouvelles ce qu'était l'ancienne France considérée dans cet esprit de province, qui servit plus tard à fonder le caractère national, en même temps qu'ils peuvent expliquer depuis la cause des désordres d'une liberté sans contrepoids. Les mêmes actes font connaître, et c'est à ce point de vue qu'il faut encore les considérer, qu'au milieu des distinctions de caste et de rang qui formaient alors la base de la société civile, l'égalité politique devant la loi existait déjà dans la constitution de la commune, d'où elle pénétra dans les mœurs.

Le Château. Les Ducs de la seconde race, à l'exception d'un seul, ne subirent pas sans dépit ces assimilations au droit commun. Louis XI, le premier de leurs successeurs, s'il ne put retirer la liberté à un peuple qui venait de se donner à lui, chercha bientôt à le dominer par la construction du Château, fondé à Dijon en 1478, et qui en réalité n'eut pas d'autre but. On voit, par les événements qui s'y passèrent dans une période de quatre siècles, qu'il

duite des officiers municipaux, témoigne, en cette conjoncture, d'un grand patriotisme dans ces temps de troubles, où l'assassinat de leur dernier Duc par l'héritier du roi de France pouvait tout faire excuser dans ces égarements, et régla la conduite du Duc lui-même qui gouvernait la Bourgogne après la mort si tragique de son père.

ne servit guère que de refuge aux mécontents de tous les régimes, de prison aux hommes d'Etat, et rarement à de véritables coupables. Nos archives publiques sont pleines de réclamations de la ville contre les insultes de la garnison, qui allait jusqu'à dévaliser ou emprisonner les passants et à blesser même des femmes à coup d'arquebuse (1); insultes que les commandants toléraient avec insolence ou qu'ils désavouaient sans répression, comme pour en encourager le retour.

La ville avait acheté pourtant, par sa fidélité constante envers ses princes, le droit d'être préservée de ces outrages. La destruction qu'elle demanda plus tard d'un fort qui tenait en bride la justice et la liberté des habitants (2), et que la place de Talant, démolie seulement après la Ligue, rendait presque sans utilité contre le dehors, lui fut constamment refusée, bien qu'appuyée cette fois par le Parlement entier et solennellement promise par Henri IV à son entrée à Dijon, après le combat de Fontaine-Française (3).

Il arriva aussi que, suivant les temps et les conjonctures, cette ville prétendit asservir le Château à son autorité. L'arrestation de Fervaque, qui en était le gou-

(1) Reg. munic., 16 septembre 1519, 26 mars et 13 mai 1572, 6 août 1577, 1er septembre 1595, 1er mars et 26 juillet suivant, et 5 avril 1632.

(2) *Ibid.*, 18 juin 1602.

(3) *Ibid.*, id., où cette promesse est rappelée comme ayant été donnée par écrit.

verneur, et celle non moins frappante de La Verne, qu'elle y retint par surprise, en offrent de mémorables exemples. Mais la position agressive que ce fort prit durant la Ligue et la Fronde, le siége qui s'ensuivit pendant ces guerres et l'insoumission que sa garnison affecta toujours vis-à-vis de la ville et du Parlement, démontrent mieux encore que c'était moins pour la défendre que les rois l'avaient voulu fonder que pour surveiller l'usage d'une liberté qui, après leur avoir été nécessaire, leur paraissait menaçante (1).

Mœurs judiciaires.

Parmi les plus précieux des priviléges municipaux dont nous avons parlé, il faut placer les droits de justice haute, moyenne et basse, confiés à la Chambre de ville sur toute l'étendue de la commune (2). *Nullus infra vil-*

(1) Cette forteresse, commencée sous Louis XI, continuée sous Charles VIII et terminée sous Louis XII, avait un pont-levis du côté de la ville, une porte de secours du côté opposé et quatre grosses tours à ses angles. Elle servit le plus souvent de prison d'Etat où furent détenus, outre les personnages dont il sera parlé dans cet ouvrage, la duchesse du Maine en 1718, retirée ensuite à Savigny-sous-Beaune; Mirabeau en 1776, qui s'en échappa par la porte de secours; le chevalier d'Eon en 1779; et, dans un temps plus rapproché, Toussaint-Louverture et le général Mack, dont le premier n'y fit qu'une station momentanée, ayant été conduit ensuite à la citadelle de Besançon, et où le dernier demeura six mois (*Journal de la Côte-d'Or* du 15 floréal an VIII).

Dès le 5 juin 1478 Louis XI en avait prescrit la construction, qui fut faite, non sans résistance, aux frais de la commune, « attendu, porte une délibération, que la ville est au Roi et que son bon plaisir soit fait. » (Reg. munic.)

(2) En y ajoutant le village de Ruffey, suivant arrêt rendu par le Parlement de Beaune le 5 mars 1462. En 1503, la ville acheta du sire de Rochefort la justice de Fontaine, réunie depuis à la sienne comme celle de Ruffey.

lam Divionensem, vel extra inter banaleucam, aliquem potest capere, nisi major et jurati quandiu justitiam de eo facere jusserint (1), disait la charte respectée de 1187, dont nous avons parlé. Ces droits furent la garantie de tous les autres et leur servirent de sanction. Parmi les attributs d'un tel pouvoir était le droit de confiscation établi en faveur des habitants qui l'avaient acquis à titre onéreux avant la réunion de la Bourgogne à la monarchie.

Ces attributions de justice s'étendaient, dans l'origine, depuis les simples infractions jusqu'au jugement des crimes capitaux, marque de la plus haute puissance des tribunaux. Toutefois, parmi les nombreuses sentences émanées de la commune, on regrette de rencontrer dans la distribution des peines des rigueurs excessives, qui tenaient à l'état des mœurs non moins qu'aux lois qui en furent l'expression. Ce serait à ne pas croire à ces rigueurs si, par un corollaire significatif, on n'avait vu la potence à nos portes, sur les places publiques, le long des grands chemins et jusqu'au lieu où l'élection du maire se faisait à la manière accoutumée. Cet appareil de sévérité, inventé pour déjouer les brigues électorales, était dérisoire s'il devait rester sans résultat, et cruel s'il eût été sérieux. Heureusement il ne fut qu'une

(1) « Nul ne peut être mis en prison, dans la ville de Dijon ou dans sa banlieue, sans que le mayeur, assisté de jurés, ait permis de le faire. »

vaine menace; mais c'était trop déjà de l'avoir établi pour des infractions pardonnables, ce qui les assimilait aux plus grands crimes (1).

Au contraire, la justice de la ville s'en servit pour épouvanter les coupables et punir les crimes ordinaires. Cette justice était alors ici ce qu'elle fut en France à cette époque, cruelle, impitoyable et quelquefois bizarre. Aux délits les plus vulgaires elle appliquait ces peines ignobles du fouet, de la marque et de la mutilation que le christianisme effaça de nos usages (2). Aux crimes plus graves elle réservait la mort, la torture et tous ces raffinements de barbarie qui, par le prolongement du

(1) Reg. munic., 18 juin 1560, où on lit : « Election du maire. Tous « les chefs de maison sont tenus de s'y trouver, avec défense de faire « aucune brigue, monopole ou indécente poursuite, sous peine d'être « pendus et étranglés, à l'effet de quoi sera dressée une potence dou- « ble à la porte des Jacobins, lieu accoutumé où se font les élections. » Ce règlement sévère fut renouvelé en 1601 par des arrêts du Parlement dont il sera parlé plus tard.

(2) Dans cette contrée, qui devait porter plus tard le nom de Bourgogne et dès l'année 315, Constantin avait donné à Chalon cette loi célèbre qui supprima, au moins en partie, ces peines barbares : « *Si quis in metallum fuerit pro criminum reprehensorum qualitate damnatus, minime in ejus facie* SCRIBATUR *: cum et in manibus et in suris possit pœna damnationis una inscriptione comprehendi, quo facies, quæ ad similitudinem pulchritudinis est cœlestis figurata, minime maculetur. Datum Cabilone duodecim calendis aprilis Constantino quarto et Licinio cons, quarto. coss.* 315 : — Si quelqu'un a été condamné aux mines à cause de la gravité de ses crimes, nous défendons qu'il soit marqué à la face, qui est l'image de la beauté céleste, et qu'ainsi sa figure reçoive aucune souillure; les autres marques qui lui seront faites aux mains et aux jambes suffisant pour le faire reconnaître. Donné à Chalon, le douze des calendes d'avril, Constantin et Licinin étant pour la quatrième fois consuls. »

trépas, insultaient à la pitié, sans profit pour la répression véritable. Le vol, alors qu'aucune classification n'existait dans les peines, était puni suivant les caprices du juge, tantôt de la fustigation et du bannissement, le plus souvent de la potence. On était sans miséricorde pour le vol domestique en particulier, et l'on vit plus d'une fois le coupable expier son crime à la porte du maître dont il avait trompé la confiance. La femme qui avait trahi la foi conjugale et tenu, comme le disent les minutes du temps, *mauvais gouvernement de sa personne*, était fouettée publiquement, puis exposée sur un échafaud ayant sur sa tête une mitre sur laquelle on lisait : *adultère*. Les bigames, après avoir été longtemps attachés au pilori, à côté de nos anciennes halles, furent transférés plus tard au Morimont, où ils étaient mis à mort, ce qui fit que le pilori, ne servant plus à rien, fut vendu au profit de la caisse municipale. Les vagabonds et les mendiants étaient fustigés autour du puits de la prison par le bourreau, qui recevait pour cet effet *trois blancs*, ou bien chassés de la ville quand on ne les attachait pas à des tombereaux pour enlever les immondices (1). Les bannis eux-mêmes eurent plus d'une

(1) L'oisiveté elle-même fut parfois considérée comme un délit et punie de la prison. (Voy. notamment le Registre du 21 janvier 1459.) On jugera par l'exemple suivant de quelle manière la Chambre faisait respecter la puissance paternelle : « Claude Mathey fils, détenu, fut condamné, le 8 février 1594, à être mis *en jacquette* durant deux jours, et au pain et à l'eau, puis à être fouetté sous la courtine par son père, avec défense de *gueuser* désormais. » (Reg. munic.)

fois les oreilles coupées par précaution prise contre leur retour (1); de même que l'on vit, vers la fin du XVe siècle, mutiler de la même manière de simples voleurs et jusqu'à des femmes. C'était, comme on le voit, faire bon marché de la dignité humaine, et la justice asiatique n'avait rien à envier à la nôtre.

Le suicide, qui offense Dieu, le dispensateur de la vie, était traîné sur la claie et pendu par les pieds au gibet des malfaiteurs. La ville fit à différentes fois brûler les sodomistes (2), chasser et fustiger les sorciers et ceux soupçonnés de maléfices. Nostradamus n'échappa pas lui-même à cette mesure, et le procureur syndic reçut, en 1622, l'ordre de le saisir dans la maison où il avait coutume de s'arrêter et de le bannir du pays. Les blasphémateurs étaient eux-mêmes pourchassés par le bourreau, qui percevait sur eux des droits, comme il en avait sur les ladres mendiants et sur les joueurs trouvés en contravention dans les tavernes, ou sur ceux faisant leurs ordures au coin des rues (3). Sous le Duc Charles il y avait à Dijon un inquisiteur de la foi qui fit le pro-

(1) Voy. Registres des années 1482 et 1486.

(2) On trouve au Registre du 6 août 1670 la mention d'un mandat de 9 livres délivré à l'exécuteur de la haute justice « pour le bois qu'il a fourni pour brûler un garçon condamné pour ce fait. » Ajoutons à ces supplices, celui de faire noyer les condamnés. Voy. notamment les Reg. munic., année 1446, où on en trouve un exemple.

(3) On trouve au Registre de 1452 un règlement complet sur ces droits, parmi lesquels celui afférent au bourreau de se faire délivrer, dans une proportion déterminée, des denrées au marché, en les touchant seulement de sa baguette. Les autres Registres font foi d'ailleurs

cès au bâtard de Longwy, condamné au feu, et prêcha une femme sorcière, qui fut livrée au prévôt pour en faire justice. La Chambre fit, en 1453, bouillir dans une chaudière, au Morimont, quatre faux monnayeurs qui avaient fabriqué de faux florins, en même temps qu'elle faisait brûler vifs avec des animaux, leurs complices, ces criminels d'autre sorte que la décence ne permet pas de nommer. Déjà, en août 1389, elle avait condamné un cheval à la mort pour avoir tué son maître; comme plus tard, et en 1473, un jugement condamna un pourceau à être pendu pour avoir dévoré un enfant; ce qui n'empêchait pas qu'à côté de cette justice bizarre elle ne joignît parfois des avertissements sévères et non moins frappants. Jossequin, fils d'un armurier de Dijon, devenu favori du duc de Bourgogne, vit sa maison rasée avec défense de la rebâtir jamais (1), pour avoir trahi son maître à Montereau, et

que la ville tint constamment la main à ce que cet homme ne parût en public autrement qu'en costume, c'est-à-dire avec une échelle figurée sur l'épaule, ce qui était le signe distinctif de son redoutable ministère. (Années 1557 et suivantes.)

(1) « Comme ayant été celui-ci consentant du meurtre de notre « très redouté Seigneur et prince Monseigneur Jean, duc de Bourgogne, dernier duc trépassé. » (Reg. munic., 14 septembre 1419.) Cette maison, aujourd'hui le plus bel hôtel de la place Saint-Jean, qui devint celui des princes d'Orange, puis de la famille Févret, est le même dans lequel naquit le président de Brosses, tout près d'une autre maison où était né, le 27 mars 1627, l'illustre évêque de Meaux, de Bénigne Bossuet, avocat, et de Marguerite Mochet, septième enfant et cinquième garçon de sa famille, qui compta dix frères et sœurs. (Voy. les Registres de l'état civil à cette date.)

sa mémoire ainsi maudite en souvenir de sa perfidie. Enfin, la question du *moine de Can*, infernale découverte qui distendait les muscles du patient au moyen d'un cric dont chaque cran formait l'avance, fut une invention de cette époque et passa de la justice de la ville à celle du Parlement, qui se l'appropria.

Dijon pendant la Ligue.

Cette justice arbitraire, qui menaçait jusqu'à ceux de la religion nouvelle, exerça à Dijon, durant la Ligue, une influence fatale et endurcit les cœurs. La Bourgogne, entre toutes les provinces, avait eu le plus à souffrir des guerres dont le protestantisme fut l'occasion et dont elle voulut se venger par des représailles. C'était sur elle, comme frontière, que l'on avait vu se ruer ces bandes allemandes dont nous avons parlé et qui, sous prétexte de secourir des coreligionnaires opprimés, ravagèrent, d'accord avec eux, les campagnes aussi bien que les villes ouvertes. Ces secours étrangers, suivis de tous les malheurs de la guerre, avaient appelé le patriotisme au secours des consciences menacées. Ainsi firent-ils d'une querelle religieuse une question qui fût demeurée nationale si les catholiques, de leur côté, par le secours mendié des Espagnols, n'eussent bientôt mérité le même reproche. C'est à ce point de vue politique que l'histoire doit envisager surtout les faits dont nos archives offrent l'enchaînement. Nous y ajouterons, pour exemples, quelques particularités peu connues et qui méritent de figurer dans ce tableau.

Dès l'origine des troubles, les efforts des protestants en Bourgogne ne s'étaient pas bornés à obtenir, comme on pourrait le penser, une tolérance que le temps seul pouvait amener. Dans cette province, non moins qu'ailleurs, les premiers actes de ces dissidents avaient été une agression violente envers la religion romaine, à la place de laquelle ils prétendaient s'établir. C'est dans ce but qu'on les vit à Chalon (1), où, Montbrun à leur tête, ils étaient entrés par surprise et d'où ils furent chassés plus tard par Tavannes (2), piller les églises et les abbayes, profaner les vases sacrés, violer les sépultures des évêques, s'emparer des reliques, brûler les chroniques et les cartulaires, et détruire à Saint-Marcel (3), après que les religieux de cette abbaye se furent défendus durant

(1) Année 1662.

(2) Ce qui fit écrire en ce temps par Catherine de Médicis cette lettre qu'on peut voir au Registre du 4 juin 1562 : « Je sais comment « s'est passé le fait de Chalon d'où se sont retirés ceux qui s'en étaient « saisis, de quoi j'ai été très aise et contente du bon ordre que vous « avez donné pour les réduire et de la peur qui les a réduits, ce dont « il ne faut pas perdre le fruit; désirant que vous ayez pour entendu, « de l'instruction du Roi Monsieur mon fils et de moi, de faire tout « ce que vous pourrez pour achever de nettoyer tout le pays de Bour« gogne de cette *vermine de prédicants qui y ont mis la peste*, etc. Priant « Dieu, Monsieur de Tavannes, qu'il vous donne ce que vous désirez. « Signé : CATHERINE. » (Suscripte : A M. de Tavannes, chevalier de l'ordre du Roi Monsieur mon fils, et lieutenant général au gouvernement de Bourgogne).

(3) Monastère considérable fondé par Gontran en 586, suivant le titre qu'en rapporte Saint-Julien de Baleure, et dont le dernier prieur commandataire fut J.-B.-L. de La Cuisine, frère du bénédictin du même nom, docteur en Sorbonne, chef de l'Ordre en France au XVIIIe siècle, mort évêque de Sidon *in partibus*.

trois semaines, le tombeau du roi Gontran, un des plus beaux monuments du moyen-âge. Les mêmes excès se produisirent dans toute la province et principalement à Dijon, où, à travers ces indignités, les provocations de leur part semblèrent se multiplier. Ainsi, la rue des Forges, le centre de leurs assemblées et où tonnaient les prédicants venus d'Allemagne ou de Genève, retentissait du bruit des armes mêlé aux psaumes de Marot, pendant qu'on brisait les croix, qu'on pénétrait dans les églises, qu'on outrageait les magistrats, qu'on parodiait les pratiques les plus vénérées du sacerdoce, au point de baptiser des chiens dans les rues (1), et de montrer au peuple indigné un président des Requêtes, de Vaugrenant, foulant publiquement à ses pieds la sainte hostie dans le petit village de Fixin (2), aux portes d'une cité où, depuis quatorze siècles, la foi chrétienne, scellée par le martyre (3), s'était conservée entière. C'était outrager le pays dans ses respects, la famille dans son culte héréditaire, l'Etat lui-même dans ses institutions fondamentales. Les *huguenots*, nom qu'on leur donnait alors, surpassèrent toutes ces violences, et l'exemple donné dans cette ville s'étendit à toute la Bourgogne, tourmentée par les mêmes erreurs. De là les mesures acerbes, les précautions multipliées, la tyrannie

(1) Reg. munic., 12 août 1563.
(2) *Ibid.*, 6 octobre 1589.
(3) De Saint Bénigne, disciple de saint Polycarpe.

raffinée quand elle ne fut pas cruelle; la religion, en un mot, mêlée à la politique et défigurée par les passions humaines. Le Parlement sévit contre les auteurs de ces profanations, et trois des plus coupables payèrent de leur tête, à Chalon, des attentats qu'on n'eût soufferts en aucun temps (1).

Mais, à côté d'une répression salutaire, les emportements du peuple ne tardèrent pas à déshonorer la justice elle-même. A Dijon, la magistrature municipale, qui tenait sa force de l'élection, en donna les premiers exemples. Ainsi qu'aux plus mauvais jours de notre histoire, auxquels ceux-ci semblèrent préluder, on rechercha les hérétiques, on encouragea la délation, on visita les domiciles, on dressa des listes de *suspects*, les maîtres répondant de leurs serviteurs qui parfois les dénonçaient eux-mêmes. On emprisonna sans distinction les femmes, à défaut de leurs maris en fuite. Et, comme les prisons ne suffisaient pas, on imagina d'en établir jusque dans

(1) En 1580, dans la même ville, les protestants, à défaut de la violence, avaient préparé un non moins grand scandale dont un prêtre fut l'instrument. Gagné par eux, le père Buffet, prieur du couvent des Carmes de Dijon, prêchant le carême dans l'église cathédrale de Chalon, osa préconiser les nouvelles doctrines. Arrêté, il feignit de vouloir se rétracter et obtint du Parlement un arrêt qui le mettait en liberté, à la charge de faire auparavant abjuration de ses erreurs et d'en démontrer lui-même en chaire la fausseté. Mais cette promesse n'était qu'un piége pour sortir de prison; car, s'étant fait enlever à son escorte par un piquet de trente cavaliers qui l'attendaient près de Chalon, il fut conduit à Genève. Théodore de Bèze l'y accueillit avec joie et l'établit ministre à Metz, où il se maria et mourut, dit un auteur, d'une mort affreuse. (Perry, *Histoire de Chalon-sur-Saône.*)

les maisons domestiques où l'on vit enfermées tout entières des familles du Parlement, dont plusieurs membres s'étaient déclarés pour la religion nouvelle (1). La Chambre de ville, qui prescrivait ces mesures, demanda de plus au Roi de révoquer les grâces accordées aux *suspects*, et fit publier la défense de semer de mauvais bruits ou d'altérer le repos public, sous peine d'être pendu sans rémission (2).

La confiscation des biens suivit bientôt ces premiers excès (3), et la peine de mort, prononcée contre des *huguenots* endurcis, n'épargna pas de pauvres artisans, que ne put protéger leur ignorance ou leur obscurité. On voit au Registre de 1590, qu'un savetier fut condamné, pour un fait semblable, à être brûlé, et que la ville insista près du Parlement pour faire confirmer la sentence dont la rigueur, dit-elle, est *exemplaire.* Puis, sans respect pour les prérogatives invoquées par ce Corps, elle osa le dénoncer l'année suivante au duc de Mayenne pour les retards qu'il apportait à prononcer sur un appel du même genre dont elle semblait redou-

(1) La ville, en se montrant inflexible, obéissait aux instructions du duc de Mayenne, qui lui faisait recommander de *passer au fil de l'épée tous factieux non affectionnés à la sainte union, et plutôt plus que moins, en sorte qu'il n'en restât que de bien zélés.* (Reg. munic., 1er juin 1590).

(2) Reg. munic., 2 août 1560, 2 janvier 1589, etc.

(3) *Ibid.*, 23 octobre 1589, où l'on voit que cette confiscation et la vente qui en fut la suite portèrent sur les biens mêmes des *suspects* et des absents.

ter le succès (1). Déjà on l'avait vue, dès 1567, faire fermer la boutique des cordonniers protestants pour avoir travaillé la jour de la Saint-Crépin, leur fête patronale (2); informer contre le lieutenant de Saint-Jean-de-Losne et son greffier, qui s'étaient fait servir le vendredi un pâté dans un cabaret de la porte Saint-Pierre (3) ; ou bien défendre aux sujets catholiques « de fréquenter ceux de la réforme prétendue (4). » Ce fut dans le même temps que le Parlement interdisait par arrêt à ceux-ci d'assister à l'élection du maire, comme à la cité de nommer à ces fonctions d'autres personnes que celles de la religion romaine et qui lui fussent demeurées fidèles, à peine de nullité du choix (5).

Ces prescriptions, comme ces rigueurs, révélaient l'exaspération des esprits dans la ville la plus dévouée à la Ligue et où l'énergie de Chabot de Charny (6), soutenu par le président Jeannin, n'avait pas été de trop pour soustraire, vingt ans plus tôt, aux massacres ordonnés

(1) Il s'agissait dans ce procès d'un homme condamné depuis deux ans à mort par la ville pour fait d'hérésie ; *ce qui*, dit-on dans la requête, *remplit d'autant plus les prisons*. (28 février 1592.) Cet exemple prouve que la Chambre de ville relevait alors du Parlement et qu'elle avait perdu *le souverain* qu'on lui disputa plus tard lors du procès de La Verne mis à mort nonobstant appel.

(2) 28 octobre 1567. (Reg. munic.)

(3) 20 juillet 1568.

(4) 15 juin 1569. (Reg. munic.)

(5) Arrêt du Parlement du 19 juin 1569. (Registres de ce corps.)

(6) Il descendait de l'amiral Chabot de Brion, qui fut gouverneur de cette province de 1526 à 1543, et dont le Premier Président Denis Brulart disait, lors de l'enregistrement de ses lettres de lieutenant

par la Cour, des malheureux qui leur furent redevables de la vie, comme cette ville leur dut l'honneur d'avoir désobéi à des prescriptions sanglantes (1).

Cette crise, la plus grave que nos pères aient traversée dans ces temps de misères, mérite d'être ici placée à côté des excès dont nous avons parlé, et dont la Bourgogne fut préservée par l'influence de ceux qui, en in-

général : « Personnage dont la vertueuse conduite fut toujours portée pour le soulagement du peuple, par l'amour et dilection qu'il avait pour lui. » (Séance du Parlement du 20 décembre 1570). On sait que cet amiral, poursuivi par la haine de ses ennemis, avait été condamné par François Ier pour des malversations qu'il n'avait pas commises.

(1) Nos registres municipaux, fort laconiques à cette époque, attestent que la Saint-Barthélemy ne servit de signal qu'à la mort d'un seul homme, Clermont de Traves, un des chefs de la religion nouvelle, lequel fut par ordre du Roi passé par les armes dans les fossés du Château, le 22 septembre 1572. Grâce aux influences de quelques gens de cœur, la Bourgogne et sa capitale avaient été préservées de plus grandes horreurs. Chabot de Charny, grand écuyer de France, commandait alors cette province en qualité de lieutenant général à défaut du gouverneur, le duc d'Aumale. Le hasard fit qu'il venait d'y remplacer Tavannes, rappelé près de Charles IX avant ces proscriptions qu'il n'eût pas manqué de faire exécuter à Dijon, comme l'histoire l'accuse de les avoir conseillées à Paris dans une assemblée secrète tenue par la reine-mère. Le salut de cette province contre ces massacres tint à ce changement de personnes, comme à l'absence du gouverneur, prince de la maison de Lorraine si portée à de pareilles extrémités. On lit dans les *Œuvres mêlées* du président Jeannin que deux lettres, dites de *créance*, adressées à Chabot de la main même du Roi, avaient été expédiées le même jour à cinq heures d'intervalle, l'une par le *sieur* de Rivar et l'autre par le *sieur* Commarin. Ces lettres recommandaient d'exécuter tous les ordres *verbaux* dont ceux-ci étaient chargés. Mais Chabot résolut de ne pas obéir, à la suite d'un conseil auquel il avait fait appeler, avec le *sieur* de Ruffey frère du même Commarin, de Vintimille, un des hommes les plus considérables du Parlement, et deux autres qu'il ne nomme pas. On sait que Jeannin, alors simple avocat au Parlement, opina le premier, comme étant le plus jeune, et entraîna tous les suffrages.

terprétant leurs devoirs, ne craignirent pas de prendre le parti de l'humanité. Dijon, devenue plus tard le dernier refuge de la Ligue comme résidence du gouverneur qui en était le chef, lutta de nouveau pour elle jusqu'au dernier moment, quand déjà Paris s'était rendu en faveur d'une cause réduite, par la conversion du Roi, aux seules passions que la guerre avait allumées. Sérieusement menacée, cette ville avait vu durant dix-huit jours à ses portes le maréchal d'Aumont et, à son exemple, dans le parti contraire, le vicomte de Tavannes attaquant les gens sans armes, outrageant les femmes, faisant ravager les récoltes et brûler les moulins pour affamer ses habitants. Dans le même temps la ville avait prescrit de raser des hameaux environnants, tels que Larrey, la Noue, la Colombière, Coron, Champmaillot, Montmusard et Pouilly, de peur que l'ennemi ne s'y logeât; résolution désespérée, mais qui ne contribua pas peu par son énergie à déterminer sa retraite (1).

Bientôt les succès du maréchal de Biron en Bourgogne, où il avait pénétré avec une nombreuse armée; la désolation des villes et des campagnes jointe à la ruine du commerce; la prise de Beaune par l'armée royale, coup de main hardi qui rompait par son centre la ligue

(1) Reg. munic., 2, 8 et 25 octobre 1591. Ce fut dans le même temps et pour la même cause que la ville fit démolir le château de Fontaine.

formidable de trois places importantes de la province (1); peut-être encore l'impossibilité d'une défense sérieuse, avaient dissipé l'aveuglement du peuple en lui montrant de quel côté était le salut commun (2). Le maire, comme au jour des plus grands périls, avait convoqué les habitants, dont les délégués réunis à ceux du Parlement et de la Chambre des comptes prirent, dans la grande salle du Logis-du-Roi, aujourd'hui la salle *des Gardes*, après deux jours d'une discussion violente, la résolution de se soumettre (3). Cette résolution, qui répondait au sentiment public, fut exécutée aussitôt par un projet de traité auquel Biron donna son adhésion à Champmaillot (4). Ce maréchal le fit suivre de son entrée par la porte Saint-Pierre, pendant qu'une forte barri-

(1) Dijon, Beaune et Chalon.

(2) Le maréchal avait dès le 25 mai paru devant la ville, d'où on lui envoya quelques boulets. Le 25, ses troupes s'étaient répandues près de la grande justice et de Perrigny. Le 27, il était entré par le faubourg Saint-Pierre, puis avait porté son quartier général à Champmaillot, serrant de près la place vers son côté le plus vulnérable, c'est-à-dire à l'abri du château de Dijon et de la forteresse de Talant.

(3) On regretta de voir, en face d'un aussi grand péril, le Parlement soulever, comme d'habitude, des questions d'étiquette, forçant la Chambre de ville à venir à lui et refusant de délibérer si elle n'y consentait pas. La Chambre des comptes elle-même imita cet exemple en protestant contre l'ordre dans lequel ses délégués avaient été appelés à émettre leur avis, ce qui fit que peu s'en fallut que le salut de tous ne fût sacrifié à des querelles de préséance.

(4) Les conditions de la ville furent que la religion protestante ne serait point exercée dans le ressort du Parlement; que les ecclésiastiques seraient remis en possession de leurs biens confisqués, et notamment les jésuites en celle de leur collége; que le passé serait amnistié et les arrêts du Parlement, de la Chambre des comptes et des autres

cade s'élevait au Coin-du-Miroir et que le Château, qui ne se rendra que le 30 après une brèche et un siége en règle, tonnait de toute son artillerie sur cette ville, qui présentait l'ensemble de toutes les misères, le 4 juin 1595, jour où Henri IV, y accourant lui-même, alla rendre grâces à Dieu à la Sainte-Chapelle (1),

juridictions maintenus avec le nombre de leurs officiers. A quoi le maréchal promit de tout accorder, excepté les articles concernant l'édit de 1577 et le maintien des jésuites, pour lequel il déclara qu'il s'emploierait plus tard; Dijon seulement et ses environs demeurant exceptés des exercices du nouveau culte. (Reg. munic., 27 mai 1595.)

(1) Le Roi y fit tout haut sa profession de foi et protesta entre les mains du chanoine des Barres, ainsi qu'il l'avait déjà fait à la porte Saint-Pierre, de vivre et mourir dans la religion catholique. (Registres du Parlement.) Puis il assista le 2 juillet à une procession de la Sainte-Hostie, où il parut accompagné de tous les Corps de magistrature, des maréchaux de Biron et de Brissac, du comte de Tavannes et d'un grand nombre de chevaliers; tenant le connétable de Montmorency par la main et suivi de son chancelier; Charles d'Escars, duc et évêque de Langres, officiant. (Registre du 2 juillet 1595.) — On lit dans la chronique de Breunot, que le Roi, entré à la Sainte-Chapelle, avait demandé ce qu'était un tombeau en marbre blanc dressé au coin du maître-autel, et qu'ayant appris que c'était celui du maréchal de Tavannes, il s'était écrié : « Quoi ! c'est là ce mauvais garçon? Il est là maintenant bien doux et bien coi; il n'était pas tel à Paris le jour de la Saint-Barthélemy. » Paroles étranges dans la bouche de ce souverain, s'il est vrai, ainsi que l'atteste l'historien de Thou, que Tavannes lui avait sauvé la vie dans cette fatale journée.

Pendant ce premier séjour dans la ville, Henri IV entra au Château, assista au tir du prix de l'arquebuse, mit le feu à une pyramide d'artifice sur la place Saint-Jean, fut présent à l'élection du maire et fit le premier jour à Biron, aux efforts duquel Dijon s'était rendu, l'honneur de partager son lit. Il visita aussi les Chartreux, où, de Talant, le ligueur Tavannes lui détacha quelques boulets, comme il lui en fut tiré un du Château, sommé de se rendre, pendant qu'il était en son logis, ce qui brisa l'extrémité orientale de la corniche supérieure de ce palais, ainsi qu'on peut en juger encore, bien que la ville ait fait réparer cette brèche il y a peu d'années. On voit encore dans l'un des

au milieu des acclamations enthousiastes du peuple (1).

Ainsi, et par l'heureux combat de Fontaine-Française, avait fini cette guerre qui se fût terminée par la destruction de Dijon, si le vicomte de Tavannes et l'italien Franchesse, qui commandait le Château, n'eussent désabusé les esprits en les irritant par l'arrestation de plusieurs habitants du parti de la Ligue, non moins que par la menace essayée déjà de brûler et piller la ville pour y *planter* les Espagnols.

Administration intérieure.

Mais, loin de ces malheurs publics, reportons-nous aux temps où, sans blesser la religion par des passions haineuses, le Corps de ville releva la liberté par les soins d'une administration vigilante. La voirie, qui assura à la cité l'élégance et la circulation, ne fut point inconnue de nos pères. L'on retrouve, dès le XVe siècle, la preuve que l'édilité publique y appliqua ses soins par l'alignement des maisons, le redressement des rues et un pavage dont les Ducs avaient fait les premiers frais.

nombreux documents auxquels nous empruntons ces faits, que le Roi fit pendre au-dessus du Bourg, après l'avoir reconnu lui-même, un capitaine qui, ayant reçu de l'argent de sa main, était passé aux Espagnols, puis était revenu à Dijon comme espion de ces étrangers.

(1) « Le peuple, disent les Registres municipaux du temps, étant tellement en allégresse, que les rues en sont toutes couvertes, les fenêtres remplies, tous criant à haute voix : *Vive le Roi*! et se rencontrant bien heureux, femmes et enfants, qui se peuvent approcher de lui et lui baiser les cuisses. » (4 juin 1595.)

On lit dans la chronique de Breunot, que l'évêque de Chalon, Ponthus de Thiard, témoin de la sécurité du Roi au milieu de la foule qui l'entourait, s'approcha de lui pour exprimer ses craintes ; à quoi Henri IV répondit vivement : « Mon père, vous tenez là un discours peu propre à mon oreille. »

L'octroi, qui procure à la ville des ressources nécessaires, fut fondé en 1425 sous le *majorat* d'Etienne Chambellan avec un règlement municipal dont plusieurs articles sont encore pratiqués et peuvent servir de modèle. On trouve dès cette époque et successivement des peines contre les boulangers *qui ne font pas du pain loyal*, une taxe pour les hôtelleries, un bureau établi pour le pesage des denrées, une mesure *mère* pour les céréales, avec injonction aux marchands de *râcler jusqu'à la barre*, un moule pour la vente du bois, des seaux et un arrêté pour les incendies, des précautions pour l'éclairage, des tombereaux pour le nettoiement des rues, des défenses contre les chiens vagabonds, un règlement sur l'échenillage, une assignation de quartiers pour les professions *répugnantes* ainsi que pour les cabarets, des commissions nommées pour l'inspection des chemins, un tarif pour le traitement des pauvres malades, la distribution dans la ville des marchés publics et des mercuriales pour les grains, voire même pour les vins de toute classe, qui étaient déjà un des grands produits de la province.

Puis on voit, à mesure que la civilisation s'avance, la création d'une aumône générale fondée en 1711, et qui, en excitant la charité publique, réglemente la distribution des secours et interdit la mendicité particulière. Enfin, à côté de ces soins différents, la ville s'occupe de la création de ce canal de Bourgogne qui ne devait être terminé que de nos jours, et dont elle indique dès ce temps le but et les niveaux pour les faire adopter plus tard par Sully. Mais ce ne sera qu'en 1608, dans un voyage fait en Cour, que Dijon obtiendra, par la médiation d'un de ses maires, la permission d'exécuter ce travail, qui sera entrepris longtemps après sous la direction de l'ingénieur Bradelet, maître des digues du Roi, sur le modèle que nous voyons réalisé. Déjà, en 1602, comme plus tard, en 1660, dans un intérêt de salubrité, la ville avait essayé de rendre le torrent de Suzon pérenne en y amenant l'eau de la fontaine du Rosoir, signalée par Hugues Sambin, architecte dijonnais, laquelle, porte la délibération, *est abondante.* On voit par les Registres municipaux que, si elle abandonna ce projet, ce fut uniquement, comme on le remarque encore, parce que la rivière « va en *anguillades*, présente des *encavures* et coule sur un sable mouvant. »

La dérivation des eaux vives dans ces belles fontaines publiques, qui font aujourd'hui l'orgueil de la cité par un travail véritablement romain (1), ne fut point non plus négligée de la Chambre de ville. Il y a plus de trois cents ans que la place Saint-Michel avait sa fontaine, venant de Champmaillot par des corps en bois (2). Une autre fontaine, amenée de Montmusard ou des Lochères, fut

(1) Dû aux soins désintéressés de M. Darcy, inspecteur général des ponts et chaussées, créateur de ce bel établissement, qui depuis a servi de modèle à plusieurs villes de France et de l'étranger.

(2) Reg. munic., 21 août 1534.

bientôt après établie rue du Champ-de-Mars ou Champ-Damas (1). Plus tard, en 1619, on en construisit une sur la place de la Sainte-Chapelle, tirant de même ses eaux de Montmusard, et deux autres, enfin, sur les places Saint-Georges et des Cordeliers. Ces fontaines différentes communiquaient entre elles par des travaux souterrains. Mais des constructions imparfaites et les connaissances encore ignorées de l'hydraulique firent qu'il fallut bientôt les démolir, à commencer par celle des Cordeliers, dont les matériaux servirent à orner la fontaine de Notre-Dame-de-l'Etang près de Dijon, puis, après, celle de la Sainte-Chapelle, sur laquelle on voyait un Hercule en bronze (2).

La liberté civile, dont cette Chambre était alors l'unique interprète, ne fut pas oubliée davantage. Dès 1617,

(1) Reg. munic., 25 avril 1543 et 15 mai 1546.

(2) Il n'est pas indigne de l'histoire de mentionner encore à cause de la nature du sujet, ce que fit aussi la ville pour préserver les mœurs de plus grands désordres dans la période que nous parcourons. Dès le commencement du XVe siècle, elle autorisait une maison publique dite *des fillettes communes*, dont l'amodiation était adjugée chaque année à un fermier, qui finit par être le boureau lui-même, lequel cumulait ainsi deux fonctions. On trouve au Registre de la ville de 1425 un règlement sévère à ce sujet, et par lequel chacune de ces courtisanes était tenue d'habiter cette maison avec un signe qui la distinguât. Mais ces précautions ne suffisaient pas toujours; plusieurs fois la ville fit rechercher les *paillardes* et concubines jusque dans les maisons particulières, et finit par autoriser ses sergents à arrêter celles qu'ils rencontreraient en ville et à s'approprier le tiers en valeur de leurs joyaux. (Registre de 1535.) Cet état de choses dura longtemps et jusqu'à la suppression de ces lieux de débauche, ordonnée par les Etats généraux d'Orléans.

la ville demandait au Roi l'abolition des maîtrises, après avoir tenté de le faire elle-même, devançant ainsi de deux siècles une pensée hardie qu'une révolution générale pouvait seule accomplir. Déjà dans d'autres circonstances, elle avait, malgré la pente des esprits et du temps, résisté de tout son pouvoir à la création de trop nombreux couvents, qui, en multipliant les mains-mortes, exagérait sans mesure les abus de la vie cénobitique (1). Puis, dans un autre ordre d'idées, elle réprima par un règlement sévère (2) cette habitude, dès lors croissante, de convertir en vignes les terres arables que les ducs de la seconde race avaient assujetties les premiers aux règles actuellement écrites pour le défrichement des forêts (3). Elle proscrivit plus tard, sous

(1) Délibérations des 17 août 1534 et 15 juillet 1679.

(2) Voy. aux Registres des délibérations des 8 novembre 1487, 22 novembre 1594 et 27 octobre 1672.

(3) En même temps, et par une précaution différente, elle conjurait dans des processions et des prières publiques la disparition des urébères (vulgairement dits *écrivains*), insectes pernicieux à la vigne et contre lesquels on trouve dans les Registres, à la date du 15 juin 1554, une sentence fort curieuse fulminée par Philippe Berbis au nom de l'évêque de Langres, et dans laquelle on lit ces mots : « *Philippus, jurium doctor, consiliarius Regis in Parlamento, canonicus divionensis, vicarius generalis*, etc., *moneo per virtutem sanctæ crucis, armatus clypeo fidei, præcipio et conjuro primo, secundo et tertio omnes muscas vulgari nomine* Ecrivains, Urebers, *omnesque alios vermes fructibus vignarum nocentes, quantum a corrodatione, destructione et demolitione se desistant et abstineant, in remotioraque loca sylvarum recedant et fines hujus territorii exeant,* » et finit par ceux-ci : « *Auctoritate et virtute quibus supra ex parte Dei et Ecclesiæ maledico, et in eis maledictionis fero sententiam.* »

peine de confiscation (1), la vente des vins gamays à l'étape, produit *déloyal*, disent nos plus anciens registres, montrant ainsi par la faveur ou le refus, voire même par quelques préjugés qui nous étonnent à la distance où nous sommes placés de cette époque, que rien, dans tant de choses à la fois, n'échappait à sa prévoyance. Enfin, elle avait dès 1589 sollicité l'érection d'un évêché à la place de l'abbaye de Saint-Bénigne, et député au Pape pour obtenir un établissement si important, qui ne sera accordé que bien après sur les instances du prince de Condé.

Instruction publique.

A côté de ces soins difficiles, la ville surveillait la jeunesse et nourissait son intelligence. Dès le commencement du XVIe siècle, on la voit, grâce au secours d'une imprimerie nouvelle établie au Petit-Cîteaux en 1490 (2), s'occuper sérieusement des écoles fondées bien auparavant pour l'instruction du peuple, et prescrire à son recteur en titre de lui former de bons régents, avec défense d'user d'*astrologie* (3) dans ses leçons. Déjà elle

(1) Reg. munic., 4 mars 1615. De son côté, le Parlement défendait aux voituriers et marchands de remonter en Bourgogne aucuns vins de Provence, Languedoc, Dauphiné, Beaujolais et Vivarais, sous peine de confiscation de ces produits. (Arrêt du 18 novembre 1622, Registres de ce corps.)

(2) Par les soins de l'abbé Jean de Cirey et dont le premier imprimeur fut Pierre Metlinger. Cet hôtel, situé rue Saint-Philibert, était celui des abbés de Cîteaux pendant leur séjour à Dijon. Il appartient aujourd'hui aux RR. PP. Jésuites, qui y ont fondé une maison de retraite.

(3) Reg. munic., 12 juin 1538.

avait député en Cour pour demander l'érection d'une Université (1). Frappée de l'insuffisance des études domestiques, elle tenta l'année suivante, sous le *majorat* de Pierre Sayve, de leur donner une impulsion commune par la fondation d'un collége, dans le but de faire *lire en grammaire, arts et autres sciences,* et éprouva, chose étrange, de la part de ce recteur d'école un refus formel (2).

Le collége Martin, dans la rue des *Belliots,* dont le nom fut remplacé par celui de *Vieux-Collége,* fut la première institution sérieuse élevée en l'honneur des lettres dans la cité, avec l'établissement d'un principal à vie et le droit conféré à ce dernier de changer les régents et de veiller à la discipline (3). La Chambre de ville en fit les frais comme elle en prit tous les soins, d'accord avec les deux frères, ses bienfaiteurs, dont il portait le nom (4). Ce collége était en exercice dès 1533, et l'enseignement aussi complet qu'on pouvait l'espérer alors. Bégat, Tabourot et Duchâtel y avaient fait leurs premières études, comme plus tard, au collége des Godrans, Saumaise, Bossuet, Brulart, Lamonnoye, Longepierre, Bouhier, Crébillon, Rameau, Nicaise, de La Mare, Lantin, etc.,

(1) Reg. munic., 18 août 1516.

(2) Il répondit avec pédanterie : *Quidquid unusquisque bene judicat, hoc quoque videt.* Mais sa résistance fut vaincue. (Reg. munic., 10 novembre 1529.)

(3) Reg. munic., 9 avril 1557.

(4) *Ibid.,* juillet 1532.

et, dans la même année, Dom Clément, de Brosses et Buffon, tous à la fois élèves du père Oudin. Vingt ans à peine s'étaient écoulés depuis son établissement qu'on y enseignait le grec et les belles-lettres, et que le fameux Guillaume Postel y professait les mathématiques, non pas celles *infectées d'astrologie* que Pierre Turrel y avait enseignées lui-même avec honneur; homme fort éloquent d'ailleurs et qui mit le collége en grand renom, mais trop estimé, comme on le disait alors, *des devineurs de son temps*, ce qui faillit lui coûter la vie (1).

Du reste, la ville, que la fondation de ce premier collége avait grevée d'une dette énorme, ne permit point à des établissements rivaux de s'élever à ses côtés et d'anéantir pour elle un privilége acquis à prix d'argent. Les *pédagogies* furent interdites comme contraires, disent les délibérations, au bien public, et chaque chef de famille obligé d'envoyer ses enfants au rendez-vous des études communes, sans distinction de rang ni de personnes ecclésiastiques, contre lesquelles cette mesure parut particulièrement avoir été prise (2). Dans ces temps déjà loin de nous, où l'habitude des langues mortes

(1) Défendu et sauvé en plein Parlement par l'éloquence de Duchâtel, son ancien élève, ce qui valut à ce dernier des félicitations publiques de la part du Premier Président de cette compagnie, et plus tard la grande aumônerie de France, l'évêché de Mâcon et l'amitié de François Ier.

(2) Reg. munic., 10, 13 et 17 avril 1565 et 30 octobre 1578, ainsi qu'une foule d'arrêts du Parlement qui vinrent fortifier ces prescriptions. (Voir notamment l'arrêt général du 26 mars 1575.)

semblait avoir détourné notre idiome de ses voies naturelles, on voit encore la même Chambre, supérieure à ces abus comme à la routine, prescrire, dès 1579, au principal de laisser les écoliers parler plus familièrement en français qu'en latin et nommer une commission pour s'en assurer (1). Les hommes qui honorèrent alors la ville par leurs travaux, et les inscriptions latines qu'on retrouve à chaque pas dans les monuments comme dans le récit des fêtes publiques, prouvent que les études étaient florissantes alors qu'elles n'avaient pas acquis en surface ce que depuis, par une diffusion sans limite, elles ont pu perdre en profondeur.

La mort du président Odinet Godran, le plus grand bienfaiteur de cette cité, arrivée à Dijon en 1583 (2), vint donner à l'enseignement une impulsion nouvelle par la création d'un second collége, dont il fut le fondateur, et qui, par un pieux respect pour la mémoire de son père, portera le titre de *collége de messires Jacques et Odinet Godran*, pour y faire enseigner les lettres françaises, italiennes, et la philosophie morale d'Aristote, avec un cours de grec et de latin, des leçons

(1) Reg. munic., 4 juillet 1578.

(2) On trouve aux Registres municipaux de 1461 le nom d'Odinet Godran, marchand, auquel la ville accorde un droit d'issue de sa maison sur la Poissonnerie. La situation au même lieu de l'hôtel du président, jointe à l'identité du nom, doit faire penser que ce fut son aïeul, père de Jacques, dont le nom figure avec le sien dans la fondation du collége.

d'arithmétique et, de plus qu'aujourd'hui, un exposé sur l'agriculture, la plus utile des connaissances de l'homme. Par sa volonté dernière, cet établissement fut gratuit pour les enfants de parents non taillables de cinquante sols en subsides. Les Jésuites en dirigèrent les études, tandis que la ville en avait la surveillance et l'administration, et avec elle celle d'une école de filles fondée dans un but aussi généreux.

La Chambre, en fécondant la pensée du donateur, n'abandonna pas toutefois le collége Martin qu'elle avait créé, et appliqua sa sollicitude aux deux établissements. Des classes de philosophie, de morale et d'arithmétique, comme, plus tard, la langue allemande et les mathématiques approfondies, au lieu de la théologie dogmatique, vinrent compléter successivement le système des études du nouveau collége, conformément aux clauses de la fondation. Mais, chose étrange et qu'on pouvait déjà prévoir, malgré le soin qu'avait eu le fondateur d'affecter à son entretien le revenu de trois terres à la fois (1), et qui suffit à peine durant de longues années à ces vastes constructions que nous voyons encore; si les études étaient florissantes alors, les professeurs ne tardèrent pas à manquer de tout. On lit dans une délibération de la Chambre (2), que la ville fut obligée de

(1) Antilly, Lochères et Champseuil, dont le maire, en qualité d'héritier pour la commune, joignait le titre de baron à celui de vicomte mayeur.

(2) Reg. munic., 2 octobre 1590.

venir à leur secours en allouant au provincial la somme de huit cents livres pour faire vivre sa communauté, de même qu'elle fit distribuer aux religieux des habits pour les mettre à l'abri du froid. De leur côté, de généreux citoyens, tels que Pierre Fevret qui donna ses livres (1) et ses instruments de mathématiques, le premier président Berbisey qui fonda des prix nombreux, Odebert qui créa à ses frais de nouvelles chaires, et un autre Martin qui augmenta la bibliothèque d'ouvrages qui portent encore ses armes, concoururent dans la suite à assurer la puissance d'un établissement qui devint célèbre dans toute la province.

Enfin, la Chambre de ville, par les soins qu'elle prit de l'éducation dans ces différents temps, n'y jugea rien indigne de son attention. On la vit en 1595 (2) charger un des échevins de se tenir à la porte des classes « pour faire entrer les écoliers et les empêcher d'en sortir avant l'heure, de peur qu'ils ne *pipassent* leurs leçons. »

A une époque plus rapprochée de nous, la même ville obtint encore, malgré les entraves de tout genre, l'ouverture de cette école de droit qui est demeurée une de ses principales institutions. C'était une grande affaire alors qu'un établissement de cette nature, dans lequel le droit canon se mêlait à l'enseignement du droit

(1) A la charge d'ouvrir cette bibliothèque au public deux fois par semaine. (Reg. munic., 26 mai 1707.)

(2) Le 8 août. (Reg. munic.)

civil et du droit romain. Cette introduction des dogmes religieux dans les études fit que pour le fonder il fallut le concours du Souverain-Pontife, gardien de la foi catholique et des doctrines orthodoxes. Après ces difficultés vaincues, le maire Baudinet, qui administrait la ville, n'oublia pas, pour diriger la nouvelle œuvre, de faire valoir son titre de mayeur qui *l'immisçait*, dit-il, *en toute chose* (1), et obtint ainsi de la faveur du roi un droit que ses successeurs ont conservé longtemps (2). C'était l'époque où la cité, qui représentait principalement la famille, voulait avoir en tout accès pour elle et l'égaler en prévoyance jusqu'au sein des études supérieures qui couronnaient l'éducation. On sait que l'histoire de cette institution locale se lie particulièrement à celle du Parlement, à l'ombre duquel elle allait grandir jusqu'à ce que la faveur l'eût altérée. A cause du bienfait que les habitants en retirèrent, la province de Bourgogne et la ville de Dijon pourvurent chacune par moitié à un fonds de dix mille livres de revenu annuel pour les besoins d'une école, qui prit le nom d'*Université*. Le Parlement, par son chef, en eut la direction suprême (3).

(1) Reg. munic., 7 août 1723.

(2) Réuni à la dignité de maire par arrêt du Conseil du 30 septembre 1730, enregistré le 18 novembre suivant au Parlement. (Registres de ce corps.)

(3) Le Premier Président était assisté de trois autres directeurs, dont le doyen du Parlement, le vicomte mayeur et un avocat choisi parmi les plus célèbres. Cinq professeurs et quatre docteurs agrégés

Élections.

Telle fut pendant plusieurs siècles dans cette cité, au milieu d'événements sans nombre, la période abrégée de l'histoire municipale, considérée dans ses institutions et dans ses mœurs. L'autorité du maire, sur laquelle reposaient tous les droits, prenait, comme on l'a dit, sa source dans la liberté des habitants. Cette liberté appartenait à tous, pourvu qu'ils fussent chefs de maison et censitaires d'une somme modique qui varia de trois à quatre livres, suivant les temps. Les registres de la ville font foi que rarement moins de 1500 personnes prirent part au scrutin de nomination. Mais cette assiduité des électeurs surprendra moins quand on saura qu'elle était sanctionnée par l'emprisonnement et de fortes amendes dont rien ne dispensait les absents, de même que défense était faite aux *non cotisés* d'y paraître, sous peine du *fouet* (1). Deux membres du Parlement, délégués par ce Corps, assistaient en outre au scrutin, sous prétexte d'en assurer l'ordre, mais le plus souvent pour faire servir à d'autres desseins leur présence et leur autorité. Car, à côté de ce danger sérieux, cette institution, comme

formaient le corps enseignant. Le prince de Condé en fut le protecteur. Elle eut aussi un chancelier qui était un prêtre, fonction plutôt honorifique que réelle, et qui dut être une des conditions de la bulle d'adhésion donnée par le pape Innocent XIII à cette institution.

(1) Reg. munic., 3 janvier 1603. — Ces mesures de rigueur avaient disparu sous le règne de Louis XIV, au temps du dépérissement de libertés devenues vaines ; c'est ainsi qu'en 1692 il n'y eut plus que 562 votants ; en 1703, 608 ; en 1711, 311 ; en 1714, 349 ; la ville et ses habitants montrant par ces négligences affectées la preuve de leur indifférence. (Voy. les Registres municipaux).

toutes celles de la démocratie, fut minée par la brigue et les influences, quand elle ne fut pas violentée par la force. Le Prince manifestait ses volontés par la voix de ses officiers (1), le Parlement les siennes à coup de règlements, et la liberté, tourmentée de la sorte, avait peine à demeurer debout.

Ces dangers pour la commune tenaient au voisinage des grands pouvoirs politiques. Trop près d'un Parlement jaloux qui la trompa sans cesse, quand il ne l'accabla pas, l'élection ne fut souvent protégée que d'un côté, tandis qu'elle était menacée de toutes parts par la crainte des brigues et du monopole (2). On frappa les hommes faibles par l'appareil de deux potences plan-

(1) Sous les Ducs, on en trouve plusieurs exemples, parmi lesquels nous citerons celui-ci : « Lambert de Saulx est présenté par la Cour pour être maire, s'il plaît, dit-on, au peuple de la ville. Tous sont d'accord que, pour plaire au Duc, à Madame et au comte de Nevers (devenu depuis Jean-sans-Peur), on élise ledit maître Lambert de Saulx, licencié ès-lois et décrets, s'il plaît *au commun*, excepté Jean Poissenot, qui dit que cette manière est nouvelle, et deux autres qui se retirent sans vouloir voter. » (Reg. munic., 1402.)

(2) La ville joignit en vain son autorité à celle du Parlement pour empêcher ces abus. Les Registres sont pleins de défenses qu'elle publia à différentes fois, sous les peines les plus sévères, de solliciter l'élection du mayeur par brigues, intrigues, distribution d'argent, banquets, assemblées, allèchement envers le peuple, ports de feuillettes de vin, menaces, intimidation et autres pratiques indues; ce qui est, dit-on, un scandale pour les gens de bien, outre que Dieu y est offensé d'ailleurs, *selon que l'on peut en juger à l'œil*, porte une délibération du 18 juin 1601, qu'on peut lire au Registre de ce jour. Le Parlement ajouta à la peine de la *hart* (ou de mort) celle de l'excommunication et des censures ecclésiastiques, et chargea les curés des paroisses de recevoir toute révélation à ce sujet, avec remise de la peine pour ceux qui le feraient dans la huitaine.

tées à la porte des élections, mais qui ne servirent jamais à rien, tandis que le pouvoir, maître de la place, faisait tourner au vent de la faveur le plus grand nombre, qui avait crainte de déplaire. Hâtons-nous d'ajouter que, sauf quelques exemples contraires, ces entremises dans les libertés de la commune ne se firent sentir qu'au XVIe siècle, comme prélude d'un plus grand désastre que le XVIIe allait voir accomplir. Ainsi, dans ces alternatives de fortune, l'intérêt public, base des choix de la cité, fut consulté plus souvent que la faveur, la liberté eut plus d'avantages que de pertes, et l'opinion triompha plus souvent qu'elle ne fut vaincue. C'est là tout ce qu'on pouvait espérer des hommes et d'une institution étonnante pour le temps où elle exista et où on voulut bien la souffrir. N'oublions pas, toutefois, ce qui était arrivé d'abus quand, par un respect trop aveugle, on l'avait abandonnée à ses entraînements.

L'échevinage, composé de vingt personnes prises dans les paroisses, eut des règles d'élection à part. Appelé à se renouveler lui-même (1), on lui vit subir le premier les atteintes du pouvoir quand il voulut ébranler le *majorat* dans son principe. Colbert réduisit à six le nombre de ces officiers et leur donna de beaux habits, tandis

(1) L'usage consacré pour la nomination de ces officiers était que, sur le nombre de vingt dont l'échevinage se formait, six des anciens seulement restaient en exercice; les autres demeurant choisis dans chacune des paroisses par le corps entier. (Délibér. du 21 juin 1651, Reg. munic.)

qu'il détruisit au profit de ses intendants tout ce qui restait à la ville de ses anciens priviléges. Il osa plus encore en parvenant à transformer en offices royaux les charges municipales, à commencer par celle de maire, la plus considérable. Mais le rachat en fut opéré par l'entremise du prince de Condé, gouverneur, moyennant 100,000 livres pour l'office de maire perpétuel, et 50,000 livres pour les offices d'assesseurs (1).

Tous ces essais étaient hardis, et, pour en assurer l'effet, il fallut bien désarmer un peuple mécontent, c'est-à-dire ces mêmes hommes du *Lanturelu* qui, dans la révolte fameuse de ce nom, avaient crié : *Vive l'empereur!* se réunissaient déjà de toutes parts et semblaient de nouveau menacer (2). C'est ce que fit le gouvernement par ses officiers, en retirant à la ville ses canons, à commencer par ceux qui étaient devenus des trophées municipaux par l'usage qu'en avait fait Millotet pendant la Fronde, en tirant à pleine volée sur le Château révolté contre l'autorité royale. Pour une fois que la ville voulut, en 1670, faire revivre ses droits de justice dans un procès d'Etat où quelques personnages se trouvaient compromis, elles s'aperçut que le temps de ses priviléges les moins contestables était passé, obligée qu'elle fut de rendre avec les procédures commencées la clef des

(1) Voir la correspondance de Colbert, publiée par les soins de l'Etat.
(2) Reg. munic., 9 et 12 décembre 1668.

cachots où elle avait fait enfermer l'un des coupables. Qu'était devenu pour elle ce principe tutélaire inscrit dans sa charte de fondation, que nous avons rapporté : « *Nullus infra villam divionensem, vel extra, infra banleucam, aliquem potest capere, nisi major et jurati quandiu justitiam de eo facere voluerint?* »

Monuments et établissements publics.

Ce temps de libertés mourantes fut celui où la gloire des lettres et des monuments pouvait faire oublier une telle déchéance. A côté des beaux esprits dont nous parlerons plus tard, on vit les mœurs se polir, le société se former, les embellissements se succéder à l'envi, comme le cours du Parc (1), le Palais des Etats (2), la place d'Armes (3), la statue équestre de Louis XIV (4), la rue

(1) En septembre 1671, aux frais de la ville. Le Parc, de la contenance de plus de 33 hectares, fut créé au commencement du XVIIe siècle par les ordres de Henri II de Bourbon, père du grand Condé. Cette magnifique promenade, mise en vente le 25 ventôse an IX a été achetée au nom de la ville par M. Léjéas, maire, auquel elle en doit la conservation.

(2) Commencé en 1684 et terminé en 1690 sur les plans de Boffrand, célèbre ingénieur parisien. L'ancien palais ducal, dont on a conservé quelques restes, est du XVe siècle, sauf la tour de Bar, qui est du XIIIe.

La grande tour qui domine la ville fut commencée par Philippe-le-Hardi en 1367 ; Jean-sans-Peur la continua et y fit sculpter son rabot, par opposition au bâton noueux, emblème du duc d'Orléans.

(3) Construite en 1686.

(4) Œuvre de Le Hongre, sculpteur parisien. Ce monument, non compris sa base, pesait cinquante-deux milliers. Par ignorance de la mécanique, il resta 28 ans dans un chantier près d'Auxerre, avant de pouvoir être transporté à Dijon, où il fut inauguré le 14 avril 1726 au bruit des décharges de la milice et du canon. Pierre Morin, ingénieur de la province, dirigea ce transport.

Condé (1), la place Saint-Vincent (2), qui démasquait une de nos plus belles églises, imprimant à la capitale de la province ce caractère de grandeur qui se communiquait alors partout et dont les Etats comme la Chambre de ville s'inspirèrent à la fois par ces travaux qui furent leur œuvre commune.

Puis, par la seule impulsion donnée et en inclinant vers les derniers temps de l'ancienne monarchie, on voit, à côté de l'Ecole des beaux-arts, fondée en 1766 sous la direction de Devosge (3); du Musée, créé en 1781 par les soins des Elus et la munificence du Parlement, les grandes fortunes et les grands cœurs doter la ville, en dégrèvement de son épargne, de ces établissements utiles qui, comme l'Académie fondée par Pouffier, le Jardin botanique créé par Legouz-Gerland, ont survécu, non sans des blessures profondes, à des orages qui, parmi nous, ont emporté tant d'autres choses! De même qu'en face de ces établissements nombreux, on pourrait citer, en remontant plus avant dans l'histoire, douze églises construites ou rebâties presque

(1) Percée en 1720, aux frais de la ville, et moyennant le don de soixante mille livres fait par le Premier Président de Berbisey qui voulut concourir à cet embellissement.

(2) 3 juillet 1680, à la place de l'église Saint-Médard et de son cimetière, qui furent achetés et démolis par la ville.

(3) Elle prit cette devise qui lui présagea sa réputation : *Oriendo jam nitescit*, et compta depuis parmi ses élèves Prudhon, Gagnereaux, Ramey, Renaud; et, de notre temps, Rude et Jouffroy, nés à Dijon, deux des premiers statuaires de l'école française.

aux seuls frais des aumônes publiques (1); huit hôpitaux fondés de la même sorte (2), ainsi que des communautés religieuses utiles où, comme chez les Bénédictins et à l'Oratoire, la science disputait le temps à la prière, et où, dans les ordres de femmes, tels que le Refuge, Sainte-Marthe et Saint-Vincent-de-Paul, la prière consistait aussi dans les œuvres, et les œuvres dans le sacrifice de soi-même ou l'abnégation chrétienne. Puis après, ces écoles dont Claude Rigoley eut, en 1606, l'honneur de doter la ville, et, en opposition aux prédications furieuses de la Ligue, déjà rappelées, la parole de saint Vincent Ferrier retentissant ici au XVe siècle parmi les flots d'une multitude avide de l'entendre (3); plus tard,

(1) Saint-Etienne, abbaye, refuge des premiers chrétiens, fondé en 343 avec une crypte; et presque en même temps Saint-Vincent, chapelle, asile des reliquaires au temps des invasions normandes. Nous avons dit que les premiers évêques de Langres semblent y avoir établi leur demeure; Saint-Bénigne, ancienne sépulture du martyr de ce nom en 535, rebâtie en 1001 par les libéralités de Henri-le-Grand, frère de Hugues Capet, dernier Duc bénéficiaire, achevée en l'année 1015 et consacrée par le pape Pascal II en 1107, détruite depuis en partie par un incendie; la Sainte-Chapelle, fondée en 1072; la Chapelotte, collégiale, en 1182; Notre-Dame en 1178, auparavant chapelle et succursale sous le nom *Capella nostræ Dominæ de foro*, et où l'on voyait déjà la statue de la Vierge noire; Saint-Jean au Ve siècle; Saint-Michel au IXe; Saint-Médard au Xe, dans l'enclave de l'ancien *Castrum*; Saint-Pierre et Saint-Philibert au XIe; Saint-Nicolas au XIe, rasée par ordre de Tavannes à cause des fortifications en 1552, et rebâtie dans l'intérieur de la ville. Ces sept dernières faisaient alors les sept paroisses de la ville.

(2) Saint-Fiacre, Saint-Esprit, Notre-Dame, Saint-Jacques, Saint-Bénigne, la Chapelotte, la Madeleine et la Maladière, réunis en un seul, celui du Saint-Esprit, par l'édit du Roi de 1662.

(3) Reg. munic., 2 juin 1417, où on lit que, vu l'affluence des étran-

celle de saint François de Sales dans la chaire de la Sainte-Chapelle (1), comme depuis cette époque, en se rapprochant de notre âge, celle non moins éloquente du père Cotton (2) ; tous appelés et sollicités par la Chambre de ville elle-même, qui ne craignit pas de mêler son nom à ces consolations suprêmes qui apprenaient au peuple à supporter ses maux.

Maires célèbres.

Dans ces temps éloignés de nous, où la distinction de la société par classes formait le fondement de la constitution politique en France, ce fut chose digne de remarque de voir le peuple faire porter le choix des mayeurs, tantôt sur un avocat célèbre, tantôt sur un procureur habile, voire même sur de simples marchands, n'excluant du *majorat* et de l'élection ni les plus grands seigneurs de la ville, ni les membres du Parlement lui-même, quand il croyait pouvoir compter sur leur affection. Sur les deux cent cinquante maires environ dont les archives municipales nous ont conservé les noms (3), on cite avec autant d'orgueil que de respect Hugues Au-

gers, on fut obligé de tenir fermées les portes de la ville et que, pour le maintien de l'ordre, les habitants restèrent armés.

(1) Année 1604, où il prêcha tout le carême et logea rue Vannerie, chez l'avocat de Villars. (Reg. munic.)

(2) Reg. munic., 1619.

(3) Mentionnés dans l'ouvrage de Robert intitulé : *Gallia christiana*, et depuis, dans la dernière édition de Courtépée, t. II, p. 28. Le dernier de ces maires fut Louis Moussier, qui administra la ville avec honneur de 1784 à 1789, époque à laquelle finit, par sa démission, la vicomté-mairie.

briot, devenu prévôt de Paris sous Charles V; Pierre Berbis, qui parut au traité d'Arras (1); Bénigne de Cirey, nouveau Codrus, qui se dévoua comme otage de la ville à la retraite des Suisses, après le siége mémorable dont nous avons parlé; Fleutelot qui prépara la réconciliation des partis lors de l'entrée de Henri IV à Dijon; depuis, ce courageux Fremiot, *de l'écritoire duquel il sortit des boulets* (2); auparavant, Etienne Bernard, qui représenta si dignement cette ville aux Etats de Blois (3); et après lui Frasans, qui, nommé sept fois, avait pris pour devise : *In septimo non liquet requiescere;* ou bien encore ce fameux Millotet, qui, seul, combattit la Fronde et fit demeurer la même ville dans sa fidélité à travers tous les obstacles et tous les dangers; et, à côté de ces divers portraits, des bienfaiteurs des pauvres comme Joly et Lamothe-Jacqueron; de la ville, comme Godran; des hôpitaux, comme Odebert. Ajoutons des modèles de dévouement, comme Humbert de Villeneuve; de courage civil, comme Févret; de charité, comme l'abbé Guillaume; des vertus, comme sainte Chantal, et de fermeté d'âme comme Nicolas Brulart, la plus grande figure parlementaire du XVIIe siècle.

(1) Signé le 21 septembre 1435. Pierre Berbis fut anobli par Philippe-le-Bon, lui et sa postérité, le 27 octobre suivant.

(2) Paroles du président Jeannin à Mayenne.

(3) Puis après ceux de la Ligue à Paris, pour lesquels il partit aux acclamations publiques. (Reg. munic., 18 janvier 1593.) Le même avait déjà été envoyé par le Tiers-Etat, comme député de la Bourgogne, aux Etats de Blois de 1588.

Suprématie et décadence de la ville.

Ainsi se manifestèrent, à l'ombre de nos lois municipales, le mérite et les grandes actions dans une ville qui fut durant des siècles la capitale de cette province; compta, avec une milice qui s'éleva jusqu'à sept mille hommes (1), un Parlement célèbre, une Chambre des Comptes, une Intendance (2), une Cour des aides, un Bureau des finances, une Chambre du domaine, une Cour des monnaies, un Présidial, un Bailliage, une Prévôté, des Etats généraux, une Sainte-Chapelle, deux Abbayes royales, un Evêché, deux Collégiales; qui devint, pendant près de cinq cents ans, la résidence de ses Ducs souverains, et fut depuis gouvernée par six Condé, deux Bourbon et trois princes de la maison de Lorraine (3).

(1) Tel en fut le nombre à la revue du 7 mai 1656, passée par le duc d'Epernon, gouverneur, après la reddition de Seurre sur la fin des troubles de la Fronde. (Reg. munic.)

(2) Les intendants furent : Hay, en 1629; de Thou, fils du célèbre historien, en 1632; de Machaut, en 1636; Mangot d'Orgeros, en 1638; de Heerre, en 1650 : Laisné de la Marguerie, en 1653; Bouchu, en 1656; de Harlay, en 1683; d'Argouges, en 1689; Ferrand, en 1694; Pinon, vicomte de Quincy, en 1705; de Trudaine, en 1710; de La Briffe, marquis de Ferrières, en 1712; Barberie de Saint-Contest, en 1740; Joly de Fleury, en 1749; Dufour de Villeneuve, en 1761; Amelot de Chaillou, en 1764, et qui occupa ces fonctions jusqu'à la suppression de cette charge.

(3) Voici l'ordre chronologique des gouverneurs de la province de Bourgogne : Georges de La Trémouille, sire de Craon, en 1477; Charles d'Amboise, en la même année : Jean d'Amboise, évêque de Langres, frère du précédent, en 1481; Jean, sieur de Baudricourt et de Choiseul, en 1498; Engelbert de Clèves, comte de Nevers, en 1499; Louis de La Trémouille, en 1506; Philippe Chabot, comte de Charny, grand amiral de France, en 1526 (père de Léonor Chabot, lieutenant

Aujourd'hui, que sont devenus ces souvenirs du temps et des hommes? Au milieu des débris des annales, et à défaut d'une histoire qui les rappelle, les titres dispersés manqueront bientôt pour en rendre témoignage. La Révolution avait mutilé nos temples, dégradé les monuments et brisé les tombeaux de nos derniers Ducs (1); qu'avons-nous fait dans des jours plus calmes?... L'Eglise Saint-Jean, sépulture des premiers évêques, et où fut baptisé Bossuet, aujourd'hui privée de sa grande flèche, de son chœur et de ses tombeaux, est devenue un entre-

général pour le roi en Bourgogne, en 1571); Claude de Lorraine, duc de Guise, chef de la branche de ce nom établie en France, en 1548; Claude de Lorraine, duc d'Aumale, en 1550; Charles de Lorraine, duc de Mayenne, en 1573; Charles de Gontaut, duc de Biron, maréchal de France, en 1595; Louis, dauphin, fils de Henri IV, en 1602, et, durant sa minorité, Roger de Saint-Lary, duc de Bellegarde, grand écuyer, gouverneur en titre en 1610; Henri de Bourbon, prince de Condé, en 1631; Louis de Bourbon, surnommé le Grand Condé, en 1646 jusqu'en 1686, sauf quelques années où il fut remplacé par les ducs de Vendôme et d'Epernon; César, duc de Vendôme, en 1650; Bernard de Foix, duc d'Epernon, de 1655 jusqu'à 1659; Henri-Jules de Bourbon, fils du Grand Condé, en 1685; Louis de Bourbon, fils du précédent, en 1709; Louis-Henri, duc de Bourbon-Condé, fils de Henri-Jules, en 1710; Paul-Hippolyte de Beauvillier, duc de Saint-Aignan, en 1740, pendant la minorité du suivant; Louis-Joseph de Bourbon, prince de Condé, en 1754.

(1) 19 août 1792.

Philippe-le-Hardi, premier Duc de la seconde race, dite des Valois, avait été le fondateur de la Chartreuse, destinée à devenir le lieu de sa sépulture et de celle de ses successeurs. On lit dans son testament du 13 septembre 1386 « qu'il ne voulut pas *user* de la sépulture des Ducs de la première race, qui était à Cîteaux. »

Il ne reste de tous ces corps, déposés aujourd'hui dans les caveaux de Saint-Bénigne, que ceux de Philippe-le-Hardi et de Jean-sans-Peur. Le gouvernement y a fait réunir, en 1851, celui de la duchesse de Bedfort, fille de ce dernier.

pôt public quand le temps en achevait la ruine. La tour de Bar, construction du XIIIe siècle, dans laquelle vécut un souverain captif vaincu par la vaillance bourguignonne (1), menacée même de nos jours, n'a dû qu'à une intervention heureuse la faveur d'être conservée (2). L'abbaye de Saint-Etienne, enfin, qui battait monnaie et recevait les rois au moyen-âge (3), n'existe plus que

(1) Le 2 juillet 1431, à la bataille de Bulgnéville, où six mille hommes, presque tous Bourguignons, acceptèrent le combat qui leur était offert par plus de vingt mille soldats aguerris, et les mirent, en moins d'une heure, dans une déroute complète, après leur en avoir tué ou pris environ quatre mille. Le duc de Bar, René, devenu depuis roi de Sicile, y fut blessé au visage et emmené par le maréchal de Bourgogne Toulongeon, prisonnier à Dijon, où il fut enfermé dans la tour qui porte encore aujourd'hui son nom, et dans laquelle il peignait sur verre pour se consoler de sa captivité, qui se prolongea cinq ans. (Voy. le Registre du 6 juillet de ladite année, où on lit que l'ennemi perdit en morts de 3 à 4,000 hommes.) On voit dans celui du 23 août 1436 que la ville entière prit les armes sur la nouvelle que les Barrois se levaient en masse pour venir délivrer leur duc.

Jean et Louis d'Anjou, ses fils, vinrent eux-mêmes, pendant sa captivité, prendre dans cette tour la place de leur père, auquel le Duc de Bourgogne avait accordé, sous cette garantie, la permission d'aller visiter ses Etats.

L'appartement de René était au premier étage. Il consistait en une seule pièce d'environ 35 pieds de long sur 25 de large, au milieu de laquelle était une grande cheminée soutenue par deux colonnes, ayant en face trois larges fenêtres treillassées de fer; la seconde et la troisième salle au-dessus servant aux gentilshommes faits prisonniers avec lui et à ses gardes. Le bas de cette tour formait le chapitre de la Sainte-Chapelle.

(2) En 1851, par la volonté ferme de M. le baron de Bry, préfet de la Côte-d'Or, ensuite d'une conférence à laquelle nous fûmes appelé en qualité de président de l'Académie de Dijon, avec M. Baudot, président de la Commission des antiquités du département.

(3) Dans un tournoi magnifique offert à Charles VI, et qui dura quinze jours. Il eut lieu dans les cours et le jardin de l'abbaye.

dans les souvenirs. Et la Sainte-Chapelle, gracieux édifice des temps gothiques, devenu le berceau d'un ordre fameux (1), et aux voûtes duquel furent appendus les trophées de Rocroy (2), tombe sous le marteau au mépris de toutes ses traditions, en même temps que la rotonde

(1) L'ordre de la *Toison d'Or*, institué par le Duc Philippe-le-Bon à l'occasion de son mariage avec Isabelle de Portugal, célébré à Bruges en 1430. Un chapitre de cet ordre, qui compta désormais trente-un membres, fut tenu à la Sainte-Chapelle de Dijon, où les noms des chevaliers, avec leurs écussons, figurèrent dans les stalles jusqu'à la destruction de cet édifice.

Voici ces noms tels qu'ils étaient demeurés inscrits jusqu'à la fin dans l'ordre des préséances. *Du côté de l'épître :* Philippe, Duc de Bourgogne et de Brabant ; Alphonse, roi d'Aragon ; Charles, duc d'Orléans, de Milan et de Valois ; Antoine, seigneur de Croy et de Renty ; Pierre de Bauffremont, comte de Charny ; Jean de Croy, seigneur de Tour-sur-Marne ; Jean de Melun, seigneur d'Antoing ; Jean de Vergy, seigneur de Fouvens ; Baudot de Noyelles, seigneur de Chaten ; Charles de Bourgogne, comte de Charollais ; dom Pédro de Cardone, comte de Gobelenne ; Jean de Neufchâtel, seigneur de Montesay et de Rigney ; Drieu, seigneur d'Hurnières et de Becquecourt ; dom Sanche de Guevare, comte d'Ariane ; Jean de Portugal, prince d'Antioche ; Hue de Launois, seigneur de Saintes. *Et du côté de l'Evangile :* Guilbert de Lannoy, seigneur de Willerval ; Jean duc d'Orléans et comte du Perche ; de Launoy, dit le Bègue, seigneur de Molembais ; Jean, seigneur de Créquy ; Simon de Lalain, seigneur de Hantes ; Thibaut, seigneur de Neufchâtel ; Jean, bâtard de Saint-Pol, seigneur de Habourdin ; Franc de Borselle, comte d'Austrevant ; Renaud, seigneur de Brederode et de Vienne ; Henri de Borselle, seigneur de la Vère et de Condeberz ; Jean, seigneur du Ber et d'Auxy ; Jean, duc de Clèves et de La Marck ; Jean, seigneur de Launoy ; Antoine, bâtard de Bourgogne, seigneur de Beure ; Adolphe de Clèves, seigneur de Ravesteins.

(2) Envoyés par le grand Condé à la ville au nombre de quinze drapeaux, escortés par la milice bourgeoise depuis le Château, et qui furent déposés dans cette chapelle, le 25 juin 1643, en présence du Parlement, de la Chambre des Comptes, du clergé et de la Chambre de ville, au bruit du canon des remparts et d'une musique guerrière.

Là encore était exposée la sainte Hostie donnée en 1434 par le pape Eugène IV à l'un de nos Ducs, et qui fut depuis consommée, pour éviter

de Saint-Bénigne, chef-d'œuvre d'architecture, fondée par la pieuse libéralité de nos pères (1).

Telle est l'histoire abrégée de cette cité dans celle de ses monuments debout ou abattus. Tel est aussi dans le souvenir de ses franchises, le reflet de l'ancienne France municipale, depuis le moyen-âge jusqu'à ce que le principe monarchique, en s'exagérant lui-même, les eût tour à tour absorbées.

Hâtons-nous de conclure par quelques aperçus généraux qui formeront le caractère de cette esquisse. Dans la longue période de temps que nous avons parcourue, et qui comprend de 1383 à 1789, l'intervalle de quatre siècles, la ville qui avait été, sous les Ducs de la première race, la capitale de la Bourgogne, continua de l'être sous ceux de la maison de Valois, avec des agrandisse-

Dijon sous le gouvernement des Ducs.

sa profanation, le 10 février 1794, en l'église Saint-Michel, par le curé constitutionnel du temps, en présence d'un témoin oculaire duquel nous tenons ce fait.

(1) Ces dernières démolitions furent accomplies en 1804 sous un gouvernement réparateur et par une administration honnête dont M. Ranfer, maire de Dijon, était le chef, mais alors que la fureur de tout détruire semblait avoir survécu aux violences révolutionnaires. L'adjudication de la Sainte-Chapelle fut tranchée, l'an X de la République, moyennant 38,000 livres, prix des matériaux. Le vaisseau avait soixante-un mètres de longueur, dix-neuf mètres et demi de largeur et vingt mètres et demi de hauteur. (Procès-verbal du 5 fructidor de la même année.)

Depuis, le 30 novembre 1858, le tombeau de Saint-Bénigne a été découvert, lors de la construction d'une sacristie, sous les ruines de l'ancienne rotonde. (Voy., sur cet événement, le savant ouvrage de M. l'abbé Bougaud, aujourd'hui vicaire-général d'Orléans, *Etude historique sur la mission de Saint-Bénigne*, Autun, 1859, 1 vol. in-8°.)

ments de territoire qui firent de cet Etat un puissant empire (1). Ainsi le fut-elle encore, quoique singulièrement réduite (2), sous lès rois de France depuis la réunion de cette province à la couronne, après laquelle elle conserva son titre de premier duché-pairie emprunté à ses institutions primitives. Le roi Robert de France, en en investissant son fils du même nom, premier Duc de la race Capétienne, avait voulu qu'il en fût ainsi. Les Ducs ses héritiers confirmèrent un choix si propice, *n'étant*, dit un de nos plus anciens auteurs, *en tout le pays de Bourgogne, ni ville de plus riche assiette, ni air plus serein et plus délectable, ni peuple plus gracieux, plus humain et plus accessible ; ce qui fit*, ajoute-t-il, *que ses Ducs l'ont grandement aimée, et que les grands seigneurs de la province s'y accomodèrent de logis* (3).

La perte de nos plus anciens registres municipaux

(1) Et qui comprenait alors, outre les deux Bourgognes, les comtés de Flandres, d'Artois, de Réthel et de Nevers, le Hainaut, la Hollande et la Zélande, c'est-à-dire une portion considérable de l'Europe occidentale; tandis que sous les Ducs de la première race, éteinte par la mort de Philippe-de-Rouvres, il s'étendait seulement sur le duché de Bourgogne et d'autres provinces de moindre importance. A quoi on peut ajouter le gouvernement de Morée et de Thessalonique, dont l'un de nos Ducs avait obtenu la souveraineté à la suite d'une des grandes expéditions d'Orient, possession plus onéreuse qu'utile, et qui leur échappa bientôt.

(2) A cause des possessions propres qu'apporta Marie de Bourgogne à la maison d'Autriche, par son mariage avec l'archiduc Maximilien, et parmi elles le comté de Bourgogne qui avait été réuni au duché par le mariage de Philippe-le-Hardi, célébré avec Marguerite de Flandres, en 1369.

(3) Guillaume Paradin.

laissera, sur l'histoire de cette cité avant les temps que nous venons de parcourir, une obscurité regrettable. C'est en l'absence de ces témoignages que nous avons dû restreindre le récit des événements à une époque qui, prise du moyen-âge jusqu'à nos jours, en constitue, à vrai dire, la partie la plus importante, Auparavant, le règne presque oublié des douze Ducs qui, dans l'intervalle de plus de trois siècles (1), avaient gouverné *souverainement* (2) la province, fut le temps de la chevalerie, des tournois, des légendes, des pèlerinages et des expéditions lointaines, telles que les croisades auxquelles ces princes, à la tête de leur intrépide noblesse, attachèrent une gloire dont la conquête du sceptre de Thessalonique (3) ne put faire oublier le prix. Toutefois on ne saurait méconnaître qu'au milieu des ténèbres de cette époque la commune de Dijon s'anima d'une vie nouvelle à la voix d'un prince équitable qui, par politique ou par faveur, lui accorda ces priviléges que nous avons cités, lesquels

(1) 1032 à 1361, première race de la maison royale dite des Capets.

(2) Ils jouissaient en fait, avec les fonds qui composaient leur domaine, de tous les droits régaliens. Nous avons pu constater que les rois ne leur disputèrent jamais le droit de faire la guerre et la paix, de lever des subsides sur leurs sujets, de battre monnaie, d'avoir un conseil et des officiers de leur couronne, de juger les crimes sans appel, de donner des lettres de grâce, d'accorder les chartes communales aux villes, d'avoir des ambassadeurs dans les cours étrangères. N'était-ce pas ainsi posséder pleinement les droits de la grande régale?

(3) L'un d'eux, Hugues IV, qui avait suivi saint Louis en Orient, acquit, en 1321, de l'empereur Baudouin, le royaume de Thessalonique. (*Vide supra.*)

la maintinrent pendant plusieurs siècles, parmi des fortunes contraires, égale à elle-même par son courage, constante dans ses institutions, et fière, avant tout, de cette primauté source de sa grandeur et d'une liberté sérieuse que le temps a emportée.

Un fait connu des archéologues, mais qui mérite d'être rappelé, est que le même Hugues III, qui avait fondé la commune de Dijon, fonda également la Sainte-Chapelle pour accomplir un vœu adressé à la Vierge dans une de ces grandes expéditions d'Orient qui forment la principale épopée de ces temps chevaleresques (1). Ce prince, après deux voyages en Terre-Sainte, mourut à Tyr (2), laissant la Bourgogne florissante sous Eudes III, son fils, croisé comme lui. Depuis ce dernier, la province fut gouvernée par Alix de Vergy, sa veuve, femme

(1) *Proficiscens Hierosolymam, gravi maris periculo perterritus, vovit quod si gratia Dei illud periculum evaderet, Divione, juxta aulam suam, in honore sanctæ Dei genitricis et sancti Joannis evangelistæ, ecclesiam construeret.* (Voy., au recueil de Pérard, le titre de cette fondation, p. 272.)

(2) Il avait assisté en 1191 avec Philippe-Auguste à la prise de Saint-Jean-d'Acre, et commanda l'armée des croisés après le départ de ce roi, par préférence à Richard, roi d'Angleterre. Son corps fut envoyé à Cîteaux pour y être inhumé près des Ducs de sa race. Alexandre, son second fils, est devenu la tige des maisons de Montaigu (la première des trois), Couches et Sombernon, dont le dernier descendant, Claude de Couches, fut tué au combat de Buxy, en 1470. Eudes III, qui succéda à Hugues III, son père, au duché de Bourgogne, commanda l'avant-garde du Roi à Bouvines, où il fit des prodiges de valeur. Le même prince fonda le Grand-Hôpital de Dijon, et mourut à Lyon, en 1218, lorsqu'il se rendait en Palestine au secours des chrétiens.

forte, l'honneur de son sexe, et dont elle avait gardé un touchant souvenir (1). Auparavant Cîteaux, devenu fameux, devait sa fondation à Eudes Ier, l'un de ces Ducs, suivie plus tard de celle de ses *quatre filles* : Laferté, Pontigny, Clairvaux et Morimont, célèbres dans un ordre qui couvrit l'Europe de ses monastères. Que dirons-nous des autres, tous aussi bons que braves, jusqu'à Philippe de Rouvres, le dernier, mort à seize ans, « au naturel excellent, à l'âme grande, aux inclinations nobles, » dit une chronique ancienne (2)? Ce temps fut aussi celui de saint Bernard, la plus grande gloire de la chrétienté au moyen-âge, dont la parole ébranla le monde et qui ne trouva d'émule que cinq siècles plus tard, dans cette même cité qui l'avait vu naître à ses portes.

Depuis ce temps, les Ducs de la seconde race, en étendant leur empire par des alliances, jetèrent sur leur ville capitale un éclat nouveau par le séjour accoutumé qu'ils y firent toutes les fois que l'ambition de s'agrandir ne les porta pas à s'en éloigner. Dijon fut en tout temps le lieu vers lequel la pensée les ra-

(1) Retirée après sa régence à Prenois, où elle honora l'agriculture en faisant labourer elle-même ses terres. Les Dominicains établis à Dijon la regardent comme leur fondatrice. (Courtépée.)

(2) Il mourut d'une chute, comme plus tard Marie de Bourgogne. Ainsi, unies dans la même destinée, finirent, par une mort semblable, les deux branches ducales du sang royal dans cette province où elles avaient régné près de quatre siècles et demi.

menait avec amour quand aussi l'esprit turbulent des Gantois leur permettait de respirer ou que des querelles avec leurs voisins ne les forçaient pas à combattre ou à négocier. C'était en cette ville qu'ils laissaient leur famille, leur épargne, la duchesse et ses enfants sous la garde d'un peuple libre et fidèle. Philippe-le-Bon y reçut le jour, ainsi que Jean-sans-Peur, son aïeul, et plus tard Charles-le-Téméraire, son dernier héritier. Déjà le premier d'entre eux, Philippe-le-Hardi, avait, par un honneur insigne, donné à la commune, avec sa devise de combat (1), un chef de ses propres armes en témoignage de la bravoure de ses habitants qui l'avaient suivi à Rosbeck (2) et sur tous les champs de bataille. L'entrée de ces princes dans leur capitale pour prendre possession du duché, le serment qu'ils prêtaient à Saint-Bénigne de garder nos anciens priviléges (3), la pompe de leur cortége et jusqu'à celle de leurs tombeaux, le nombre de leurs officiers, les tournois qui signalaient leur approche, surpassèrent en magnificence tout ce que, dans ces temps de luxe et de

(1) *Moult me tarde.*

(2) D'où est venue l'horloge de Jacquemard, trophée de guerre apporté par Philippe-le-Hardi à Dijon en 1382, après l'avoir sauvée de l'incendie de Courtrai lors de la bataille de Rosbeck, à laquelle un corps dijonnais avait assisté, ce qui valut à la ville plusieurs priviléges; *ouvrage le plus beau,* dit Froissart, *qu'on pût trouver deçà ni delà la mer.*

(3) A la réquisition du maire, lequel prêtait ensuite serment entre ses mains au nom des habitants. Tous les Ducs, et après eux les rois de France jusqu'à Henri III, qui vinrent à Dijon, se soumirent à cet usage que le Duc Eudes IV, de la première race, avait établi en 1334. (Voy. le recueil de Pérard, p. 352.)

prodigalité, l'Europe présentait de plus somptueux parmi les souverains. Cette pompe eût fait la joie de la cité, en même temps qu'elle en faisait l'orgueil, si le malheur des temps, les pestes, la violence des seigneurs et des impôts excessifs n'eussent appris au peuple malheureux qu'il n'avait guère à voir dans ce faste que l'arrivée d'un nouveau maître qu'il fallait en tout satisfaire.

Toutefois, le génie militaire des Valois et les actions mémorables de ces Ducs, comme de Philippe à Rosbeck, de Jean-sans-Peur à Nicopolis, de Philippe-le-Bon dans sept batailles où il était demeuré vainqueur, de Charles-le-Terrible à Monthléry et jusque dans les défaites qui amenèrent la ruine de sa maison, attachèrent la Bourgogne à ces princes. Tous durent à leur humeur belliqueuse, non moins qu'à toute autre cause, cet amour dont ils avaient au même titre hérité des premiers Ducs et qui n'était pas encore éteint à Dijon, comme l'attestent les chroniques, vers le milieu du XVIIe siècle, chez un peuple guerrier aussi avide de gloire que jaloux de sa liberté. L'honneur de les égaler devait un jour appartenir à cette race des Condé, qui, depuis le commencement du XVIIe jusqu'à la fin du XVIIIe siècle, lui rendit en bienfaits et parfois en courage des services héréditaires dont, à défaut d'autre monument, l'histoire ne doit pas laisser perdre le souvenir (1).

(1) Parmi ces services nous rappellerons : sous Louis XIII, l'édit sur les boissons, révoqué par leurs soins; le rachat des priviléges municipaux,

Entrée des Rois. Avant l'incorporation définitive du duché à la couronne, les rois eux-mêmes visitèrent la capitale d'une province qui était devenue leur apanage. Au commencement du XIe siècle et presque à l'aurore de la monarchie Capétienne, le roi Robert avait fait son entrée dans cette ville, accompagné de toute la Cour, pour prendre possession du duché devenu depuis héréditaire dans une branche de sa famille. Cette branche éteinte au milieu du XIVe siècle, le roi Jean fit à la même ville un semblable honneur avant de disposer de la Bourgogne en faveur des princes de sa maison. Enfin, à la mort du dernier d'entre eux, Louis XI s'y rendit en 1479, après la réunion de la Bourgogne à la France. Depuis, et pour des causes politiques différentes, Charles VIII y vint en 1494; Louis XII en 1501 et 1510; François Ier en 1521, 1522 et 1530; Henri II en 1548; Charles IX en 1564, avec Catherine de Médicis, sa mère; Henri III en 1575, à son retour de Pologne; Henri IV en 1595, vers la fin de la Ligue; Louis XIII jusqu'à quatre fois avant et après les révoltes de Gaston et peu après la sédition dont cette ville fut le théâtre en l'année 1630; et en dernier lieu Louis XIV jusqu'à cinq fois, notamment pendant sa minorité, avec Anne d'Autriche,

confisqués par Colbert; la création de l'évêché et de l'université de droit, et, par-dessus tous, la défense de la ville au temps de l'invasion de Gallas.

sa mère (1), et lors de la première des deux invasions de la Franche-Comté (2), invasions préparées dans ces murs où Condé, par ses ordres, avait organisé les moyens d'attaque, et d'où fut lancée la foudre qui fit tomber en ses mains une province frontière que sa politique avait convoitée. Ces entrées des souverains, jointes à celles des gouverneurs eux-mêmes, tiennent dans ces annales une place éminente par la part que les habitants furent obligés d'y prendre ou qu'ils y prirent spontanément, suivant les temps et la civilisation (3).

(1) En avril 1650, où accompagné de sa mère la Reine régente et de sa Cour, il visita Notre-Dame-d'Etang, près Dijon, fit célébrer la cène à douze pauvres dans la grande salle du Logis-du-Roi, assisté des ducs d'Anjou, de Joyeuse et de Lesdiguières, présenta le pain bénit et fit ses pâques à la Sainte-Chapelle. Bossuet avait été voué à la Vierge dans la même chapelle de Notre-Dame-d'Etang, où sa mère le fit transporter peu de temps après sa naissance. (Voy. sa vie écrite par M. Floquet, et les autorités que l'auteur cite à l'appui de ce fait.)

(2) Le 8 février 1668, où, sans être attendu, il fit son entrée à cheval par la porte Saint-Nicolas à la tête de ses mousquetaires, et à la seconde invasion en avril 1674, où, sans entrer à Dijon, il y avait envoyé la Reine et le Dauphin, accompagnés de Bossuet, son précepteur, ainsi que les princes du sang et toute la Cour, qui y séjournèrent longtemps.

(3) Les Registres de la ville donnent des détails curieux sur ces arrivées des Ducs, comme sur les entrées des premiers rois qui eurent lieu après la réunion de la Bourgogne à la France. On y lit que l'on faisait célébrer des mystères sur des échafauds dressés au coin des rues, après que les habitants avaient été contraints d'aller à la rencontre du Prince dans un costume uniforme, tel qu'en manteaux de drap rouge, ainsi qu'on l'ordonna pour l'entrée de Louis XII, le 23 avril 1501, et plus tard en velours de même couleur, qui fut distribué gratuitement pour celle de François Ier. Quatre des habitants les plus considérables de la cité tenaient le poêle sur la tête du souverain pendant son entrée, après qu'il avait reçu les hommages du maire qui le haranguait à genoux et défilait ensuite devant lui comme

Personnages illustres.

Puis, à travers ces différentes phases, on rencontre des noms célèbres dans l'Eglise comme saint Bernard et Bossuet; des guerriers comme Tavannes et Vauban; des jurisconsultes comme Bouhier; des magistrats comme Brulart; des tragiques comme Longepierre et Crébillon; des philosophes comme le docte Saumaise; des orateurs et des diplomates comme Jeannin; des critiques comme Févret de Fontette; des érudits comme Dom Clément; des rhéteurs comme le père Oudin; des polygraphes comme l'abbé Nicaise; des chroniqueurs comme de La Mare (1),

chef d'armes à la tête des bataillons des paroisses et au bruit du canon des remparts. Tous ceux des habitants qui avaient des chevaux étaient tenus d'aller à cette rencontre, la Chambre de ville en tête et jusqu'au Parlement lui-même monté sur des mules, tantôt jusqu'à Hauteville, tantôt jusqu'au *chêne d'Hauteserve*, parfois même jusqu'à Velars, suivant le lieu de la venue. On conduisait le Prince à son logis, où il trouvait des présents magnifiques, après qu'il était descendu aux Chartreux. Pendant ces cérémonies, qui s'observaient même pour le passage des princes étrangers, les magasins étaient fermés, le commerce interrompu, et il en était ainsi pour toutes les solennités religieuses, qui se renouvelaient si fréquemment à ces époques. Ces pompeuses entrées ont trouvé des panégyristes et des chroniqueurs.

(1) Mort à Dijon le 16 mai 1687. Les manuscrits de ce savant, au nombre de 618, vendus avec sa bibliothèque en 1717 à un libraire de Paris nommé Garreau, furent revendus par ce dernier à Valorm, libraire de Hollande, moyennant 2,500 livres. Mais le Régent ne permit pas que cette collection sortît du royaume, et la fit déposer, après en avoir remboursé le prix, à la Bibliothèque royale, en septembre 1719, où elle fut classée par ordre de matières dans les anciens fonds latins. Le reste de la bibliothèque manuscrite fut acquis par le président Févret de Fontette, et passa de lui à l'historiographe Moreau, pour entrer, en 1790, dans la bibliothèque du Roi, où étaient déjà les premiers manuscrits et où elle forme aujourd'hui, rue Richelieu, une série à part qui porte le nom de *Collection Fontette* en plus de cent volumes in-folio.

des savants comme Guyton de Morveau : des artistes comme Rameau, Greuze, Prudhon, Sambin, Dubois, Quantin. Ajoutons à ces célébrités la verve de Piron et de La Monnoye, l'esprit de Brosses, la grâce de Sévigné, le trait acéré de Rabutin et le génie de Buffon, presque tous nés dans ces murs ou qui y vinrent de tous les points de la province pour s'animer au contact de la gloire et des émulations du jour (1).

L'Europe elle-même retentit du renom d'une ville qui, par une succession sans exemple, avait donné à deux siècles de notre histoire leurs plus sublimes orateurs et confondu, comme à plaisir, dans une école à part, la religion, les lettres et la dialectique, mêlé la puissance à la grâce et la liberté de la pensée aux sévérités de la critique, où le goût fut celui d'un atticisme exquis, les productions celles de la grandeur, et où la répartie demeura proverbiale comme cette humeur maligne dont elle s'assaisonnait le plus souvent et qui est restée notre héritage (2).

(1) Il faut y joindre encore les annotateurs les plus célèbres de notre droit municipal, tels que : Davot, Chasseneux, Taisand, Bégat, Bannelier, Melenet et des avocats fameux dont les noms appartiennent à l'histoire du Parlement ; ou, dans d'autres écoles, les trois Languet, Lantin, Tabourot, les deux du May, Lonet, Morisot, Cazotte, Larcher ; et, parmi les savants, Pérard, Palliot, l'abbé Fyot, Papillon, dom Martenne, dom Clémencet, Daubenton, Montbéliard, ces deux derniers élèves et continuateurs de Buffon ; puis enfin, dans les armes avec tous nos anciens Ducs, Philippe Pot, le plus brave chevalier du XVe siècle, qui étonna le sultan Mahomet par son courage et en obtint de grands honneurs.

(2) Voir le jugement qu'en ont ainsi porté Ménage, Santeuil, Richer,

Académie.

Ainsi vit-on, en 1740, lors de l'ouverture de l'Académie, fondée par Pouffier (1), à quelle hauteur était parvenue cette renommée, dans l'affiliation des principaux savants qui honoraient alors en Europe les sciences, les lettres et les arts, et s'empressèrent de toutes parts de témoigner, par un public hommage, de leur estime pour une Compagnie qui s'éleva du premier bond au-dessus de toutes celles que la province comptait de plus fameuses au temps dont nous parlons. Rousseau y obtint sa première couronne littéraire, Crébillon y récita ses vers et Buffon y lut ses immortelles pages. A ces noms s'associèrent ceux de Piron, Voltaire, Bouhier, de Brosses, Rameau, d'Argenson, Lalande, Vergennes, Larcher, Boufiers, Bertholet, Gaillard, Chaptal, Vicq-d'Azir, Lacépède, Greuze, Bomare, Rozier, et en dernier lieu Monge (2); après que Santeuil avait célébré dans ses dithyrambes son admiration pour la muse dijonnaise. Déjà et bien auparavant, par un public hommage, Christine

Voltaire, etc., dont le dernier a dit : « Après Paris, il n'y a pas de ville qui ait fourni taut de sujets à la république des lettres. »

(1) Suivant ses dispositions olographes des 1er octobre 1725, 20 juin 1726 et 10 mars 1732, par lesquelles il légua de plus, à perpétuité, au doyen du Parlement, son hôtel de la rue d'Assas, avec ses domaines de Sennecey et de Magny-sur-Tille. Dans le salon de cet hôtel, qui est aujourd'hui le nôtre, se tint la première séance de cette Académie. (Voy. les reg. du corps.)

(2) Et depuis Carnot, Maret, Denon, Daru, l'ingénieur Gauthey, le jurisconsulte Proudhon, l'amiral Roussin, l'ingénieur Darcy, le père Lacordaire, et, de nos jours, Lamartine, Vaillant (le maréchal), et Nisard, qu'il suffit de nommer.

de Suède avait demandé pour toute faveur, à son entrée dans ses murs, celle de converser avec les hommes les plus savants de la cité (1), comme pour rappeler à celle-ci, au milieu de toutes ses pompes, de quel côté venaient sa grandeur et sa véritable gloire. Dijon avait trouvé dans des gouverneurs amis ce patronage des grandes œuvres qui marquent ou caractérisent une époque. Nouveaux Mécènes, les princes de la maison de Condé avaient, pendant un siècle et demi, protégé les arts, honoré les savants, excité l'émulation des poètes, tiré de l'obscurité des mérites qui sans eux fussent demeurés perdus, et reporté dans une Cour brillante et lettrée ces nouveaux noms de la province qui lui prêtèrent leur éclat et reçurent en retour des honneurs et la fortune. Le Parlement, malgré les reproches que la ville a pu lui faire dans des luttes inégales et peu dignes de lui, ne fut pas étranger à ce mouvement de la littérature et des sciences. Beaucoup des noms que nous avons cités lui étaient attachés par les fonctions quand il ne les encouragea pas par ses bienfaits, ainsi que par l'ascendant que donnaient alors le rang et la richesse.

De ces aperçus généraux où nous avons groupé les sujets analogues, au lieu de l'ordre chronologique que ne

Conclusion.

(1) Qui furent, Lantin, Fevret et Morisot (Reg. munic., 24 août 1656). Déjà, antérieurement, elle avait mandé de Dijon à Stockolm Claude Saumaise, que l'Europe comptait parmi ses plus grandes renommées scientifiques.

comportait pas une simple esquisse, nous pouvons dès à présent conclure, qu'au milieu des distinctions de castes, la liberté n'était pas chose trop nouvelle dans une province où, avec des Etats qui réglaient les recettes et les dépenses publiques, il y avait un grand Corps qui faisait des remontrances, des communes qui s'imposaient elles-mêmes, un peuple qui délibérait, et, à côté de priviléges sans nombre, cette démocratie ombrageuse, depuis prête à tout engloutir.

Telle fut, dans son existence politique, une des villes les plus intéressantes de l'ancienne France. On verra par ce qui va suivre, ses mœurs réfléchir sur le Corps dont nous avons rassemblé les débris, et qui lui communiqua à son tour ces habitudes frondeuses d'où lui est restée la dénomination de *ville parlementaire*. Dernière trace d'une institution de justice qui avait duré trois siècles, et a laissé dans cette cité, au milieu des ruines du temps, l'empreinte de sa grandeur et de ses travers.

LE PARLEMENT

DE BOURGOGNE

CHAPITRE PREMIER.

SOMMAIRE.

Considérations préliminaires. — Origine et caractère des Parlements. — — Grands-Jours de Bourgogne. — Officiers des Grands-Jours. — Le Parlement de Beaune ou les Juges d'appeaux. — Institution du Parlement de Dijon. — Suppression et rétablissement de cette Compagnie. — Accroissement du Parlement. — Division des services. — La Grand'-Chambre. — La Tournelle. — Les Enquêtes. — Les Requêtes du Palais. — La Chancellerie. — La Table de marbre. — Chambres temporaires. — Attributions générales du Corps.

A côté des institutions municipales dont nous avons parlé dans le Discours préliminaire de cet ouvrage, et qui ont jeté sur l'ancienne capitale de la Bourgogne l'éclat qu'elle emprunte à la puissance des souvenirs, se place l'histoire de son ancien Parlement. Ce palais jadis célèbre, où se débattent encore de nos jours les intérêts des citoyens, et où, pendant trois siècles entiers, le Sénat de cette province rendit ses arrêts dans lesquels, par un droit prétendu, il confondit la justice, l'administration et la politique, ne fut-il pas le théâtre d'événements considérables à une époque où les questions les plus importantes s'agitaient au sein d'un pouvoir qui se posa l'égal de la royauté? C'est ce que l'étude peut éclairer encore de quelques lumières, quand ces corps ont disparu et que l'histoire reprend ses droits.

Dans cette période de nos annales, nous examinerons d'abord ce que l'on entendait autrefois par le mot *Parlement*, ce que cette institution fut à son berceau sous le nom de *Grands-Jours de la province*, et ce qu'elle devint lorsque le roi Charles VIII, complétant l'œuvre de Louis XI, en eut fait une justice régulière, au lieu d'ambulatoire qu'elle avait été jusqu'à lui, parmi les débordements du pouvoir féodal. Préliminaires obligés de ce sujet, sans lesquels on n'en comprendrait point le caractère, non plus que les déviations d'une Compagnie qui occupent la plus grande place dans ce que nous aurons à rechercher de sa gloire et de ses erreurs.

Dans son acception d'origine, l'expression de *Parlement* eut une signification que ne comporte pas la matière que nous examinons, et avec laquelle, malgré des prétentions jugées, il importe encore de ne pas la confondre. On appelait ainsi, suivant les auteurs les plus accrédités, l'assemblée entière du peuple réuni pour délibérer sur ses intérêts. Sous ce point de vue, les Parlements furent en réalité les premiers Etats de chaque nation, ville ou province. Depuis, et peu à peu, ce fut seulement aux délégués de ce peuple assemblés en corps qu'on donna ce nom, ainsi que les pouvoirs qui y étaient attachés. Dans l'horrible anarchie de la race sicambre de Clovis, il n'y eut que les guerriers qui s'assemblèrent en Parlement les armes à la main. Mais, déjà auparavant, les Grecs avaient eu leur église universelle; le peuple romain, ses comices; et lorsque les Francs se furent rendus maîtres des Gaules, les capitaines qui les avaient commandés eurent à leur tour leur Parlement, du mot de *parler*, qui signifia, dès cette époque, le droit d'exprimer sa pensée politique ou de se faire entendre en liberté. Dans ces grandes assemblées de la nation réunie, Charlemagne, fils de Pépin, tint aussi plusieurs Parlements qu'on nomma *Conciles*. Plus tard, les Parlements, corrompus ou défigurés, ne furent plus que les assemblées des hauts barons, depuis la Vistule jusqu'à Gibraltar, soit qu'on les désignât sous le nom de *Cortès*, comme en Espagne; de *Diète*, comme dans la Germanie; ou de *Parlement* proprement dit, comme en France et en Angleterre, où ils conservèrent cette dénomination qui avait été celle de leur origine commune. Chez nous seulement, cette équivoque du mot devint bientôt le prétexte des prétentions ambitieuses des nouvelles Compagnies qui, pour avoir acheté leurs offices sous ce nom, pensèrent tenir la place des conquérants de la Gaule ou des premiers seigneurs des grands fiefs. Ce fut ainsi que, peu à peu, elles changèrent la nature de leurs pouvoirs à force de les confondre ou de les étendre. Or, il y avait loin déjà de ces institutions qui résumaient en elles toutes les forces de la nation, à celles dont nous allons parcourir l'histoire, et qui ne constituaient dans l'Etat qu'une force d'emprunt subordonnée à la monarchie elle-même, dont elles étaient issues.

Mais d'où nous vient ce grand ordre ainsi réglé de la justice en France? C'est ce qu'il importe de démontrer par des faits qui seront la condamnation la plus éclatante des prétentions que l'esprit de corps osa depuis soulever. Saint Louis, suivant l'histoire, avait été le premier roi qui fonda cette justice réglée par la création de quatre grands bailliages (1). Ces tribunaux furent destinés à juger en dernier ressort les appels de justice des seigneurs auxquels il avait enlevé la souveraineté en profitant de leurs désastres après les malheurs des croisades. Depuis ce prince, Philippe-le-Bel, son petit-fils, osa mieux faire en décidant que le Parloir du Roi, *Parlamentum curiæ*, rendrait la justice deux fois l'an à Paris, vers Pâques et vers la Toussaint. C'était, après les ténèbres de cet âge, ramener la nation à ses plus anciennes coutumes, attestées par César en ses *Commentaires*, où on lit : *In certo anni tempore in finibus Carnutorum* (au pays chartrain), *quæ regio totius Galliæ medio habetur, considunt in loco consecrato : huc omnes undique qui controversias habent conveniunt, eorumque decretis judiciisque parent* (lib. VI). C'était,

(1) Vermandois, Sens, Saint-Pierre-le-Moutier et Mâcon ; lesquels, par l'autorité qui s'attacha sur le champ à ces corps, dépassèrent bien au-delà les espérances de la Royauté. (Cte BEUGNOT, préface des *Olim*.)

de plus, à l'exemple des Etats voisins, une Cour de justice suprême, comme la Cour du banc du Roi en Angleterre, la Chambre impériale en Allemagne, le Conseil de Castille en Espagne, toutes juridictions instituées pour les besoins d'une justice régulière et loin des idées de liberté que ne comportait guère une époque où la puissance souveraine, amoindrie dans les luttes féodales, n'avait rien à diminuer de sa force.

D'où l'on peut tenir comme maxime fondamentale en cette matière, que dans ces premiers actes de la Couronne, dont tous les autres ne furent que la suite, il ne s'était jamais agi d'attribuer à ces Parlements une prérogative politique. De telles préférences eussent été incompatibles avec les Etats-Généraux du pays, fondés, suivant les auteurs les plus accrédités (1), en même temps que ces Corps, et auxquels le pouvoir de faire les lois n'avait jamais été concédé (2).

L'édit de 1302, qui organisa plus tard les Cours de justice, démontre mieux encore ce qu'on avait entendu qu'ils fussent au moment même où on les instituait : « *Propter commodum subditorum nostrorum et expeditionem causarum, proponimus ordinare quod duo Parlamenta Parisiis, duo Scacaria Rothomagi, Dies Trecenses bis tenebuntur in anno; et quod Parlamentum Tolosæ tenebitur, sicut solebat teneri temporibus reactis*. Pour le bien de nos sujets et l'expédition des procès, nous nous pro-

(1) Pasquier, Daniel et Villaret.

(2) Voir, en faveur du droit de législation résidant uniquement dans le Souverain, les ordonnances de nos Rois de 1528, 1563, 1564, 1566, 1599, 1641, 1667, et les autres monuments de l'histoire.

posons d'ordonner qu'il se tienne deux fois l'an deux Parlements à Paris, deux Scacaires (Echiquiers) à Rouen, des Journées (Grands-Jours) à Troyes, et un Parlement à Toulouse, tel qu'il se tenait anciennement. » Ce qui ne voulait pas dire que ces tribunaux dussent s'occuper d'autre chose que des besoins de la justice pour lesquels on les avait créés : *sicut temporibus reactis*, ainsi que le porte cet édit, ou en d'autres termes, au temps des Grands-Jours, dont nous parlerons et dont ils devaient tenir la place.

L'arbitraire qui ne tarda pas à pénétrer dans les arrêts ne fut en principe pas mieux fondé et précéda les empiètements politiques s'il ne les accompagna pas, ou plutôt les deux abus sortirent l'un de l'autre. On a justement critiqué la tendance de ces Compagnies à juger d'après l'équité, plutôt que suivant les règles établies par les ordonnances. Ce reproche bien mérité et qui se traduisait par ce brocard resté au Palais : « Gardez-vous de l'équité des Parlements, » ne prenait point sa source, ainsi qu'on semble le croire encore, dans des relâchements introduits lentement dans l'administration de la justice. Un auteur qui écrivait au commencement du XVIIe siècle va jusqu'à l'approuver hautement au sujet du Parlement de Paris, le premier de tous établi souverain dans le royaume. « J'admire, dit Pierre de Miraulmont, une chose en cette Cour, que pour être composée de gens de savoir, intégrité et grande expérience, *elle a tant gagné sur les lois des empereurs et ordonnances de nos rois, qu'elle n'y est sujette ni astreinte, mais jugeant d'équité, modère la rigueur de la loi, selon le temps, la matière et qualité des personnes* (1). » Mais le même auteur n'ose pas dire que ce corps ait été ainsi amené à envahir les pouvoirs politiques, après une usurpation si considérable, qui devait en ouvrir la voie.

Il faut donc conclure, comme base de tout ce qui va suivre et éclaire les annales des Parlements d'une vive lumière, qu'à aucune époque connue de l'histoire, nul acte de la puissance royale ne transféra à ces Corps des pouvoirs de cette nature qu'ils s'attribuèrent de la même sorte. En cela ils furent enhardis par quelques abus et non moins par les mécontentements du peuple, lequel, en l'absence des Etats, seconda de ses sympathies ceux qui, par vanité plutôt que par intérêt pour lui, osèrent s'emparer de leurs prérogatives.

Or, si telle fut la politique de nos Rois dans la fondation des grandes Cours de justice que leurs successeurs multiplièrent dans la suite, ce n'est pas à Louis XI à qui le Parlement de Bourgogne dut son institution, qu'on peut supposer l'envie d'avoir voulu se créer à lui-même un pouvoir rival qui, au lieu de consolider sa nouvelle conquête, pouvait la compromettre par ces oppositions bruyantes devant lesquelles la royauté aux abois devait succomber dans la suite. Un prince aussi profond qu'avisé n'allait pas, comme on le verra bientôt, manquer à ce point de prévoyance. Les lettres-patentes que nous citerons et par lesquelles il institua dans cette province une Cour ou juridiction souveraine, ayant tout

(1) *Mémoires sur l'origine et l'institution des Cours souveraines*. Paris, 1612, page 62.

le ressort des Grands-Jours, démontreront assez qu'il n'avait entendu faire, en agissant ainsi, que ce qu'avaient ordonné ses prédécesseurs eux-mêmes dans la création des Parlements de Paris, Toulouse, Bordeaux, Rouen, Aix et Grenoble, qui déjà avaient obtenu d'eux une institution analogue.

Les prétentions nouvelles des Cours souveraines (1) à des pouvoirs politiques tombaient ainsi devant ces faits, et le droit d'enregistrement, qui depuis agita ces Compagnies, n'en modifia pas l'évidence. Qu'était-ce, en effet, que ce droit tant préconisé? Le voici : depuis que les Parlements, au lieu des hauts barons et des clercs dont ils furent exclusivement composés d'abord, étaient devenus des assemblées de jurisconsultes, savants et séculiers, il avait bien fallu, dans ces temps où la noblesse se faisait un titre de son ignorance, que la Cour, après que les Rois eurent perdu leur Chartrier, déposât quelque part la mention des édits qui lui étaient transmis pour être observés. Et c'est ainsi que l'usage établi, pour lui-même et pour sa Compagnie, par un simple compilateur, nommé *Monluc*, greffier du Parlement de Paris, devint par la seule routine la cause d'un droit exorbitant, dont la création toute fortuite fut celle que nous venons

(1) Pendant longtemps elles n'avaient pas aspiré à la domination politique, et la réponse si connue du Premier Président de la Vacquerie au duc d'Orléans disputant la régence à Anne de Beaujeu pendant la minorité de Charles VIII, était demeurée la règle de leurs devoirs : « Le Parlement est pour rendre justice aux peuples; les finances, la guerre, le gouvernement du Roi, ne sont pas de son ressort. » Mais, sous le règne des Valois, commença l'histoire de leurs usurpations, qui continuèrent jusqu'à la fin. (*Annales historiques.*)

de rappeler et que les Parlements n'ont jamais niée. Or, en cela personne n'avait été dupe de l'erreur; mais il arriva que, par une fiction volontaire, chacun se plut à l'entretenir : le Souverain, pour donner plus d'autorité à ses ordonnances; le peuple lui-même, plus de consistance à ses plaintes, depuis qu'il n'était plus convoqué dans ses comices. En sorte que, ces usurpations passant des mœurs dans la coutume, et de la coutume dans quelques actes du Gouvernement comme un pacte conclu avec eux-mêmes, les Parlements se crurent peu à peu en possession légitime d'un privilége qu'ils avaient pris au sérieux. Ainsi voulurent-ils le retenir de force le jour où l'on songea, trop tard, à le leur arracher, dans ces luttes suprêmes où la Royauté et eux devaient périr.

Toutefois, une usurpation si considérable, produite par un acte sans valeur, tenait, par les mœurs, à des causes plus sérieuses. Dès le principe, l'origine plébéienne de ces compagnies, leur lustre, leurs richesses avaient attiré à elles les sympathies des classes les plus souffrantes et les plus nombreuses. En retour de ces forces imprévues qui se livraient à eux, les Parlements habiles avaient accepté un secours qui allait fausser leur mission sous la couleur du bien public. Désormais appuyés sur le peuple qui s'appuyait sur eux, confinés à la noblesse vers laquelle ils convergeaient par orgueil, mais qui les repoussait; plus éloignés du clergé qui s'en défiait pour leurs tendances connues aux nouveautés; en face de la royauté elle-même, à laquelle ils furent odieux ou suspects, ces corps turbulents, ennemis du repos qui eût amené leur mort politique, ne donnèrent, par leurs intrigues, répit à aucun souverain, même aux meilleurs, depuis Henri IV jusqu'à Louis XVI. Ils profitèrent des troubles pour se faire valoir et des minorités pour s'agrandir. On les aima par le besoin qu'on eut d'eux; puis pour la vive résistance qu'ils opposaient aux ministres et aux favoris, pour leurs démêlés jaloux avec la noblesse, et surtout pour leur vigueur constante à défendre les libertés de l'Eglise gallicane si chères à la nation. En cela fut le secret de leur conduite, et partant, celui de leur puissance durant des siècles. Cette puissance héréditaire de la justice, conservée de pères en fils par l'esprit de famille et fortifiée par l'esprit de corps, avec ses allures de controverse envahissante et dogmatique, n'eut pas de peine à être préférée à des Etats-Généraux illusoires et dont on ne parlait que dans les temps de malheurs. Ainsi fut favorisée de prime saut l'usurpation politique la plus hardie dont le Parlement de Paris avait donné l'exemple aux autres. Quelques services rendus, de grands caractères nés de luttes opiniâtres, et le temps qui couronne tout, semblèrent confirmer en eux l'autorité ainsi conquise sur des princes faibles et ménagée par des princes forts.

Telles furent l'origine et les variations d'un pouvoir devenu la cause des plus grandes tempêtes, et sur lequel on affecte encore de se méprendre. Car, pour croire, avec quelques flatteurs, qu'à défaut d'un titre exprès, la faculté inhérente aux Cours souveraines de refuser la transcription des lois sur leurs registres était une coutume aussi ancienne que la monarchie, et qu'elle allât, comme on a osé l'imprimer dans un livre fameux (1), jusqu'à faire que les Parlements consentissent, au nom de la nation, que ces lois fussent exécutées, c'est plus qu'une témérité historique et qui ne supporte pas l'examen.

On a dit, de nos jours, « que cette institution répondait si bien à un besoin de libertés, qu'elle avait acquis dans la nation et par la coutume l'autorité d'une loi fondamentale (2). » Un auteur accrédité est allé plus loin, et, à défaut de définition possible, il la nomme « une institution indéterminée, ayant plus de force que des institutions écrites, ici remplacées par la force des exemples nés de faits indélibérés, souvent obscurs et presque fortuits, avant de se développer comme lois sociales (3). » Plus sobre dans son langage, l'avocat général Talon s'était contenté de dire, deux siècles auparavant, au milieu des triomphes de l'esprit parlementaire : « Nous jouissons de cette puissance seconde que la prescription du temps autorise et que les peuples honorent avec respect. » A quoi Brulart avait ajouté plus tard, en parlant des Rois : « Qu'ils avaient fait des règles de leur Etat, de ne rien vouloir en ce qui regarde la chose publique, qu'il n'eût été auparavant examiné et approuvé par les Parlements qui en étaient les justes et exacts observateurs... comme maîtres de l'esprit des peuples. » (Rentrée de 1663.)

Comme si, à travers ces définitions hardies ou embarrassées d'un Corps politique né du hasard, des usur-

(1) Voir la grande Encyclopédie au mot *Enregistrement.*
(2) M. de Barante, *Le Parlement de Paris pendant la Fronde.*
(3) M. Foisset, *Le Président de Brosses.*

pations latentes, sans autre but que les avantages de possesseurs de charges intéressés à en accroître la valeur, pouvaient tenir lieu d'une Charte délibérée, contenue dans de sages réserves. La vénalité des offices, l'arche sainte de ces compagnies, ne répugnait-elle pas à une pareille fiction? Chez quel peuple du monde avait-on vu jamais un pouvoir de cette importance résider entre les mains de quelques officiers de justice, mandataires sans mandats, irrévocables malgré leurs fautes, invoquant leur infaillibilité comme maxime, et la faculté de suspendre le cours de la justice comme le point d'appui de toutes leurs révoltes, se perpétuant enfin d'eux-mêmes dans des successeurs de leur choix, comme eux irresponsables et à toujours? Et cela, sous prétexte de quelques concessions échappées en leur faveur dans des temps de troubles, à des souverains malheureux, à des Etats-Généraux chancelants ou à des hommes d'Etat découragés, concessions aussitôt rapportées dans des jours plus calmes !

Une telle confusion de principes et d'attributions tombe devant un examen sérieux. En effet, les Etats-Généraux, dont ces Corps se disaient *les représentants raccourcis et au petit pied* (1), jusqu'au moment où ils allaient se dire *supérieurs* à eux (2), n'étaient point per-

(1) Telle fut la déclaration vaguement faite aux Etats de Blois, la seule qu'on pût alléguer et qui n'eut ni la forme ni la force d'une loi fondamentale; ce qui eût été indispensable, après que les attributions de ces compagnies avaient été déterminées aux Etats-Généraux d'Orléans, sans qu'elles eussent été étendues aux pouvoirs politiques.

(2) Consulté par le Parlement de Rouen sur la question de savoir s'il devait envoyer des députés aux Etats-Généraux de 1649, celui de

pétuels, puisqu'ils n'étaient convoqués que pour un temps. Ils n'étaient pas inamovibles, puisque le souverain pouvait les dissoudre, et ils n'étaient pas invariablement composés des mêmes membres, puisqu'à chaque assemblée nouvelle l'élection décidait de leur choix. De leur mission enfin ne ressortissait que le droit d'adresser des prières ou d'exprimer des vœux dans ce qu'on nommait alors leurs *cahiers*. A ce point de vue, les Etats de Blois n'avaient rien dit de plus fort, eu égard au droit de remontrance que les Rois avaient accordé aux Parlements, et qui, en cela, les assimilait à eux, pour les temps si prolongés où leur voix cessa de se faire entendre. Que si le développement de l'esprit public sembla appeler plus tard les ordres de l'Etat, et principalement le *Tiers*, à prendre une part au Gouvernement, il n'appartenait qu'à une révolution d'opérer ce changement qui devait emporter une monarchie rajeunie, mais déracinée de son principe, et avec elle les ordres privilégiés qui en étaient issus pour l'affermir. Le hasard seul ne pouvait, sans désordre, produire une telle réforme, ou la tenter utilement par des surprises.

Alors le temps n'était pas venu de savoir si le Roi abandonné à lui-même ne pouvait pas abuser de son autorité, sous l'empire, ainsi qu'on l'a dit, de passions

Paris avait répondu, par l'organe du président de Mesmes, « que les Parlements n'y avoient jamais député, étant composés des trois états, *qu'ils tenoient rang au-dessus des Etats-Généraux de ce qu'il y étoit arrêté par la vérification*; que ces états n'agissoient que par prières et ne parloient qu'à genoux comme les peuples sujets, mais que les Parlements tenoient rang au-dessus d'eux, *étant comme médiateurs entre le peuple et le Roi.* » (Chéruel, *de l'Administration de Louis XIV*, page 44.)

déréglées. Cette grande question, lieu commun de toutes les remontrances, n'était pas nouvelle. Elle avait été résolue dès l'origine de la monarchie, après que les dangers du pouvoir, livré à un seul, avaient été balancés avec ses avantages. Ce que faisant, nos pères s'étaient soumis d'avance aux abus passagers qui pouvaient en naître. De là la maxime : *Si veut le Roi, si veut la Loi*, axiome de notre droit ancien ; les formules, *si nous voulons, il nous plaît*, qu'on lit dans les ordonnances, et le mot resté célèbre : *L'Etat, c'est moi*, qui nous étonnent aujourd'hui, mais qui n'étaient que l'expression fidèle d'une idée fondamentale à laquelle on n'avait jamais touché sans qu'il en résultât des ébranlements. Tous ces dangers vinrent moins des fautes des Gouvernements que des empiètements commis par des institutions jalouses, comme le furent les Parlements. Le besoin qu'éprouvèrent ces Compagnies de forces régulières, ou de sanction, pour faire prévaloir leurs résistances, en recourant aux passions de la multitude ou aux mécontents, c'est-à-dire aux crimes d'Etat, restera la meilleure preuve du danger de leur entremise dans un ordre politique où ils pouvaient faire entendre des plaintes au Roi, et rien de plus.

Terminons par un mot qui en dit assez : c'est que des Corps chargés d'appliquer les lois, ne pouvaient ni les faire, ni les modifier ; autrement, ils eussent été en droit de dispenser de leur observation, ainsi qu'ils ne craignirent pas de le faire dans les *arrêts de Règlement*, dont l'abus fut porté si loin. D'autre part, dans aucune nation civilisée le pouvoir judiciaire ne fut un pouvoir constituant. En cela, l'assemblée célèbre qui, vers la fin du XVIIIe siècle proclama cette séparation, ne fit que reconnaître un principe ordinaire, puisé dans la nature des Gouvernements. L'enregistrement des lois, remplacé de nos jours par la publicité ordinaire, ne pouvait donc rien ajouter à leur vertu; il accomplissait seulement la condition de leur promulgation qui forçait les peuples à s'y soumettre. Le malheur fut que les Parlements voulurent aller au-delà, en substituant à cette obéissance un droit d'examen, qu'ils poussèrent bientôt jusqu'à la révolte sous des prétextes de bien public. Il arriva qu'ils ébranlèrent l'autorité des lois, en déchaînant contre elle l'opinion, caressée dans ses intérêts privés qui ne furent pas toujours ceux de l'Etat, et lui étaient trop souvent contraires.

Le droit de remontrance bien compris, et avant qu'il n'eût été corrompu par l'esprit de corps, ne signifiait pas davantage. Il tirait son origine du conseil du Roi dont avait été formé, en 1302, le Parlement de Paris, lequel, du consentement de Philippe-le-Bel, mêla ses anciennes fonctions à celles qui lui furent conférées depuis de rendre la justice. Mais, de même que l'ancien conseil avait été institué pour éclairer le souverain de ses lumières, le Parlement qui lui succéda n'avait pu, en conservant ce droit, en changer le caractère. « Il était tout simple, a dit Henrion de Pansey, que ces magistrats, qui avaient fait partie du conseil d'Etat, conservassent au moins la faculté de faire des observations sur les lois qui leur étaient adressées, et auxquelles ils n'avaient pas concouru. Sur quoi Montesquieu avait dit auparavant « que ces remontrances étaient la *plainte et la prière,* substituées aux assemblées solennelles qui, sous les rois de la seconde race, faisaient ou sanctionnaient les lois. » Mais ce pâle reflet des libertés déchues n'impliquait ni rébellion ni résistance, et n'autorisait les Cours souveraines qu'à donner de simples avis, sans qu'il leur fût permis d'aller au-delà. Telle avait été la lettre de la déclaration du Roi de 1563, de celle de Blois de 1579, enfin de l'édit lui-même rendu par Louis XIV, après que, dans des temps de troubles, l'habitude de ces remontrances eut été poussée jusqu'au vertige.

Non que nous voulions prétendre qu'en présence de quelques abus du pouvoir souverain, la nation ne profitât de la résistance de ces Corps, quand ils ajoutèrent au droit de se plaindre cette force d'inertie née des refus d'enregistrement qui, sans corriger ces abus, tendaient à les rendre plus rares. Mais, à côté de quelques exemples semblables, n'avait-on pas vu plus souvent ces Compagnies s'ingérer témérairement, pendant la minorité des Rois, dans la conduite des affaires, soit en traversant les opérations de finances, soit en résistant aux meilleures lois pour favoriser les partis! De là ces luttes et ces séditions manifestées contre le souverain par des refus de service ou des démissions combinées qui suspendaient, sans remède, le cours de la justice, et, de la part du prince contre les Parlements, des interdictions en masse, l'incarcération ou les exils; état violent, qui amena des révolutions sanglantes dont l'intérêt du peuple fut le prétexte, et l'esprit d'indépendance de ces Compagnies la véritable cause.

Que dirons-nous d'autres prétentions qui découlèrent des mêmes erreurs? Telle fut celle de l'indivisibilité des Parlements entre eux à titre d'émanation les uns des autres, et se substituant, *ad invicem*, dans tout le royaume, suivant la doctrine dite de l'*uniquement* ou *des classes*, qui tendait à n'en faire qu'un seul corps en divers ressorts. Prétention imprudemment rappelée pour les besoins du temps par Lhospital (1); abandonnée depuis la Fronde et ressuscitée plus ardente sous Louis XV avec un zèle que l'intérêt politique, à défaut de la bonne foi, put faire excuser. Puis, des arrêts de règlements par lesquels des décisions rendues sur des questions de jurisprudence coutumière devenaient loi pour l'avenir, transformant ainsi en adhésion à ces actes le silence du prince, lequel pouvait les annuler, et qui, bien que tolérées par ce silence, n'en dérivèrent pas moins, comme l'enregistrement, des infidélités du Corps

(1) Dans la harangue prononcée par lui au Parlement de Paris le 7 septembre 1560, et comme pour préparer cette Compagnie à la proclamation, qui serait faite par une autre qu'elle-même, de la majorité de Charles IX. (Le Parlement de Rouen).

En agissant ainsi, cet homme d'Etat flattait une Compagnie dont il avait besoin pour conjurer, par un acte important, un grand danger public, plutôt qu'il n'exprimait ses propres maximes, d'ailleurs si opposées, et que les Parlements lui reprochèrent durant sa vie jusqu'à l'injure. Le discours que ce chancelier prononça au Parlement de Bordeaux, qui avait refusé d'enregistrer l'ordonnance de Moulins, rédigée par ses soins, et qui proclamait la puissance des ordonnances, *nonobstant toutes remontrances*, en sera le meilleur témoignage : « Vous êtes commis, disait-il aux membres de ce corps, à faire justice..... Ne pensez pas qu'elle soit vôtre. Vous n'êtes que des juges empruntés; il faut que vous reconnaissiez l'avis du Roi. Voici une maison mal ordonnée : c'est vous autres qui faut que vous en rendiez compte. La première faute, c'est la désobéissance au Roi; car encore que ses ordon-

à son mandat. Telle est la vérité surprise jusque dans ses sources sur ce pouvoir si important, qui substitua pendant plusieurs siècles, en Bourgogne comme ailleurs, à côté de quelques services rendus, les intérêts de corps à la raison d'Etat, mêla la justice à la politique et la grandeur du caractère à un amour immodéré de ses priviléges et où les hommes pris à part l'emportèrent de beaucoup sur le Corps entier dans leurs travaux comme dans leur prudence.

Nous avons dit qu'en cette province, le Parlement avait été la continuation des Grands-Jours. Or, que fut une telle institution dans sa plus ancienne origine? C'est ce qu'il importe d'examiner pour mieux saisir le caractère de la juridiction souveraine qui en dériva. Connu d'abord, de même que toutes les justices de ce nom, sous la dénomination de *Jours généraux*, ce tribunal redoutable était sorti, en France, d'une pensée d'affranchissement, pour remédier aux violences des sei-

nances vous soyent présentées, vous les gardez s'il vous plaît. Si vous avez des remontrances à lui faire, faites-les au plutôt et il les oiïra. Vous lui ôtez la puissance royale quand vous ne voulez obéir à ses ordonnances, qui est pis que de lui ôter son domaine..... Je pense que vous cuidez être plus sages que le Roi, la Reine et son conseil..... Je sais bien qu'il y en a qui disent : « Ce n'est pas le Roi qui fait ça, » et parlent assez débauchement de moi et d'autres..... Je sais que vous estimez tant vos arrêts que vous les mettez par dessus les ordonnances, lesquelles, après les avoir reçues, vous les interprétez comme il vous plaît..... Aujourd'hui il n'y a chose qui gâte tant la marchandise que la trop grande communication des gens de robes longues. Dès qu'un marchand a de quoi, il faut qu'il fasse son fils avocat ou conseiller. D'ambition vous êtes garnis. Soyez ambitieux de la grâce du Roi et non d'autres, etc. » Ainsi était jugé dans ses abus, dès ce temps reculé, le droit de remontrances, par l'esprit le plus fort et le plus libéral d'un siècle dont il fut l'honneur.

gneurs envers leurs vassaux. Sous ce point de vue, on peut en reporter la date au règne de saint Louis, c'est-à-dire vers cette époque de l'histoire où, par la création des quatre grands bailliages dont nous avons parlé, la souveraineté dans les jugements, *jus de non appellando*, signe de la force suprême, fut arrachée à la puissance féodale comme un instrument d'esclavage. Mais en Bourgogne l'origine des Grands-Jours était plus reculée, et tout porte à croire que l'honneur de les avoir obtenus de nos Rois appartient à ces Ducs de la première race, dont la mémoire était demeurée si chère. Dès les temps mérovingiens on avait vu, dit un auteur (1), Dagobert Ier venir dans ces contrées, où il tint ses assises à Dijon, Auxonne, Chalon et Saint-Jean-de-Losne, pour réprimer les entreprises et vexations des grands, donnant audience à tous, et faisant lui-même justice. Ce qui indique la pensée qui présida plus tard à des institutions plus stables. Le peuple avait dû à cette justice rapprochée de lui la cessation de ses souffrances et de son anéantissement politique. Le souverain lui-même, en abattant les grands vassaux, en fit la base de son autorité nouvelle. Un de nos plus anciens auteurs (2) fixe la date de leur confirmation au règne de Philippe-le-Bon, de la seconde race, dite des Valois ; ce qui suppose que l'institution existait auparavant (3). On voit en effet par d'anciens titres, que

(1) *L'illustre Orbandale*, par le P. Berthaut.

(2) Saint-Julien de Baleure.

(3) Comme en Bourgogne, avant l'invasion des Francs, où il en avait existé une analogue qui périt vers le milieu du IXe siècle avec le royaume de ce nom. (Dufey, de l'Yonne.)

dès celui d'Eudes IV, c'est-à-dire en 1339, la justice était ainsi rendue dans cette province, et qu'il en avait été de même en 1310, sous le duc Hugues V, tous deux de la race capétienne. Au-delà de cette époque, les monuments se perdent dans les âges.

Donc, la Bourgogne fut une des premières provinces où les Grands-Jours avaient été établis, bien que, par une erreur présumable, certains auteurs en reportent l'origine en Champagne, où leur création date tout au plus du même temps. Mais qui fonda le premier cette juridiction jusqu'alors ignorée, et par où commença-t-elle? Nul ne le sait. On peut affirmer seulement qu'elle fut créée à différentes époques par l'autorité des Rois, de qui la justice émanait en France, et se répandit dans les provinces vassales, comme le fut la Bourgogne jusqu'à Louis XI.

Dans une période moins obscure de l'histoire, un acte capital vient fixer le caractère de cette institution, telle qu'elle existait encore parmi nous vers le milieu du XIVe siècle. La Bourgogne avait, par la mort de Philippe de Rouvres, fait retour à la Couronne, lorsque le roi Jean rendit, en prenant à Dijon possession de la province, un édit par lequel il accorda aux gens des trois Etats «qu'elle serait régie et gouvernée par les baillifs et autres officiers, et notamment par les assemblées des Grands-Jours, lesquels seraient tenus ez lieux accoutumés et de la manière qu'on l'avait fait en temps passés, et jugeraient, ceux-ci, en dernier ressort, sans qu'on pût appeler de leurs jugements.» Ainsi, à défaut d'autres documents, se trouverait attestée l'ancienneté d'une institution que le temps affermit. Le même Roi créa de plus les Grands-Jours de Saint-Laurent pour le comté d'Auxonne et les terres d'outre-Saône, dont les sujets n'étaient pas de la juridiction du duché (1), et fixa définitivement à Beaune la tenue des anciens Jours, auxquels il venait d'accorder, à la réserve des cas royaux, cette souveraineté appartenant auparavant au Parlement de Paris, devant lequel était porté l'appel de leurs sentences.

Ce fut de ce Corps, ainsi consolidé, qu'un de nos plus anciens chroniqueurs, qui vivait au XVIe siècle, a écrit quelque part : « La Cour de Parlement est un magistrat en Bourgogne composé de plusieurs personnages représentant le Prince, et en plusieurs chefs la souveraineté d'icelui, orné d'habillements extraordinaires faits d'écarlate, au lieu de pourpre, qui n'a supérieur magistrat, sauf Sa Majesté, qui juge de toute matière par arrêt sans moins d'appellation quelconque, combien que l'on peut, avec quelques solemnités, requérir en quelques matières le jugement du Roi. » Le même auteur ajoute : « Que dès le règne de Philippe-le-Hardi, et par ordre de ce Prince, la fixité des Grands-Jours sédentaires avait été déjà

(1) Ces pays avaient fait auparavant partie de la Gaule Séquanaise. Aussi dans le traité de Madrid, Charles-Quint stipula-t-il qu'ils lui seraient rendus comme étant des dépendances de la Franche-Comté. On sait que le duc Hugues IV, de la première race, les avait acquis en 1237 de Jean, l'un des comtes de cette province, qu'il avait fait d'Auxonne un comté particulier et réuni ainsi le tout au duché, dont ils suivirent depuis la fortune. A ce peu de mots peut se réduire l'histoire de l'annexion de ce ressort, dont Saint-Laurent, ville à part de Chalon-sur-Saône, fut considérée comme la capitale.

souvent consultée, ayant été entendu qu'un lieu certain faciliterait les études des juges et des avocats, diminuerait les frais des poursuites et que les sujets pour les dépenses des pauvres, les femmes pour leur honneur, les orphelins pour leur défense, les étrangers pour leur sûreté, les prisonniers pour leurs visites, et autres, seraient mieux gardés, servis et défendus. Outre qu'il n'y avait chose plus malséante que de voir ce siége, qui doit être ferme et constant, ainsi que la justice est ferme et constante, allant, rollant et courant par les pays, et comme vagabondant çà et là et incertainement (1). »

Mais, à côté de ces avantages, l'auteur ne considère pas assez que ce *vagabondage de la justice*, comme il le nomme, était, à ces époques de misère, le remède le plus efficace contre l'oppression féodale. Ce fut la calamité du temps à laquelle il fallait avant tout pourvoir au moyen d'une juridiction rapprochée qui, ne consultant ni les lieux, ni les distances, portait partout avec elle la terreur et les consolations. Bien plus, et pour assurer davantage au peuple une telle garantie contre la violence des seigneurs, le même Duc avait ordonné « que tout juge dont la sentence serait frappée d'appel, enverrait le procès à la Cour avant l'ouverture de chaque session, sans qu'il fût permis, sous peine d'amende, à la partie d'abandonner cet appel qu'elle n'y eût été autorisée. » Disposition pleine de sagesse, qui fut appropriée en 1384, par Philippe-le-Hardi, à la justice

(1) GOLLUT, *Mémoires des Bourguignons.*

souveraine en Franche-Comté, lors de la création du Parlement de Dôle, après la réunion des deux provinces sous sa domination.

Le roi Jean, ainsi qu'on l'a dit, avait rendu ces Parlements souverains dans le duché, quand il eut fait, pour un temps, réversion à la France. Mais le Parlement de Paris, dont cet acte blessait la suprématie, ne l'avait pas subi sans murmure. Le fait attesté par des titres, que sous les Ducs de la seconde race plusieurs appels de leurs sentences furent portés au même Parlement, restera la meilleure preuve qu'en remettant le duché à son fils, le premier d'entre eux, ce roi, cédant aux remontrances de cette compagnie, avait rétabli les Jours-Généraux sur leur ancien pied. Retour que ne contredit pas d'ailleurs, le traité d'Arras, où l'on voit que Philippe-le-Bon n'avait obtenu la justice du dernier ressort que pour sa personne et pendant sa vie, exception qui confirma la règle, ainsi qu'on le peut voir dans les lettres de Louis XI, qui rappellent cette dépendance (1).

Que penser dès lors de l'assertion de quelques auteurs qui, comme Saint-Julien de Baleure (2), affirment qu'avant l'institution du nouveau Parlement par Louis XI, le Conseil des Ducs siégeant à Dijon avait le droit de juger sans appel, quand le Prince, dont il représentait l'autorité, en était privé lui-même par respect pour le seul principe qui rappelât encore à la Bourgogne sa vassalité? Un tel état de choses était impossible, car il n'eût

(1) Palliot, page 23.
(2) *De l'Origine des Bourguignons.*

pu s'accorder avec la juridiction maintenue des Grands-Jours et celle des *Juges d'appeaux*, dont nous parlerons plus tard, non souverains eux-mêmes, bien qu'ils fussent dans cette province le plus haut symbole de la justice ducale. Or, loin qu'il en ait été ainsi, l'on voit par les registres des *Comptes de Bourgogne*, que si cette institution, surnommée le *Grand-Conseil*, connaissait des affaires de justice, c'était à la charge d'appel aux Parlements de Beaune et de Saint-Laurent, au-dessous desquels elle se trouvait ainsi placée.

La forme solennelle sous laquelle les Grands-Jours étaient convoqués mérite d'être signalée. « Sachant, portait la déclaration royale, que, comme les rois, par leur grandeur, représentent la puissance de Dieu sur la terre, ils doivent aussi, par leur bonté, être les images de sa justice, et qu'il leur demandera compte de l'exercice de cette vertu si nécessaire à la félicité de leurs peuples, nous n'avons point eu de plus ardent désir dès le commencement de notre règne que de mériter le titre de *Juste*, en faisant régner la justice dans toutes les parties de notre Royaume..... Nous voulons, pour relever la majesté des lois, faire voir dans nos provinces la puissance de notre justice souveraine, qui ne sauroit paroitre en rien davantage qu'en réprimant de telle sorte l'insolence des méchants, que nos sujets soient à couvert de leurs violences. C'est pourquoi nous avons résolu de faire tenir les Grands-Jours à (suivait l'indication du lieu) pour les duché et comté de Bourgogne..... » Cette déclaration était vérifiée au Parlement de Paris, duquel ressortissaient alors ces deux provinces, puis proclamée en grande pompe dans toutes les paroisses, comme pour provoquer les plaintes de ceux que la crainte aurait pu retenir.

Tel avait été en résumé sous le gouvernement féodal le germe d'organisation du Corps où le Parlement, dont nous allons parler, puisera plus tard son origine, ses règlements et sa discipline. Mais, malgré leurs assimilations nombreuses, il s'en fallut de beaucoup qu'on pût les confondre. La justice des Grands-Jours était ambulante et précaire ; celle du Parlement devint sédentaire et permanente, à tel point que les juges de ce dernier Corps furent rendus irrévocables au lieu d'être délégués pour chaque session, comme les commissaires nommés par les Ducs. Ceux-ci, disent nos plus anciennes chartes, les présidaient en personne, comme le fit Philippe-le-Hardi en 1370, 1380 et 1387, ainsi que l'avaient fait avant lui les Ducs de la première race, dont nous avons deux arrêts sous les yeux, et comme le fit Charles-le-Téméraire lui-même, son dernier héritier (1). Mais les soins du Gouvernement les forcèrent le plus souvent à s'y faire suppléer par de grands person-

(1) Voir une peinture du temps, déposée à la Bibliothèque impériale, collection Gaignières, v. 11, ayant pour titre : *Séance du Parlement de Bourgogne*, tenue par ce prince, et dans laquelle on remarque figurant aux côtés du Duc quarante-cinq membres de ce Parlement en robes rouges dont un chancelier, deux présidents, quatre chevaliers, huit conseillers ecclésiastiques, douze conseillers laïcs, six maîtres des requêtes, un avocat fiscal, quatre procureurs généraux, trois greffiers, quatre secrétaires ; le Duc, assisté d'un porte-glaive et de deux massiers debout devant son trône, puis un huissier et le public à la barre, en la manière de nos audiences de justice. Une copie de cette peinture existe au musée de la ville de Dijon.

nages. Ces justices ambulantes étaient composées de plusieurs seigneurs ecclésiastiques et laïques, et de jurisconsultes tirés des Conseils des Ducs et choisis par eux parmi les plus capables. Leurs sessions n'étaient point limitées et devaient durer autant que le nombre des affaires l'exigeait. Enfin, et ainsi que nous l'avons montré, la justice n'en avait pas toujours été souveraine, et sa dépendance du Parlement de Paris restait encore comme un témoignage vivant du démembrement de cette province de la monarchie.

A ces caractères près, les Grands-Jours furent la suite ou l'imitation des *Plaids généraux* institués dans les premiers âges, et dont on retrouve la trace dans l'histoire approfondie des deux Bourgognes. L'antiquité de cette institution, la présence, aux sessions, du Duc en personne, selon l'exemple donné par les Rois, le choix des personnages qui les composaient, les rendirent augustes et respectables. On avait vu des sessions durer jusqu'à trois mois, au milieu d'un appareil dont la grandeur n'excluait pas la science et rehaussait l'éclat d'une justice mise à la portée de tous. L'égalité devant la loi y jeta ses premières racines, et le despotisme féodal en fut profondément atteint lorsqu'il n'y succomba pas. Depuis cette époque, on tint pour règle que le criminel devait être jugé de préférence au civil, que le mal ne se présumait jamais, et qu'il n'y avait point de justice là où la contradiction n'apparaissait point. Les *us* ou style du palais, ainsi que les brocards du vieux droit, y avaient pris naissance à côté des aphorismes du droit romain religieusement conservés. L'ordre civil enfin y puisa ses lois, la procédure ses formes nécessaires, et le débat sa liberté. Le Parlement lui-même, dont nous allons parler bientôt, lui emprunta ses maximes, ses règlements, et, par-dessus tout, cet esprit traditionnel qui est la garantie de la sagesse dans les institutions, et par lequel il se gouverna longtemps à travers des révolutions nombreuses.

A côté de ces attributions ainsi constatées qui formèrent le caractère des Grands-Jours, on ne trouve dans l'histoire qu'un seul exemple où ils aient été appelés à une mission plus importante, bien que puisée dans la nature du mandat de justice qu'ils tenaient des anciens Ducs. On lit dans une chronique franc-comtoise que Philippe-le-Bon convoqua un Parlement à Dôle pour travailler à la réformation municipale des deux Bourgognes et du Charollais. Le but de cette assemblée avait été de rétablir la police et de corriger de nombreux abus introduits dans ses provinces à la suite des troubles du royaume, et qui avaient réagi sur elles. Ce grand Corps consulté, sans autres pouvoirs que le droit d'élaborer ou de proposer des lois, et présidé par le chancelier Rolin, compta parmi ses membres les hommes les plus versés dans la science du droit. Ce fut un grand Conseil d'Etat, et rien de plus, bien que composé de gens de robe et convoqué dans une forme plus solennelle. Mais le principe organique de la justice n'en fut point altéré, et la souveraineté du Duc demeura entière, comme elle sera respectée plus tard en pareille occasion, lors de la transcription du droit coutumier en Bourgogne, à laquelle les Etats, au lieu du Parlement, furent appelés à concourir.

Parmi les gens de marque qui assistèrent aux séances ordinaires de ce tribunal comme commissaires des Ducs, on peut citer parmi les présidents : Robert de Lugny, chancelier de Bourgogne; Renault de Corbie, Premier Président du Parlement de Paris, depuis chancelier de France; et Aguenin, ancien procureur général au même Corps, dont la suprématie judiciaire sur les Grands-Jours de Bourgogne se trouverait ainsi révélée, si nous n'en trouvions déjà la preuve dans les plus authentiques monuments de notre histoire. Et, parmi les chevaliers d'honneur : Jacques, seigneur de Villers-la-Faye, conseiller et chambellan du Duc; comme parmi les conseillers : Jean de Vaux, abbé de Saint-Etienne de Dijon, l'un des témoins au serment de Philippe-le-Hardi à son avènement au duché; Hugues Poissenot, doyen de la Sainte-Chapelle, nom municipal qui donna plusieurs maires à cette ville au XIVe siècle; Jean de Saulx, seigneur de Courtivron, conseiller au Parlement de Paris, devenu chancelier de Bourgogne; Guichard de Ganay, seigneur de Savigny; Jean Jouard et Jean Jacquelin, dont il sera fait mention plus tard en tête des Premiers Présidents qui figurèrent comme chefs du nouveau Parlement; et, enfin, parmi les avocats et procureurs fiscaux : Philibert Baudot, devenu conseiller au Parlement de Paris et gouverneur de la Chancellerie du duché. Tout était d'ailleurs représenté dans cette assemblée : l'Eglise, la noblesse et le peuple, ce dernier par les hommes qui s'en rapprochaient le plus par leurs habitudes.

C'étaient encore les mêmes officiers commis qui jugeaient aux Grands-Jours des duché et comté de Bourgogne et du ressort de Saint-Laurent, tenant ces assises chacun à leur tour. On en trouve la preuve dans quelques actes, devenus rares, de ces Corps, et plus expressément dans un édit de Charles VIII, sous le règne duquel la Franche-Comté ayant été mise hors de l'obéissance française par le traité de Senlis, le Roi voulut que les Grands-Jours, tenus jusqu'alors pour le Comté à Salins, le fussent désormais à Dijon, et à la même époque de l'année.

Une institution analogue, mais secondaire, connue sous le nom de *Juges d'appeaux*, et dont l'origine semble se perdre avec celle des Grands-Jours de Bourgogne, ét a t venue en aide à celle-ci, en jugeant, dans l'intervalle des sessions, les causes les plus urgentes émanant des baillis et de leurs lieutenants. Ce tribunal fut particulièrement connu sous le nom de *Parlement de Beaune*, où il tenait ses séances (1). Les juges en étaient permanents, bien que révocables. Toutefois, à la différence des arrêts des Parlements ambulatoires, dont les appels se portaient au Parlement de Paris sous la désignation reçue *appel en France*, ceux formés contre les décisions rendues par les juges ou auditeurs d'appeaux, étaient dévolus aux Jours généraux de Bourgogne. Nous en citerons pour exemple un procès jugé par Hugues Aubriot, bailli de Dijon, nom devenu célèbre, entre les religieux et abbé de Saint-Seine, contre les habitants de Francheville (2).

(1) Voir, à la Bibliothèque impériale, un manuscrit contenant, sous le nom de *Parlement de Beaune*, une foule de décisions émanant de ce tribunal.

(2) Voir dans Palliot, page 368, aux Additions, la sentence des audi-

On peut juger par ces preuves de ce que fut, dans les temps les plus reculés, l'organisation de la justice dans cette province, et de ce que fut à son tour le Parlement qui lui succéda; si la politique de l'Etat dut y avoir jamais accès, et si, en continuant les Grands-Jours sous une forme plus respectable, Louis XI songea jamais à leur accorder autre chose que la mission, qu'ils avaient remplie jusqu'alors, d'assurer l'empire des lois.

Quelle était en effet la situation de la Bourgogne à cette époque reculée? Après les luttes si disproportionnées de la fin du XVe siècle, Charles-le-Téméraire venait de succomber devant Nancy, lorsqu'au sein des premiers troubles qui agitèrent cette province, les Etats mécontents avaient demandé au Roi la garde de leurs anciens priviléges municipaux, parmi lesquels était la conservation des Grands-Jours. Louis XI, peu assuré encore qu'il était de sa nouvelle conquête, et qui avait moins à redouter le peuple que les grands, ne se contenta pas de confirmer une institution inventée contre ceux-ci, mais en étendit les pouvoirs par une organisation plus solide, empruntée aux autres Parlements, dont elle prit le nom. Par ses lettres-patentes du mois de mars 1476, « il y établit, dit Machiavel, un *tiers-juge* qui, sans que le Roi en eût la responsabilité, abattit les grands et vint en aide aux petits. » Ce qui fait voir l'intérêt capital que ce prince eut à rendre l'institution indépen-

teurs de Beaune du mardi avant Pâques fleuries, l'an 1385, et l'arrêt du Parlement de Beaune rendu sur l'appel, sous la présidence du Duc Philippe-le-Hardi, le 4 novembre 1387.

dante. » Déjà Philippe-le-Hardi, duc de Bourgogne, en avait, suivant les plus anciens auteurs (1), dressé les projets à Beluc, et depuis à Dijon, ce qui ne peut s'entendre que d'une Cour de justice ayant les mêmes caractères d'unité et de perpétuité. Le même Roi ordonna que le nouveau Corps tiendrait ses séances aux lieux indiqués par les Etats eux-mêmes, savoir : Beaune, Dôle et Saint-Laurent, avec la souveraineté pour tout le ressort, composé alors des duché et comté de Bourgogne et des terres d'outre-Saône (2).

A ce bienfait Louis XI ajouta l'irrévocabilité des emplois, en investissant les nouveaux titulaires « de leur charge et autorité souveraine à perpétuité pour chacun d'eux. » Concession singulière pour un temps si agité, mais qui peut s'expliquer par le besoin que ce prince eut alors de soumettre à une justice régulière des esprits turbulents et qui étaient loin d'être apaisés. De là cette

(1) De la Roche-Flavin et, depuis, Pierre de Miraulmont.

(2) « *Item*, qu'ez dits pays aura un Parlement et une Cour souveraine, laquelle se tiendra trois mois par chacun an..... et qu'en ladite cour de Parlement seront connus et decidés par arrêts de toutes matières concernant le fait d'icelui pays et les habitants, tant en général qu'en particulier, sans que des arrêts qui y seront prononcés et rendus l'on ne puisse pas ignorer, ni appeler, ni faire poursuite ailleurs, ni en autre Cour qu'en notre dit Parlement.

Item, que les présidents, conseillers et autres officiers qui seront par nous établis en ladite Cour, seront appointés et assignés de leurs gages et droits sur nos finances.

Item, que nous tiendrons, garderons et ferons tenir et garder tous nos pays et sujets d'iceux en leurs franchises, libertés raisonnelles, tenues et gardées sans en faire aucunes nouvelles, et avec ce y ferons garder bonne et vraie justice.

Item, que l'on ne pourra lever sur iceux de nos pays et duché de Bourgogne aides ni subsides en notre profit ou d'autres, sinon que

fixité dans les offices du Parlement et par imitation dans ceux des bailliages, ce qui, par abus, comme nous le verrons bientôt, en amena la vénalité. Le même édit ordonna que le Parlement siégerait trois mois chaque année, et d'année à autre, dans chaque province des duché et comté de Bourgogne; innovation non moins heureuse, qui établissait la périodicité des sessions que n'avait jamais connue l'institution des Grands-Jours, dont la convocation était soumise à l'arbitraire des Ducs. Il détermina enfin le nombre des officiers qui devaient composer le nouveau corps, c'est-à-dire un président, deux chevaliers d'honneur, douze conseillers, un procureur et deux avocats fiscaux, un greffier et cinq huissiers audienciers; ou, en d'autres termes, ce mode d'organisation particulière qui a été observé depuis pour l'administration de la justice dans les tribunaux français. Jean Jouard, seigneur d'Echevannes, que nous avons nommé parmi les

lesdites aides auront été accordées, consenties et octroyées par lesdites gens des trois Etats.

Item, que toutes charges par nous mises sur les vins et autres marchandises que l'on mène des pays de Bourgogne en France et de France en Bourgogne, depuis le trépas de notre cousin Philippe, en son vivant duc de Bourgogne, sont et demeurent abolies et abattues.

Item, que les sentences, jugements et appointements qui auront été donnés soit aux Jours généraux de Beaune que l'on appelle Parlement, aussi au Parlemant de Dole ou ailleurs par les juges et officiers de notre cousin de Bourgogne, sortiront leur effet, sinon que les matières sur lesquelles lesdites sentences ou jugements auraient été donnés, il y eut auparavant procès pendant en notre Cour de Parlement à Paris.

Item, avons confirmé et confirmons tous les priviléges qui ont été octroyés à nos dits sujets, tant par nos prédécesseurs les rois de France que par les ducs de Bourgogne. »

Suivent les lettres d'institution dudit Parlement, données à Arras, au mois de mars 1476.

officiers des Grands-Jours, fût désigné comme chef de cette Compagnie souveraine; mais il n'en exerça pas la charge, ayant été tué le 27 mars 1477, à Dijon, dans une sédition dont nous expliquerons plus tard la cause.

Depuis, la Bourgogne ayant été pacifiée et les villes en révolte étant rentrées sous l'obéissance du Roi, Louis XI, étant à la Mothe-d'Esgry, en Gâtinois, confirma le même Corps, « à l'instar des autres Parlements séants à Paris, Toulouse et Bordeaux en leurs limites et ressorts, et sans que de ses jugements, arrêts et ordonnances on pût appeler ni recourir à autre. » Il donna de plus à Louis d'Amboise, évêque d'Alby, son lieutenant général dans cette province, à la sagesse duquel il devait la soumission de ses nouveaux Etats, le pouvoir de fixer la résidence de ce Parlement au lieu qu'il jugerait le plus convenable. Il le chargea, enfin, de nommer tel nombre de présidents, conseillers clercs ou laïques, avocats et procureurs généraux, greffiers, etc., qu'il aviserait, à commencer néanmoins par les membres du grand Conseil établi à Dijon près la Cour des Ducs, et qui, pour la plupart, avaient servi avec honneur en qualité de commissaires dans la tenue des Grands-Jours dont il a été parlé.

Pourvu d'un mandat si étendu, on voit, par les premiers actes de cette époque, que le délégué du Roi l'accomplit presque aussitôt après la délivrance des lettres qui en contenaient la mention et qui portent la date du 9 août 1480. Le 24 octobre suivant, il ordonna pour le duché que le Parlement serait tenu à

Dijon (1), et que tous les habitants de cette province y ressortiraient, ainsi que ceux des terres enclavées d'outre-Saône et comté d'Auxonne, qui formaient auparavant le ressort de Saint-Laurent, désormais confondu en un seul. Dijon, où sa Chambre des comptes avait depuis des siècles été établie (2), et qui était la capitale de ses nouveaux Etats après l'avoir été de ceux des anciens Ducs. Ces considérations puissantes fixèrent le nouveau choix. Par le même acte, Salins était choisi encore une fois comme siége du Parlement établi pour la Franche-Comté, dans le moment (chose étrange) où cette

(1) On lit dans les Registres de cette ville que, « pour en témoigner sa reconnaissance, elle fit offrir à M. de Mazelais, lieutenant du Roi, six émines d'avoine; à M. le Premier Président Jean Jacquelin, quatre émines; à M. le second président Léonard des Potots, quatre émines, outre dix écus d'or donnés à Odinet Godran pour son voyage près du Roi, au fait de la tenue dudit Parlement à Dijon (9 novembre 1480). »

Ce Parlement prit sa première séance au pourpris de la Chambre des comptes en l'été de la même année. L'évêque d'Alby, d'Amboise, procéda en personne à son installation. (Extrait des Comptes, page 521, verso.) Par une défense qui ne devait pas durer longtemps, les officiers de cette compagnie souveraine ne purent avoir ni terres, ni rentes dans les deux provinces, pour mieux assurer leur indépendance. (Registre des Comptes, n° 90.)

(2) La Chambre des comptes de Dijon avait été fondée dans cette ville sous les Ducs de la première race. En 1341 le roi Jean l'y confirma après la mort de Philippe de Rouvres, le dernier d'entre eux, quand cette province venait de faire retour à la monarchie. Plus tard Philippe-le-Hardi la régla à l'instar de celle de Paris, la seule du royaume, avant elle, en ancienneté. Les charges varièrent en nombre, suivant les temps. Vers la fin du XVIIIe siècle elle était composée d'un Premier Président, de six présidents, trois chevaliers d'honneur, vingt-huit maîtres, neuf correcteurs, treize auditeurs, deux avocats généraux, un procureur général, six substituts, un greffier en chef et d'autres officiers attachés à sa suite. Le lieu habituel de ses séances avait été fixé dès 1420 à la place où siége de nos jours le tribunal de première instance. Elle possédait comme annexe tout le terrain sur lequel le palais du

province allait être démembrée de la monarchie par la cession qu'il fallut en faire à Marie de Bourgogne, qui la transporta, à défaut d'une alliance française, à l'archiduc Maximilien. L'époque de la convocation de ces deux Parlements, composés d'ailleurs des mêmes hommes, fut fixée, pour la ville de Dijon, au lundi de la Saint-Martin, et, pour celle de Salins, au lundi après *Quasimodo*, avec mission donnée à ceux qui devaient les composer de les tenir ainsi tour à tour.

Les noms des principaux magistrats qui, pour la pre-

Parlement a été depuis édifié et auquel elle en fit cession sous le règne de Louis XII. *Le Grand Bureau*, salle d'honneur de ses séances avec son magnifique plafond mis à découvert de nos jours, lors des agrandissements du palais de la Cour impériale, œuvre du sculpteur Dubois, fut rétabli en 1645. On y avait conservé cette inscription ambitieuse, en lettres d'or qui figurait au-dessus de la porte d'entrée : *firmamentum cœterorum ordinum.* Dans la chapelle, aujourd'hui détruite, on voyait autour du plafond vingt-quatre écussons peints aux armoiries des duchés, comtés, palatinats, principautés et autres seigneuries souveraines dont Philippe-le-Bon et Charles-le-Téméraire, son successeur, étaient en possession, ce qui peut faire supposer que la juridiction de cette Compagnie s'étendait alors sur toutes ces possessions. Ce dernier Duc y était représenté sur un vitrail, peint armé de pied en cap, debout avec la duchesse son épouse, et un vassal à ses genoux. Allusion à une des attributions principales de cette haute juridiction : la réception des serments des marquis, comtes, barons, et autres possesseurs de fiefs dus au roi à chaque *reprise.* Les registres complets, mais qui ne remontent pas au-delà de 1360, sont pleins de documents curieux pour l'histoire. On y trouve notamment plusieurs exemples des oppositions courageuses que les procureurs généraux formèrent contre l'aliénation du domaine sous les Ducs et même sous les rois, afin de mettre un frein à la cupidité des courtisans. La Chambre des comptes de Dijon réunit pendant un temps à sa juridiction la Cour des aides rendue au Parlement, ainsi qu'on l'expliquera plus tard. Nous mentionnons dès à présent ces détails à cause de l'antagonisme qui ne cessa jamais d'exister entre les deux grands corps, et qui apparaît si souvent dans l'histoire du plus puissant d'entre eux.

mière fois furent appelés à y prendre rang méritent de trouver place dans cet ouvrage. Nous citerons comme président Jean Jacquelin, qui avait succédé à Jean Jouard, mort, ainsi que nous l'avons dit, assassiné, et, comme lui, un des officiers des Grands-Jours; parmi les chevaliers, Philippe Pot, seigneur de La Roche, grand sénéchal et négociateur habile; au nombre des conseillers, Guillaume de Ganay, avocat au Parlement de Paris, père de Jean de Ganay, depuis chancelier de France; Guillaume Bataille, d'une des plus anciennes familles de la province, et Philibert de La Ferté, devenu plus tard Premier Président de la Compagnie, tous licenciés ès-lois, à l'exception toutefois des chevaliers d'honneur; et, parmi les greffiers, Thomas Berbisey. Chacun d'eux prêta le serment accoutumé, avec pouvoir de rendre arrêt au nombre de huit juges, non compris le président ou celui commis par ce dernier pour le remplacer, ainsi que le porte l'acte du 24 octobre 1480, qui les mit *en possession de leurs offices, honneurs, prééminences, libertés et gages en dépendant,* ordonnant de plus aux officiers subalternes de leur obéir dans l'étendue des deux ressorts.

Aux membres de ce Parlement, ainsi composé à l'instar de celui de Paris, fut adjoint, comme conseiller-né, l'abbé de Cîteaux, une des plus grandes puissances du monde catholique, avec voix délibérative tant aux audiences publiques qu'à huis-clos; privilége important attaché à la seule dignité abbatiale, et qu'il ne faut pas confondre avec le droit d'entrée au Parlement, accordé plus tard aux évêques de la province. Ceux-ci ne furent, comme ceux d'Autun, Chalon, Mâcon et Dijon, que conseillers d'honneur de cette Compagnie, avec des attributions restreintes, pour l'exercice desquelles il fallait encore qu'ils se pourvussent à chaque avènement du Souverain, qui prorogeait leurs titres par lettres-patentes. Les abbés de Saint-Bénigne et de Saint-Etienne, l'archevêque de Lyon, l'évêque de Belley et le grand prieur de Champagne, résidant à Voulaines, obtinrent aussi parfois la même distinction.

Avec ces prérogatives du haut clergé dans la Compagnie, et par une distinction qui n'était pas commune aux autres Parlements, avaient été créées dès le principe deux charges de chevaliers d'honneur, de même qu'il en existait déjà dans les Grands-Jours de la province, auxquels celles-ci furent empruntées, comme pour consoler la noblesse de l'éloignement de ses principaux membres d'un Corps où les hommes de loi n'avaient pas tardé à se partager les emplois. Sur quoi on s'est étonné, avec une grande raison, que ceux qui jugeaient souverainement les nobles n'aient pas possédé, dès l'origine, la même distinction. En vain prirent-ils les titres de chevaliers ès-lois, de bacheliers ès-lois, à l'imitation des chevaliers et écuyers ; jamais ils ne furent agréés du corps de la noblesse. Le *baronnage* ne consentit pas à les recevoir, et eux-mêmes ils ne voulaient pas être confondus dans le tiers-état, jusqu'à ce que le temps, qui mûrit toutes choses, vînt fonder pour eux une puissance à part, plus rapprochée du peuple que des grands, et avec laquelle il fallut lutter pendant des siècles.

Tel fut, à l'exemple de tous les autres, le Parlement de

Bourgogne dans son organisation primitive. On était alors au déclin du pouvoir féodal et comme à l'aurore de cette monarchie restaurée qui s'élevait sur ses ruines, et dont le Roi le plus jaloux crut, par une inspiration politique hardie, fortifier l'existence par la solidité des offices, que n'eût point accordée un prince libéral et moins profond dans ses vues. Concession singulière, si l'on veut, de la part de ce Roi, dont la vie d'ailleurs est pleine de contrastes, mais chez lequel le dessein arrêté de la ruine des grands vassaux explique l'acte politique qui tendait le plus sûrement à ce but.

La vénalité, trafic d'un droit sacré, qui n'était elle-même qu'un abus du principe, allait bientôt rendre cette institution transmissible et héréditaire. Déjà, et comme prélude à ces dangers, soit faveurs ou besoins réels, le Parlement, composé d'abord de vingt-et-un officiers, y compris un second président dont il avait été pourvu presque à sa création, n'avait pas tardé, appuyé par les Etats, à se dire insuffisant en nombre. Sur sa demande, son personnel fut augmenté de quatre charges de conseillers, garanties par les mêmes prérogatives ; accroissement d'offices alors nécessaire, mais contre lequel la Compagnie aura à lutter plus tard par suite des tendances de la Cour à se ménager ainsi des partisans.

Ceci se passait en 1485, sous le règne de Charles VIII, premier héritier du fondateur. Chose impolitique et inattendue, au mois d'avril de la même année, ce prince, malgré l'augmentation qu'il avait faite du nombre de ces officiers, supprima, sous de vains prétextes, par une déclaration rendue de l'avis des princes du sang, le

Parlement de Dijon en le réunissant à celui de Paris. On peut voir par les lettres-patentes rendues à cette occasion à quelle vaine considération de bien public la Royauté affecta de céder, quand par la vengeance, le souvenir, d'ailleurs avoué dans ses lettres, d'anciens griefs contre la Bourgogne au temps de ses Ducs était la véritable cause d'une détermination que la plus sage prudence avait fait repousser dès la réunion de cette province à la monarchie (1). Déjà ce souverain lui-même,

(1) On lit dans ces lettres : « Considérant que notre Cour de Parlement de Paris a la connaissance des causes d'appel qui sont émises des juges de notre royaume, et des droits, autorité et souveraineté de nous et de notre couronne, et qu'il appartient généralement à notre dite Cour de faire et administrer justice à nos sujets demeurant en notre dit royaume en dernier ressort et souveraineté, comme la justice souveraine et capitale d'icelle ; et combien que nos pays et duché de Bourgogne soient l'une des premières et anciennes pairies de France, et que les Ducs de Bourgogne aient toujours été dits et nommés Doyens des pairs, et qu'elle soit de l'ancien domaine de la Couronne de France, baillé par apanage de nos prédécesseurs Rois... qui auparavant icelui apanage et depuis ait ressorti et dû ressortir sous notre ressort et justice souveraine de notre dite Cour de Parlement... Mais aucuns ducs de Bourgogne qui ont été sous ombre de guerres et division, ayant cours par aucun temps en notre dit royaume, ont fait et voulu faire de grandes entreprises sur les droits et souveraineté de nous et de nos prédécesseurs Rois, tendant par aucun temps à en faire sieurie séparée de la Couronne et y ont tenté, par usurpation et autrement, induement user de droits souverains et royaux, dont grands inconvénients s'en sont suivis aux sujets desdits pays et des pays voisins. A cette cause, après le trépas du duc Charles de Bourgogne, dernier décédé, feu notre très cher sieur et père que Dieu absolve, en réduisant ledit pays et duché de Bourgogne en son obéissance et icelui réunissant à la Couronne et au domaine d'icelle, comme raison était établie en icelui pays et duché, aucuns baillifs, prévôts et autres officiers et siéges royaux, qui d'ancienneté avaient accoutumé d'être ; néanmoins, aucuns particuliers desdits pays et duché de Bourgogne trouvèrent moyen, envers notre feu seigneur et père, de lui faire ériger un Parlement audit pays et duché de Bourgogne, en y compre-

successeur de Louis XI, l'avait proscrite deux ans auparavant, en consacrant de nouveau les anciennes libertés (1). Au milieu de ces contradictions de conduite, Philippe Pot, qui vivait alors, fit revenir le Roi à une résolution plus loyale, en lui remontrant que ce serait violer le contrat conclu par Louis XI avec ce pays et compromettre les droits encore mal assurés par la conquête. Sans cette intervention heureuse jointe à celles d'André de Poupet, évêque de Chalon, de Philippe de Hochberg, maréchal de Bourgogne, et du président Thomas de Plaines, qui avaient été députés en Cour avec lui par les Etats, c'en eût été fait de cette Compagnie, menacée dès sa création par les rivalités du Parle-

nant les comté du Charollais et sieurie de Châtel-Chinon et autres terres prochaines d'iceux; et avec eux voulurent faire adjoindre pour être du ressort dudit Parlement de Bourgogne les habitants des pays de Mâconnais et d'Auxerrois; ce que lesdits pays ne voulurent faire pour les grands inconvénients qu'ils virent et connaissoient en pouvoir advenir à la couronne de France et audit pays, et avec ce sous ombre dudit Parlement ont obtenu un sceau et chancelier, lesquels ils ont entretenu et continué jusqu'à présent au moyen d'aucunes lettres de confirmation de nous obtenues..... Desquelles choses nous avons été bien à plein informés et avertis par plusieurs autres notables et grands personnages de notre dit royaume, qui nous ont remontré et fait remontrer les grands inconvénients qui en pouvaient advenir..... Pour quoi voulant être, déclarons et ordonnons que tous nosdits sujets demeurant ez pays et duché de Bourgogne... ressortent sans aucun moyen par appel de nosdits baillis et autres officiers ezdits pays, en notre dite Cour de Parlement à Paris, tout ainsi que lesdits autres duchés, comtés et autres terres de notre dit royaume ressortissant en icelle ont accoutumé de faire, et que lesdits Parlements et chancelleries érigées en nos pays, duché et comté de Bourgogne, seront du tout abolis, cassés et annulés; cassons et annulons et mettons du tout au néant, etc.

« Donné au Pont-de-Larche, au mois d'avril 1485. »

(1) Lettres-patentes du mois de novembre 1483.

ment de Paris, dont la juridiction se trouvait ainsi amoindrie (1). Rappelons-nous, en effet, que les principaux membres de ce dernier Corps n'avaient pas cessé de présider les Grands-Jours en l'absence des Ducs, et que le droit de connaître par appel de leurs sentences lui avait toujours été maintenu. Privilége considérable qu'il ne pouvait se laisser arracher sans résistance et qui rappelait, quoique imparfaitement, le temps où il était la seule Cour souveraine du Royaume. Ainsi se termina une crise aussi grave qu'imprévue, qui avait menacé d'anéantir à toujours l'institution à son berceau (2). De cette époque, c'est-à-dire du 29 août 1489, le nouveau Parlement de Bourgogne demeura sédentaire à Dijon, la ville la plus considérable du ressort, et peut-être la moins dévouée au parti de Marie de Bourgogne, le plus grand danger qui menaçât alors la conquête.

Peu d'années après, Charles VIII ayant transféré à Dôle le Parlement de Franche-Comté et fait cession de cette province à l'archiduc, ordonna, par lettres-patentes du 29 août 1494, que ce Corps et les membres

(1) Consulter le procès-verbal dressé le 20 mai 1485 par l'assemblée tenue à cette occasion, et que rapporte Chopin, dans son livre *du Domaine*. Les frais du voyage entrepris dans ce but furent avancés, suivant cet acte, par le maréchal de Bourgogne, le chancelier, l'abbé de Cîteaux, le vicomte mayeur, messieurs des Comptes et d'autres personnages, outre un emprunt de 500 livres en numéraire.

(2) Voir : *Moyens d'opposition du Parlement de Paris à celui de Dijon, ex bibliotheca Nicolai Brulardi, senatus divionensis principis*; *Histoire de l'Académie des inscriptions*, tome v, p. 325; *Histoire de l'Eglise d'Autun*, p. 184; *Tablettes bourguignonnes*, année 1753, p. 47 et suivantes; *Description particulière de la France*, gouvernement de Bourgogne, p. 138 et 139; *Etablissement d'une Chambre du Conseil à Dijon en 1421 et sa suppression en 1430*, page 390; *Mémoire historique sur Château-Châlon*, pages 55 et 56, Besançon, 1766.

qui le composaient pour les deux Bourgognes retourneraient en la ville de Dijon. Ils devaient y employer, suivant le texte de ces lettres, « le surplus du temps qui leur resterait à la vidange des procès et pour la justice y être, ainsi que l'avait ordonné le Roi son père, administrée à tous ses sujets des ressorts du duché et de Saint-Laurent. » Acte suprême et définitif qui, au prix d'un grand sacrifice, rendit continue et sédentaire la magistrature du Parlement, auparavant *itinérante* et obligée de partager ses soins avec une autre province. Placé dans une ville conquise et frontière d'un pays échappé des mains de Louis XI, le Parlement de Dijon allait ainsi, après des luttes sanglantes, avoir à lutter contre un autre Corps jaloux (celui de Dôle, si rapproché de lui), et qui, dans des conflits nombreux de juridiction, ne manquerait pas de faire revivre les dissidences qui venaient de placer sous des drapeaux contraires les deux Bourgognes, unies pendant plus d'un siècle. Cette situation irritante, aussi ancienne que leur établissement, devait, comme on le verra bientôt, influer sur les destinées des deux Compagnies, et ne fut guère amoindrie par les traités de neutralité intervenus au sujet de ces Etats, par des raisons dont la guerre fut l'occasion et qui laissèrent les esprits longtemps divisés (1).

En résultat, la stabilité de ce Parlement entier, réduit au seul duché, était un grand pas de fait vers ces usurpations politiques qui devaient naître d'une exubérance de forces. Les charges qui le composaient en obtinrent

(1) Voir le Registre du Parlement, du mois de juin 1567.

plus d'éclat, et l'accroissement si prompt du ressort (1), accompli, vers le commencement du XVIe siècle, par les conquêtes de François Ier, des pays de Bresse, Bugey et Valromey sur le Duc de Savoie, ajouta singulièrement à son importance. Réunion précieuse, laquelle demeura bientôt sans effet par la création d'une Chambre souveraine établie à Bourg, et qui fut une vengeance inventée pour punir le Parlement de ses résistances. Henri IV et les deux rois ses successeurs devaient, par des actes solennels, rétablir cette incorporation, qui s'étendit aux bailliages de Belley, de Gex et du Valromey, et continua ainsi d'exister jusqu'à la chute de la Compagnie. Mais la province de Bourgogne ne put se voir garantir une telle extension de territoire, qu'en payant aux rois Henri IV et Louis XIII des sommes considérables auxquelles Louis XIV ajouta plus tard d'autres sacrifices, imposés au Parlement. Telles furent l'origine et les vicissitudes de cette importante enclave, non moins administrative que judiciaire, ordonnée pour la première fois par l'édit de 1535 (2).

A une époque voisine de cette date se rattache pour

(1) Les villes de Mâcon, d'Auxerre et de Bar-sur-Seine en furent exceptées, bien qu'elles eussent été réunies pendant la Ligue à ce Parlement par un édit de Henri III daté de Tours du mois de juin 1589, enregistré au Parlement de Flavigny, le 27 du même mois, et suivi pour cette cause de plusieurs nominations à des offices, entre lesquelles Palliot cite celle du conseiller Jacques Févret, réunion dont la mort tragique de ce prince empêcha pour toujours l'effet. (Voir, en ce qui concerne les deux premières de ces villes, les lettres de Charles VIII du mois d'avril 1485, ci-dessus relatées.

(2) Voir dans les archives du Palais, au volume 30 des édits et déclarations, l'édit du roi du mois de mai 1661, qui résume tous ces actes.

le Corps la création d'une seconde Chambre ordonnée par la régente en 1524, mais qui ne fut instituée de fait que treize ans plus tard sous le nom de *la Tournelle* avec mission de juger les procès criminels du ressort, et augmentation du nombre des présidents et conseillers, dont les services étaient ainsi multipliés. Après la Grand-Chambre du Parlement, dont nous parlerons bientôt, et qui fut longtemps la seule, la Tournelle fut la plus importante. Cette Chambre eut de plus, parmi ses attributions principales, celle de soulager le Parlement dans l'expédition des causes ordinaires. L'édit qui la constitua lui attribua le jugement des procès civils pour le cas où ceux du grand criminel, qui formaient sa compétence principale, viendraient à manquer. Les archives encore existantes de cette Chambre prouvent qu'elle alterna presque constamment dans l'exercice de cette double juridiction, qui n'impliquait au civil que des causes de moindre importance. De même que la Grand-Chambre, elle jugeait encore, mais sous certaine condition, en matière criminelle, les affaires privilégiées.

L'hérésie de Calvin avait aussi amené, sous le successeur de François Ier, la création d'une autre Chambre, sous le nom de *Chambre des Vacations*, et qui dut sa fondation aux besoins de la justice pendant les vacances du Parlement. Cette Chambre, comme son titre le portait, était plutôt la continuation de cette Compagnie pendant la suspension du Palais qu'une section proprement dite. Sa mission primitive fut de juger, suivant le texte de l'édit qui la constitua, les gens soupçonnés d'hérésie, et avec eux, les meurtriers, voleurs, parricides, faussaires et autres criminels qui n'avaient pas été jugés pendant les séances de la Tournelle, dont elle devint plus particulièrement l'auxiliaire, et, à défaut de ces sortes de procès, les causes civiles urgentes dont l'intérêt en principal n'excédait pas dix mille livres (1). D'accidentelle qu'elle avait été dans son origine, et renouvelable chaque année, Charles IX la rendit périodique par ses lettres-patentes données à Vincennes le 2 janvier 1562. Il voulut qu'elle entrât désormais en exercice à la levée des audiences, c'est-à-dire au milieu du mois d'août de chaque année (2). Ce fut d'elle, et des traditions plus anciennes que l'on trouve encore dans les registres des *Olim*, que nous est venue l'institution des Chambres de Vacations, passée en coutume dans les tribunaux français.

La *Chambre des Enquêtes*, la troisième du Parlement, après la Grand-Chambre et la Tournelle, dut, comme la Chambre des Vacations, son établissement aux troubles intérieurs et au prolongement de la guerre civile. Un édit de Henri III, du mois de novembre 1589, la fonda en même temps qu'il incorporait dans le ressort, pour

(1) Voir aux Archives du Palais les lettres-patentes du Roi du 8 août 1554, enregistrées le 14 du même mois par le Parlement.

(2) La Cour levait ses audiences depuis l'Assomption jusqu'à la Saint-Martin d'hiver, c'est-à-dire durant environ trois mois; de plus, et indépendamment des fêtes chômées alors en grand nombre, depuis la Saint-Thomas jusqu'au jour des Innocents (huit jours), depuis les Rameaux, jusqu'au dimanche de Quasimodo (quinze jours), depuis le jeudi avant l'Ascension jusqu'à la Trinité (vingt-cinq jours), et l'on comprendra pourquoi les audiences étaient doubles à chaque chambre du Parlement tous les jours non fériés de l'année. (Voir Garreau, *Description du duché de Bourgogne*, page 250.)

demeurer sans effet, les villes et bailliages de Mâcon, Auxerre et Bar-sur-Seine. Nous examinerons bientôt quelles furent les attributions de cette Chambre, dont la création amena celle de nouveaux offices nécessités plus tard par la réunion ordonnée par Louis XIII de la Cour des aides à la juridiction du Parlement.

Enfin, la *Chambre des Requêtes du Palais*, que nous plaçons la dernière à cause de son infériorité politique dans la Compagnie, était la quatrième dans l'ordre de rang, les *Vacations* à part. Elle dut son établissement à Henri III, suivant les lettres-patentes données à Avignon au mois de janvier 1575, c'est-à-dire quatorze ans avant celle des Enquêtes, fondée, comme nous l'avons dit, par le même Prince.

C'est ainsi que furent successivement créées, au nombre de quatre, les différentes Chambres qui constituèrent, depuis son origine jusqu'à sa chute, le Parlement de Bourgogne, dont il importe maintenant de définir en peu de mots le caractère particulier. Nous ferons connaître bientôt les garanties d'aptitude de ses officiers dans les divers rangs où ils furent appelés à y rendre la justice.

La *Grand-Chambre* avait été, dans le principe, la seule qui constituât l'intégrité de ce Corps, dont elle réunit les pouvoirs jusqu'à la fondation de la Tournelle et des autres Chambres. Mais la création de ces nouveaux services, pour des besoins vrais ou exagérés, n'empêcha pas qu'elle ne fût toujours considérée en premier ordre, comme la Chambre d'honneur de cette grande Compagnie. C'est ainsi qu'on lui attribua les matières les plus importantes ou les plus ardues, telles que les cas domaniaux concernant les biens de la Couronne et des Seigneurs; les procès criminels touchant les gens d'église, nobles et officiers des Cours souveraines, s'ils le requéraient; les appels comme d'abus et les attributions douteuses de juridiction disputées entre les autres Chambres, comme si celles-ci n'eussent reçu que par emprunt de leur aînée l'autorité qu'elles exerçaient elles-mêmes. Ce qui explique pourquoi elle fut appelée jusqu'à la fin *Chambre des audiences publiques, Camera placitorum*, et comment encore elle a conservé sur ses registres la dénomination exclusive de *Parlement*, placée à la suite de ses arrêts. Cette Chambre, outre la formule de souveraineté qu'elle s'était réservée de mettre les *appellations à néant*, conserva la présentation des lettres de grâce, pardon et abolition, encore que les arrêts ou poursuites eussent appartenu à une autre Chambre. C'était devant elle qu'étaient portés les partages intervenus dans tout le Parlement, ainsi que les réceptions des magistrats, après examen fait par ses propres commissaires ou par les Enquêtes, suivant les distinctions que nous expliquerons plus tard. Enfin elle connaissait des procès évoqués du Parlement de Grenoble et autres qui lui étaient, dans certains cas, renvoyés par le Conseil du Roi pour cause de parenté ou d'alliance; les évocations du Parlement de Dijon se portant d'ordinaire à celui de Besançon, dont les évocations à leur tour se portaient au Parlement de Metz (1).

(1) Déclaration du Roi du 23 juillet 1701.

Ce fut par suite de ces prérogatives jalouses qu'on la vit si souvent revendiquer ce qui tenait, même de loin, à la politique, à ses priviléges ou aux droits du Prince, des Seigneurs ou de l'Eglise. Les exemples en abondent dans les arrêts qui nous sont restés. On peut citer parmi les plus célèbres celui rendu en 1569, par lequel cette Chambre évoqua de la Tournelle, et même sans qu'ils eussent demandé leur renvoi, le procès fait à des officiers du Roi accusés d'avoir porté les armes avec Casimir des Deux-Ponts dans l'invasion que ce prince fit en Bourgogne à cette époque; puis, parmi d'autres moins importants, l'affaire de deux conseillers de Provence renvoyés, en 1618, par arrêt du Conseil, devant le Parlement de Dijon; en 1721, le procès contre des religieux soupçonnés de graves attentats; et jusqu'à la cause d'un simple orfévre de la même ville, condamné, en 1726, à être pendu pour avoir contrefait le poinçon de la jurande, crime que l'autorité n'excusait jamais. Sa suprématie était ainsi devenue un dogme du Palais, que nul n'eût osé discuter, et encore moins les magistrats eux-mêmes, appelés tour à tour à le maintenir par le *roulement*, mode d'alterner dont nous parlerons dans la suite.

Les procès civils, dont la même Chambre retenait les plus importants, étaient aussi dévolus aux autres Chambres suivant le règlement du Palais, qui voulait que la distribution en fût faite au greffe sur un registre et par l'autorité du chef de la Compagnie, tenu de procéder à cette répartition. Un rapporteur était nommé dans chaque affaire par le magistrat qui présidait la Chambre devant laquelle elle était renvoyée. Mais par un usage contraire à ce qui se pratique de nos jours, le rapport suivait toujours le rapporteur dans la Chambre nouvelle où le roulement l'avait fait entrer dans l'intervalle, et qui devenait par là compétente. Ce qui prouve de plus fort qu'au fond des choses les pouvoirs des différentes Chambres étaient égaux, sauf les cas privilégiés réservés à la première et les attributions spéciales pour lesquelles les autres avaient été créées.

Ces règles d'attributions établies par les ordonnances étaient celles qui s'observaient d'ailleurs au Parlement de Paris, où la *Chambre des Plaids* avait des pouvoirs identiques, et sur les usages duquel se réglaient les cas embarrassants. En Bourgogne, où, comme dans les provinces, les questions de prérogative étaient plus ardentes, il avait fallu la main ferme de Louis XIV pour mettre fin aux divisions intestines suscitées par ces différends, qui durèrent de longues années. Ils avaient de plus séparé la Compagnie en deux fractions ennemies et signalé plus tard aux haines du Corps le Premier Président lui-même, soupçonné de connivence avec la Cour dans cette lutte d'amours-propres, que l'autorité du Roi fit cesser par le règlement du 10 novembre 1662, qui fixa pour l'avenir l'ordre du Palais (1).

Telle était la Grand'Chambre dans son mécanisme d'organisation et dans ses attributions de justice souveraine. *La Tournelle* (2), ainsi nommée, suivant plu-

(1) Voir la description particulière du duché de Bourgogne, par Garreau.

(2) Confirmée depuis sa création par l'édit de François Ier, du mois de novembre 1537, enregistré au Parlement le 20 décembre de la même année. (Voir aux Archives du Palais.)

sieurs, parce que dès l'origine les conseillers laïques y entraient et en sortaient tour à tour, connaissait à huis-clos et par écrit de tous les procès criminels évoqués ou frappés d'appel. Elle connaissait de plus de tous les jugements rendus par les juges des lieux, portant condamnation corporelle ou aux galères, bannissement à perpétuité ou amende honorable (1); et, à l'audience publique, des incidents relatifs à ces procès, comme des appels du petit criminel appointés; enfin, et ainsi que nous l'avons dit, à défaut de toutes ces choses, des affaires civiles qui lui étaient renvoyées.

La *Chambre des Enquêtes,* appelée de ce nom parce qu'elle eut, dans son principe, la mission de juger les preuves qui se résumaient *en faits* dans les instances liées, prononçait sur les affaires du petit criminel non appointées, à la différence de celles appointées, qui étaient, comme nous venons de le dire, réservées à la Tournelle. Elle statuait, de plus, concurremment avec cette dernière sur les procès civils par écrit et les appellations verbales, dont elle retenait la plus forte part en raison de ses travaux moins multipliés. C'était, il faut l'avouer, sous une dénomination équivoque et avec des attributions contestables, une section du Parlement assez inutile. Aussi la création de cette Chambre, fondée sur le modèle de celui de Paris, qui n'en comptait pas moins de cinq de ce nom, avait-elle ici soulevé de grands orages. Les choses en vinrent à ce point qu'il fallut des lettres de jussion pour que le Parlement de Bourgogne

(1) Et ce, dans tous les cas, qu'il y eût appel ou non, art. VI, tit. XXVI de l'ordonnance de 1670.

adhérât à son établissement par la réception des magistrats pourvus des nouveaux offices. Supprimée plus tard par suite de ces oppositions réitérées, elle fut rétablie par Louis XIII, grâce à l'annexion simultanément faite de la Cour des aides au Parlement (1).

Les *Requêtes du Palais,* sorte de juridiction secondaire, furent aussi un hors-d'œuvre dans le même Parlement, avec lequel on ne les confondit jamais, bien que ses membres en fissent en réalité partie et dussent être appelés à toutes les assemblées générales. Cette Chambre, qui était loin d'être en Bourgogne ce qu'elle était au Parlement de Paris (*pars corporis ejus et de gremio curiæ*), avait eu, dès son établissement, pour mission de juger les causes privilégiées ou *committimus,* possessoires, personnelles ou mixtes, concernant certains privilégiés, parmi lesquels les membres du Parlement et de la Chambre des Comptes, sauf l'appel à la Grand'Chambre. Cette création bâtarde, née du mélange d'une justice de

(1) En détachant cette Cour de la Chambre des comptes dans laquelle ce prince l'avait incorporée en 1626 pour mettre un terme aux luttes violentes des deux Compagnies, « mesure qui n'avait abouti qu'à les aigrir davantage, » porte l'édit lui-même qui rendit cette juridiction au Parlement. (Avril 1630.)

La Cour des aides connaissait « des aides, tailles, taillon, gabelles et finances, traites foraines et domaniales, levée de deniers ordinaires et extraordinaires, domaines, péages, subsides, octrois, subventions, élections, greniers à sel, étapes, munitions, ravitaillement de places, fortifications d'icelles, deniers communs, emprunts, etc. » Ce qui montre l'importance d'une juridiction qui s'étendait aux rouages les plus secrets de l'administration. (Voir *in extenso* l'édit ci-dessus rappelé et les événements qui s'étaient passés à Dijon où il fut rendu, et qui serviront à en déterminer le caractère, après la conduite courageuse que le Parlement avait montrée à cette occasion. — (Révolte dite de *Lanturelu* rapportée au Discours préliminaire de cet ouvrage.)

premier ressort dans une même Cour souveraine, offrit l'inconvénient sérieux de subordonner les magistrats qui la composaient à d'autres, leurs supérieurs en autorité.

Obligé de recevoir dans son sein cette juridiction auxiliaire qu'il avait repoussée par d'inutiles remontrances, le Parlement ne laissa échapper aucune occasion de s'en venger par son éloignement et ses dédains. Il fit défense aux membres qui la composaient de prendre le titre de *Conseillers du Roi au Parlement,* sous peine d'amende arbitraire. Et si, après de longues hésitations, il voulut bien plus tard leur accorder le droit de marcher avec le Corps entier aux cérémonies et d'assister aux mercuriales avant les gens du Roi, leurs greffiers et huissiers restant à part, ce ne fut, suivant des délibérations formelles, « qu'à la condition qu'ils s'y comporteraient en toute modestie envers les conseillers de la Cour, et sans tirer à conséquence pour l'avenir (1). »

Il ne faut donc pas s'étonner si les offices d'une Chambre ainsi dépréciée ne furent jamais confondus avec les autres charges du Parlement, et si les gages qui y étaient attachés subirent une diminution relative. Les *Requêtes* avaient été longtemps comme un lieu d'attente

(1) Actes de 1595, 1597, 1661, 1675 et 1680. On lit dans une délibération du 12 septembre 1614, « sur ce qui a été observé par aucuns de Messieurs qu'au registre des délibérations du Parlement de l'année 1480 en la diée du 23 août il y avoit arrêt concernant défenses à MM. des Requêtes de monter sur les fleurs de lys à l'audience, lequel il était expédient de faire voir, afin de lever toutes difficultés pour ce regard. Sur quoi a été dit, les Chambres consultées, que ledit registre sera montré aux dits sieurs des Requêtes... Et cependant arrêté de nouveau que les dits sieurs ne pourront s'asseoir aux audiences sur les fleurs de lys... fors le lendemain de feste Saint-Martin pour la

d'où l'on entrait dans la Compagnie pour y remplir des fonctions plus ambitionnées. La famille de l'illustre évêque de Meaux y obtint des emplois dès l'origine, et les échangea longtemps après contre d'autres titres. Benjamin Leclerc, père du célèbre naturaliste Buffon, y reçut ses provisions le 14 juin 1720; Etienne Bouhier, un des ancêtres du fameux président de ce nom, s'y était fait admettre au commencement du XVIIe siècle; et le vertueux Pierre Odebert, l'un des hommes les plus bienfaisants de son temps, y exerça la charge de président pendant quarante-deux ans avec honneur; exemples qui furent suivis depuis par d'autres familles. Les membres de cette Chambre portaient le titre de *Commissaires aux Requêtes du Palais*, sous lequel on les voit figurer, dès le même siècle, dans les Etats de la Compagnie, parmi les autres membres, selon leur ordre d'ancienneté, ce qui prouve que, depuis longtemps, l'on s'était relâché à leur égard des premières sévérités, poussées jusqu'à les empêcher de s'asseoir sur les fleurs de lis, signe consacré de la justice souveraine.

prestation du serment des avocats et procureurs, selon qu'il est accoutumé. »

Ajoutons à ces témoignages qu'aux Chambres assemblées dans la grande salle du Palais, après que les portes avaient été ouvertes à deux battants pour l'entrée de chaque Chambre, la Compagnie en faisait fermer un à l'arrivée de celle des Requêtes. Ces différences d'honneur ne s'effacèrent pas avec le temps. On voit, au XVIIIe siècle, que le chancelier d'Aguesseau écrivit dans une occasion semblable au Parlement de Metz, « qu'il était bon qu'il y eût toujours des différences entre les honneurs qu'on déférait aux officiers qui rendaient des arrêts et ceux qui ne prononçaient que des sentences sujettes à l'appel. » (M. Michel.) »

A côté de cette organisation des hautes juridictions en Bourgogne, il y eut encore, comme superfluité d'offices que les besoins du fisc avaient fait créer, un établissement connu sous le nom de *Chancellerie,* dont un des membres du Parlement était le chef sous le titre plus pompeux que recherché de *Garde des Sceaux.* Elle fut composée de secrétaires du Roi, au nombre de vingt-cinq, non compris les référendaires, scelleurs, receveurs, greffiers, garde-minutes, chauffe-cire et huissiers particuliers. Luxe inutile de titres et de personnes dont la seule mission consistait à sceller les lettres de grâce et de justice, ordonnances de *pareatis,* à la délivrance desquelles étaient attachés certains droits. Dans cette province, la petite Chancellerie établie près le Parlement, et qui n'était au fond qu'une forme d'impôt prélevé sur les procès pour l'entretien des charges qui la composaient, faisait partie de ce Corps et procura certains priviléges. Le plus considérable d'entre eux fut la noblesse acquise au bout de vingt ans d'exercice pour les secrétaires du Roi, les principaux de ses officiers. Ceux-ci, quoique les premiers en rang, ne furent pas tenus à la résidence fixe, preuve nouvelle de l'inutile multiplicité de ces emplois.

La *Table de Marbre* enfin, dont il reste à parler, appartenait plutôt au Parlement comme annexe qu'à titre d'incorporation véritable, malgré sa juridiction souveraine en matière d'usages, abus, délits et malversations dans les eaux et forêts du Roi, des princes, prélats, ecclésiastiques, colléges, communautés. Dans ces cas seulement, la Grand'Chambre du Parlement, en siégeant avec elle en nombre double, imprimait à cette juridiction la souveraineté; hors de là, les magistrats qui composaient la Table de Marbre ne jouissaient pas d'une telle prérogative; le surplus des causes venant des maîtrises constituant ce qu'on nommait l'*ordinaire*, qui ressortissait par l'appel au Parlement. Etablie en Bourgogne en vertu de l'édit de février 1554, elle n'avait dans son principe connu que de l'*ordinaire* ou du premier ressort, et n'obtint le *souverain* qu'en 1641 (1); privilége qu'elle conserva jusqu'à sa suppression. Parmi les faits les plus curieux qui la concernent, on trouve aux Registres de la même année et de 1678 deux arrêts qui lui firent défense de prendre le titre de *Cour*, et à son procureur du Roi celui de *procureur général*. Ce qui prouve qu'à cette époque si voisine de la célèbre ordonnance des forêts, elle avait prétendu s'assimiler au Parlement, qui donnait lui-même l'exemple d'autres empiétements.

Nous ne dirons qu'un mot de quelques fondations temporaires aussi connues sous le nom de *Chambres*, mais qui ne furent en réalité que des Commissions dont les pouvoirs prirent fin avec les circonstances qui les avaient fait créer. La première et la plus ancienne fut la *Chambre neutre*, née des conflits si fréquents du Parlement et de la Cour des comptes, conflits qu'une institution mixte, composée de membres des deux Com-

(1) Voir, au Registre du Parlement de cette année, l'arrêt du 16 janvier qui l'ordonna ainsi en enregistrant pour le ressort l'édit qui la concernait. La même institution subit depuis plusieurs changements, jusqu'à ce que d'autres édits de 1672 et 1702 l'eurent maintenue définitivement sur ce pied.

pagnies choisis en nombre égal, eut pour mission de prévenir ou de faire cesser. Cette chambre avait dû sa formation à la sagesse de Louis XIII, qui, fatigué des plaintes incessantes des deux Corps, l'établit par un édit de 1638; sorte de juridiction arbitrale, à laquelle furent attribuées en outre certaines affaires, et notamment les révisions concernant les arrêts de la Chambre des comptes. Elle fonctionna presque aussitôt formée, malgré un arrêt de défense que le Parlement avait lancé contre elle; mais ne remplit qu'à demi la mission de paix qu'elle avait reçue, en donnant parfois l'exemple de la désobéissance au Roi.

La même politique qui l'avait fait établir amena aussi plus tard une institution analogue par la formation d'une autre Chambre, dite de l'*Edit de pacification* ou *Mi-partie,* destinée, par un mélange en nombre égal de magistrats des deux religions, à régler les différends qui surviendraient entre les catholiques et les dissidents. Le président Jeannin, esprit conciliant, avait encouragé le Parlement à adopter cette innovation, et l'obtint par son influence, après que la Tournelle avait été chargée sans succès d'en assurer l'effet (1). Mais que put un tribunal semblable en présence des passions de cette époque? Cette Chambre, comme tant de rêveries honnêtes, fut une illusion de bien public, et demeurera dans l'histoire de la Compagnie pour témoigner seulement d'efforts que l'opinion ne

(1) Voir les lettres-patentes du 10 avril 1566, enregistrées le 4 avril suivant.

seconda pas et que la magistrature elle-même rendit inutiles par l'exemple qu'elle donna ici de ses déchirements. Charles IX l'avait supprimée par lettres-patentes du mois de mars 1568, alors que la politique de l'Etat, au sein des troubles religieux, allait changer de caractère (1). Depuis le règne de ce Souverain, les titres n'en font pas mention. L'édit de Nantes, qui rétablit plus tard en France dans quelques Parlements, comme garantie de son exécution, une autre Chambre dite *Mi-partie*, composée de magistrats des deux religions, ne fut qu'un reflet de la précédente mesure avec des moyens plus efficaces. Par une de ses dispositions, les procès des protestants du ressort de Dijon devaient être, s'ils le demandaient, portés, à leur choix, aux Parlements de Paris ou de Grenoble. Ainsi en fut-il de l'une à l'autre, chez toutes les cours souveraines, jusqu'à la révocation de ce même édit par Louis XIV.

Après la seconde conquête de la Franche-Comté par ce Prince, la création du Parlement de Besançon avait aussi amené en Bourgogne celle d'une Chambre dite de *révision* en matière civile, où les révisions des arrêts rendus par cette Compagnie étaient portées, au lieu du grand Conseil de Malines, qui en avait l'attribution, alors que la Comté appartenait à l'Espagne. Cette Chambre fut composée de neuf conseillers du Parlement de Dijon, auxquels étaient joints deux autres du Parlement de Besançon. Ceux-ci devaient se transporter dans la première de ces villes pour vaquer en nombre pair au

(1) Voir le Registre du Parlement de cette date.

jugement. Tous ces magistrats étaient désignés par le Roi, et l'arrêt révisé prévalait en cas de partage. Mais cette suprématie d'un Parlement sur l'autre, qui n'existait nulle part ailleurs en France en matière civile, allait ranimer entre les deux provinces d'anciennes rivalités. Dijon ne fut pas la dernière à donner l'exemple. On peut voir dans la correspondance de Brulart que le Parlement de Besançon s'était plaint à Louis XIV de ce que les juges réviseurs se permettaient d'appliquer dans leurs arrêts la forme, la jurisprudence et les statuts du duché au lieu des coutumes du comté, que la conquête avait garanties. Le Roi défendit qu'on touchât à l'avenir à ces statuts, et força le Parlement qui avait osé le faire à s'y conformer à l'avenir. Il ordonna en même temps qu'on mît plus de diligence à l'expédition de ces affaires, afin que la justice ne fût pas retardée en Franche-Comté, par l'absence des conseillers obligés de se rendre à Dijon pour y prendre part. Mais cette province ne se contenta pas d'une telle réparation : elle demanda par ses Etats et par son Parlement la suppression de cette sorte de recours; ce qui lui fut accordé par le Souverain six ans après qu'il avait été maintenu par le traité qui venait de sanctionner pour toujours la réunion de la Franche-Comté à la France.

Ces créations de services différents, nées de causes passagères, ne tinrent, d'ailleurs, dans l'organisation du Corps qu'une place secondaire qui ne modifia en rien la distribution des services réguliers du Parlement, dont les membres étaient détachés pour y satisfaire, sans cesser de leur appartenir.

Enfin, au-dessus des pouvoirs des Chambres séparées ou investies de simples missions, s'élevait, comme un majestueux édifice, le Parlement entier réuni en assemblée générale, qui les absorbait toutes, et leur imposait son autorité suprême. Le Roi seul, à défaut de son chef, et sauf la demande d'un certain nombre de ses membres délibérée en la Grand'Chambre, avait droit de le convoquer. Ce fut dans le sein des Chambres réunies que par droit ou par empiétement s'agitèrent les questions les plus graves de la politique, de l'administration et des finances, principe exagéré de ces résistances dont nous retrouverons des cas nombreux dans cette histoire, quand elles ne procédèrent pas de causes opposées. Parmi les attributions du Corps entier, le premier droit, comme le plus important, fut l'enregistrement des ordonnances, édits, déclarations et lettres-patentes, et, après leur examen, celui de proposer des remontrances au Souverain. Les Chambres assemblées eûrent aussi à prononcer sur les procès criminels dirigés contre leurs propres membres, ainsi que sur les faits de discipline qui les concernaient, et qui se rencontrent en grand nombre dans les actes que nous avons pu consulter. Elles eurent encore à statuer sur plusieurs procès capitaux qui lui furent renvoyés par ordre du Roi. De même, elles connurent de tous les règlements intérieurs, et généralement de tout ce qui avait quelque importance politique, ou de législation coutumière concernant le droit municipal de la Bourgogne. Leurs arrêts, dans ce dernier cas, reçurent le nom d'*Arrêts généraux*, qui indiquait que le Corps entier y avait pris part; ce qui les fit admettre comme des lois. Enfin elles étaient convoquées pour la réception des membres du Corps pourvus de nouvelles charges, ainsi que pour les mercuriales publiques tenues à la Saint-Martin d'hiver, en présence des principaux magistrats des bailliages, obligés de venir entendre des paroles qui rappelaient à chacun ses devoirs.

Ces mêmes Chambres visitèrent les Souverains qui honorèrent Dijon de leur présence. De pareils honneurs furent rendus par elles à de grands personnages, gouverneurs de la province, ou autres envoyés du Roi chargés de missions importantes. Tous les chanceliers qui vinrent en cette ville furent, comme chefs de la justice, reçus avec la même pompe, qui était à cette époque la plus haute distinction qui pût être accordée, et dont elles se montraient fort jalouses. Il faut parcourir les actes qui en sont restés pour comprendre à quel point cette Compagnie poussa l'esprit d'étiquette dans les circonstances que nous rappelons. Toutefois, à côté de résistances légitimes, elle reçut aussi des leçons sévères, pliant quand elle était la plus faible, mais ne se tenant jamais pour vaincue. Les hommes pouvaient oublier leurs griefs, le Parlement n'oublia rien et ne pardonna pas davantage les manquements dont il se crut l'objet dans les prérogatives auxquelles il jugeait pouvoir prétendre. Tout était, dans le cérémonial, concerté de sa part avec le soin d'un Corps qui n'accordait rien au-delà de ce que prescrivait l'usage, dans les respects qu'il devait aux autres. De ce nombre furent le costume des députations, le rang et le nombre des magistrats qui les composaient, les harangues dont elles se virent chargées, la génuflexion qu'elles avaient à faire, entière devant le Roi, à demi devant les Princes du sang, demeurant debout et découvertes devant les ministres, etc.; et jusqu'à la manière dont les huissiers qui les précédaient devaient entrer au logis du Prince, lieu des réceptions accoutumées, les verges basses ou élevées. Ce dernier signe était celui de l'autorité suprême, et amena plus d'une fois des collisions dans lesquelles on vit des gentilshommes de service rompre ou fouler aux pieds ces marques d'une suprématie arrogante. Il en fut non moins encore des prétentions de la Compagnie dans le Palais où avaient lieu ses séances, et dans lequel elle refusa constamment de recevoir aucun officier en armes, fût-il envoyé par le Roi lui-même, à moins qu'il ne fût gouverneur ou lieutenant général de la province, et qu'il n'y représentât l'autorité royale.

Ainsi, avare de déférence envers les autres, le Parlement en exigea beaucoup pour lui-même, et brisa, comme nous le verrons plus tard, quand il fut le plus fort, ceux qui osèrent lui contester sa préséance ou refusèrent de s'abaisser devant lui. Ce fut là une de ses faiblesses; mais, disons-le à sa louange, il n'eut rien de celles qui, dans d'autres provinces, déshonorèrent la justice souveraine dans les premiers temps de son existence et dont elle eut tant de fois à rougir, ainsi que l'attestent les mercuriales publiques prononcées devant ces Corps (1). Cette conduite sans tache, fruit d'une voca-

(1) Voir celles qui nous sont restées du Parlement de Paris.

Le président de Thou a aussi écrit quelque part, pour l'avoir appris du chancelier de Lhospital lui-même qui avait été conseiller dans cette

tion préparée, peut bien faire pardonner quelques erreurs, et sera pour le Parlement de Bourgogne un titre au respect public, respect qu'il mérita jusqu'à sa chute. Un de ses plus illustres chefs, le Premier Président de la Guesle, qui avait vieilli dans les charges de judicature et rempli les missions les plus difficiles, proclamait au milieu des troubles du XVIe siècle, en se séparant de cette Compagnie, que « *nulle Cour souveraine dans le Royaume n'avait rendu plus sincèrement et plus diligemment la justice* (1). » Paroles qui restèrent la devise et la règle de ses successeurs, nourris des mêmes maximes.

Telles furent en résumé l'origine, la juridiction, la constitution politique et l'organisation intérieure de ce Parlement, sans la connaissance desquelles on ne comprendrait pas ce que nous aurons à raconter de ses déviations dans les crises qui agitèrent la province, et où il dénatura sa mission en voulant l'étendre ; faute capitale qui précipite les grandes assemblées plutôt que cette loi de l'humanité qui veut qu'il n'y ait rien ici-bas d'impérissable. L'histoire de cette Compagnie, qui se soutint pendant trois siècles, fera voir ce que put imprimer de vigueur à un Corps constamment aux prises avec l'autorité royale et miné par ses propres dissensions, l'appui de traditions puisées dans une organisation héréditaire qui ne le laissa point périr. Elle montrera de plus ce dont fut capable l'esprit de

Compagnie vers cette époque : *Usu doctus, dum senator esset, multa perperam, multa minus honeste fieri.*

(1) Délibération du 13 août 1567.

suite jusque dans une institution dégénérée, mais qui garda longtemps l'instinct conservateur d'une grande famille appelée à perpétuer ses pouvoirs par la transmission des charges qui la composèrent et dont elle demeura l'arbitre.

CHAPITRE II.

SOMMAIRE.

État du Parlement. — Priviléges des charges. — Gages et épices. — Conditions d'admission. — Examen des récipiendiaires. — Serment après réception.

A travers les vicissitudes politiques qui dans les différents troubles restreignirent ou agrandirent le Parlement, le personnel de ce Corps présenta dans sa composition l'état suivant, qui lui fut le plus longtemps propre et subsista presque jusqu'à sa chute : un Premier Président, neuf présidents à mortier, deux chevaliers d'honneur, un conseiller-né, l'abbé de Cîteaux, soixante et treize conseillers, dont six clercs, les gens du Roi, les greffiers en chef et ordinaires, quinze huissiers à verge, y compris le premier huissier, et six huissiers aux Requêtes du Palais (1). Ces charges différentes se divisaient,

(1) Voir les noms et titres de ses membres, publiés par Palliot et continués par Petitot depuis 1649 jusqu'à 1733. Ce travail, plus instructif pour les familles que pour l'histoire de la Compagnie, avait coûté au premier de ces auteurs six années de recherches. Le Parlement lui accorda pour indemnité 800 livres de récompense. (Registre du 14 août 1649.) L'étude que l'on peut faire de tout ce qui se rapporte à ce Corps laisse entrevoir dans cette nomenclature un

pour les magistrats, dans une proportion égale entre les Chambres, à l'exception de celle des Requêtes du Palais réduite au nombre de douze membres, dont deux faisaient fonctions de Président et en portaient le titre joint à celui de conseiller.

Le Parquet se composait de deux avocats généraux, d'un procureur général et de huit substituts; le greffe, d'un greffier des présentations, d'un des affirmations et de cinq commis, depuis la suppression de la charge de greffier en chef, fonction importante qui fut rachetée, comme on le verra plus tard, par la Compagnie. Le barreau compta rarement moins de cent membres, et les procureurs jusqu'à quatre-vingts offices, chiffre qui varia, suivant les temps et les réformes dont cette dernière communauté fut à différentes fois l'objet à cause de ses exactions.

Ajoutons au même Corps, dont elle faisait partie accessoire, la Chancellerie tout entière composée, comme nous l'avons dit, outre un conseiller garde des sceaux choisi dans le Parlement, de secrétaires du Roi et d'officiers de toute sorte créés pour ce service.

Les magistrats pourvus des charges que l'on vient de désigner formaient : pour les Présidents et conseillers, l'assemblée générale des Chambres, y compris

silence convenu ou des louanges exagérées par la mission officielle confiée à des écrivains qui composèrent leurs ouvrages sous sa surveillance. La suite qu'en a donnée en 1851 M. Sauvage des Marches a été empruntée principalement aux documents fournis par les familles elles-mêmes intéressées à ce travail. Malgré la bonne foi de l'auteur, on ne peut accorder à ce supplément, d'ailleurs utile, qu'une confiance relative qui laisse le champ libre à la critique.

certains personnages jouissant du droit d'entrée dans la Compagnie, lequel appartenait au Roi, aux Princes du sang et aux grands dignitaires de l'Eglise et de l'Etat.

Mais, pour devenir aussi considérable, le Corps avait eu à soutenir des luttes fréquentes qui menacèrent plus d'une fois son existence et le nombre des charges qui en étaient le fondement. Des vicissitudes domestiques vinrent ajouter encore à ces alternatives de grandeur. A peine établi par Louis XI, il avait été, comme on l'a vu, interdit par Charles VIII et rétabli presque aussitôt. La Ligue fut pour lui le temps des plus rudes épreuves et des plus nombreuses. On dira ses déchirements à cette époque de notre histoire où il se divisa en deux fractions ennemies luttant entre elles à coups d'arrêts, suivant la loi du plus fort. Tel avait été, après ces troubles, l'aveuglement de ses membres, qu'ils étaient allés jusqu'à demander leur translation dans une autre ville, « Dijon, suivant eux, étant indigne de posséder une si grande Compagnie. » La Fronde, dont ce Corps fut un des principaux appuis, fit éclater plus tard contre lui les mécontentements de Mazarin. Dompté par Louis XIV, il se montrera d'autant plus exigeant sous son successeur, qui finira par le transformer jusqu'à ne lui laisser que l'ombre de sa puissance, sans qu'il conserve le regret de ses fautes dont le malheur ne l'aura pas corrigé, et qui, renouvelées sous un Prince débonnaire, hâteront le moment de sa chute. Toutes ces vicissitudes devaient réagir sur son organisation intérieure, et en diminuer les garanties.

Nous ne citons que pour mémoire le séjour momentané du Parlement dans les autres parties du ressort pour cause de peste ou de contagion, si fréquentes pendant les XVIe et XVIIe siècles; déplacements qui furent l'effet de la nécessité plutôt que des circonstances politiques, bien que celles-ci y servissent parfois de prétexte. On verra qu'il fut interdit en 1637, pour refus d'enregistrement des édits du Roi touchant les fortifications, aux frais desquelles il n'avait pas voulu participer malgré le plus éminent péril qui eût jamais menacé la province. Rétabli bientôt et interdit de nouveau pour refus de taxes qui portaient cette fois sur des choses indispensables à la vie, ce corps fera changer en sympathies pour lui les fureurs d'une multitude que sa première conduite avait irritée; ce qui occasionnera, par les ordres de la Cour, l'incarcération de plusieurs de ses membres.

Toutes ces rigueurs, jointes aux alternatives de fortune que nous venons de rappeler, avaient amené le discrédit et la variation dans les offices, tour à tour accrus ou restreints jusqu'à l'excès au gré du pouvoir et des événements. Elles furent aussi le premier exemple de celles qu'on allait lui infliger par la suite, lorsque ses résistances s'augmentèrent à mesure qu'il s'éloigna de son origine. Le règne de Louis XIV et les révolutions parlementaires qui suivirent sous ses successeurs en devaient fournir d'autres preuves à l'histoire; parmi lesquelles il faut compter, outre la suppression de privilèges importants, celle de ces charges dont on décria la valeur en attendant qu'elles fussent anéanties, ainsi qu'il arriva à la chute du Corps vers la fin du dernier siècle.

De tels priviléges avaient été considérables. Nous en rapporterons les plus importants, lesquels, avec les gages et les épices, formèrent la valeur réelle des offices de judicature, qui ne fut elle-même que la conséquence de leur perpétuité et du droit de les aliéner à prix d'argent, droit proclamé depuis par l'Etat pour les besoins des finances. Cette faculté fut aussi absolue que possible. Sauf le contrôle dont nous allons parler de la part du Corps dans les réceptions des candidats, les lettres-patentes qui consacraient la transmission ne furent elles-mêmes qu'une forme obligée qui ne remédia à aucun abus. Jusqu'au sein du grand règne un chancelier célèbre, Pontchartrain, avait proclamé très haut : « *Que les charges étaient patrimoniales et constituaient le principal bien des familles, l'abus dans les choix des successeurs étant un mal sans remède* (1). » Toutefois, le prix de ces hautes fonctions n'était point demeuré arbitraire et fut toujours réglé par le Souverain suivant les temps et la faveur. Sous le même règne, une déclaration du 17 septembre 1665 les avait ainsi fixées : celles des Présidents à mortier à 120,000 livres; celles des Présidents aux Requêtes à 80,000 livres; celles des chevaliers d'honneur à 60,000 livres; celles des conseillers laïques à 66,000 livres; celles des conseillers clercs à 52,000 livres; celles des avocats généraux au même taux, et celle du procureur général à 120,000 livres. Depuis cette époque ces tarifs ne furent guère dépassés, mais le plus

(1) *Correspondance administrative sous le règne de Louis XIV*, publiée par les soins de l'Etat.

souvent réduits suivant les crises que les Cours souveraines eurent à traverser.

Après la vénalité, le plus utile de tous les droits comme le plus dangereux, d'autres avantages étaient venus accroître l'importance des charges. En 1557, Henri II avait déclaré les membres du Parlement affranchis de ban et d'arrière-ban, c'est-à-dire de tout service militaire pour eux et leurs fiefs. Ils furent aussi dispensés de loger les gens de guerre et *la suite du Roi* dans leur résidence et dans toutes leurs terres, ainsi que de tous impôts, subsides, tailles et gabelles, droits sur le sel, jusques et y compris ceux établis pour le péage et l'*entrage* des vins dans la ville de Dijon, soit qu'ils provinssent de leurs héritages ou de ceux de leurs familles favorisées de la même exemption.

Dans l'ordre canonique, ils obtinrent ce qu'on appelait le droit d'*indult*, accordé par les Papes à tous les Parlements du Royaume, et qui consistait dans la faculté de conférer directement des bénéfices, avec dispense spéciale de résider en faveur des conseillers clercs qui pourraient en être investis, et qui ne jouissaient pas auparavant de cette grâce.

Tous, sans distinction, étaient exempts des droits seigneuriaux, tant en achetant qu'en vendant, ainsi que de la prestation de l'hommage en personne pour les fiefs dont ils étaient possesseurs.

Une de leurs prérogatives principales fut, outre le droit de ne pouvoir être jugés que par le Parlement en Corps, celui d'être affranchis de toute instruction personnelle devant quelque juge que ce pût être, à cause de cette maxime admise au Palais, « que la plume devait tomber des mains des officiers de justice à l'instant où l'un de ses membres venait à être impliqué dans une procédure, fût-ce dans le cours d'une déposition, interrogatoire ou plaidoirie; cas auquel le juge même délégué devait surseoir sous peine de forfaiture. » Nous avons vu qu'ils avaient, pour leurs procès personnels, un autre avantage dans le droit de *committimus* qui les rendait justiciables des Requêtes du Palais, annexe secondaire de leur propre Corps, et qui formait une juridiction particulière.

Leur parole avait de plus, dans les actes, une autorité suprême qui ne souffrait pas de contradiction pour ce qu'ils soutenaient avoir vu ou fait dans l'exercice de leurs charges, suivant l'adage reçu : *Faciunt per se probationem probatam.*

Par une concession des Souverains Pontifes, l'excommunication ne pouvait les atteindre comme représentant la personne du Roi dans le gouvernement de la justice et l'exercice de son ministère (1).

Ils n'étaient pas assujettis à certaines obligations nées de la famille ou de l'alliance, et ce fut par ce motif qu'ils se firent le plus souvent dispenser des tutelles et autres charges de ce genre.

Appelés à déposer en justice, défense leur était faite d'obtempérer à ce mandement sans la permission de leur Compagnie, accordée en assemblée générale (2).

(1) Voir les bulles des papes Grégoire VIII, IX, X et XI ; Clément IV, Urbain V et Benoit XII.

(2) Voir la délibération du 11 février 1556.

Enfin, si leurs maisons n'étaient pas, comme dans d'autres ressorts, un lieu de franchise et d'asile, l'accès du Palais où se rendait la justice était défendu à toutes personnes publiques autres que ses officiers; de même que les délits qui s'y commettaient recevaient du Parlement une répression exemplaire et qui se montra souvent excessive.

La noblesse fut un des principaux priviléges des membres de ce grand Corps, comme, depuis qu'il a cessé d'exister, elle est demeurée l'héritage des familles qui en tirent leur nom. Mais, à la différence de la noblesse de race ou d'épée, qui s'en éloigna presque constamment en refusant d'y acquérir des charges, celles-ci procurèrent dès l'origine et sous certaines conditions l'anoblissement à ceux qui les avaient achetées, sans que la manière dont ils les avaient remplies dût être consultée dans la consécration d'une faveur qui allait réfléchir sur leur descendance (1). En Bourgogne, plus que dans d'autres ressorts, la foule des gens de robe de divers rangs se précipita avec ardeur durant trois siècles pour les obtenir, et forma, à peu d'exceptions près, le personnel du Parlement. De leur côté, et pour ne pas y être confondus, les gens de qualité qui s'y trouvèrent, en faible nombre, ne manquèrent pas, sauf dans les arrêts et délibérations, de se parer de leurs titres non usurpés ni attachés à des seigneuries comme la roture

(1) Cette transmission était subordonnée à l'exercice de la charge par le titulaire pendant vingt ans, après avoir obtenu au bout de ce temps des lettres de vétérance, à moins qu'il ne fût mort en la possédant.

en possédait alors, ce qui ne conférait pas ces distinctions que la Compagnie n'eût pas souffertes. Les nomenclatures, publiées sous son contrôle (1), du mouvement dans les charges firent seules autorité en cette matière. Les femmes, héritières de pères titrés, n'eurent pas davantage le droit de recueillir et de transmettre ces titres à leurs maris et descendants mâles; la maxime que le *ventre anoblit* n'ayant jamais été admise en Bourgogne.

Mais des priviléges si considérables ne furent pas les seuls qui eussent été attribués par les ordonnances à ces Compagnies. A côté de ces droits, il faut placer en premier ordre les gages et épices, bénéfices plus directs qui vinrent accroître la valeur des charges suivant le rang ou le travail de leurs possesseurs, et qui, par un privilége de plus, restèrent insaisissables. Les gages payés en argent, à quotité fixée d'avance, et par cela même plus digne des services rendus, avaient précédé les épices, qui n'étaient, sous forme d'équité, qu'un présent obligé et réglé après coup. Ces gages si préférables venaient dans cette province de la juridiction des Grands-Jours, et Louis XI ne fit que le maintenir lors de l'institution du Parlement, où ils continuèrent à subsister longtemps.

C'était d'ailleurs une règle établie en ce Parlement que nul membre du Corps ne pût être soldé de sa finance, sans constatation faite qu'il avait accompli son service. De là est venu, pour nos tribunaux, l'usage du registre de *pointe,* fondé sur le même principe de.

(1) Voir l'ouvrage de Palliot et celui de Petitot, son continuateur.

l'exactitude dans les fonctions, et qui était déjà pratiqué sous les Ducs pour la bonne administration de la justice pendant la tenue des Grands-Jours.

Mais quelle fut en Bourgogne la quotité de ces gages attachés aux offices du Parlement? Sous le règne de Charles IX, leur montant s'élevait pour toute la Compagnie à 17,789 livres 3 sols 9 deniers; ce qui, par l'état comparé du Parlement et des valeurs à cette époque, peut donner l'idée de la rétribution des magistrats au XVIe siècle. Auparavant, et dès la création du Corps, on les trouve répartis par unité entre les différentes charges, en indiquant leur quotité respective (1); sans qu'on puisse dire ce qu'ils devinrent depuis, ni à quelle époque fixe de l'histoire de cette Compagnie ils furent supprimés.

Les épices, plus nouvelles quoique d'origine plus an-

(1) Sous le règne de Charles VIII, savoir : au Premier Président, 1,150 livres tournois par an ; au second président, 750 ; à chaque conseiller clerc, 15 sols parisis par jour ; à chaque conseiller laïque, 20 ; et au greffier 300 livres tournois par an. Ces gages suivirent, selon les temps, la valeur progressive du numéraire. On voit au XVIe siècle les Premiers Présidents Fournier, Patarin et Baillet se plaindre de l'insuffisance de ces gages et les faire porter pour leur charge à 1,500 livres. (Voir aux Archives la déclaration du Roi, du 18 mars 1571, qui rappelle ces faits.) Ces gages s'élevèrent successivement jusqu'à 24,000, qui était ici en dernier lieu la rémunération de cette haute dignité, et quand depuis longtemps ils avaient été, sauf pour les présidents à mortier, supprimés dans notre Parlement.

Au XVIIe siècle, leur état, qui varia plus d'une fois, fut déterminé en Bourgogne ainsi qu'il suit : au Premier Président, 6,000 livres; à chacun des autres présidents, 3,000 livres; à chacun des conseillers, 1,500 livres; à chacun des avocats généraux, 2,000 livres; au procureur général, 3,000 livres ; à chacun des substituts, 600 livres; au greffier civil, 1,600 livres ; au greffier criminel, 500 livres ; au greffier des présentations, 400 livres; au contrôleur des greffes, 400 livres; à cha-

cienne (1), furent cumulées longtemps avec les gages, bien que remplissant la même destination sous une forme différente. Elles n'avaient été, dans leur acception primitive, qu'un présent d'usage offert par les parties aux juges, et qu'on avait longtemps toléré en France par l'insuffisance des salaires jointe au relâchement de la discipline. L'abus était criant; mais les ordonnances, à la place d'une réforme salutaire, composèrent avec le mal au lieu de l'anéantir, et la maxime d'autrefois que *le juge aime mieux l'or que les dragées*, devint, sous prétexte que la justice devait être payée par les plaideurs, la règle suivie comme rémunération surtout du travail des rapporteurs, la classe la plus fatiguée comme la plus capable du Palais (2).

cun des maîtres clercs, d'audience, criminel, et du Conseil, 150 livres; à chacun des notaires et secrétaires de ladite Cour, 350 livres; au premier huissier, 300 livres; à chacun des autres huissiers, 50 livres; aux receveur et contrôleur des consignations, chacun 600 livres; à chacun des payeurs des gages et receveurs des amendes, 1,000 livres; à chaque contrôleur desdits payeurs, 600 livres; au concierge garde-meuble, 200 livres, et au concierge-garde des prisons, 100 livres. Le tout payable de quartier en quartier et sous déductions, pour les magistrats, de leur droit annuel payable à part ou le soixantième denier de l'évaluation de leurs offices, transmissibles à prix d'argent, à cette condition.

(1) « On en trouve la trace, dit la Roche-Flavin, dans les lois des Visigoths. »

(2) Cette répartition équitable n'empêcha pas les récriminations des plaideurs. On avait fait à Paris cette plaisanterie rimée à propos de l'incendie du Palais de justice arrivé en 1611 :

Certes, ce fut un triste jeu,
Quand à Paris dame Justice,
Pour avoir mangé trop d'épice,
Se mit tout le palais en feu.

Nous préférons cette boutade de saint Simon, qui écrivait des vieillards conseillers à la Grand'Chambre que « ils aimaient trop les sacs. »

Nul autre d'ailleurs que les greffiers ou leurs clercs, à cause de la dignité du magistrat, n'était admis à en toucher le montant, après qu'il avait été réglé par une mention apposée au bas de l'arrêt, de la main même de celui auquel cette taxe était due. C'est ainsi que les épices demeurèrent proportionnées à l'importance des affaires, sauf au temps du Parlement Maupeou, où elles furent remplacées par un traitement fixe, la règle observée jusqu'à la fin ayant survécu aux gages qui les avaient précédées. Entre plusieurs édits qui leur servirent de règle, on peut citer celui où la moitié des épices était acquise au rapporteur, et le surplus partageable entre les autres membres (1). Sous Louis XIV, un nom

(1) On trouve encore au Registre du 9 août 1677 un règlement sur cette matière, par lequel on devait les partager entre tous les conseillers dans des proportions différentes suivant l'ancienneté, en distinguant ceux-ci par tiers : Messieurs les *anciens*, Messieurs du *milieu*, Messieurs les *derniers*, ainsi que son préambule le porte, ce qui prouve que le mode de répartition avait varié.

Voici les dispositions essentielles de cet acte qui a fait longtemps la loi.

« Art. 1er. Il sera fait une masse de toutes les vacations et épices, tant de l'ordinaire que de l'extraordinaire.

. . . .

« Art. 4. Le partage sera fait en quatre-vingt-dix parts égales, dont M. le doyen aura trois parts; Messieurs les vingt-quatre qui suivent immédiatement, chacun deux parts; les dix-huit suivants, chacun une part et trois quarts ; les six après, chacun une part et demie; les quatre après les six, chacun une part; les cinq après, chacun trois quarts de part; les deux suivants chacun un quart et demi-quart de part; et les quatre derniers, chacun un quart de part.

« Art. 5. Ceux de Messieurs les conseillers qui n'auront pas fait au moins six entrées consécutives à l'ordinaire pendant la tenue d'un des cinq départements à l'autre, excepté les malades à la ville et ceux qui iront à la cour ou ailleurs comme députés, n'auront aucune part utile dans lesdites épices, conformément au règlement du 28 juin

qui fait autorité en toute matière, Bossuet, les avait durement flétris (1). Mais l'intérêt l'emporta sur la considération, et devint une nécessité plus forte que l'opinion quand les gages eux-mêmes avaient disparu.

En présence de ces privilèges réunis, c'est donc une grave erreur d'affirmer, ainsi que l'a fait un auteur contemporain, que « les offices aux Parlements furent purement onéreux à leurs possesseurs. » Outre les gages et les épices, les exemptions pour eux et leurs descendants de toutes les charges publiques, résultant de la noblesse acquise par des familles assujetties à ces dettes, n'eussent-elles pas suffi pour satisfaire la cupidité de traitants

1614, et leurs parts seront distribuées entre les autres suivant les proportions ci-dessus.

. . . .

« Art. 10. Ceux de Messieurs qui quitteront leurs charges, ni leurs veuves et héritiers n'auront aucune part dans les épices payées depuis qu'ils ne seront plus en la Compagnie, nonobstant qu'elles proviennent des arrêts rendus pendant le temps qu'ils y étaient, sinon que les épices fussent payées pendant les trois années prochaines seulement et qu'il y en eut au moins de cinq cents écus payés en un an..... »

Déjà, avant la chute du Corps, les gages avaient cessé d'être attribués aux conseillers du Parlement. Le seul usage fort ancien, constaté par une délibération du 10 février 1510, de distribuer à chacun d'eux quatre livres de bougie par an, s'était maintenu jusqu'à la fin par respect pour une vieille coutume. (Voir au Registre de ladite année.)

(1) Voir le *Discours sur l'Histoire universelle*, où il dit sur la manière dont la justice était rendue dans l'antique Egypte : « On était accoutumé à ne voir dans les juges que les plus honnêtes gens du pays et les plus graves. Le prince leur assignait certains revenus, afin qu'affranchis des embarras domestiques, ils *pussent* donner tout leur temps à faire observer les lois. *Ils ne tiraient rien des procès, et on ne s'était pas encore avisé de faire un métier de la justice.* On y craignait la fausse éloquence qui éblouit les esprits et émeut les passions. La vérité ne pouvait être expliquée d'une manière trop sèche..... (3e partie, les Empires, chapitre III.)

bourgeois, qui firent pénétrer dans le Corps l'esprit étroit d'un patriciat intéressé? Combien de fautes ces Compagnies n'auraient pas commises sans la question toujours renaissante de la dépréciation des offices, éternel sujet de leurs plaintes? Ce fut là, il faut le dire, la plaie toujours saignante de l'intérêt privé aux prises avec le devoir.

Tant de faveurs à la fois devaient, à défaut d'aptitude, trouver un frein dans la sévérité des admissions. Nous allons voir qu'il n'en arriva pas ainsi, et que la liberté de trafiquer de toutes les charges devint bientôt pour leurs possesseurs la règle absolue. Mode vicieux resté sans remède, qui avait lui-même succédé à d'autres, et à côté duquel, malgré ses abus, il serait injuste de ne pas signaler l'esprit de famille, qui atténua le mal sans le faire cesser, et dont nous parlerons en son lieu (1).

Au milieu de ces choses le respect pour les vieilles coutumes n'avait pas chez une nation susceptible diminué les répugnances contre un pouvoir acquis à prix d'or, et qui donnait aux titulaires le droit de disposer des biens, de la liberté, de l'honneur et de la vie de chacun. Dès l'origine, ce sentiment public protesta contre la vénalité des charges, et deviendra le premier cri de guerre que poussera le peuple contre les Parlements au jour venu de leur chute. Née de la détresse des finances, cette faculté exorbitante avait été, dans son application, un expédient plutôt qu'une institution réfléchie. Qu'arriva-t-il? Depuis

(1) On peut voir, dans le sens de la vénalité des charges préférée au choix, à cause des abus de la faveur, le *Testament politique* du cardinal de Richelieu.

Louis XI, qui avait établi la perpétuité des offices de judicature, sauf les cas de forfaiture jugée, jusqu'à François Ier, qui les rendit vénaux pour subvenir aux frais de la guerre du Milanais, le mal avait empiré jusqu'à se convertir en un droit dont Charles IX avait reconnu l'existence, au point d'autoriser les héritiers des possesseurs à disposer des charges comme ceux-ci auraient pu le faire eux-mêmes. Trafic inouï que l'avocat général Séguier ne craignit pas d'appeler plus tard, dans un lit de justice resté célèbre, « la loi immuable de la propriété jointe à la loi politique de l'inamovibilité. » Vainement Henri III tenta-t-il d'y remédier en abolissant la vénalité elle-même ; le serment fameux, connu sous la rubrique *de pecunia non numerata,* qu'il exigea des nouveaux possesseurs d'office, n'avait apporté aucun remède à un abus qui trouva son appui dans le parjure et des mœurs corrompues. Enfin, et comme dernier essai, l'édit de *la Paulette*, porté par Henri IV, n'avait pas abouti davantage (1). Les habitudes de trafic sur les charges continuèrent jusqu'à s'étendre à celles réservées dans les Parlements aux officiers du Prince, réduit à se faire représenter par des hommes qui en achetaient le droit à prix d'or (2).

(1) La *Paulette* était un droit annuel que les officiers de justice étaient obligés de payer au Roi pour donner l'hérédité de leurs charges et transmettre à leurs héritiers le droit de nommer qui ils voudraient pour en être pourvus; il était du soixantième vendu du prix de la charge, arrêté au conseil du Roi. Du reste l'édit qui fonda ce droit admettait que l'office pût être transmis par *résignation* au bénéfice de qui que ce fût.

(2) Voir, dans le *Journal des Affiches de Dijon* au XVIIIe siècle, la

Ces inconvénients étaient manifestes; mais furent-ils balancés par les conditions d'aptitude que les ordonnances avaient établies? C'est ce qui nous reste à examiner.

Après le titre de gradué suivi de la fréquentation du Palais pendant deux ans (1), la première des garanties promises avait été celle de l'âge, qui fut bientôt méconnue par l'abus croissant des dispenses dont le nombre dépassa tellement la règle que celle-ci finit par ne plus être observée. Ces dispenses accordées par le Roi aux magistrats qui n'avaient pas les trente années requises pour être présidents ou procureurs généraux, ou qui avaient moins de vingt-cinq ans pour être conseillers, âges portés depuis par les ordonnances à quarante ans pour les présidents, et à vingt-sept pour les conseillers, avaient fait admettre en cette qualité des mineurs de seize ans, auxquels la loi refusait le droit de se gouverner eux-mêmes, et qui, pour éviter cette anomalie choquante, se trouvaient relevés de la puissance paternelle. Privilége inouï qui les appelait à délibérer dans les causes dont ils étaient rapporteurs, en les plaçant au même rang que des vieillards pleins de sagesse.

Ces exceptions avaient été presque aussi anciennes que la règle et n'attendirent pas, pour se produire, le temps de la décadence du Corps. Dès le règne de

vente annoncée de toutes ces charges aux études des notaires, avec les priviléges et bénéfices qui y étaient attachés, le nom des possesseurs, les conditions de la vente, et jusqu'au mode, approprié à ces délivrances, de l'usage des enchères publiques. (Bibliothèque de la ville.)

(1) Edit de 1679, art. 16.

Charles IX, et malgré les défenses expresses portées par l'édit de Henri II du mois d'avril 1550, qui détermina à vingt-cinq ans l'âge des conseillers, on avait vu André Fremiot pourvu de l'office de son père, bien qu'il ne fût âgé que de seize ans (1). Le président Gagne n'avait que vingt-cinq ans quand il reçut le mortier (2). Un autre magistrat du même nom avait obtenu la même faveur (3). Bernard de Sassenay, Bénigne Legouz et Philibert Verchère entrèrent en 1704, 1706 et 1714 dans la Compagnie par la même voie et avec dispense du temps pour opiner, laquelle leur fut accordée par des lettres à part. Vainement Louis XIV avait-il, dès 1661, renouvelé sur ce point la sévérité des anciennes ordonnances, en exigeant de plus, pour les Présidents à mortier, qu'ils eussent exercé pendant dix ans au moins comme officiers de Cours souveraines; les dispenses étaient devenues tellement communes, qu'on pouvait compter les refus (4).

(1) 1er juin 1563.
(2) 27 mai 1715.
(3) 24 septembre 1711.
(4) Sur quoi un auteur bourguignon écrivait dès l'année 1550 :

Temporibus priscis ad nos defluxerat ordo
Ille, senum recta est Gallia conciliis.
Soli jura senes Francis incanaque menta
Reddebant; habuit nil juvenile forum.
Publica res etenim melius committitur illis
Qui pertractatas res habuere magis.
Hinc foris atque domi viguit res Franca; beata hæc
Tempora et auratis nonnisi digna notis.
Conspicua ordinibus certis, respublica nunquam
Admisit juvenes in loca vota seni.
Nunc vero antiquam mutarunt tempora formam :
Cernimus, heu ! pueros sede sedere patrum.
Cernimus imberbes auro in subsellia vectos,
Cumque sene haud pudor est conseruisse latus.
Quid tandem inde putas, quid, San Juliane, futurum ?
Accipe veridicam et dicere crede Themin.
Jura dedere senes, juvenes juvenilia vendent,
Quique senatus erat, nunc juvenatus erit.

(SAINT-JULIEN DE BALEURE, *Orig. des Bourg.*, p. 180, ch. 33.)

Nous verrons vers la fin du XVIIIe siècle à quels abus criants ces faveurs étaient descendues, alors que tarifées de tout temps par des règlements royaux, l'intérêt du fisc était de les prodiguer.

Le droit d'examen sérieusement observé eût pu obvier à ces désordres; mais il ne tarda pas à dégénérer lui-même en une vaine formule. L'information sur les mœurs, l'aptitude et la religion des candidats, qui le précédait et en formait la garantie, avait été confiée dans l'origine à la Grand'Chambre, qui faisait examiner ceux-ci par une commission choisie dans son sein pour tous les officiers du Corps, ou par délégation aux Enquêtes pour les simples officiers des bailliages, sur l'admission desquels elle prononçait ensuite à vue des rapports.

Mais, à côté de quelques épurations louables, ces informations sur les mœurs et la religion des candidats, qui tendaient, comme au temps de la Ligue, à éloigner du Parlement des membres suspects d'hérésie, avaient laissé admettre dans son sein, à cause de leur zèle affecté pour la foi, des existences dissipées, sinon des hommes corrompus, comme on en vit dans d'autres Cours souveraines où le sentiment de l'honneur était demeuré moins profond. Or, le moyen de résister, pour quelques écarts de conduite, à des influences parasites

Ce jugement s'est reproduit depuis en d'autres termes dans une lettre écrite au XVIIe siècle à Mazarin par le Premier Président Brulart. On y lit que ce magistrat, de retour de son exil, se plaignait lui-même de cette *jeunesse pourprée* à laquelle il attribuait tous les maux de sa Compagnie. (Voir sa *Correspondance*, tom. I, Let. CXXIII et suivantes.)

telles que la crainte de déshonorer les familles par un refus, quand ces familles appartenaient le plus souvent au Parlement lui-même, qui avait à se défendre de ces entraînements?

Toutefois le courage de remplir un tel devoir ne lui manqua pas toujours. L'histoire municipale de Dijon en offre un mémorable exemple dans le refus qu'il fit d'admettre parmi ses membres le maire La Verne, à cause du crime dont il était chargé, et cela au plus grand déclin de la Compagnie. Mais il y avait loin de ces répugnances, fondées sur des reproches capitaux, à ces délicatesses professionnelles dont la personne du candidat, ses mœurs et son intégrité domestiques formaient la garantie, et sur lesquelles on ferma trop souvent les yeux, dans un Corps nombreux où l'intrigue eut toujours plus d'empire que la règle, quand celle-ci était subordonnée à des appréciations arbitraires.

Ces dangers pouvaient s'appliquer au droit d'examen dont nous allons parler, et qui aboutit moins encore que l'information prise sur la religion et les mœurs des candidats, la plus importante des garanties. Outre ces empêchements, on en comptait de personnels résultant de la famille, de l'origine et des infirmités de corps ou d'esprit, que les règlements avaient en partie empruntés aux traditions ecclésiastiques, comme pour montrer, par ces assimilations, les rapports de la justice et du sacerdoce. Ni les furieux, *quod mente et judicio careant;* ni les personnes engagées dans les ordres sacrés autres que les conseillers clercs, par la défense des Canons ; ni les personnes viles ou abjectes, ni les hérétiques, ni les juifs, ni les enfants de prêtres, ni les bâtards, ni les marchands, ce qui ne s'entendait que du petit commerce, de même que ceux privés du gouvernement de leurs affaires, ne pouvaient être reçus et étaient repoussés par ces seuls empêchements.

A ces obstacles près, et malgré la volonté souvent manifestée du Corps d'exiger, pour arriver jusqu'à lui, des services héréditaires dans les magistratures du ressort (1), on ne demandait ni la richesse, quoi qu'il fût de bienséance de posséder une existence honorable, et qu'en cette province la fortune de presque tous les magistrats du Parlement fût considérable; ni la noblesse, puisque l'acquisition des charges était une des voies ouvertes pour y parvenir; ni même une éducation patricienne, par les exemples déjà cités de l'admission dans son sein d'une foule de simples gradués ou de magistrats municipaux dont les noms se confondirent bientôt avec l'origine dans des prétentions pleines d'orgueil.

Le droit d'examen plus absolu ne corrigea point des abus si invétérés; nous allons voir, au contraire, que confié aux mêmes hommes il ne servit qu'à les rendre plus frappants. Ces examens n'avaient point été connus des anciens Parlements, composés de princes, barons et pré-

(1) La Chambre des comptes en particulier, en dépit de ses prétentions d'égalité avec le Parlement, devint pour beaucoup de familles un lieu d'attente, et comme un degré pour arriver dans cette Compagnie. L'orgueil de celle-ci en profita jusqu'à faire de cet aveu d'infériorité un préliminaire obligé dont la faveur dispensa souvent. On pourra consulter, comme preuve de ces changements, la liste du mouvement dans les charges des Comptes de Bourgogne, la plus ancienne des deux juridictions souveraines et entre lesquelles, malgré la différence des études et des affaires, les choses se passèrent comme on vient de le dire.

lats qui n'y figurèrent qu'à cause des rangs, honneurs et dignités, qu'ils tenaient dans la noblesse ou dans l'église, et non point encore pour leur doctrine ou leur capacité particulière. Ils n'existaient pas davantage aux Parlements ambulatoires, lesquels étaient composés d'un petit nombre de personnes choisies. Ils furent ignorés enfin à cette époque de nos annales où ces Corps étaient devenus sédentaires et constitués en cours souveraines, avec le droit de présentation aux offices vacants, qui fut pratiqué d'abord dans ce Parlement (1), où des élections ainsi faites réfléchissaient un esprit différent de celui que la vénalité y introduisit dans la suite.

Mais ces temps étaient ceux de l'âge d'or, et, le trafic une fois établi sur les charges, il fallut bien consulter autre chose que des choix libres, là où l'argent devenait la loi suprême des transmissions. C'est ainsi que, par une innovation capitale, le droit d'examen était sorti d'un mal dont il était devenu le seul remède.

Toutefois, une institution aussi salutaire manqua bientôt de ce qui pouvait la conserver intacte, le préservatif des examinateurs et du Corps entier contre d'inévitables faiblesses. Or, avant de dire ce qu'elle était devenue dans cette province, voyons ce qu'elle devait être dans la rigueur des prescriptions établies pour tous les Parlements.

(1) On lit au Registre-Table des délibérations de cette Compagnie, année 1510 : « Nomination faite par la Cour de deux gradués pour remplacer un conseiller laïque décédé par celui des deux qu'il plaira au Roi de pourvoir, selon qu'il est d'usage. » (Bibliothèque de la Cour impériale.)

Après l'édit de mars 1498, bien antérieur à la vénalité des offices, et qui voulait que le sujet nommé par le Roi *proprio motu* fût examiné néanmoins et le Roi averti en cas de refus, l'ordonnance de Moulins du mois d'août 1546 avait posé comme règle, que nul ne fût reçu président ou conseiller dans un Parlement sans information préalable de ses vie et mœurs, et sans qu'il eût été procédé à son examen, toutes les Chambres assemblées, *à la fortuite ouverture des livres* sur chacun des volumes du droit, puis ensuite sur la pratique. Elle voulait de plus que, les opinions recueillies, aucun ne pût être admis qu'il ne réunît *les quatre parts des voix dont les cinq étaient le tout* (ce qui signifiait les quatre cinquièmes des suffrages exprimés) ; cet examen s'accomplissait en présence des avocats et procureurs généraux du Roi, gardiens préposés de la règle.

Mais une loi si nécessaire n'avait pas prévalu longtemps, et l'on jugera des abus qui l'anéantirent dès l'origine par le soin que prit, d'après Brantôme, le chancelier de Lhospital de s'assurer, en les interrogeant lui-même, de la capacité des nouveaux pourvus de titres. Détruite bientôt par la faveur, on la trouve méconnue ou travestie dans tous les Parlements ou dans le plus grand nombre. Le savant auteur de l'Histoire du Parlement de Normandie (1) cite le fait d'un ignorant reçu dans ces temps reculés malgré l'opposition des gens du Roi, qui avaient offert de prouver *qu'il n'avait droit ni littérature, ne savait pas même lire Bible en latin, sans compter qu'il*

(1) M. Floquet.

avait joué scènes mimiques sur les échafauds, ce qui était noté dans l'opinion de plusieurs. La Roche Flavin, conseiller au Parlement de Toulouse et président aux Requêtes du Palais, qui vivait à une époque rapprochée de ces désordres, en atteste l'existence (1). Nous allons voir que malgré les grands noms qui illustrèrent le Parlement de Bourgogne, cette Compagnie ne sut pas s'en garantir.

Vingt années après l'ordonnance qui avait créé la règle, Charles IX réduisit, par son édit de 1566, aux deux tiers au lieu des quatre cinquièmes, le nombre de voix nécessaires aux admissions, à condition qu'il ne serait accordé désormais aucun délai aux récipiendaires pour répondre, faculté qui leur avait appartenu d'abord. Henri III, son successeur, avait ajouté à ces facilités par un autre édit de 1579, qui se contenta de prescrire qu'il serait donné une loi au candidat, afin de pouvoir, au bout de trois jours, y répondre, ainsi que sur trois autres lois, *à la fortuite ouverture des livres du droit;* dernier acte de l'autorité souveraine, qui restreignait à ces conditions la forme des examens observée dans tous les Parlements, où elle subsista jusqu'à la chute de ces Compagnies.

Ajoutons qu'à côté de ces prescriptions dégénérées il était demeuré comme règle de rigueur qu'aucune af-

(1) Qu'arriva-t-il de cet ouvrage écrit par un de ses membres qui y avait consacré, comme il le dit lui-même dans sa dédicace, trente-six ans de sa vie ? Au lieu de réformer les abus, cette Compagnie déclara le livre *faux et calomniateur*, et ordonna qu'il serait lacéré par le greffier de la Cour (arrêt du 10 juin 1617) ; ce qui fut exécuté malgré les protestations de l'auteur, qui dut à sa seule dignité de n'être pas plus sévèrement puni.

faire du Palais ne fût traitée le jour de l'examen, lequel devait durer assez de temps pour que chacun des examinateurs pût questionner à sa guise et se déclarer satisfait de la suffisance du répondant. Ce terme avait été fixé, dans l'origine, à trois heures, que les récipiendaires consommaient en d'interminables harangues apprises de mémoire et qui restreignaient singulièrement le fond de l'examen. Plus tard enfin l'arbitraire diminua encore sa durée, ainsi qu'il l'avait fait, en commençant, pour le nombre des matières elles-mêmes.

Mais, une fois le candidat admis, il n'avait plus d'épreuve nouvelle à subir et devenait capable de tous les offices de magistrature, quels qu'ils fussent, sauf une information nouvelle sur sa religion et ses mœurs quand il venait à changer de ressort, chose insolite dans ces temps d'existences fixes. Cette obligation était d'ailleurs, aux Premiers Présidents près, commune à tous, et les gens du Roi n'en devinrent pas exempts, par la raison qu'acquérant, ainsi que les autres membres de la Cour, leurs charges à prix d'argent, ils devaient présenter les mêmes garanties.

Telle fut la règle suivie dans toute la France à cette époque; mais il sera curieux de faire connaître ce qu'elle était devenue en Bourgogne par l'effet des abus particuliers qui en avaient usurpé la place. D'abord, au lieu d'un examen sérieux fondé sur la saine interprétation des lois que le magistrat aurait à appliquer, on commença par épiloguer sur les mots et leurs étymologies différentes, mettant la scolastique au-dessus de la raison et l'ergoterie à la place d'une argumentation sensée, puisée dans la saine intelligence des lois romaines qui faisaient le fondement de ces épreuves. La première des lois exigées était tirée du *Digestum vetus ;* la seconde de l'*Infortiat ;* la troisième du *Digestum novum ;* et la quatrième enfin du *Code* et des *Décrétales*. Cette prédilection du temps pour les lois romaines au détriment du droit municipal, et quand les ordonnances n'indiquaient pas de rigueur les matières qui devaient être ainsi traitées, n'avait pas échappé aux réclamations des jurisconsultes, non plus qu'à la censure publique dans les mercuriales. Ces conseils ne furent point entendus, et on préféra à des épreuves sérieuses sur des matières usuelles ce labyrinthe des textes qui par l'ignorance commune laissait plus de prise à la faveur.

Jusqu'alors la lettre des édits avait été respectée ; mais qu'arriva-t-il ? Au lieu du tirage des matières au sort, qui était la garantie des examens, on commença par autoriser les répondants à choisir eux-mêmes leurs lois dans une page ouverte au hasard, en y comprenant les deux feuilles les plus rapprochées. Premier abus, qui dégénéra bientôt en un autre dont nous parlerons, et qui sera la dernière limite de ce qu'osa faire dans ces entreprises l'esprit de condescendance.

Déjà, avant de violer publiquement la règle, on avait débuté par l'exécuter sans courage, suivant des procédés aussi ingénieux que multipliés qui devaient concilier l'amour-propre avec l'intérêt des familles. Ces tempéraments aboutirent à compromettre davantage la dignité du Corps qui s'y était prêté, en l'amenant ensuite à des faveurs plus directes. C'est ainsi qu'au plus ignorant comme au moins capable, au lieu du refus qu'il avait mérité, on accordait un délai pour travailler encore, laissant à ceux qui savaient quelque chose la faculté de rapporter les affaires sans prendre part au jugement; ou que, par une faveur nouvelle qui n'admit bientôt plus de refus, on en reçut plusieurs à condition de n'opiner ni même de faire de rapport durant un an. Indulgence inouïe, de laquelle ceux-ci se rendirent rarement dignes, et dont, par un retour naturel, ils usèrent plus tard envers d'autres candidats aussi ignorants.

Ainsi disparaissaient peu à peu par l'oubli, sinon par le mépris des règles, les seules garanties de la justice souveraine dans la réception des hommes dont la fortune était le premier titre, mais dont la dépossession par un refus était chose difficile alors, si elle n'était pas devenue impossible.

Toutefois, ces abus n'avaient pas été si fréquents qu'ils n'eussent cédé devant des résistances courageuses qui avaient ramené la règle à des observations passagères. En partant du XVIe siècle, on voit Espiard refusé pour cause d'ignorance ou d'incapacité; presque dans le même temps, Mille ajourné pour la même cause; Moisson et Sayve reçus, mais à charge de travailler davantage; Ferrière renvoyé à fréquenter le barreau pendant un an; Jean de Saulx, chevalier d'honneur, admis à prendre rang à la condition de n'opiner qu'à vingt-cinq ans; Berbisey prorogé comme insuffisant (1); Bri-

(1) En 1577, et qu'il ne faut pas confondre avec le Premier Président de ce nom qui vécut au XVIIIe siècle.

gaudet refusé définitivement, malgré son âge; etc. Et, à côté de ces actes de justice contre les entrées dans la Compagnie, on en trouve d'autres envers les candidats des bailliages du ressort : de Ganay, agréé en 1568 comme procureur du roi à Autun, avec réserve de l'examiner de nouveau s'il se présentait pour un autre office; Montagu, reçu en 1572 en qualité de lieutenant particulier dans la même ville, à la charge de rester un an avant d'exercer; presque dans le même temps, le procureur du Roi d'Avallon admis à condition de communiquer avec l'avocat du Roi avant de conclure; Colin renvoyé à deux ans avant d'être reçu conseiller au bailliage d'Auxois; Mille refusé en 1594 comme conseiller en celui de la Montagne (Châtillon); un Montagu encore ajourné avant d'être admis en qualité de lieutenant général à Autun; et une foule d'autres.

Tous ces hommes étaient incapables et n'avaient pas même répondu, comme on le disait alors, *frigide* ou *frigidissime;* cas auxquels il y a lieu de croire qu'ils eussent été reçus sans réserve. Mais la faveur venant à croître à mesure que les études furent négligées, il fallut bien imaginer quelque expédient plus commode qui fît disparaître jusqu'à la trace des anciennes rigueurs. C'est ainsi que, sur la fin des temps, on avait substitué au tirage des matières *ad aperturam libri* la méthode nouvelle de placer dans une urne des lois choisies dont l'une devait être tirée au sort; ce qui parvint peu à peu à en faire diminuer le nombre au point qu'il n'en demeura plus que trois, connues de tout le Palais, et qui servirent indéfiniment aux interrogateurs et aux candidats. Ajoutez enfin que parfois on ajournait aux vacations l'examen de quelques récipiendaires incapables qui n'avaient pas osé se présenter auparavant, mais qui furent admis dans ces épreuves ténébreuses qui conservèrent depuis le nom de *réceptions à la sourdine*, bien plus fréquentes dans les autres Parlements, d'où l'usage s'était introduit dans ce ressort.

C'était ainsi et depuis de longues années qu'on avait vu se recruter le plus souvent la magistrature souveraine de cette Compagnie, quand arriva le moment de sa chute, vers la fin du XVIIIe siècle. Les offices des bailliages avaient eux-mêmes subi la même dépréciation; mais, chose étrange, dans une proportion moins sensible, qui tint aux facilités plus rares dont on usa envers les aspirants à ces offices dans les réceptions de cette époque.

Les Rois de France, à commencer par François Ier, avaient en vain, dans des édits nombreux, éclaté contre ces abus (1). Nous trouvons au Registre du 18 mai 1554 une plainte faite par le procureur général de ce Parlement à ce sujet, par laquelle il remontre au Roi Henri II « que, sous couleur de certaines lettres-patentes par importunité, faveur, déguisement ou autres obtenues, certains se faisaient recevoir aux états de conseiller sans y garder la forme et la règle spécifiées et limitées par les édits, ce qui était de conséquence pernicieuse. » Et, à la

(1) Dans le préambule d'une de ses ordonnances, il se plaint qu'il n'y a pas d'exemple qu'un aspirant ait été refusé. Même sous le règne de Louis XIV, le célèbre Domat tonna contre de pareils abus, qu'un roi si puissant n'avait pu déraciner et qui s'accrurent encore sous des princes faibles ses successeurs.

suite de cette plainte, l'ordre signé du Prince et adressé au Parlement de Dijon « de rentrer dans la règle, sans que lui-même puisse en dispenser; ce que faisant il voulait et entendait d'avance qu'on n'eût aucun égard aux lettres ou mandements ainsi surpris, lesquels demeureraient sans effet (1). » Ces efforts d'un pouvoir qui cherchait à se prémunir contre ses défaillances n'aboutirent qu'à de nouveaux scandales, mêlés cette fois à l'oubli que fit le Souverain de sa parole.

Disons toutefois que l'éducation patricienne, si elle ne les anéantit pas, mitigea des effets si funestes. Dans le Parlement, les exemples imprimés par des hommes nourris des anciens souvenirs étaient demeurés chez les familles comme de glorieuses traditions. Au foyer domestique, le fils était préparé par l'éducation à occuper la place que possédait son père; patrimoine héréditaire et le plus envié. Il s'était nourri de cette idée, et elle s'était empreinte dans son cœur avec les devoirs qui en dépendaient. Dès cet âge de la vie où les impressions préparent la destinée des hommes, les grandes actions et les grands modèles avaient frappé son esprit et excité ses réflexions en le mûrissant avant l'heure. Il savait les fautes du corps auquel il appartiendrait un jour en même temps qu'il en avait appris la gloire. En un mot il était parlementaire de race avant de le devenir par devoir; c'est-à-dire grave, éclairé, sévère dans sa vie et dans ses mœurs. Les magistrats formés à cette école furent les meilleurs. Les hommes nouveaux que l'ambition fit

(1) Donné à Chantilly, le 9 mai 1654.

affluer en plus grand nombre dans la Compagnie y apportèrent un esprit étroit, que la méditation n'avait pas formé, et lui prêtèrent un concours souvent fatal. La transmission de père en fils offrit aussi l'avantage de suspendre, pour les charges qui en furent l'objet, le mode toujours odieux de la vénalité. Ce fut, il faut le reconnaître, par la force de ces vocations innées que l'hérédité était devenue, à défaut des lois, un préservatif de ruine. Ainsi, quelques exemples et des leçons avaient-ils soutenu longtemps l'édifice d'une magistrature épuisée par ses faiblesses plutôt que par les luttes qu'elle eut à soutenir. Conséquence naturelle, sans laquelle on ne comprendrait guère la succession, rarement interrompue, de noms respectés, gardiens vigilants des règles, censeurs chagrins mais utiles au milieu de caractères appauvris, et qui, par le besoin qu'on eut d'eux, semblèrent se perpétuer d'eux-mêmes.

Le serment qui consacra le magistrat en lui imprimant le caractère ne suppléa pas lui-même aux garanties dans les examens. Le plus ancien édit qui en réglait la forme est de la fin du XVe siècle. Il consista : pour les conseillers, « à porter honneur et révérence à leurs présidents, obéir aux arrêts et commandements de la Cour, garder et observer les ordonnances; » et, pour les présidents, en une formule analogue, avec l'engagement de plus de « faire garder les ordonnances aux magistrats, chacun en leurs Chambres respectives. » Cette loi, déjà ancienne, avait été empruntée mot pour mot à la loi *Sancimus*, au Code *ad legem Juliam*, et plus amplement encore à la *novelle* 8 de Justinien. Ce serment devait être prêté à genoux et sur l'Evangile, *tactis sacrosanctis Evangeliis;* chaque récipiendaire prenant Dieu à témoin de l'engagement qu'il contractait, et auquel on ajoutait, avec la profession de foi catholique, l'obligation pour lui de tenir les délibérations de la Compagnie secrètes; devoir qui fut ici moins méconnu que dans d'autres ressorts, où les révélations de ce secret étaient devenues presque habituelles de la part de ceux qui étaient tenus de le garder (1).

La formule du serment avait subi d'ailleurs des modifications arbitraires que le Parlement de cette province y ajouta suivant les temps et les idées. C'est ainsi que l'on voit, dans les plus anciens registres, le devoir imposé aux magistrats institués « de rendre la justice aux pauvres comme aux riches, garder et observer les ordonnances et arrêts, obéir aux commandements de la Cour, avoir l'honneur d'icelle en particulière recommandation, tenir les délibérations secrètes, porter honneur à ses anciens, et en tout se comporter comme un bon et notable conseiller en Cour souveraine. » A quoi les Premiers Présidents ajoutaient « celle de maintenir l'autorité du Roi et la dignité du Corps; » et, si c'était un officier du Parquet, « de tenir la main à la

(1) Au Parlement de Normandie, ces révélations étaient devenues tellement habituelles, que, pour y mettre un terme, on faisait apporter au Palais, deux fois par an, les reliques de saint Antoine, sur lesquelles chaque membre venait renouveler, mais sans fruit, le serment d'être discret (M. Floquet).

Voir, au Registre du Parlement de Dijon de l'année 1528, l'exemple d'une enquête ordonnée contre les conseillers Brocard et Godran, « prévenus d'avoir publié les opinions émises sur le fait des nominations de conseillers en remplacement des membres décédés. »

conservation des droits de la Couronne, ainsi qu'à la punition des crimes; protéger la veuve et l'orphelin, et se comporter en bon officier du Prince. » Les évêques, conseillers d'honneur, l'abbé de Cîteaux et les conseillers clercs eux-mêmes prêtèrent aussi le serment établi, mais suivant le mode usité pour les personnes ecclésiastiques, c'est-à-dire *manu a pectore amota*, comme disent les anciennes délibérations de la Compagnie (1).

Telle fut, en abrégé, la constitution fondamentale de ce Parlement depuis son établissement par Louis XI, constitution dont il fallait rassembler les éléments dans un cadre à part, avant de considérer l'influence qu'elle eut dans le Gouvernement particulier de la justice en Bourgogne, dont il reste à examiner le mécanisme intérieur dans l'ordre des fonctions différentes qui en fondèrent l'harmonie.

(1) Voir le Registre du 19 mars 1653.

CHAPITRE III.

—

SOMMAIRE.

Hiérarchie. — Premiers Présidents. — Présidents à mortier. — L'abbé de Citeaux. — Chevaliers d'honneur. — Conseillers. — Gens du Roi. — Abaissement de ces fonctions. — Greffiers. — Avocats. — Procureurs. — Huissiers.

L'autorité si imposante que le Parlement de Dijon exerça dans la province de Bourgogne pendant la longue période de son existence fut le fruit de ses traditions et du respect qu'il sut imprimer par ses principaux membres. Malgré ses affaiblissements et ses misères nés des abus dont nous avons parlé, cette Compagnie avait conservé son autorité politique. Elle le dut principalement au choix des chefs qui lui furent donnés et qui, bien qu'ils représentassent en nom celle du Roi, surent s'inspirer avant tout des intérêts du Corps. Si Brulart n'eût été à sa tête lors de la création des édits bursaux de 1658, qui amenèrent sa résistance et le lit de justice qui en triompha, la page la plus intéressante manquerait à ses annales; tandis que, par un effet contraire, la conduite du Parlement était restée flottante, quand, vers la fin de la Ligue, dirigé par un magistrat sans courage et pliant sous les exigences de Mayenne, il avait poussé à des luttes inutiles qui prolongèrent les malheurs publics dans les déchirements d'une guerre devenue sans cause. Ainsi en fut-il alors que, gouverné sous la Fronde par un chef ambitieux, il donna l'exemple de ces dissensions au milieu desquelles l'on vit la révolte s'appuyer dans toute la Bourgogne sur l'autorité de ceux qui auraient dû la prévenir ou la réprimer.

Or, qu'étaient ces magistrats qui présidèrent ainsi à sa fortune ou à ses revers, et en quoi consistait leur autorité dans une Compagnie soumise à leur influence? C'est ce qu'il importe d'examiner dans les sources d'une organisation peu connue et dont l'intérêt s'accroît à mesure qu'on l'approfondit.

C'était un principe de la monarchie que le Roi était le chef né des grandes assemblées qui administraient la justice en son nom ; ce qui explique pourquoi la dignité de Premier Président ne fut jamais comprise dans la transmission des charges à prix d'argent, mais dériva du choix du Prince, qui désignait celui qui devait le suppléer à la tête de chaque Parlement. Ces magistrats de premier rang, nommés sous les rois de la première race *magni presidentiales*, et qui avaient remplacé ceux qu'on appelait auparavant les *grands maîtres de la Chambre des Plaids*, ou qu'une ordonnance de 1320 désignait sous le titre plus pompeux de *souverains*, comme pour rappeler celui dont ils tenaient la place, ne furent pas toujours élus par le Prince. Dans l'origine, ils avaient tenu cette dignité de leur seul rang d'ancienneté parmi les présidents.

En Bourgogne, et depuis la nomination de Jean Jouard par l'évêque d'Alby, fondé de pouvoirs de Louis XI pour organiser le Parlement, l'usage des choix, faits par le Roi, des chefs de cette Compagnie, avait toujours été observé comme règle. D'où il suivit qu'à côté de la vénalité des autres charges au-dessus desquelles celle de Premier Président était placée, on ne lui reconnut jamais ce caractère d'inamovibilité qui protégeait les autres fonctions, et qu'on lui donna, pour la distinguer, le titre plus modeste de *commission*. Mais cette faculté de révoquer le titre qui conférait la charge allait être plus apparente que réelle. L'exemple du Premier Président Legoux de la Berchère, interdit de sa dignité au XVIIe siècle, est le seul que l'on puisse citer en Bourgogne, pendant une période de plus de trois siècles, de l'application d'une règle dont à toutes les époques les Rois avaient répugné à faire usage, malgré les occasions que le Parlement leur en fournit tant de fois. Henri IV ne retira pas, après la Ligue, les pouvoirs au Premier Président, chef de la faction de ce Corps qui l'avait déclaré indigne du trône. Anne d'Autriche respecta le chef du Parlement frondeur qui, durant la régence, avait combattu son autorité. Louis XIV lui-même ne punit que de l'exil l'illustre Brulart, qui avait osé discuter ses ordonnances dans le lit de justice dont nous parlerons dans la suite. Enfin, il en fut de même de Louis XV et de son successeur, qui préférèrent réformer ces Compagnies que d'en remplacer les chefs par d'autres qu'elles n'eussent pas soufferts.

Ainsi se confondait en réalité dans les privilèges

de stabilité du Parlement la seule dignité dont les Rois se fussent réservé le droit de disposer, soit qu'ils craignissent d'isoler les Premiers Présidents de leur Corps, soit qu'ils dédaignassent l'emploi de mesures qui eussent, sans les servir utilement, ressemblé à des rigueurs, comme l'exemple s'en était produit dans d'autres ressorts.

La position respective de ces chefs exigeait de pareils ménagements. Représentants du Roi auprès du Parlement, ils représentaient en même temps le Parlement auprès du Roi; alliance difficile de devoirs différents et le plus souvent contraires. Mouvoir et arrêter une Compagnie jalouse de ses priviléges, faire respecter la suprématie du Prince sans compromettre la dignité de la justice et les traditions d'une politique pleine d'écueils, au milieu de passions hautaines, de préjugés hargneux, de grandeurs et de misères à la fois; contenir avant tout les inimitiés aggressives, ou réprimer les ardeurs d'amis imprudents ; avoir plus de raison que tous, plus de sang-froid que tous, plus de sagesse que tous; puis, dans des assemblées tumultueuses, résumer la discussion avec netteté, poser la question sans ambages, saisir au milieu d'un débat obscur la difficulté à résoudre, que personne n'aperçoit ou ne veut voir, la montrer à ceux qui la nient ou veulent l'obscurcir pour s'emparer des votes ou les surprendre; agir, en un mot, dans le cercle qui leur était tracé, faisant voir d'autant plus d'habileté qu'ils respecteraient davantage l'espace où leurs devoirs envers chacun les tenaient enchaînés, c'était leur demander beaucoup. Des plus forts y succombèrent, des plus adroits virent leur autorité compromise dans des tempéraments qui ressemblaient trop à la ruse, en voulant servir deux maîtres qui ne souffraient point de partage.

Toute l'influence de ces premiers magistrats, bien que représentant la personne du Prince, tint donc à leur union avec le Corps à la tête duquel ils se trouvaient placés et dont ils durent suivre les traditions, sous peine de perdre leur crédit. Qu'arriva-t-il quand ils osèrent attenter à ses priviléges, ou que seulement on put leur reprocher de l'avoir fait? Nous en citerons un seul exemple. Sous Louis XIV, le Premier Président de La Marguerie avait, en qualité d'intendant de la province, blessé la Compagnie dans ses plus importantes prérogatives. Il fut obligé de se démettre, après l'avoir exercée trois ans, de sa nouvelle charge, dans laquelle il avait cherché à faire oublier des griefs qui ne lui furent jamais pardonnés, et après de nombreux affronts contre lesquels le Prince qu'il avait trop bien servi fut impuissant à le protéger.

Tel fut ce pouvoir incertain dans sa conduite, s'il ne le fut pas dans sa mission, et qui emprunta sa seule force au mérite et au caractère. Les souverains passaient, la politique se modifiait ou changeait de moteurs; le Parlement ne mourait jamais, et moins encore ses rancunes contre ceux qui avaient déserté sa défense ou voulu maîtriser ses usurpations, dans des temps que la fortune venait de changer.

C'était, en effet, une maxime reçue, que le Parlement réunissait dans son ensemble la plus grande puissance, que nul autre que le Roi ne lui était supérieur ou égal, et qu'il commandait à tous ses membres sans distinction de rang ni d'autorité. Les Premiers Présidents eux-mêmes n'étaient pas affranchis de cette loi commune. A côté du droit que le Corps avait seul de leur accorder des permis d'absence, il eut encore celui de les reprendre quand ils essayèrent d'enfreindre la règle. Les exemples en abondent dans les actes. Nous citerons au XVIe siècle celui de Claude Le Fèvre, l'un d'eux, qui, pour s'être abstenu d'assister à une rentrée de la Saint-Martin, fut *averti* par un message de la Compagnie, à laquelle il dut soumettre ses excuses, « et qui s'en déclara, porte la délibération, *pour cette fois* satisfaite. »

Le seul mode de réception de ces chefs prouvait d'ailleurs qu'ils ne furent dès le principe qu'une puissance assujettie. Le 15 novembre 1525, lorsque le Premier Président Patarin vint au Palais pour y montrer ses lettres, il fut délibéré qu'avant de le recevoir dans sa nouvelle dignité, il serait prévenu des devoirs qu'elle lui imposait, « comme de supporter avec constance les affaires de la Cour, de ne famuler avec personne de ceux qui avaient administration du public, d'aviser au fait de la malversation de la gendarmerie, de garder les droits et autorité de la Cour et de ses conseillers, et que, s'il y avait sur aucun d'eux rien à dire, il le ferait fraternellement envers tous, prenant le bien qui était en eux et délaissant le mal. » Mais ces précautions ne suffirent pas, et l'on exigea de lui qu'il s'expliquât sur la question des gages, qui avait été longtemps un sujet de luttes entre la Compagnie et le chef auquel il succédait. Cette satisfaction donnée, il fut admis à prêter le serment voulu, *præstitit juramentum*, suivant la volonté d'un Corps qui, à peine établi par Louis XI, ne laissait que sous condition à un autre qui n'était pas de son choix le soin de le gouverner; entreprise considérable, et qu'on ne pouvait se permettre sans félonie.

Ainsi, non contente du droit d'examen et d'information, qui mettait tous les offices entre ses mains, cette Compagnie aspira-t-elle à refuser, quand il lui plairait, les chefs placés à sa tête. Symptôme manifeste de ce que dans une autre voie l'esprit de corps convoitait. Des arrêts menaçants du Conseil avaient répondu à une telle prétention, qui fut un premier défi jété à la royauté.

Restait un autre empiétement à accomplir, le plus hardi, mais que la faiblesse du Prince allait laisser dégénérer en coutume. Ce que le Parlement n'avait osé entreprendre touchant la capacité des magistrats nommés par le Roi, il ne tarda pas à le faire par des informations sur la religion et les mœurs de chacun d'eux. Précaution insultante qui tendait à réviser le choix du Roi, lorsque les membres reçus par la Compagnie n'étaient assujettis à aucun contrôle. Le Premier Président Legoux de la Berchère, déjà cité, quoique pourvu de lettres en forme et ayant prêté serment entre les mains du Chancelier, n'avait pu, au commencement du XVIIe siècle, prendre possession de sa charge au Parlement. Il y fut accueilli par des oppositions bruyantes à la tête desquelles étaient les gens du Roi, qui refusèrent de le reconnaître comme chef de la Compagnie, par des raisons feintes auxquelles, après une crise prolongée, le Prince lui-même se vit obligé de céder en le suspendant (1). Bretagne, son successeur, chargé de l'*intérim* après cet acte de faiblesse, ne fut pas non plus sans difficulté, à cause du triomphe de la Compagnie en cette occasion, dispensé de l'information, bien qu'il comptât trente-cinq ans de service dans la magistrature souveraine. Enfin si Bouchu, qui le remplaça, n'y fut point soumis, « c'est qu'il avait, porte la délibération, vingt ans de service au Parlement dont il devenait le chef, » circonstance sans laquelle il ne lui eût pas été fait grâce de ce qu'on osait appeler *la règle*. Exemples frappants qui pourront faire mieux juger de quel côté, du Prince ou du Corps, était cet esprit d'envahissement qui devint plus tard entre eux l'occasion de tant de luttes.

C'était par l'organe de ce chef ainsi élu et accepté que la Compagnie rendait ses arrêts ou faisait entendre sa voix dans les grandes solennités où elle se trouvait assemblée, qu'il s'agît d'honneurs ou de remontrances. Le Premier Président rappelait aussi à leurs devoirs ceux qui s'en étaient écartés, et prononçait aux rentrées de la Saint-Martin la mercuriale publique, prérogative qui passait en cas d'empêchement aux gens du Roi. Seul parmi tous les membres du Parlement il avait droit au titre de *Monseigneur*, que lui donnaient les gens de robe et autres en s'adressant à lui. Il présidait habituellement la Grand'Chambre, la première de tout le Parlement, et les autres Chambres quand il le jugeait à pro-

(1) Voir sur ces faits la délibération du Parlement du 15 juillet 1631.

pos (1). Les huissiers le précédaient à son entrée au Palais comme à sa sortie, honneur qui appartenait aussi à celui des magistrats qui présidait à son défaut, et jusqu'au doyen lui-même en l'absence de ceux-ci. Enfin, le premier huissier, officier distingué des autres, allait le chercher à son hôtel pour l'accompagner aux audiences, d'où il le reconduisait avec le même cérémonial.

Ce chef suprême avait l'honneur insigne d'être membre du Conseil privé du Roi, sans compter le titre de chevalier, *miles*, qui lui était conféré le plus souvent, et qui prenait son origine dans les anciens Parlements, où, par des assimilations de dignité, il avait fallu rapprocher ces magistrats des prélats et des barons, autrefois leurs collaborateurs dans l'exercice de la justice souveraine. Cette distinction fut cause qu'on leur accorda aussi la qualification de *Messire*, sous laquelle plusieurs d'entre eux sont désignés dans les anciens titres.

Enfin, par une attribution singulière, il donnait le *mot* aux officiers de la milice bourgeoise dans les temps de guerre et d'agitation, à défaut du gouverneur et du lieutenant de Roi commandant pour celui-ci et par son ordre (2). Ce privilége était ancien, et la Compagnie

(1) Chacune de ces chambres était présidée par un magistrat en robe rouge, Premier Président, président, ou conseiller plus ancien à défaut de ceux-ci, et lors même que la Cour siégeait en noir. (Voir le Registre des délibérations du 27 avril 1648.)

(2) Ce fut en vertu de ce droit qu'on vit, au mois de novembre 1572, le Premier Président Denis Brulart accompagner, par ordre du Roi, le duc d'Aumale dans la revue qu'il fit de son gouvernement de Bourgogne. (Voir la *Correspondance* de Brulart, qui en fait connaître plusieurs exemples accomplis sous le règne de Louis XIV, tome Ier, lett. 1 et suiv.)

s'en montra d'autant plus jalouse qu'elle prétendait en ces circonstances au gouvernement militaire de toute la province, ce qui lui fit ordonner des mesures auxquelles la Chambre de ville de Dijon ne craignait pas de résister.

Telle fut dans ses prérogatives, dans ses devoirs et jusque dans ses épreuves, la première dignité du Parlement. Imposante par elle seule, elle reçut, comme toutes les fonctions publiques, son éclat ou sa diminution du choix des hommes qui en furent revêtus. Brulart pendant la Ligue et Brulart au temps des enregistrements forcés et de la monarchie absolue étaient issus du même sang, mais ils ne se ressemblèrent ni par le caractère ni par la grandeur. De même que Bouchu pendant la Fronde, Berbisey dans des temps moins agités, et de Brosses aux jours de l'autorité ruinée des Parlements, communiquèrent tour à tour à cette Compagnie, en s'identifiant à elle, l'un l'habileté politique avec la ruse; l'autre la grandeur dans la bienfaisance; le dernier, l'esprit des lettres et des affaires, accommodé à son temps.

Les Présidents à mortier venaient après le Premier Président dans l'ordre des préséances et de la prérogative; leur nombre fut de neuf, ainsi qu'on l'a dit, et porté jusqu'à dix par Louis XIV. Ils avaient un droit égal à la qualification de *Messire*, titre important réservé par un règlement du Palais (1) aux plus hautes dignités. Ces fonctions élevées, qui donnaient aux titulaires le droit de présider le Parlement dans ses différents services, comptèrent parmi ceux qui en furent revêtus les per-

(1) Du 10 janvier 1670.

sonnages les plus capables, lesquels, avec les avantages de la fortune, semblèrent résumer en eux le goût des lettres joint à la bienfaisance, dont ils furent souvent les propagateurs ou les modèles. On peut citer parmi les plus marquants : Odinet Godran, quî enrichit Dijon de dotations nombreuses; Bégat, jurisconsulte profond, et que Bouhier lui-même appelle *un grand homme;* Jeannin, orateur et diplomate; Fremiot, célèbre par son caractère et sa fidélité; Hugon de La Reynie, sorti du barreau, où il s'était montré célèbre; Bouhier, l'oracle de son temps, et qui eut peu d'égaux dans la science des lois; auparavant, Nicolas Brulart, qui s'éleva de cette charge, à laquelle il était parvenu des derniers rangs, jusqu'à la première place; et, vers la chute du Corps, Bévy lui-même, qui sut la faire respecter à l'époque où la fortune avait abandonné sa Compagnie.

Les Présidents ne furent pas, ainsi que l'étaient les autres membres du Parlement, soumis à ce service mobile qui fut nommé le *roulement*. Les troisième, septième et neuvième en préséance appartenaient de droit à la Grand'Chambre; les deuxième, quatrième, huitième et dixième à la Tournelle; et les cinquième et sixième aux Enquêtes (1); mais cet ordre ne fut pas toujours observé, et céda souvent aux convenances, suivant les temps ou les relâchements de la règle.

(1) (Garreau, p. 248.) Ils portaient, ainsi que tous les membres de la Cour, la robe de cérémonie rouge écarlate, et en outre, à cause de leur dignité particulière, fourrée d'hermine, avec le manteau de même, et un cercle d'or au mortier qui représentait l'ancienne couronne d'or des barons, leurs prédécesseurs dans les Parlements; le

Après les Présidents venait l'abbé de Cîteaux, *l'abbé des abbés*, ainsi qu'on le qualifia aux États d'Orléans, premier conseiller-né du Corps, dont il partageait les prérogatives. Nous citerons dans ce rang Jérôme de la Souchières, cardinal, célèbre au Concile de Trente; Nicolas Boucherat, député à la même assemblée; le premier ministre Du Plessis de Richelieu, sans compter d'autres personnages moins illustres. Puis, à la suite de ce dignitaire de l'Église, figuraient les chevaliers d'honneur, qui comptèrent à leur tête Philippe Pot, aussi grand dans les conseils que dans la guerre; et, depuis, les Mailly, les Vaudrey, les de Vienne, les Beaufremont, les Tavannes, y compris Gaspard, maréchal de ce nom, et d'autres grandes familles, jusqu'à ce que celles-ci eussent fait place à des noms moins éclatants, à mesure que l'étoile de la Compagnie vint à pâlir.

Les conseillers clerc et laïcs formaient ensuite la partie la plus nombreuse du Parlement, et se distribuaient par série égale entre les Chambres, de manière à y faire le service alternatif que nous avons déjà désigné et qui s'accomplissait à la Saint-Martin et à Pâques de chaque année (1). Parmi les magistrats de ce rang

Premier Président ayant de plus qu'eux un second cercle à son mortier et trois agrafes d'or au manteau, sur l'épaule gauche. (Voir, dans la *Correspondance* de Brulart, sa réponse au Premier Président du Parlement de Besançon touchant l'étiquette et le costume observés en celui de Dijon, tome II, lettre CDI.)

(1) Savoir : de la Grand'Chambre à la Tournelle, de la Tournelle aux Enquêtes et des Enquêtes à la Grand'Chambre; excepté le doyen, qui restait invariablement attaché à celle-ci, comme le dernier conseiller l'était aux Enquêtes (Garreau), la Chambre des Requêtes du Palais demeurant invariablement composée des mêmes membres, à cause de ses attributions distinctes.

brillèrent à différentes époques : Philibert Berbis (1); Jacques Bossuet, de la famille de l'évêque de Meaux; Barthélemy Morisot, l'esprit le plus fécond; Étienne Bernard, orateur du *Tiers* aux États-Généraux; Jacques Fevret, père de l'avocat célèbre que nous avons cité; Bénigne Saumaise, dont naquit le savant de ce nom; les deux Lantin; Philibert de la Mare, un de nos plus doctes écrivains; Pouffier, fondateur de l'Académie de Dijon, magistrat de haute valeur (2); de Vintimille, jurisconsulte et humaniste (3); Bénigne Milletot, per-

(1) Il fut, à cause du grand crédit dont il jouissait en Bourgogne, chargé d'aller demander à la noblesse de la province le dixième de son revenu pour payer la rançon de François Ier, prisonnier de Charles-Quint à Madrid, et réussit dans cette mission. (Registres de la ville et Palliot.)

(2) Tous les rapports faits pendant de nombreuses années au Parlement sur les plus hautes questions de l'administration, des finances et de la politique furent son ouvrage, ainsi qu'en témoignent les Registres de son temps. (Voir, en outre, ce que nous avons dit sur ce magistrat dans le Discours qui précède cette histoire.)

(3) Issu d'une famille génoise, alliée aux Paléologues empereurs de Constantinople, et aux Lascaris, en Italien *Vintimiglia*, famille qui subsiste encore dans la péninsule son berceau. Rhodes, où il était allé, à la suite des séditions allumées dans son pays, rejoindre ses frères, ayant été prise sur le grand-maître de Lisle-Adam, il fut contraint de se réfugier en France, où il étudia sous la conduite d'un Lyonnais chevalier de Malte, son protecteur. Après de longs voyages qui avaient agrandi ses connaissances, il vint à Paris, où il gagna la faveur des rois François Ier et Henri II, ainsi que l'amitié du cardinal de Lorraine et de ses frères François et Henri de Lorraine, puis obtint, par le crédit de Diane de Poitiers, une charge de conseiller au Parlement de Bourgogne. Catholique de race, mais d'un esprit ardent, il céda par l'entraînement de son temps aux nouveautés en religion qui commençaient à diviser cette compagnie : exemple fatal qui amena d'autres défections. Toutefois, il se releva promptement d'un tel reproche dans les circonstances que nous ferons connaître. Ce fut par le regret qu'il avait éprouvé de cette faiblesse qu'on le vit, sur la fin de sa vie,

sonnage de grande doctrine (1); Jacques Valon, qui, durant la Ligue, ouvrit Flavigny à la fraction du Parlement restée fidèle; Pierre Du May, auteur de nombreux ouvrages; puis successivement : trois Maleteste, Bégin d'Orgeux et Lebault; et en dernier lieu, dans un ordre plus modeste : de Torcy, Minot et Poligny, qui, par des travaux impuissants mais non point sans estime, tentèrent de ranimer vers la fin le souvenir des anciens jours.

Ces conseillers faisaient un service égal, si ce n'est les conseillers clercs, qui étaient de préférence commis aux affaires ecclésiastiques, telles que la visite ou la réformation des monastères et des hospices lorsqu'il y survenait quelques désordres ou déréglements, et qu'il y avait plainte des familles touchant des vœux contraints ou précipités. Mais ces derniers s'abstinrent toujours dans les causes criminelles lorsqu'il s'agit de crimes emportant peine de mort, mutilation des membres, fouet, galère

embrasser le sacerdoce et devenir successivement archidiacre de Beaune, doyen de Chalon et chanoine de Saint-Lazare d'Autun. Mort en l'année 1582, son corps repose en l'église Saint-Michel de Dijon. Il ne laissa qu'une fille, Jeanne des Comtes de Vintimille, qui épousa Melchior, seigneur de Montessus, gouverneur de la citadelle de Chalon. Négociateur habile non moins que magistrat profond, traducteur de Xénophon, de Machiavel et des Pandectes florentines; ensemble poète, mathématicien, peintre et architecte, auteur de plusieurs ouvrages, et notamment d'un poème latin sur la bataille de Lépante, qu'il dédia au Sénat et au peuple de Venise; ami du chancelier de Lhospital lui-même, on retrouvera le nom de ce personnage dans les principaux actes du Parlement.

(1) Auteur du Traité des délits communs et des cas privilégiés, inséré dans les *Libertés de l'Eglise gallicane;* commis par le Roi pour faire exécuter l'édit de Nantes dans le bailliage de Gex et y rétablir l'exercice de la religion catholique; auparavant chargé d'empêcher les entreprises du Parlement de Dôle sur Savigny en Revermont, sous prétexte que ce bourg appartenait à la Franche-Comté.

ou application de la torture; ce qui ne les empêchait pas d'opiner sur les déclinatoires proposés en ces sortes de causes, ainsi que sur d'autres mesures préalables.

Enfin, le titre de *conseiller du Roi* était commun à tous les membres du Parlement et précédait les autres, même ceux de Premier Président et de Président à mortier; comme pour rappeler à ces magistrats arrivés au faîte des plus hautes fonctions qu'ils n'étaient vis-à-vis de tous que les premiers parmi leurs égaux, avec des devoirs plus étroits dont la Compagnie était en droit de leur demander compte.

Les fonctions du parquet, exercées par les officiers qu'on nommait alors *gens du Roi*, ne ressemblèrent nullement à ce qu'elles sont devenues de nos jours, par la dépendance qu'elles subirent du Parlement qui parvint à les assujettir. Nous avons dit que, parmi les abus qui s'attachèrent à leurs fonctions, un des plus graves fut de voir cette magistrature auxiliaire non affranchie de la vénalité, dont l'effet était de donner au Prince des mandataires qui le représentaient contre son gré et pouvaient impunément lui désobéir, tandis que le Parlement avait sur eux le droit de réprimande. Ces empiétements de toute sorte devaient amener des luttes parmi ces officiers. On les vit au XVIIe siècle entrer en guerre avec le chef du parquet et entretenir des collisions dans lesquelles son pouvoir demeura impuissant et abaissé. Scandales sans cesse renaissants, lesquels prenaient leur source dans une organisation intervertie qui faisait des représentants du Prince des puissances rivales, quand ils devaient être soumis à un seul pour les actes exercés en son nom. Ici l'esprit d'indiscipline acheva ce que l'esprit d'indépendance avait commencé. On vit la lutte, après avoir été entreprise par les avocats généraux contre le procureur général, passer des substituts contre les avocats généraux eux-mêmes, en se perpétuant pendant près de cinquante ans, sans que le Parlement fît de sérieux efforts pour mettre un terme à des débats dont sa puissance profitait. Ces dissidences inouïes, qui dès le XVIe siècle s'étaient manifestées dans d'autres ressorts, avaient fait dire avec grande raison au chancelier de Lhospital qu'une institution semblable était *chose très inutile dans l'ordre judiciaire*. Disons nous-même qu'elle y devint le plus souvent funeste, lorsque, par une confusion impossible, la justice régulière osa l'asservir.

Une ordonnance de Charles VII avait défendu, sous peine d'amende, aux procureurs généraux de conclure dans les causes privilégiées sans l'avis de leurs avocats généraux et du plus grand nombre. En Bourgogne, pays frondeur, ceux-ci profitèrent de cet avantage pour faire passer comme règle du Palais qu'aux premiers appartenait *la plume*, et à eux seulement *la parole* (1) ; ce qui leur permettait de discuter suivant leur avis particulier les réquisitions qu'ils étaient chargés de soutenir. Mais ce ne fut point assez d'avoir par ce moyen *fermé la bouche* au procureur général : ils s'avisèrent d'anéantir encore son autorité intérieure. C'est ainsi qu'en 1615 on vit l'avocat général Millotet soutenir qu'à lui, comme au

(1) Voyez, sur ces empiétements, l'arrêt de règlement du 29 juillet 1614.

plus ancien, appartenait le droit de prendre la voix du procureur général, et non à ce dernier de demander la sienne; comme de prononcer, à son exclusion, la mercuriale de rentrée quand le chef de la Compagnie n'usait pas de ce privilége (1).

De tels désordres avaient découragé jusqu'aux souverains qui finirent par tenir peu de compte de fonctions le plus souvent exercées à leur détriment. Nous en citerons ce singulier exemple : Quarré de Quintin fils, procureur général au Parlement de Dijon, avait, en 1724, été pourvu de cette charge en survivance de son père. Le roi Louis XV permit au père et au fils de remplir ces fonctions *concurremment*, ce qui donnait à cette Compagnie deux procureurs généraux à la fois, pouvant chacun agir selon ses vues (2). Le Parlement, qui ne demandait pas mieux que cette anarchie dans des pouvoirs rivaux de lui-même, n'hésita point à enregistrer ces actes inouïs de la faveur.

Un pouvoir ainsi méconnu était impuissant à agir et à se faire respecter; aussi subit-il bientôt la tyrannie du Parlement, qui s'acharna à l'opprimer quand il essaya de demeurer libre. Sans égard pour l'autorité du Roi, dont ces magistrats tenaient la place, il commença par leur enlever toute juridiction au-dedans du Palais par la création du *syndicat*, sorte de Chambre ardente (3) qui n'é-

(1) Voir l'arrêt du règlement cité précédemment.

(2) Lettres patentes du 12 juillet 1731, enregistrées le 30 (Petitot).

(3) Composée de deux conseillers chargés de maintenir l'autorité du Parlement dans ses droits ou dans ses prétentions, et dont nous parlerons plus amplement.

tait elle-même qu'un pouvoir usurpé sur eux, en même temps qu'il se plut à les abaisser par des réprimandes. Soit faiblesse, soit impuissance, ceux-ci semblèrent, en se soumettant, ajouter à ces humiliations. Dans ce Parlement, ainsi qu'on le pratiquait à Paris, l'usage avait prévalu que les gens du Roi ne portassent la parole que debout et un genou plié en forme de respect, comme s'ils eussent été devant le Souverain.

Encouragée par de telles déférences, la Compagnie ne mit plus de bornes à ses prétentions et fit sentir à ces officiers une suprématie qu'elle porta jusqu'au dédain, ainsi qu'on en jugera par quelques actes empruntés à différentes époques. Le 30 juin 1523, on vit le procureur général Gagne mandé par la Cour pour recevoir des réprimandes sur la manière dont il remplissait ses fonctions, avec ordre de *s'amender* et de rendre compte de sa conduite à la rentrée de la Saint-Martin, sous peine d'y être pourvu plus sévèrement. Presque dans le même temps, les avocats généraux Moisson et Sayve étaient appelés à la barre, où on leur signifia, étant debout et découverts, qu'il ne leur appartenait pas de s'absenter des audiences sans la permission du Parlement. Le 15 juin 1553, même injonction fut faite au procureur général Morin, pour être parti à la suite du Roi sans congé de la Compagnie; un huissier ayant été envoyé pour lui signifier ce rappel, auquel il n'avait pas hésité à se soumettre. Le 2 janvier 1632, les avocats généraux Xaintonge et Millotet, deux hommes d'un mérite rare, furent, pour être restés debout à l'audience et après que le Premier Président leur avait permis de s'asseoir, repris *aigrement*, avec défense de récidiver. Non loin de cette époque, le procureur général Lenet fut réprimandé pour être entré aux Chambres réunies sans avoir frappé à la porte ou avoir fait avertir la Compagnie par un greffier, bien qu'il eût obtenu arrêt du Conseil qui le dispensait de cette soumission. Conflit déplorable qui porta durant plus d'un mois le désordre dans le Parlement, sans que ce Corps voulût rien rabattre de ses prétentions. Enfin, et sous le règne absolu de Louis XIV, le procureur général Parisot, qui avait essayé, non sans honneur, de faire rendre à ses fonctions leur autorité, subit, sous un vain prétexte, des admonestations humiliantes (1).

Plus d'une fois, dans les mercuriales, les Premiers Présidents avaient pris l'initiative de ces réprimandes. L'une d'elles coûta cher à son auteur. Lors de la rentrée du Parlement à la Saint-Martin 1579, Denis Brulart, aïeul du grand magistrat de ce nom, avait *averti* les gens du Roi « sur ce qu'en concluant, ils se servaient de ces mots : *il nous semble*, lorsque c'était à eux de supplier, et qu'autrement la Cour se passerait de leur avis. » L'avocat général Montholon ne laissa pas tomber ces reproches. A la première assemblée des Chambres, il demanda la parole et supplia le Parlement « de faire exécuter les ordonnances qui défendaient, à cause des nombreux

(1) Voir, dans un des Registres de 1642, le dénombrement des griefs exposés par ce magistrat contre les usurpations auxquelles était exposée sa charge de la part du Parlement, dont quelques membres se permettaient d'informer contre des crimes sans l'en instruire et de donner arrêt sous son nom, se disant *procureurs généraux autant que lui-même*.

abus qui s'en étaient suivis, à Messieurs de fréquenter les maisons d'abbés, prélats, d'y mener leurs enfants et valetaille, et de s'en aller sans payer leurs hôtes.» Ces réquisitions s'adressaient, sous une forme générale, au Premier Président lui-même qui, pendant les vacations, avait passé plusieurs mois à Cîteaux et dans plusieurs châteaux du ressort. Elles n'en furent pas moins accueillies, non sans blesser celui qui en avait été le sujet. Et comme Brulart avait blâmé les avocats généraux de n'être pas allés à l'*offrande* à la Sainte-Chapelle le jour du Saint-Esprit, suivant la coutume, le même Montholon requit à son tour « que ceux qui s'y rendraient fussent tenus désormais de le faire *un cierge à la main,* » ce dont Brulart se dispensait. Luttes puériles, où le rappel au devoir n'était au fond que de la vengeance.

A côté de ses censures contre les actes extérieurs, on vit le même Parlement s'ingérer aussi jusque dans la manière dont les gens du Roi remplissaient leurs fonctions les plus intimes. Les jours et heures où ils devaient tenir le parquet furent déterminés par un règlement sévère émanant de la Compagnie (1). On ne souffrit pas qu'à l'audience ils prissent de *biais* dans leurs conclusions. Un arrêt que nous avons sous les yeux porte qu'ils devront conclure *catégoriquement* dans les communications qui leur seront faites, sans qu'il leur soit permis de s'en rapporter *à prudence,* ni même de se servir de la formule : *Nous sommes d'avis,* qui n'exprimait pas suffisamment le

(1) Registre du 14 mai 1688.

droit de requérir qui leur appartenait (1). S'ils venaient aux Chambres pour y exercer leurs charges, ils devaient *rester debout* au banc des rapporteurs, avec défense de s'y asseoir. S'ils se présentaient à la salle où se réunissait la Compagnie, c'était pour n'y demeurer que le temps qu'on leur permettait de le faire. Ainsi la justice souveraine traitait-elle la Royauté dans ses organes les plus obligés; tyrannie qui amena l'impuissance de ces officiers, et explique comment, au lieu de les avoir pour appuis dans ses luttes avec les Parlements, le Prince les eut habituellement pour adversaires.

Ces raideurs humiliantes, acceptées non sans murmure, étaient renvoyées par les gens du Roi aux magistrats leurs subalternes, sans épargner des hommes revêtus de hautes dignités, bien que non soumis eux-mêmes à leur dépendance. C'est ainsi qu'on les vit exiger du procureur général de la Chambre des comptes qu'il se tînt debout et découvert quand il venait près d'eux communiquer des affaires du Roi; prétention inouïe que le Parlement les força d'abandonner, comme s'il eût voulu ne réserver qu'à lui le droit d'établir de pareilles nouveautés.

A travers ces destructions toujours croissantes de leur autorité, contre lesquelles ces officiers du Prince luttèrent rarement, nous citerons parmi les procureurs généraux : Denis Poillot, honoré de l'amitié de François Ier, qui lui confia d'importantes missions; Hugues Picardet, chargé pendant cinquante-trois ans de ces

(1) Délibération du 28 avril 1659.

hautes fonctions sous trois règnes des plus agités, et dont Charles Févret a pu dire : *Verbis paucis, stylo elegans, oratione placidus ac lenis, totaque dictione tersus et purus* (1); Pierre Lenet, qui se trouva mêlé aux événements politiques de la Fronde (2); Jacques de Guillon, son successeur dans cette charge, et Claude Parisot, qui, seul entre tous, parvint à force de persévérance à reprendre plus tard sur la Compagnie une partie des pouvoirs que celle-ci avait usurpés sur ses prédécesseurs (3) ; puis, parmi les avocats généraux : Legouz de Vellepesle, au temps de la Ligue, l'esprit le plus net et le plus pénétrant, pour lequel a été fait ce portrait : *Parum illi ab arte, multum a natura et ingenio fuit adjumenti*; Pierre de Xaintonge, son successeur, savant et lettré pour le temps où il vécut (4); Marc-Antoine Millotet, premier du nom, *vir inter sæculi sui doctrinæ splendores eximius,* suivant l'expression du même Févret; et cet autre Millotet, son fils, personnage municipal dont nous parlerons en expliquant les péripéties de la Fronde en Bourgogne.

(1) *De clarissimis oratoribus Burgundiæ.* Né à Mirebeau d'une famille très obscure. Frappé de son mérite, Thomas de Berbisey lui donna sa fille en mariage et résigna sa charge en sa faveur. De ce mariage naquit Marie Picardet, qui épousa le célèbre président de Thou. (Voir ce que nous dirons de ce magistrat au temps de la Ligue.)

(2) Auteur de Mémoires sur cette époque, et dont Mme de Sévigné a dit dans une de ses lettres : « Il était fort attaché au prince de Condé, et avait de l'esprit comme douze. »

(3) Voir, du Registre du 21 janvier 1684, la mention d'un Mémoire qu'il avait présenté au Roi à cette occasion, et auquel le Parlement fut autorisé à répondre par députés.

(4) On a de lui deux volumes fort curieux de harangues et discours prononcés devant le Parlement de Bourgogne, qui furent imprimés par ordre du prince de Condé. (Paris, Touzart, 1628.)

Les substituts, dans l'origine officiers subalternes, avaient été établis par les ordonnances pour aider les avocats et procureurs généraux dans l'exercice de leur ministère. Choisis d'abord en nombre indéfini par le procureur général lui-même (1) parmi les avocats et procureurs, dont ils portaient la robe, leurs fonctions ne furent converties en offices publics qu'en 1580, époque à laquelle ils prirent le costume des autres membres de la Compagnie. En attendant cette communauté d'honneur et de rang, ils ne firent point partie du Parlement, mais de l'ordre dans lequel on les avait choisis, et où ils continuèrent à figurer sans distinction suivant leur ancienneté.

Telle fut, durant trois siècles entiers, l'organisation défectueuse d'une institution nécessaire, attaquée par un Parlement jaloux et en butte à des déchirements. La justice ordinaire en souffrit ; mais la répression des crimes, amoindrie par la faveur, se montra bientôt sans règle, frappant les uns, pardonnant aux autres, soumettant sa marche au gré de la fortune, des caprices et des grands noms, plus puissants en cela que les lois elles-mêmes. Des exemples que nous voudrions céler prouveront à quel degré d'anéantissement cette justice était descendue au sein du premier Corps de magistrature de cette province, et l'impunité qui s'en suivit dans les plus hauts rangs. On les rencontre aux XVIe, XVIIe et XVIIIe siècles, sous les régimes les plus opposés, depuis les temps voisins de la Ligue jusqu'à

(1) Voir au Registre du 28 novembre 1556.

la Fronde, au déclin du grand règne de Louis XIV, comme sous les relâchements de la Régence et après l'avénement des philosophes aux affaires, si voisin de la décadence des Parlements.

Nous en citerons quelques traits qui feront connaître ce qu'étaient les mœurs de ces époques diverses comparées à celle où nous vivons; enseignements curieux, qui, mieux que de vains jugements, forment la plus sûre garantie de l'histoire. Ainsi vit-on en 1601 Nagu de Varennes, chevalier d'honneur au Parlement, qui avait tué de sa main, dans un guet-apens, Saint-Marsaut de Parcours, échapper aux poursuites en faisant, malgré l'intervention de la mère de la victime, enregistrer par la Grand'Chambre des lettres de rémission (1). Plus tard le même osa reprendre dans la Compagnie son siége, qu'il occupa jusqu'en 1633, époque à laquelle il reçut du Roi le grand collier de ses Ordres pour des services qu'on ne fit jamais connaître. Plusieurs années après, de Choiseul, baron de Lanques, prévenu d'homicide sur la personne d'Henri de Choiseul, son oncle, faisait entériner des lettres de grâce, à lui accordées malgré l'opposition de la veuve du défunt, à laquelle s'était joint comme partie le procureur général lui-même; le prince

(1) Nagu de Varennes était lieutenant des gardes du duc de Biron. Tout porte à croire qu'il dut au maréchal de ce nom la faveur inouïe dont il fut l'objet et que ce Parlement ne consacra pas sans une longue hésitation, le 4 décembre de la même année. Le conseiller Blondeau, l'un de ses membres, avait refusé de connaître de cette affaire « comme ayant été, dit-il, Nagu de Varennes participant du meurtre de son frère, assassiné pendant la Ligue, » ainsi qu'on le verra dans la suite de cet ouvrage. (Journal de Breunot.) Consulter aussi les Registres du Parlement des 2, 4 août et 20 novembre 1601.

de Condé, gouverneur, présent, pour en assurer l'effet, à l'audience où fut consacrée cette faveur (1). En 1718, le même Parlement entérinait d'autres lettres de même nature accordées à Etienne de Clugny, conseiller, et à Claude des Varennes, avocat, en raison du meurtre par eux commis à Dijon, en pleine rue, sur la personne d'un Maître aux Comptes (2). Enhardis par cette impunité, ceux-ci étaient venus reprendre leurs fonctions, que le premier d'eux remplit encore durant trente ans, dans l'exercice d'une charge où le mérite n'effaça point la tache du crime. Enfin, vers la même époque, on vit deux jeunes gens de noms élevés, Tavannes et Sas..., condamnés par le bailliage de Dijon à avoir la tête tranchée pour un assassinat commis dans la même ville (3), obtenir des lettres de rémission qui les affranchirent de cette peine moyennant deux mille livres données aux hôpitaux. Preuves éclatantes de ce que put au milieu de la profusion des grâces, entre un gouvernement de faveur et une justice complaisante, le pouvoir chargé de

(1) Voir le Registre du Parlement du mois de décembre 1641.

(2) Nommé Pourcher, assassiné à Dijon le 9 juillet 1717, à coups d'épée et de bâton, rue Saint-Etienne, aujourd'hui Chabot-Charny.

A défaut des poursuites ordinaires, sa veuve, née de Laloge, et le père de la victime s'étaient portés parties, et contraignirent ainsi la justice à faire son devoir. Des avocats, tels que Davot, Raviot, Melenet, n'osèrent leur prêter assistance, à cause du grand crédit des accusés. L'on n'apprendra pas non plus sans regret que la grâce fut accordée à tous deux sous le ministère du chancelier d'Aguesseau, contraint à y attacher son nom.

(3) Le 19 juin 1702, sur la personne du baron de Montconis, tué à coups d'épée dans un guet-apens, au sortir de chez sa mère.

M. Thomas, dans son ouvrage *Une province sous Louis XIV*, publié en 1841, a cité le premier ce fait, que nous avons vérifié nous-même dans les Archives de l'ancienne Bourgogne.

faire exécuter les lois, mais qui demeura désarmé, excepté quand il voulut agir contre des criminels sans nom, et où la pitié perdit ses droits.

Parlerons-nous d'un gentilhomme nommé Duval, qui, à la tête de douze cavaliers, enleva de force une jeune fille de la maison de Vaudrey et en fut quitte pour une amende, tandis que la personne qui accompagnait la victime fut condamnée à mort, pour avoir, en la défendant, tué un de ses agresseurs? Affaire ainsi jugée par le bailliage de Semur, après quoi le ravisseur était venu braver à Dijon la justice du Parlement. C'était peu de temps depuis les troubles de la Fronde, pendant lesquels ce Corps avait été longtemps divisé, mais où, cette fois, il essaya d'accomplir son devoir en faisant arrêter le vrai coupable et citer à sa barre les juges auteurs d'un si grand désordre; mesures sans portée que déconcerta l'intrigue, par la parenté de Duval avec le comte de Tavannes (1).

Nous dirons peu de mots des greffiers, officiers considérables jusqu'à l'époque où le Parlement eut aboli leur charge par le rachat qu'il en fit en 1699 pour la faire exercer, sous sa direction, par des préposés subalternes. Avant cette grande mesure que des querelles de préséance avaient nécessitée, le greffier jouissait des mêmes honneurs que les membres de la Cour. Il portait comme eux la robe écarlate, et de plus, à l'exemple des Présidents à mortier, au rang desquels il était placé, le manteau fourré d'hermine, mais relevé des deux côtés pour

(1) Voir le journal sur la Fronde, par le conseiller Claude Maletesta.

la liberté de son service, qui consistait dans les écritures. Cet officier tenait la plume aux lits de justice ainsi qu'aux assemblées des Chambres, et marchait dans les cérémonies devant le Parlement en corps, précédant seulement de quelques pas le Premier Président, chef suprême de la Compagnie. On compta, parmi ceux qui remplirent ces fonctions : Thomas Berbisey et Jacques Fyot, dont sont issus les Premiers Présidents de ces noms; Didier de Récourt, qui fut au commencement du XVIe siècle chargé par sa Compagnie d'une mission fort importante; Fouet Dornes et Bénigne Serre, l'un des otages envoyés en Suisse en 1513, qui assista plus tard au traité de neutralité conclu à Saint-Jean-de-Lône avec les députés de Marguerite d'Autriche, tous deux devenus Premiers Présidents de la Chambre des Comptes; Palamèdes Gonthier, qui avait été secrétaire de François Ier; et depuis eux, trois du nom de Joly, dont l'un avait marié sa fille au Premier Président de La Berchère; ce qui prouve le rang élevé qui appartenait à leur charge, objet de rivalités sans fin et sans mesure.

Après la magistrature se plaçait le barreau, phalange redoutable avec laquelle il fallut plus d'une fois compter, et dont l'appui populaire vint dans ses jours de résistance seconder les luttes de la Compagnie contre l'autorité royale; de même que cette Compagnie lui tint tête à son tour quand il s'avisa de contester ses prérogatives. Hardi dans son langage, sobre dans ses respects, avide d'honneurs et susceptible par-dessus toute chose, parce qu'il se sentait nécessaire, tel fut l'ordre des avocats en Bourgogne depuis l'établissement des Grands-Jours, où il reçut sa consécration, jusqu'à la fin du Parlement, avec ces alternatives de grandeur et de décadence qui furent celles d'un Corps auquel il était uni par les devoirs et par le sang, et qui ne s'en sépara jamais sans perte (1).

Cet ordre se divisait en trois classes, qui constituèrent entre elles la corporation entière assujettie aux mêmes règles et à la même discipline : les avocats *écoutants*, les avocats *plaidants* et les avocats *consultants*.

C'était une règle établie en France, et qui avait pris naissance dans les usages du droit romain, qu'on pouvait être reçu avocat à dix-sept ans, bien qu'il en fallût vingt-cinq pour être procureur. Cette différence dans les âges tenait à ce que les officiers de cette dernière classe étaient les représentants des parties : mandat qui n'appartenait jamais aux avocats chargés seulement par leur profession d'en soutenir les droits. Les *écoutants*, qu'on nomme aujourd'hui *stagiaires*, devaient suivre le Palais avec exactitude, pour se nourrir de la pratique et des exemples des anciens jusqu'à ce que, dans des épreuves qu'ils avaient soin de ne pas précipiter, ils

(1) A côté de quelques résistances assez fermes de leur part, on peut citer le procès qu'ils eurent à soutenir vers la fin du XVIIe siècle contre le Parlement, qui avait exigé d'eux que les plus jeunes de l'ordre fissent les convocations aux obsèques du président Bernard, suivant l'usage établi dans le cas de décès de magistrats de la Compagnie et même de leurs femmes. Cette prétention, renouvelée de plusieurs autres semblables, fut portée cette fois au Conseil du Roi, avec un Mémoire qui nous apprend que le Parlement avait refusé de déduire ses raisons devant l'intendant Bouchu, chargé d'entendre les parties et de les concilier. — Voir les Registres de cette époque, qui ne disent pas, d'ailleurs, ce que devint cette affaire.

eussent essayé leurs forces. Les *plaidants*, même après leurs débuts, ne s'abandonnaient pas à eux sans avoir, dans des plaidoyers préparés d'avance, rassemblé les trésors de la doctrine et du goût. Ceux-ci formaient la partie militante de cette corporation, en faisant face aux luttes de l'audience et particulièrement à celles de la Grand'Chambre, surnommée, comme nous l'avons dit, *Chambre des audiences publiques*, dans laquelle c'était un honneur toujours envié de se faire entendre. Venaient enfin les *consultants* dont il sera parlé en dernier lieu.

En remontant aux origines de cette profession, nous voyons les plus anciennes ordonnances (notamment celles de Charles VII, Louis XI et François Ier) recommander aux avocats d'être clairs, concis et brefs, sous peine d'amende, de suspension et de privation de leur état (1). Un autre édit de Charles IX leur défendit de soutenir de mauvaises causes sous peine de dommages-intérêts personnels. Prescriptions sans valeur et qui ressembleraient à des épigrammes si le devoir de les observer n'eût été compris dans le serment imposé à tous.

Puis, à côté de ces sévérités excessives, en survinrent d'autres mieux entendues. Il leur fut interdit de plaider

(1) Le 14 août 1529, à une époque voisine de sa création, le Parlement avait fait une application malheureuse de ces sévérités envers un avocat justement célèbre par ses œuvres et qui le devint non moins dans sa vie. Barthélemy de Chasseneuz fut « *repris pour avoir été trop prolixe en écritures* contre la forme de l'ordonnance, avec défense de récidiver sous peine d'amende arbitraire. » (Registre des procès par écrit dudit jour.)

contre les arrêts, la lettre du droit et des coutumes, non plus que contre les maximes du Palais, considérées elles-mêmes comme des lois. Celui d'entre eux qui aurait lu à l'audience le contraire de ce qui était écrit dans les actes, ou qui se serait permis d'y changer quelque chose, *vel addendo vel omittendo*, commettait une infraction énorme et était assimilé à un faussaire (1). Ils devaient de plus se communiquer loyalement les pièces, et ne pas se ménager de surprises, de manière à prendre leur adversaire au dépourvu ; ce mode d'agir ou de procéder n'étant, disaient les anciens règlements, pas honnête, suivant l'adage établi : *Justa juste exsequenda sunt*. Enfin, il leur était recommandé de s'accorder entre eux, autant que possible, sur le point de fait, en se communiquant surtout les actes par lesquels ils pouvaient y parvenir.

C'était pour chacun un point d'honneur de ne pas déserter la cause du pauvre contre le riche et des petits contre les grands, voire même contre la personne du Roi, et à plus forte raison contre les membres du Parlement, quand ceux-ci se rendaient plaideurs à leur tour. Mais ils ne pouvaient se faire entendre dans leur propre cause sans la permission du magistrat qui présidait l'audience, et sans qu'ils fussent, dans ce cas, assistés d'un autre avocat prenant des conclusions à leur place.

Ils devaient tenir les procès des mains de leurs clients, et jamais de celles des Procureurs, qui cherchaient

(1) Loi, ff., ad Juliam, *De falsis*.

déjà à les accaparer pour en disposer au profit d'avocats de leur choix; ce qui était considéré comme contraire à l'honneur d'une profession dont la confiance était la base. Ajoutons qu'il n'était permis à aucun d'eux de régler ses honoraires d'avance, et encore moins d'en poursuivre le recouvrement par des contraintes, encore qu'ils fussent légitimement acquis...

Enfin existait à part, et comme une dignité de l'ordre conquise par de longs travaux, la classe des avocats *consultants*, composée d'anciens jurisconsultes rompus dans les luttes et les affaires, et sans l'avis desquels on n'entreprenait rien de sérieux en justice. Il étaient en même temps les guides et les médiateurs de la famille dans les contrats les plus importants de la vie, tels que les mariages, les donations, les testaments, les partages et autres actes qui pouvaient troubler la paix domestique : *ad quos in solio sedentes sic adhibetur, ut non solum de jure ad eos, verum etiam de omni officio aut negotio referebatur*. Retraite honorée pour ceux qui, après avoir brillé dans les audiences, venaient au déclin de l'âge recevoir ce témoignage de considération qui les accompagnait jusqu'au tombeau. Aussi étaient-ils appelés aux actes les plus solennels, comme aux secrets des plus grandes maisons; rien de sérieux ne s'y traitait sans leur avis, et cet avis était le plus souvent la loi de leurs clients. Aux audiences, et quand il leur convenait d'y assister, ils avaient des places assurées et à part, comme membres d'une magistrature auxiliaire qui traçait d'une main sûre à chacun ce qu'il avait à faire pour mettre sa fortune à l'abri des fraudes.

A ces avocats, comme aux autres membres de l'Ordre, défense était faite de consulter dans la même affaire pour les deux parties sous peine de prévarication (1).

La rétribution due à leurs travaux devait être modérée, perçue sans avance et proportionnée à l'importance des procès, comme à la fortune des plaideurs. Toutefois, dans les matières criminelles, leur assistance était gratuite, par respect pour cette maxime retenue du droit romain : *Turpe est reos empta defendere lingua.*

Un ministère ainsi relevé était saint et vénérable; aussi fut-il admis de tout temps qu'il ne dérogeait pas à noblesse et ouvrait la porte aux plus grands honneurs. Les rapports du patron avec ses clients étaient sacrés, et la confiance de ceux-ci sans réserve; on ne trouve pas, dans la période de plus de trois siècles que nous parcourons, d'exemple que la loi du secret ait jamais été violée par méprise ou par intention. Le respect pour la magistrature fut encore un des premiers devoirs de cette profession; il s'en fallut néanmoins qu'il fût aussi bien observé que les autres, soit que le barreau s'exagérât son indépendance (2), soit que le Parlement voulût à son tour exercer sur lui ces empiétements de pouvoir dont il n'était jamais avare.

A l'Ordre, enfin, appartenait l'honneur de compli-

(1) Ordonnance de François Ier.

(2) Voir, au Registre de juillet 1656, une plainte portée par l'Ordre contre le président des Barres, pour avoir interrompu deux avocats dans leurs plaidoiries par des paroles trop amères, et qui fut suivi d'une menace du Corps entier de ne plus reparaître aux audiences, qu'il n'eût plu au Parlement d'y pourvoir. — On ne dit pas comment se termina cette affaire.

menter les gouverneurs et même les lieutenants généraux de la province dans une harangue que prononçait un de ses membres les plus renommés, en présence du Parlement, après la lecture des lettres de provisions qui conféraient ces dignités et qui étaient présentées par lui. Une prérogative aussi précieuse se maintint jusqu'aux derniers jours de la Compagnie. On vit de plus, à cette époque, des avocats stipuler dans l'assemblée des notables tenue à Dijon comme délégués des corporations au nom de leur ordre, dans les différends du Tiers-Etat avec la Noblesse (1).

Pour satisfaire aux besoins de la justice on compta un grand nombre de membres de cette profession dans ces temps de juridictions et de statuts divers qui formèrent des hommes par le besoin des études fortes et comparées. Nous avons dit quel fut le nombre des avocats dans la capitale de la Bourgogne (2). Tous les membres de cet ordre prêtaient serment à la Grand'-Chambre, qu'ils exerçassent près les bailliages ou près

(1) A leur tête était l'avocat Morelet, fort considéré dans sa profession, dont la famille existe encore. Cette intervention fut le prélude du rôle plus important que le barreau allait jouer dans les affaires publiques, et pour lequel il avait, sous Louis XV, déjà essayé ses forces.

Voir la *Chronique* de Barbier, publiée depuis la 1re édition de notre ouvrage, et qui a donné la mesure de ce que fut, sur le déclin de la monarchie, la tyrannie parlementaire aidée par un ordre remuant, mais qui dès ce temps commençait à travailler pour lui, tout en semblant en servir d'autres.

(2) On peut voir dans la *Correspondance* de Brulart, tome I, lettre XIV, qu'on en comptait en 1657, *au Palais*, jusqu'à trois cents, ce qui doit, selon nous, comprendre ceux établis près les bailliages, où ils prenaient le titre d'*avocats au Parlement*, corps devant lequel ils avaient également droit d'exercer leur profession.

le Parlement lui-même. Ils prenaient, sans distinction pour tout le ressort, le titre d'*avocats à la Cour;* mais il n'y eut en réalité que ceux résidant à Dijon qui furent tenus de renouveler leur serment à la Saint-Martin de chaque année, ainsi que nous le verrons dans un autre lieu. Collége illustre et respecté, d'où partirent comme autant d'oracles ces consultations savantes qui portèrent la lumière jusqu'aux extrémités de la province, et qui couvrit de son éclat la justice souveraine elle-même.

Parmi les noms célèbres de ces différents temps, on peut citer : dans les études du droit municipal, Barthélemy Chasseneuz, parvenu pour son grand savoir aux premières dignités; Jean Bégat, devenu célèbre; Jean Despringles, Philippe de Villers, Gabriel Davot et Jean Bannelier, l'un auteur, le second annotateur de ce Traité du Droit français à l'usage de l'ancien duché de Bourgogne, qui résumait la jurisprudence et la doctrine sur l'état coutumier de cette province; et, parmi ceux d'un autre ordre, Guillaume de Montholon (1), *deliciæ populi et civitatis oraculum*, comme on l'écrivit sur sa tombe; Martin Fyot, célèbre avant la Ligue; Nicolas Chevanes, Jean Guillaume, Claude David, le président Jeannin, Jean et Pierre Poillechat, Antoine Morisot, Etienne Bernard, Jacques La Verne; Charles Févret (2); Bénigne

(1) Voir ce que nous dirons plus tard de cette famille (chapitre de la Ligue).

(2) Charles Févret naquit à Semur le 16 décembre 1583. Il fut un des plus célèbres jurisconsultes de son temps et se fit un nom par des services dont nous avons parlé dans le Discours préliminaire de cette histoire. Le Traité *de l'Abus*, ouvrage plein de doctrine et de recher-

Bossuet, père de l'évêque de Meaux; Claude Mochet, son aïeul maternel (1), tous deux conseils de la province, distinction fort ambitionnée, et qui conférait la noblesse après dix années; Claude Varenne, célébré par Bouhier lui-même (2); François-Claude Jehannin (3), qu'il ne faut pas confondre avec le président de ce nom; Jean Melenet (4); Toussaint Bullier, plus rapproché de notre âge, et, à côté des plus renommés, Simon Ranfer, au XVIIIe siècle.

Joignez encore, en finissant, des hommes d'un rare mérite, qui, comme dans les derniers temps Coquard, Arnoult et les deux Lacoste, réunirent dans leurs plaidoyers la clarté à la profondeur, l'élégance à la méthode, la sobriété à l'abondance du style; esprits bourguignons dont la verve fut poussée jusqu'à l'âpreté, la saillie jusqu'au sarcasme, et qui trouvèrent des imitateurs et des

ches, fut publié par le même et est demeuré un des principaux monuments de la jurisprudence française. On lui doit aussi un livre intitulé : *De clarissimis oratoribus Burgundiæ*, où l'élévation du style le dispute à un latin digne des classiques.

(1) Célébré par Charles Févret : *De clarissimis oratoribus Burgundiæ*, déjà cité. Il commanda sous Vaugrenant à Saint-Jean-de-Losne pendant la Ligue et reprit à la fin des troubles sa place au barreau de Dijon. On verra plus tard qu'il avait suivi le Parlement royaliste à Flavigny. Nommé depuis député du bailliage de Dijon aux États-Généraux de Paris en 1614, il y présida la Chambre du *Tiers* avec un grand éclat.

(2) Né à Semur le 4 octobre 1659, mort à Dijon le 12 juillet 1734.

(3) Né à Louhans en 1630; un des plus grands ornements du barreau du Parlement, et que la Monnoye appelle « le Papinien de la Bourgogne. »

(4) Melenet, gendre de Davot, auteur du Traité *Des péremptions*, ouvrage fort estimé. Il a laissé en outre un manuscrit ayant pour titre : *Projet de réformation de la Coutume de Bourgogne*, 2 volumes grand in-folio, avec des remarques sur la même Coutume.

émules dans la ville la plus portée à ces travers, mais aussi la mieux faite pour profiter des grands modèles.

A la suite des avocats venaient les procureurs, dont les fonctions étaient tellement nécessaires, suivant les ordonnances, que nul ne pouvait être ouï ou défendu qu'il ne fût représenté par un d'eux : obligation à laquelle étaient astreints les princes eux-mêmes dans leurs procès particuliers. Le nombre de ces officiers fut le plus souvent excessif; car l'expérience avait fait voir que les longueurs, subtilités, surprises et accroissements des procès provenaient d'un pareil abus. En France, leur existence était aussi ancienne que celle du barreau; il est question d'eux dans la juridiction des *Olim*, et celle de nos Grands-Jours de Bourgogne les tenait déjà pour indispensables. Ce nombre avait été fixé à quatre-vingts par les lettres patentes de Louis XIV (1), non compris ceux du bailliage, qui formaient une communauté séparée. Ils étaient choisis dans les premiers temps par les Présidents de la Compagnie, dont cette élection formait une des prérogatives. Cet état de choses ne cessa qu'en 1603, époque à laquelle, pour des raisons de finance, le Roi convertit leurs titres en offices publics transmissibles à titre onéreux, après examen des candidats devant des conseillers commis par la Grand'Chambre, qui prononçait sur leur rapport. Mais déjà, et dès 1597, ces charges étaient considérées comme patrimoniales et hérédi-

(1) Datées d'octobre 1666 et d'avril 1673. Sur la fin, ils furent réduits à soixante par le rachat que la communauté avait fait de plusieurs charges, ainsi qu'on procède encore de nos jours.

taires par le droit de présentation accordé aux familles après le décès des titulaires, ainsi que le jugea un arrêt du 29 novembre de la même année.

Le règlement était formel à leur égard : il voulait qu'ils vinssent les premiers au Palais; en hiver avant jour et à deux heures du soir pour les relevées; en été, plus matin encore et toujours dans le costume de rigueur, à l'exemple des avocats et des membres du Parlement. Leurs fautes de discipline étaient réprimées par une Chambre composée des plus anciens d'entre eux, qui avait sur tous droit de censure et de correction, sans préjudice de l'autorité de la Cour, qui sévit plus d'une fois contre la communauté entière, ainsi qu'elle le fit contre les avocats, soumis à d'autres règles. De même que ces derniers, et sous des peines communes, ils devaient accompagner le Parlement à la Sainte-Chapelle pour la rentrée et autres cérémonies publiques, où, par ordre du Roi, ce Corps était dans l'usage de se rendre. Enfin, en tête de ces obligations, fut celle imposée à tous d'assister aux mercuriales publiques, pour s'y instruire de leurs devoirs et y renouveler leur serment.

Ces fonctions séparées, mais qui s'unissaient par des relations nombreuses, avaient, dans un ordre différent, leur caractère et leurs prérogatives, comme elles eurent aussi leurs règles à part. Nous avons dit que les procureurs représentaient seuls les parties; mandat qui les rendait maîtres de la cause, *litis domini*, au point qu'ils pouvaient désavouer les avocats en demandant la parole pour rectifier, dans l'intérêt du plaideur, des aveux compromettants.

Des charges aussi étendues n'étaient pas, malgré leurs abus, demeurées sans honneur. La ville de Dijon avait plusieurs fois choisi des maires parmi ceux qui les possédaient, et l'échevinage s'y recruta le plus habituellement. La pratique y trouva aussi de savants interprètes (1), le barreau des hommes d'un mérite rare qu'il admit dans son sein; et la magistrature elle-même du Parlement ne rougit pas d'ouvrir ses rangs à un certain nombre de familles qui n'avaient pas d'autre origine, voire même à des procureurs eux-mêmes, à cause de services rendus (2).

En présence de ces témoignages, on a peine à com-

(1) Parmi les plus notables furent Thibaut, auteur d'un *Traité des Criées*, et Garraud, auquel on doit l'excellent livre intitulé: *Description de la Bourgogne suivant les pays de droit écrit et de droit coutumier*. Néanmoins, un pareil travail, rempli de documents curieux, n'avait pas échappé à la haine. Le président Bouhier, dans sa Correspondance avec l'avocat Marais, s'exprime ainsi à son sujet: « Ce misérable ouvrage est de la façon d'un procureur de notre Parlement qui n'a pas le sens commun. » (Lettre du 17 janvier 1725. Biblioth. imp., Fonds Bouhier, 176.) Ce qui n'a pas empêché le livre d'avoir plusieurs éditions et d'être encore recherché de nos jours. On regrette de voir un grand esprit comme le président Bouhier se montrer si passionné envers un homme modeste, par cela seul qu'il ne touchait à sa Compagnie que par des fonctions obscures qui semblaient à ses yeux le rendre indigne d'écrire. Cette boutade lancée par l'homme du monde dont son mérite aurait mieux dû le préserver peut donner la mesure de ce qu'étaient encore, à cette époque du XVIIIe siècle, les préjugés de corps.

Plus juste envers Garraud, un de ses contemporains, Courtépée a écrit quelque part: « Son ouvrage m'a été trop utile pour ne pas célébrer son auteur et rendre justice à ses travaux. C'est beaucoup d'avoir le premier ouvert à ses successeurs une route non encore frayée et hérissée d'épines. » (Description du duché de Bourgogne, au nom *Toulon-sur-Arroux*, bourg du Charolais où Garraud était né.)

(2) On peut voir, aux Archives de l'ancien Parlement, la liste complète de ces officiers, depuis la création du Corps jusqu'à sa chute.

prendre comment cette profession fut si souvent ravalée par des arrêts qui ajoutèrent aux rigueurs de l'édit somptuaire de 1549 (1) des restrictions plus blessantes (2), jointes à l'âpreté dont elle fut constamment l'objet dans les mercuriales. Toutefois, à côté de reproches qu'elle avait encourus, le Parlement fit à son égard des règlements utiles. Un des plus remarquables fut celui qui défendit de recevoir aucun procureur que le sujet n'eût dix ans de pratique, dont trois employés comme maître clerc. Il interdit de plus aux personnes étrangères à cette profession d'en usurper par prête-nom les pouvoirs, comme à ceux qui en étaient revêtus de s'associer avec les procureurs des bailliages pour les profits et émoluments de leurs professions.

Ces offices furent l'objet des convoitises du Trésor et n'échappèrent pas à ses besoins. On voulut battre monnaie sur les procureurs ainsi qu'on l'avait fait sur d'autres officiers dans des fonctions différentes. Le moyen fut la taxe et la conversion : la taxe, qui frappait le présent; et la conversion, qui n'atteignait que l'avenir, mais en s'appropriant les charges elles-mêmes. Peu s'en fallut que l'autorité ne succombât dans ces tentatives exercées contre une corporation nombreuse, laquelle, cette fois, eut le Parlement pour appui. Cette affaire devint, au XVIIe siècle, une des plus grandes

(1) Il existe un arrêt de ce Parlement qui défendit à l'un d'entre eux de traiter sa femme de *demoiselle*, dénomination accordée à la petite bourgeoisie de cette époque; puis un autre qui renouvela cette défense pour leurs propres filles.

(2) Telle que celle qui défendait à leurs femmes de porter certains habits.

entraves de l'administration de Colbert en Bourgogne, où elle faillit tout bouleverser. Des commissaires envoyés à Dijon pour recevoir des mains des titulaires les taxes établies, trouvèrent dès le début, de leur part, des résistances inouïes. Bientôt la révolte s'étendit du dehors jusqu'aux audiences, où les procureurs s'étaient abstenus de paraître pendant plus d'un mois, et les avocats à leur exemple; ce qui avait suspendu de fait le cours de la justice. Le Parlement fut accusé d'avoir encouragé sous main des menées qui étaient une protestation en faveur du droit qu'il avait eu jusqu'alors, par ses chefs, de pourvoir aux vacances de ces offices, qui lui échappait ainsi pour l'avenir. Mais cette comédie devait avoir un terme, de même que le refus des procureurs, vengeurs trop visibles de la prérogative offensée. On voulut en finir avec un tel scandale. Colbert écrivit à Brulart pour lui faire connaître la volonté du Roi d'anéantir *cette cabale* si la Compagnie n'y pourvoyait. Cet acte de vigueur, quoiqu'un peu tardif, amena des pourparlers à la suite desquels, après des explications que la Compagnie n'eût pas souffertes dans d'autres circonstances de la part d'officiers en pleine révolte, chacun d'eux reprit l'exercice de sa charge (1). Résistances inouïes pour l'époque où elles se manifestèrent, et qui prouvaient que, jusqu'au sein du grand règne,

(1) Le négociateur avait été, pour les procureurs, Guenichot; celui du prince de Condé, l'un des syndics de la communauté. Cette grève eut lieu en 1663 et se renouvela en 1673. (Voir les Registres de ces années, et la Correspondance de Brulart avec les ministres de Louis XIV.)

la Couronne de France n'avait pas été retirée entière de la poudre des Parlements.

Les huissiers ou exécuteurs des mandements de la Cour furent tenus de faire respecter son autorité dans le prétoire et dans les cérémonies auxquelles elle était tenue d'assister en corps : *Qui aditum dant ad magistratus. Qui arcent a subselliis litigantes importunos vel turbam in subsellia irruentem, pacemque indicant auditori* (Pollux, lib. 8 cap. 2). Ces officiers étaient ainsi subordonnés aux ordres de cette Compagnie, qui les choisissait parmi les plus recommandables de leur profession.

Un exemple resté célèbre montrera que les plus grands personnages furent tenus à ce respect. Des soldats du duc d'Epernon avaient délivré un prisonnier et insulté les huissiers préposés à sa garde dans une salle du Palais. Le Parlement suspendit pour ce fait le cours de la justice « jusqu'à ce qu'il en eût obtenu réparation, ce à quoi il résolut de travailler, toutes affaires cessantes. » Le Roi, qui en avait été prévenu, envoya assurer cette Compagnie que « l'affaire le touchait aussi sensiblement qu'elle-même, ses intérêts et ressentiments lui étant communs. » Il ordonna, de plus que le duc d'Epernon se présenterait à la Cour pour lui donner satisfaction, ce qui s'accomplit à la rigueur. Le duc, entré aux chambres assemblées, dit que « depuis trente-deux ans qu'il avait l'honneur d'être du corps de cette Compagnie, il l'avait toujours eu en révérence et honoré chacun de Messieurs en particulier...; que si ses ordres avaient été exécutés avec trop de violence, il en était bien marri...; que pour une preuve de respect envers elle, il la suppliait de se souvenir qu'après la mort déplorable de Henri-le-Grand, il fut le premier qui vint devers elle pour l'exhorter et encourager à user de son autorité en cette occasion et de pourvoir à la régence... et qu'il la conjurait d'oublier le passé... » A quoi le Premier Président répondit par ces paroles concertées en la Grand'Chambre : « Puisque le Roi a déclaré qu'à l'égal de ses prédécesseurs, il veut être plus enclin à la douceur et clémence qu'à la rigueur, la Cour, de son très exprès commandement, en considération de vos longs services, croyant plutôt le bien que le mal, a interprété bénignement les actions d'un ancien officier de la couronne et pair de France et reçoit ses excuses, espérant que cela vous occasionnera et vos enfants à rendre au Roi et à l'Etat le service duquel vous êtes obligé, et vous contiendrez à l'avenir dans le respect et l'honneur que vous devez à la Cour. » Ceci se passait sous le règne de Louis XIII, où la puissance de Richelieu ne comportait guère ces ménagements envers un Corps à cause de l'insulte faite à ses derniers officiers (1); mais où cette fois l'autorité du Prince n'était point mêlée.

A la Grand'Chambre, le premier huissier faisait exclusivement l'appel du rôle et avait son siége séparé au milieu du Parquet, les yeux fixés sur le Premier Président, dont il attendait les ordres. Ce titre conférait la vétérance et la noblesse ; il était transmissible et héréditaire, et donnait à celui qui en était revêtu le droit de porter la robe rouge, comme les membres du Parlement

(1) Voir le *Mercure français*, et Dupleix, *Histoire de Louis XIII*.

eux-mêmes. On trouve au Registre de 1523 que le premier huissier fit partie d'une députation qui fut envoyée en Cour pour solliciter l'érection de nouvelles charges demandées par cette Compagnie ; ce qui indique le rang que le titulaire y tenait dès cette époque.

Le nombre des huissiers était de quatorze au temps de la suppression du Corps, non compris trois autres huissiers attachés aux Requêtes du Palais. Il avait été auparavant porté jusqu'à vingt. En cas d'infraction à leur service, la Cour les frappait d'une amende arbitraire, ou les envoyait en prison lorsque ce manquement allait jusqu'à l'indiscipline. Enfin, à l'exemple des autres officiers de justice, ils renouvelaient leur serment à la rentrée de la Saint-Martin, à la suite des mercuriales, et sans pouvoir s'en dispenser sous aucun prétexte.

Mais, en retour de l'obéissance aveugle qui leur était demandée dans l'exécution des ordres de la Compagnie, celle-ci défendit leur autorité comme la sienne propre, et sa protection ne leur manqua en aucune occasion. On peut voir encore aux Registres de la Tournelle qu'un plaideur qui avait outragé et frappé l'un de ces officiers dans son service, fut jugé à mort et pendu devant la porte du Palais (1).

Ajoutons que, pour en finir avec les perturbateurs, parmi lesquels étaient le plus souvent les laquais qui troublaient les abords des audiences, le Parlement avait donné à ses huissiers plein pouvoir pour les fustiger à coups de verge et les livrer aux exécuteurs de la

(1) Arrêt du 9 juin 1582.

justice s'ils osaient leur résister, afin qu'ils reçussent d'eux la même correction. Mesures de rigueur qu'il suffira de citer parmi tant d'autres du même genre, et qui prouveront davantage que cette Compagnie ne craignait pas de recourir à l'arbitraire pour faire respecter son nom jusque dans la personne de ses moindres officiers; tandis que, par une contradiction intéressée, elle imposait la stricte observation des règles aux différentes juridictions qui lui étaient soumises, et auxquelles elle n'en pardonna jamais l'oubli.

CHAPITRE IV.

—

SOMMAIRE.

Régime intérieur du Parlement. — Formation des arrêts. — Discipline des Magistrats. — Rentrées de la Saint-Martin. — Harangues de Brulart : La constance et la force de courage. La puissance de la justice intérieure. La puissance et le devoir du juge. L'amour de la justice et de sa charge. Les combats du juge. La justice supérieure aux armes. Le règne de la justice. Le tableau du juste. Le tableau de la justice. La lumière. L'action. L'honnêteté et la bienséance. La modération et la douceur. La vérité. Le bonheur dans la pratique des vertus de chaque condition. — L'ordre et la bienséance. La politique du parfait Magistrat. L'union des vertus dans les devoirs. La constitution des pouvoirs publics. L'autorité et l'obéissance. La gloire. La sagesse. Le repos. Le génie du Prince. — Caractère de ces harangues et jugement porté sur elles.

Le Parlement, organisé comme nous venons de le voir dans ses services et dans les professions différentes établies près de lui, manifestait son autorité par des délibérations en forme qui prirent le nom d'*arrêts*, et dont, par une étude qui ne sera pas sans intérêt, nous devons signaler les règles dans ce mode de computer les suffrages qui donnait à la garantie du nombre la force de la chose jugée.

Jusqu'au milieu du XVIe siècle, les arrêts, comme tous les actes publics en France avant cette époque, furent rendus et transcrits en latin. Mais les titres qui pourraient en cette province fournir la preuve de ces *Olim* bourguignons du moyen-âge manquent aujourd'hui, s'ils furent jamais dressés régulièrement dans nos anciennes juridictions. Monuments curieux pour cette Compagnie, qui montreraient davantage ce qu'elle fut à son berceau et avant les changements que le progrès y introduisit plus tard.

La coutume de latiniser les actes, dernière trace de l'occupation romaine, n'était pas encore abandonnée en 1555 dans la magistrature du Parlement, et s'étendait jusqu'aux noms propres. On trouve dans un ancien Registre une délibération de cette époque qui contraignit le conseiller Bouhier, de la famille du célèbre président, à signer simplement son nom en le dépouillant de la terminaison latine qu'il persistait à lui conserver, *Bouhierius*, qu'on voit apposé à la suite de plusieurs arrêts rendus sur son rapport ; retour obligé de cette Compagnie, après que, par son édit de 1536, François Iᵉʳ en avait fait pour la France la règle ordinaire.

Avec la rédaction de ces arrêts en langue morte avaient cessé les inconvénients qui y étaient attachés, parmi lesquels nous citerons celui de ne pas relater la date de la prononciation de chaque sentence, mais seulement celle des fêtes de l'année dont elle se rapprochait davantage. A une époque plus ancienne avait existé la règle du *record public*, qui, au lieu de l'écriture, abandonnait au seul souvenir des magistrats qui y avaient participé la garantie de tous les jugements, l'usage si naturel de les transcrire sur des registres publics n'ayant commencé à prévaloir que sur la fin du XIVᵉ siècle. Ces pratiques incommodes prirent naissance au sein de l'ignorance des temps féodaux, et ne tardèrent pas à disparaître avec eux.

Du jour où les magistrats des Cours souveraines reçurent une organisation plus stable, leurs jugements durent être aussi rendus par un nombre qui varia suivant les différents ressorts. A Paris, où le Parlement était plus considérable, et même en Bourgogne, suivant des lettres patentes du 18 octobre 1540, il fallait au moins dix juges, le président compris, pour faire arrêt. A Grenoble, en Lorraine, comme dans notre province après la Ligue (1), et presque partout, sept membres durent suffire. Depuis, ce chiffre devint la règle qui a été observée dans les cours de justice jusqu'à nos jours.

Les ordonnances si sévères de Louis XIV, en confirmant ce nombre, y ajoutèrent d'autres prescriptions qui ne permirent de compter que comme une les opinions semblables des parents ou alliés à certains degrés, et voulurent qu'en cas de formation de plus de deux avis, le plus faible fût tenu de se réunir à l'un des plus nombreux. On sera étonné d'apprendre que la majorité, qui fait la loi dans les actes de la justice civile, ait été pendant longtemps requise même au criminel, où le partage ne fut pas interprété par l'avis le plus doux, comme on l'observait déjà dès le XVIe siècle au Parlement de Paris ; principe d'humanité auquel celui de Bourgogne ne se soumit que longtemps après.

(1) La fraction royaliste du Parlement, retirée pendant ce temps à Flavigny, avait été le sujet de cette innovation. On peut voir dans les actes de cette Compagnie, que Henri IV, vu la restriction du nombre de ses membres, l'autorisa à rendre arrêt à sept voix seulement.

Enfin, l'ordonnance de 1667 sur la procédure civile avait mis le sceau à ces améliorations dans l'administration de la justice, en décidant, contrairement aux anciennes règles, que les arrêts pourraient être exécutés dans tous les ressorts sans *visa* ni *pareatis*, sous peine de dommages-intérêts personnels contre celles des Cours qui y apporteraient quelque empêchement.

On compta, parmi les actes du Parlement, les *arrêts généraux* et *de règlement* dont nous avons parlé, ceux dits *rendus en robe rouge*, lesquels étaient prononcés avec plus de solennité sur des questions qui devaient fixer la jurisprudence ou la doctrine ; et, au nombre des plus ordinaires du Palais, les *arrêts de défense* pour empêcher les exécutions précipitées, les arrêts *d'appointement* dans les procès instruits par écrit, ceux *de pure instruction*, et d'autres qui tirèrent leur dénomination particulière de la nature des décisions rendues, suivant qu'elles jugeaient ou préjugeaient seulement le principal, après que, dans tous les cas, la cause avait été rapportée à l'audience par commissaire et sur plaidoiries.

Mais de quelle manière étaient exprimés et reçus les suffrages ? C'est ce qu'en pénétrant plus avant dans cette institution, nous sommes parvenu à constater, et qui ne sera pas la partie la moins intéressante de ces études dans ces temps de règles sévères et de grands relâchements.

C'était une pratique observée et recommandée dès les temps les plus anciens à toutes les Cours souveraines, que plus un Corps était nombreux, plus les opinions de ses membres devaient être brèves, c'est-à-dire données par chacun sans qu'il fût permis de s'étendre et de discourir. La liberté des votes, limitée par le temps, s'accommodait ainsi avec le respect. On eût considéré comme une témérité de la part des plus jeunes, quand la profusion des dispenses en avait considérablement accru le nombre, qu'ils se fussent, assis qu'ils étaient aux derniers bancs, permis de raisonner outre mesure contre les anciens membres de leur Compagnie. Règle de déférence suivant laquelle ils ne disaient le plus souvent qu'un mot, ou même parfois se contentaient d'une adhésion muette, d'où était venu le brocard : *Opiner du bonnet*, qui se prend en mauvaise part.

On voit de plus qu'en Bourgogne la méthode de prendre les voix des derniers reçus avant celles des anciens, prescrite par l'ordonnance de 1446, contrairement au droit romain, fut rarement observée (1). Dès le principe elle avait cédé devant l'inexpérience des nouveaux titulaires des charges, que l'accomplissement de la règle eût souvent embarrassés et qu'on voulut ainsi épargner. Cette coutume, en cela plus sage que la loi elle-même dont elle usurpa la place, subsista jusqu'au dernier jour, et ne subit d'exception qu'au regard des rapporteurs, en raison de la connaissance plus complète qu'ils avaient de la cause ; préférence naturelle que l'ordonnance elle-même avait reconnue et qui était la critique indirecte de l'ordre différent qu'elle avait établi pour les autres membres.

Les opinions devaient êtres émises avec liberté, mais

(1) Suivant l'adage consacré : *Prærogativa prius est rogari sententia.*

soutenues avec modestie, de manière à ne blesser personne dans son amour-propre par des paroles que la Compagnie n'eût souffertes d'aucun, quel que fût son rang ou son ancienneté. Toutefois, le droit d'exprimer son avis n'allait pas jusqu'à laisser opiner contre les maximes du Palais, non plus que contre le texte des ordonnances, sans néanmoins que, pour l'avoir fait, on pût être noté d'*infamie*, ainsi que le décidait la loi romaine en pareil cas.

Les affaires les plus graves étaient jugées le matin, et en premier ordre les crimes capitaux, à cause de leur importance; celles de moindre valeur demeuraient réservées aux audiences du soir, où les esprits étaient moins calmes ou moins reposés.

On mettait en délibéré les procès d'Etat et d'un grand intérêt un jour d'avance, de peur qu'il n'y fût rien résolu de précipité; à moins cependant qu'on n'eût à craindre les influences du dehors, cas auquel on jugeait comme à l'ordinaire et presque sans désemparer.

Dans les procès civils, l'usage voulait qu'avant de se séparer le rapporteur posât les questions à résoudre, de manière à forcer chacun à y réfléchir.

Enfin, dans le choc des avis contraires, chaque membre ne devait voir dans les autres opinants ni rivaux, ni contradicteurs, comme dans les parties elles-mêmes de la cause que des noms ignorés ou indifférents, entre lesquels les préférences étaient exclues.

C'était une honte de ne pas oser changer d'avis après avoir entendu les raisons opposées, de même qu'il y avait faute grave à discourir en public sur des questions non jugées et dont le Parlement était saisi.

Les arguties et la scolastique étaient bannies des discussions intérieures et les redites défendues, surtout au rapporteur, tenu plus particulièrement d'être net, et qu'on n'excusait jamais quand il était obscur ou incompris.

Du fond des choses ces sévérités s'étaient étendues jusqu'à la forme. On ne pouvait opiner autrement qu'assis, coutume excellente empruntée aux plus anciennes lois des Novelles et de la magistrature romaine; de même que personne ne pouvait donner son avis qu'il ne lui eût été demandé par le magistrat qui présidait l'audience et auquel en appartenait la prérogative.

En été, les magistrats devaient entrer au Palais à six heures du matin, et à sept en hiver, sans pouvoir en sortir avant la levée, *sauf les cas de maladies, vieillesse ou autres inconvénients;* et ce sous peine de privation de leurs gages et même de suspension, après que le greffier avait tenu note des absents et des retardataires. Les audiences de relevée se continuaient jusqu'à la nuit, mais sans qu'il fût permis de les prolonger au-delà, par assimilation aux arrêts qui ne pouvaient être prononcés que de jour.

La discipline concernant les congés était inflexible. Nul ne pouvait s'absenter sans permission, quels que fussent son rang et son excuse, fût-il chef du Parlement ainsi que nous l'avons expliqué en parlant de cette haute dignité. Dans tous les cas, le Corps entier devait être consulté.

Le costume des magistrats fut aussi une des principales affaires de ces temps reculés, et souleva de nombreux orages dans le Parlement (1). Les prescriptions s'en étendaient jusqu'aux habitudes de la vie et y comprirent toutes les professions attachées au Palais, malgré les résistances nombreuses de ceux qui les exerçaient.

Outre les présents, donations et testaments, qu'ils ne purent jamais accepter des parties, il fut interdit aux membres du Corps de recevoir pensions ou bénéfices d'autres personnes que de celle du Roi, de cumuler deux offices et de devenir cessionnaires de droits, dettes et actions litigieuses soumis à leur juridiction; comme défense leur fut faite en tout temps de trafiquer, depuis même que la faculté de le faire avait été concédée à la noblesse par les édits de Louis XIV.

C'était une faute grave de leur part de solliciter pour autrui des procès pendants ou commencés, et d'en parler à ceux qui avaient mission de les juger; mais c'était une infraction énorme de dévoiler le secret des votes, puis-

(1) On vit, entre autres exemples de ce genre, le doyen du Parlement, Hector-Bernard Pouffier, nom respecté, dénoncé en 1684 par l'avocat général Durand, pour l'avoir rencontré sur la place publique en habit gris, au mépris des ordres du Roi sur la tenue des magistrats. Cette affaire, dont on ne retrouve plus de traces, fut assoupie, suivant toute apparence, non sans avoir excité contre l'avocat général les rancunes de la Compagnie. (Registre de ladite année.) « Nous voulons, disait l'ordonnance de 1661, que les officiers de nos Cours de Parlements soient revêtus dans la ville de soutanes et manteaux larges, sans collet et parements; à peine, pour la première fois, d'être privés de l'entrée de nosdites Cours pendant six mois, la seconde fois un an, et la troisième pour toujours. »

qu'elle allait jusqu'au parjure et entraînait la privation de l'office.

Défense était faite aux mêmes magistrats de communiquer avec les plaideurs en dedans comme au dehors du Palais, chez eux comme dans les maisons tierces, ainsi que de consulter et de devenir arbitres avec ou sans frais, sous prétexte de concilier les familles (1).

Enfin ils devaient être modestes dans leur état, meubles et dépenses domestiques, sans compter les qualités personnelles qui formaient la garantie de cette grande profession.

Mais tous ces préceptes ne s'exécutèrent pas à la rigueur; et, si dans la vie d'aucun de ces magistrats il n'exista pas de ces taches dont le Parlement de cette province sut si heureusement se préserver, des faits nombreux d'indiscipline étaient plus d'une fois venus troubler la paix du Palais, en montrant, par l'insuffisance des peines, que la perpétuité des offices avait encore d'autres dangers. On voit dans les actes qui sont restés et à partir surtout du temps de la Fronde, qu'à côté de querelles extérieures dont la justice eut à souffrir, les audiences du Parlement avaient été le théâtre de scènes aussi violentes qu'inattendues. Des hommes orgueilleux ou indociles avaient apporté dans cette Compagnie, avec des noms nouveaux, de présomptueuses ignorances. Ils avaient acheté des

(1) Même au XVe siècle, sous le règne de Charles VII, il n'avait fallu pas moins qu'un édit sévère pour défendre aux juges de *dormir* ou *caqueter* aux audiences pendant la lecture des actes (1453, art. 108), édit renouvelé par François Ier (1535, chap. 1er, art. 40), et tombé depuis en désuétude.

charges pour devenir quelque chose; ils les conservèrent sans s'inquiéter de les bien remplir, pourvu qu'ils demeurassent en possession des priviléges qu'ils avaient ambitionnés. Leur nombre s'accrut avec les abus des transmissions et en fut la conséquence. Tous les désordres intérieurs arrivés au Parlement dans les XVIIe et XVIIIe siècles avaient été la suite de ces admissions de faveur dont nous avons parlé précédemment, et où les examens ne furent plus qu'une vaine formalité. Ni le rang, ni la dignité, ni le respect qu'ils se devaient à eux-mêmes et au public ne retinrent ces juges oublieux de leur dignité dans des emportements où les injures furent poussées jusqu'à l'outrage, et cet outrage jusqu'aux voies de fait les plus déplorables par lesquelles le sanctuaire des lois pût être profané (1). Nous avons sous les yeux plus de vingt arrêts qui prononcent des peines de discipline pour des faits semblables, et font voir que le Parlement poussa la faiblesse jusqu'à se contenter d'ordonner contre leurs auteurs des remontrances faites derrière le bureau, ou des suspensions temporaires qui ne dépassèrent jamais l'année.

Cet affaissement de la discipline avait frappé tous les esprits. L'un des chefs de la Compagnie, le Premier Président Bouchu, la signala dès le XVIIe siècle dans

(1) Voir, dans la *Correspondance* de Brulart, le compte rendu par ce chef du Parlement au ministre La Vrillière des mauvais traitements exercés par le président Baillet, les conseillers Legouz, Bouhier et Ragys et le procureur général Languet, tous en robe de Palais et armés de bâtons, dans l'hôtel du président Jacob, sur sa personne, celle de sa femme et de l'un de ses valets, pendant que les valets des agresseurs gardaient les portes.

une mercuriale publique qui a été conservée, et dans laquelle il se plaignait des résistances dont il était l'objet de la part d'une jeunesse indocile qui forma la majorité du Parlement et parvint à lui dicter la loi.

Ce furent d'ailleurs les mêmes hommes qui donnèrent l'exemple de ces scandales. On est confondu de rencontrer jusqu'à cinq fois le même nom dans ces punitions domestiques, où l'indulgence ne se fatiguait pas et montrait ce que pouvait faire l'esprit de condescendance pour les plus graves infractions (1).

Mais si le Parlement était bienveillant pour ses propres membres, il était sans miséricorde pour les gens de robe qui exerçaient leur fonctions sous sa dépendance, tels que les procureurs et huissiers, dont il réprimait les écarts avec une sévérité qui dépassa souvent la mesure. Les avocats, à cause de l'indépendance de leur profession (1) entendirent de nobles conseils plutôt que des reproches. C'était dans les harangues publiques pronon-

(1) La Chronique de Gaudelet rapporte un exemple curieux de ces remontrances accompagnées d'une répression plus sévère. En janvier 1666, le conseiller Morisot s'était oublié jusqu'à donner un soufflet au conseiller Pérard, dont il avait reçu un démenti. Le Parlement ordonna par arrêt que l'auteur d'une pareille violence ferait réparation à l'offensé, puis demeurerait interdit de ses fonctions durant huit mois. Cet acte fut prononcé par le Premier Président au conseiller Morisot, debout et découvert derrière le bureau; après quoi ce dernier dit à haute voix ces paroles à lui imposées par la Compagnie : « Messieurs, je reconnais avoir témérairement, sans cause et contre le respect que je dois à la Cour, offensé le conseiller Pérard, mon ancien, dont je vous demande très humblement pardon et à lui; vous suppliant, Messieurs et lui, de vouloir bien oublier cette offense et m'accorder le pardon que je vous demande. » Sur quoi, le Premier Président prononça ces mots : « Morisot, sortez du Palais. » Le conseiller obéit sans murmurer.

cées aux rentrées de la Saint-Martin de chaque année, dont nous allons rappeler le souvenir, que s'exerça par la parole la première de ces censures et la plus utile sur les manquements de ces officiers, comme sur ceux de la magistrature du ressort, représentée à la barre par les présidents et procureurs du Roi des bailliages, tenus d'y venir renouveler leur serment.

Ce serment devait être précédé de la lecture des ordonnances, qui confondaient dans une obligation commune le devoir avec la perfection du devoir, au milieu de prescriptions minutieuses qu'il serait trop long de rappeler, et dont la faiblesse humaine ne pouvait entièrement se garantir.

C'est ainsi qu'à côté d'engagements sérieux qui tenaient aux fondements mêmes de la charge se trouvaient les promesses faites par les magistrats :

« De ne point interrompre les besognes du Palais pour leurs affaires ;

« De ne pas se déranger de l'audience pour ces mêmes causes ;

« De n'y recevoir personne qui vînt les en entretenir ;

« De ne souffrir, de la part des procureurs, aucune interruption pendant l'audience pour appointement des requêtes ou autres objets ;

« De ne jamais interrompre au conseil le président dans la position des questions ;

« De ne pas branler avant leur tour sur ce qui aurait été dit en opinant par un autre ;

« De ne pas citer les textes de loi et canon, si ce n'est en pure matière de droit ;

« De ne divulguer après l'arrêt les opinions d'aucun ;

« De ne pas souffrir les outrageantes paroles des avocats, procureurs et parties ;

« De ne point conférer avec les autres magistrats qui viendraient tournoyer aux audiences et les interrompre dans le service; etc. »

Toutes ces promesses étaient au nombre de soixante-onze articles pour les membres du Parlement, et de neuf seulement pour les gens du Roi (1).

Le serment des avocats, dont la formule nous a été aussi conservée (2), contenait, parmi les mêmes profusions d'engagements, ceux-ci :

« Qu'ils exerceraient loyalement et fidèlement leur office ;

« Qu'ils ne prendraient ni recevraient sciemment charge de procès injustes ;

« Que, quand ils verraient cause injuste, incontinent ils la délaisseraient ;

« Qu'en causes qu'ils conduiraient, s'ils voyaient qu'elles touchassent le Roi, en avertiraient aussitôt la Cour ;

« Que sciemment ils ne poseraient articles impertinents ;

« Qu'ils ne soutiendraient ni proposeraient coutumes qu'ils ne crussent être vraies ;

« Qu'ils expédieraient de tout leur pouvoir les causes

(1) Voir le Registre du 13 novembre 1566.

(2) Voir le Registre du 12 novembre 1565, contenant à la suite celui des procureurs.

et ne chercheraient point dilatations et subterfuges malicieusement;

« Que, pour leurs salaires, tant fût grande la cause, ils ne recevraient pas au-delà de *trente livres parisis*, et ne pourraient prendre en fraude de plus grands salaires; mais pour médiocres affaires moins, comme pour plus petites beaucoup moins, suivant la condition des personnes;

« Qu'ils ne feraient point de cotte ou division de la cause, avec obligation pour ceux qui prêteraient conseil et assisteraient ceux des avocats qui auraient la charge principale de la cause, d'en prêter le serment;

« Qu'ils viendraient et feraient venir leurs parties bien matin au Palais;

« Que, bien qu'ils fussent plusieurs avocats en une cause, l'un plaiderait seulement, et non les autres;

« Qu'ils ne s'en iraient point de la Cour pendant que Messieurs seraient à l'audience. »

On lisait ensuite pour le serment des procureurs un grand nombre de prescriptions semblables, avec d'autres spéciales à leur profession :

« Que diligemment et fidèlement ils exerceraient l'office de procureurs;

« Qu'ils ne prendraient charge en cet office de cause injuste;

« Que si, en exerçant et après la charge prise, ils voyaient la cause injuste, incontinent ils la délaisseraient;

« Que dans les causes qu'ils auraient, s'ils voyaient toucher à l'honneur du Roi, ils en avertiraient la Cour;

« Qu'ils ne feraient ni ne feraient faire impertinents articles ;

« Qu'ils ne proposeraient ni feraient proposer des coutumes qu'ils ne croiraient pas être vraies ;

« Qu'aux procès dont ils auraient charge ne chercheraient ni délations ni subterfuges malicieusement ;

« Qu'ils n'entretiendraient aucun de la Cour, à part de leurs procès ;

« Que pour leurs salaires, quelque grande que fût l'affaire, ils ne recevraient outre *dix livres parisis*, ni autre chose en fraude de plus grand salaire ;

« Qu'ils viendraient de grand matin au Palais ;

« Qu'ils demeureraient tête nue devant leurs avocats quand ils plaideraient ;

« Qu'ils ne partiraient pas de l'audience pendant le temps de sa durée ; etc.»

De ces prescriptions, la plupart surannées, quelques-unes seulement avaient été modifiées avec le temps. Le plus grand nombre demeura entier jusqu'à la fin, par respect pour les vieilles coutumes. Mais la difficulté de se conformer à chacune d'elles après un serment qui les plaçait toutes au même niveau n'avait pas tardé à faire dégénérer cet acte en une vaine formule, malgré la pompe dont il fut toujours entouré. Cette lecture des ordonnances durait plus d'une heure, et se faisait après les mercuriales publiques, dont il reste à parler.

De tels actes, dont l'origine était aussi ancienne que celle des Parlements, formèrent la partie la plus intéressante des rentrées de la Saint-Martin, et méritaient, avec ce que nous avons dit particulièrement de l'organisation du Parlement de Bourgogne avant d'en parcourir l'histoire, une mention à part. La magistrature y puisa des leçons sévères, les professions du Palais des avertissements utiles, et l'éloquence judiciaire des modèles où le devoir était enseigné dans un langage toujours élevé et parfois magnifique, tel que fut celui de Brulart au XVIIe siècle. Les fragments inédits que nous en allons citer, donneront une juste idée de ce que fut ce grand esprit au temps où le mauvais goût dominait, par l'enflure et une érudition affectée, dans les habitudes du barreau. Ici nous avons dû placer ces harangues, dignes de mémoire. Renvoyées à la partie de cet ouvrage où leur auteur occupera une si grande place, elles eussent, par leur étendue, interrompu sans mesure la marche de l'histoire, et nui à sa clarté.

La première que Brulart prononça fut celle de la Saint-Martin 1657, peu de mois après sa réception dans la dignité de chef du Parlement ; harangue où il avait pris pour sujet : *La constance et la force de courage,* qui allait devenir, suivant ce texte emprunté à l'Ecriture, le programme de sa conduite pendant trente-cinq ans qu'il devait passer à la tête de cette Compagnie : « *Dedi te hodie in civitatem munitam, et in columnam ferream, et in murum æneum ; probatorem dedi te populo meo robustum.* »

Il disait aux magistrats : « ..... Encore que la raison soit l'œil par lequel l'âme distingue le vrai d'avec le faux et les choses qui sont bonnes d'avec les mauvaises, les passions se présentent avec des appas si suborneurs et séduisent l'homme avec tant d'adresse, que la lumière en est souvent éclipsée et fait place à des ténèbres qui, obscurcissant sa connaissance, le jettent ensuite par nécessité dans le déréglement et la confusion de ses appétits. Mais la justice est venue à son secours pour calmer ce désordre et pour le faire jouir comme par avance du bonheur qui lui est destiné. Elle marche avec un pompeux cortége des vertus principales qui la rendent victorieuse. La prudence, qui est l'essence même de la raison, est son guide et sa compagne fidèle qui ne la quitte point ; la tempérance lui sert à combattre tous les excès et tous les défauts, et elle fait, à leur aide, des lois pour s'assujettir et ramener à soi ceux qui troublent et renversent l'ordre des choses. Mais la force de courage établit son empire avec autorité, et si elle porte la terreur dans l'esprit des coupables, ce n'est que pour mieux faire sentir aux autres la douceur de son règne. Et comme c'est d'elle que dépend l'exécution de ses oracles dont vous êtes les sages interprètes, la justice ne peut vous reconnaître pour ses premiers ministres si cette vertu qui doit la faire triompher n'est en une singulière considération auprès de vous, et s'il y a quelque chose qui vous soit plus cher que le maintien de son autorité.

« Mais qui pourrait douter de votre attachement, de votre zèle pour sa gloire? Vous vous êtes liés à ses intérêts par un serment solennel et vous aviez assez connu auparavant qu'elle ne recevait sous ses drapeaux que des volontés constantes et perpétuelles. On ne peut donc attendre de vous qu'un bel usage de cette vertu ; partout où elle paraît, elle montre qu'elle est libre aussi bien qu'inviolable ; elle est si fort endurcie contre la violence, que bien loin d'être rompue par ses efforts, ils ne la peuvent ployer, et ses ennemis amassés ensemble n'ont de force que pour exercer les siennes sans les pouvoir jamais vaincre ni même les offenser : *Libera est, inviolabilis, immota, inconcussa, sic contra casus indurata, ut nec quidem vinci, necdum inclinari possit.*

« Il suffisait, ce me semble, de connaître les avantages de cette protectrice des lois pour lui donner son cœur et pour recourir à elle comme à un abri assuré contre l'usurpation et la tyrannie. Mais, parce qu'il se pouvait trouver des âmes molles capables de faire cette injure à leur ministère, de trembler en faisant leurs charges (*trepidaverunt timore ubi non erat timor*), et de douter par là de sa force et de son excellence, il a fallu que Dieu même les ait affranchis de la crainte et qu'il leur ait laissé par écrit la règle de leurs devoirs. Sachez, leur dit-il, vous que j'établis pour juger souverainement les hommes, que, quelque opposition qu'on vous fasse, rien ne doit vous émouvoir ; que, quelque puissance qui vous attaque, vous ne pouvez jamais être vaincus ; qu'à vous prendre tout seuls, vous n'êtes pas moins en défense qu'une ville de guerre parfaitement munie. Sachez enfin que vous devez être comme une colonne de fer toujours inébranlable, un mur d'airain pour résister fortement au mal, et un puissant protecteur des peuples pour maintenir ses libertés sous l'autorité du Prince et des lois, et que la dispensation ne vous en est commise qu'à la charge de les faire exécuter avec constance et vigueur : *Dedi te hodie in civitatem munitam, et in columnam ferream, et in murum æneum ; probatorem dedi te populo meo robustum.*

« En effet, que peuvent ces ordonnances toutes seules, et pouvons-nous nous-mêmes les rendre utiles au public, sinon en nous servant de la fermeté de nos âmes pour les rendre auparavant redoutables et efficaces à ceux qui nous sont soumis ? L'exécution ne nous en a été confiée par le Roi que dans la créance que nous les ferions valoir avec constance et vigueur. S'il est le bras de son royaume, vous en êtes le nerf ; et, s'il en est la main, la justice constante en est la force. Cependant il nous l'a bien voulu déposer, mais c'est pour l'exercer avec fermeté et courage ; et s'il nous a rendus participants de son autorité royale en soumettant l'honneur, la fortune et la vie de ses sujets à nos jugements, c'est à condition d'employer toutes nos forces pour la conservation de leur repos dans la dépendance légitime et naturelle où ils doivent être, et de contribuer par là à la gloire et à la félicité de son règne.

« Il faut donc que nous soyons des rochers immobiles et impénétrables à l'effort et à la violence des passions ; que notre raison soit toujours debout, et que l'égalité soit telle en notre conduite, que nos âmes ne puissent jamais être partagées, enflées, ni abattues par des motifs étrangers qui bien souvent ont trop de part dans les affaires. Ceux qui s'embarquent avec un vent favorable ne laissent pas de se munir de mâts, de cordages et de toutes choses contre la tempête ; de même, la bonace où nous sommes ne nous doit point faire oublier qu'elle est sujette à changement ; nous devons prévoir qu'elle peut être troublée. Il est même difficile qu'une année entière se passe sans quelques agitations publiques ou particulières, et nous ne saurions apporter trop de prévoyance ni former trop de mâles résolutions pour nous gouverner dans la tourmente et pour faire régner paisiblement les lois. La constance et la fermeté dans nos charges seront donc les armes que nous opposerons en ces rencontres, et souvenez-vous toujours de ce beau mot de Sénèque : « qu'avec elles la justice ne peut être ni vaincue ni ployée. » Les préceptes sont comme des graines qui, pour être petites, ne laissent pas, quand elles tombent dans un terrain fertile, de déployer leurs forces et de se dilater à de merveilleuses grandeurs. Ainsi la raison, pour peu qu'elle ait de langage, croît et se fortifie... »

Il disait aux magistrats du Parquet : « Gens du Roi, la constance est la véritable partie du juge par laquelle il donne la vigueur aux lois, il les maintient avec autorité, et il résiste fortement à ceux qui les attaquent. Mais la hardiesse est celle qui est désirable en vos emplois ; vous ne devez pas seulement apporter de la résistance aux désordres qui troublent la société civile, votre fonction est de leur aller au devant, de les découvrir, et même de les combattre. Vous êtes comme des sentinelles avancées pour prendre garde à tout ce qui se passe au dehors, et pour avertir la justice des choses qui intéressent le repos des peuples et l'obéissance qui lui est due. Elle se repose aussi sur vos soins, sur votre vigilance et sur votre courage de la poursuite de beaucoup d'affaires importantes à la tranquillité publique. Je sais bien que vous êtes exposés à la haine et à l'envie de la plupart de ceux sur qui s'étend le pouvoir de vos charges; mais, s'ils font une partie de vos peines, ils sont aussi les instruments de votre gloire. Depuis qu'on a choisi une profession, il faut lutter contre ce qu'elle a de malaisé. La marque d'une âme valeureuse et magnanime est de se raidir contre les difficultés. Vous n'êtes pas établis pour applaudir aux actions des hommes, mais pour censurer les mauvaises et les faire ranger sous l'empire des lois. Vous parlez pour un maître dont le nom est grand et victorieux, et sous qui la justice aussi bien que les armes doit être toujours triomphante. Il a intérêt que chacun sans distinction soit soumis à cette autorité. Mais, comme sa force consiste principalement dans le respect et l'amour de son peuple, vous devez prendre sa défense et veiller avec soin à la conservation de ses priviléges, et vous opposer vigoureusement contre les perturbateurs de son repos, parce que ceux-ci le seraient en même temps du bien public et de l'Etat. Soyez donc fermes et hardis dans vos charges ; et s'il n'y a rien qui persuade mieux que l'exemple, faites en sorte que chacun se propose le vôtre comme illustre, pour rendre honneur et se soumettre à la justice. »

Il disait aux officiers des Bailliages : « Vous êtes tous les ans appelés en ce sanctuaire pour y recevoir la règle de vos devoirs... La première chose que vous demande la justice, c'est votre cœur, c'est votre volonté ; et comme elle se met en vos mains et qu'elle vous rend considérables parmi les hommes, il est bien juste que vous vous donniez tout à elle et que votre attachement à sa gloire soit plein de constance et de fidélité. La fermeté est donc une partie sans laquelle vous ne pouvez vous acquitter dignement de vos charges. Il n'appartient qu'aux coupables de trembler éternellement, parce que plusieurs crimes se dérobant à la loi, au juge et aux châtiments, il est en quelque façon nécessaire qu'ils soient persécutés par ces peines naturelles et rigoureuses et que la crainte prenne du moins dans leurs âmes la place du repentir pour leur servir de quelque punition. Mais c'est au parfait magistrat, c'est à ces consciences épurées de professer cette belle constance qui demeure toujours ferme en ce qui est de l'ordre des choses. La vigueur avec laquelle vous le maintiendrez sera un témoignage assuré de votre zèle et de la netteté de vos âmes. La raison ne doit jamais perdre courage : elle est inébranlable contre les attaques même de la fortune, et si vous la pouvez garder, elle vous gardera vous-mêmes en toute rencontre. Mais auparavant vous avez besoin d'une grande connaissance de votre métier. Il vous faut de l'ordre, de la modération, de la bienséance et une volonté innocente et désintéressée. La vertu ne se loge que dans des esprits façonnés par un exercice continuel. Les hommes naissent sans elle, mais pour elle ; et la meilleure nature du monde est bien susceptible de vertu, mais elle n'est pas vertueuse qu'elle n'en ait reçu l'instruction. Veillez donc à régler vos mœurs. Excitez ce que vous avez de languissant ; animez ce que vous sentez qui se relâche ; domptez ce qui se révolte, et faites une guerre irréconciliable à vos passions, afin que la justice ne soit pas moins unie à vos âmes que vos charges le sont à vos personnes, et que chacun se soumette plus volontiers à cette aimable reine du monde qui peut seule établir une glorieuse tranquillité dans la vie. »

Il disait au Barreau : « Avocats....., la nature a bien donné à l'appétit la puissance de faire la guerre aux maux corporels et sensibles ; mais ce présent lui serait inutile s'il n'inspirait la même aversion aux facultés qui sont dans sa dépendance, et s'il ne se servait des organes pour opposer une plus forte résistance aux maux qui l'attaquent. Vous avez été choisis par la justice comme les ennemis du désordre et de la confusion. Elle emploie votre science comme une faculté animée qui est sous sa direction. Elle vous a imprimé une haine implacable contre la violence et contre la tyrannie, et elle se sert de vos bouches comme d'organes éloquents par lesquels la vérité est rétablie et les vices sont confondus. C'est à vous de parler hardiment pour l'exécution des lois ; votre ministère ne leur est pas moins utile que la force de courage l'est au reste de la vie pour en vaincre les traverses. Le public a intérêt qu'il y ait des hommes pour défendre les faibles contre l'oppression des forts, et cette seule considération l'a autrefois emporté à Rome par-dessus une fâcheuse disgrâce que quelques ames perfides et vénales avaient attirées : *Ne quis,* dit Tacite, *inopia advocatorum potentioribus obnoxius sit*. Vous voilà obligés de tendre les bras à ceux qui dans le malheur réclament votre secours. La défense que vous leur devez doit être fidèle, vigoureuse et sans crainte. Mais, si vous la voulez rendre aussi ferme et aussi courageuse que vos conditions le demandent, unissez en vous les lumières de l'entendement avec la force de la volonté, et faites que les vertus intellectuelles et morales soient les nobles instruments de votre héroïque constance. En contribuant de tous vos pouvoirs avec fermeté à l'élévation de la justice, sa protection ne vous sera pas seulement due et assurée, vous aurez part à ses triomphes ; car c'est vous cueillir des lauriers que de lui procurer des victoires. »

A l'ouverture du Parlement faite à la Saint-Martin de l'année suivante, où il avait pris pour texte : *La puissance de la justice intérieure,* il disait aux Chambres réunies : « Si la fonction ordinaire de vos charges est accompagnée de cette pompe et de cette majesté qui attirent le respect de tous les peuples, il me semble que la solennité de ce jour a encore quelque chose de plus auguste. Vous êtes occupés tout le reste de l'année à régler les devoirs des hommes, mais vous travaillez aujourd'hui à vous régler vous-mêmes ; et, comme vous n'avez pas moins d'obligation de les bien juger qu'ils en ont d'obéir à vos jugements, c'est aussi très saintement que la cérémonie de ces premiers jours a été instituée. Ne croyez pas, s'il vous plaît, qu'elle se réduise à la seule lecture des ordonnances ; nous sommes assemblés pour former de plus importantes résolutions... pour répondre dignement à l'honneur de nos emplois et à l'attente de ceux qui nous regardent comme des oracles et les souverains arbitres de la fortune particulière et publique.

« Parmi les présents que Dieu a faits à l'homme, celui de la justice intérieure est sans doute le plus auguste et le plus divin. C'était beaucoup de lui avoir créé un monde et de lui en avoir donné la domination. Mais de quelle durée pouvait être cet empire s'il n'avait pas été fondé par la justice ? Cet admirable fondateur commence aussi par les choses : il règle en même temps leurs devoirs et leur dépendance ; et comme il ne fait point de créatures qui aient plus de rapports à sa divinité que l'homme, il lui communique la science du bien et du mal ; il lui inspire l'amour de l'un et la haine de l'autre, et établit en lui par ce moyen la justice intérieure, tant pour ce grand mouvement de toute la terre que pour l'empire de soi-même. Il était juste qu'il eût quelque guide pour se reconnaître dans cette vaste étendue du monde et dans le tumultueux désordre de ses différentes passions. Autrement son franc arbitre, qui lui était laissé sans condition, n'aurait plus été une prérogative ni une prééminence, mais plutôt un aveugle abandonnement à toutes sortes de tempêtes et de naufrages. Dieu ne se contente pas aussi de lui laisser une entière liberté ; il l'éclaire, il donne des lumières à son âme, il fait connaître à l'homme ses devoirs et ses obligations et le rend son propre juge quand il pèche contre sa connaissance...

« Nous ne pouvons donc rien imaginer de plus ancien ni de mieux établi que la justice intérieure. Le premier acte n'en a-t-il pas été rendu par le premier homme lors de son premier péché ? Sa honte et sa confusion purent-elles attendre la voix et les reproches de son créateur? Il reconnut sa faute à l'instant qu'il eut failli ; il en sentit les remords et essaya de cacher sa personne criminelle aux yeux mêmes de celui qui voit tout en un moment. Mais ce n'était pas assez que cette justice se fît connaître par la punition intérieure des coupables; elle était encore destinée pour régler le monde. L'ambition et l'avarice, qui sont deux passions inhumaines capables de la défigurer, l'obligeaient de forcer les hommes à se faire des lois pour se garantir de la violence et de l'usurpation. Ils choisissent entre eux par son inspiration des protecteurs pour leur défense ; ils leur attribuent une autorité toute-puissante sur eux-mêmes pour les mieux soutenir dans leurs devoirs et ils les appellent par des noms vénérables et majestueux, tantôt leurs juges, tantôt leurs Rois. Voilà, Messieurs, la naissance de la justice souveraine des Rois et des royaumes, issue immédiatement de la justice intérieure des hommes, et voilà le solide fondement des plus florissantes républiques et monarchies; voilà la source des pouvoirs de tous les magistrats.

« Considérez que vos places sont si élevées que vous y êtes vus de toutes parts, que chacun observe vos moindres démarches et que vous ne sauriez jamais vous relâcher ou faillir que vous n'ayez plusieurs témoins et autant de censeurs de vos fautes, quand vous n'en seriez pas vous-mêmes les premiers juges.

« Il y a des siéges de justice établis en chaque homme en particulier pour se juger soi-même ; cette juridiction n'est jamais déclinée, et personne n'est exempt de répondre devant elle. Si vous êtes donc au-dessus des autres par vos emplois, je puis dire que vous êtes au-dessous de vous-mêmes, et que plus grand est votre pouvoir sur eux, plus votre justice intérieure a d'étendue et d'autorité sur vous. Celle que vous exercez publiquement se contente de régler le dehors, mais la vôtre travaille sur le dedans de vos personnes et désapprouve beaucoup de choses que vous faites autoriser par l'autre, parce qu'elle n'agit jamais par timidité ni par complaisance, et que son jugement, inflexible et plein de pureté, ne saurait jamais se séparer de la droite raison. Les devoirs de tous les états et de toutes les conditions sont de son ressort ; rien n'échappe à ses yeux : elle voit tout, elle écoute tout, elle juge tout ; sa puissance s'étend sur toutes les âmes ; ceux même qui sont au-dessus de toutes celles de la terre sont soumis à la sienne sans répugnance; et, s'ils ne sont pas sujets au jugement des hommes, elle leur fait ressentir quelquefois plus de sévérité qu'aux autres par cette espèce de honte qu'elle jette en eux-mêmes. *Voluit Deus omnes homines suorum delictorum esse censores, ut et qui publico testimonio non tenetur, seipsum judicem qui in occultum lapsus est metuat.....*

« L'aiguillon de l'honneur est la véritable boussole des grands courages ; c'est à la gloire que doivent tendre tous nos desseins, et c'est de son esprit qu'ils doivent être animés. Entrez donc, je vous prie, dans votre intérieur, pour y voir de plus près ce que vous êtes ; soyez vous-mêmes vos spectateurs, et si vous craignez, en prenant de trop hautes pensées, de tomber en quelque autre excès vicieux, fuyez la présomption, mais respectez au moins la magistrature souveraine dans le magistrat ; craignez votre propre ministère pour le faire craindre à ceux qui vous sont soumis ; purifiez le juge pour purifier ses jugements, et cédez enfin à votre justice intérieure qui vous inspire la règle dans les mœurs, l'amour et la force pour réussir dans vos emplois, et qui vous enseigne parfaitement les devoirs du magistrat accompli ; attirez tout le monde par votre exemple au respect et à la soumission envers elle, et commencez les premiers à vous faire justice si vous voulez ranger sans peine tous les hommes sous l'autorité de votre pourpre. »

Il disait aux magistrats du Parquet : « Gens du Roi, si la fonction de vos charges n'est pas de juger les hommes, vous n'avez pas moins besoin de la justice intérieure que ceux de qui dépendent leurs destinées par leurs jugements..... Soumettez-vous les premiers aux rigueurs de la vôtre, et ne souffrez rien d'impur, de bas ni de timide dans vos âmes. Ce serait mal représenter les intérêts d'un grand Roi, de ce grand conquérant et du public, que de céder à la crainte et d'étouffer vos devoirs par une fâcheuse dissimulation. Parlez donc hardiment ; opposez-vous avec courage à tant d'entreprises nouvelles qui offensent tous les jours sa justice et qui troublent le repos de ses peuples, et portez enfin la terreur partout où vous trouverez du désordre et de l'oppression. Voilà le véritable moyen d'acquérir de la gloire dans vos charges ; votre justice intérieure vous inspire cet illustre dessein, et vous contribuerez, en le suivant, à rendre la justice de notre Prince aussi triomphante que ses armes. »

Il disait aux officiers des Bailliages « ..... C'est votre justice particulière et intérieure qui vous doit donner la connaissance du bien et du mal, et les lois et ordonnances ne sont qu'un puissant secours qui vous est donné pour vous déterminer avec plus de sûreté. Ne vous flattez donc pas que vos charges vous puissent élever toutes seules d'elles-mêmes. Ce sont des flambeaux allumés que vous tenez à la main pour éclairer la conduite des autres, mais qui leur découvrent aussi vos défauts les plus cachés, et qui vous attirent leur respect ou leur mépris à mesure qu'ils leur font connaître vos bonnes ou vos mauvaises qualités. Quel avantage d'être embarqué sur le plus puissant et le plus superbe vaisseau de la mer, si vous y êtes sans boussole et sans pilote? Quelle gloire d'être officier et d'avoir un titre élevé par-dessus le commun des hommes, si votre justice intérieure vous abandonne, si vous êtes sans cœur et sans mouvement, et si vous ne soutenez pas vos charges par des qualités qui élèvent le magistrat aussi haut que la magistrature? Commandez-vous donc à vous-mêmes, réglez vos intérieurs, assujettissez les passions qui vous incommodent et n'en quittez jamais la domination : *Sub te erit appetitus tuus, et tu dominaberis illi.* Servez-vous du pouvoir que vous avez sur vos personnes pour l'étendre après sur les autres. Soumettez-vous à vous-mêmes pour commander avec plus d'autorité à ceux qui doivent vous être soumis ; et n'espérez jamais trouver ni respect, ni obéissance, si l'on s'aperçoit de votre rébellion intérieure, et si on connaît que vos sentiments ne soient pas d'accord avec vos devoirs et avec votre propre et véritable justice. »

Il disait au Barreau : « ..... Le miracle de la création

des corps terrestres, pour être le premier de tous, n'est pas le plus surprenant : celui de la création de l'homme est encore quelque chose de plus grand et de plus auguste, et s'il a été précédé à son avènement par toutes les créatures, c'est qu'il fallait auparavant lui élever un trône et démêler l'étrange confusion qui était entre elles dans ce commencement des choses. Mais celui qui est le plus admirable, c'est que Dieu le rend dans la création de son âme participant d'une parcelle de son esprit divin ; il lui communique des lumières assez vives pour dissiper les plus obscures ténèbres ; il donne à son corps pouvoir sur tous les corps, et à sa personne le droit de faire des règles et des lois pour l'ordre et le gouvernement du monde. Mais, parce qu'il ne veut pas que ce qu'il lui a donné de divin soit confondu avec le corporel et le sensible, il attribue à son âme une autorité souveraine sur son propre corps ; il entend qu'elle ait sur lui une juridiction toute séparée ; il veut qu'il commande et qu'il soit commandé ; il établit comme un empire dans un autre empire, et fait voir par ce moyen qu'il y a deux justices sur la terre qui ont chacune leur puissance, l'une intérieure, l'autre extérieure ; la première pour conserver le calme à chaque homme en particulier, et la seconde pour le repos et la tranquillité de tous les hommes en général ; l'une pour contenir les mouvements de l'appétit déréglé avant qu'ils se produisent au dehors, et l'autre pour le règlement et la police des choses qui regardent les Etats, les villes et les familles.....

« S'il a été nécessaire, pour s'accommoder à la faiblesse de notre connaissance qui ne saurait juger le bien que par l'opposition du mal, de remplir le monde de tant de choses différentes et contraires ; si les plus belles n'emportent notre estime que par le mépris que la laideur nous fait concevoir pour celles qui sont difformes, et si enfin les ténèbres servent à nous faire paraître la lumière plus vive et plus brillante, il a été sans doute important de suivre le même ordre pour nous conduire à la connaissance de la grandeur de l'ame, seule source de la justice et de la raison. Ce n'était pas assez de lui communiquer l'immortalité et tant de hautes prééminences ; il fallait les approcher plus près de notre vue pour attirer nos respects et nos craintes, et il fallait encore lui opposer des ennemis et la faire combattre pour savoir l'importance de ses victoires et pour en tirer le fruit.

« Ce n'est donc pas inutilement que les passions ont été introduites en foule sur la terre, parce qu'encore que dès leur naissance elles soient destinées à la chaîne et que leur rébellion nous oblige à les tenir toujours captives, elles servent du moins au triomphe de la justice intérieure et à lui élever un trône sur elle-même, dont le pouvoir est entre les mains de tous les hommes. C'est une autorité toutefois qui a ses règles, ses formes, ses mesures. Tout ce grand appareil de la justice souveraine que chacun considère et respecte, n'est qu'une image de celle qui s'exerce en nous-mêmes. Chacun préside à ce qui se passe en son intérieur ; les vertus et les vices sont les parties qui se présentent devant le juge ; les uns attaquent, les autres défendent, et les plus faibles recourent à l'adresse et à l'artifice. Le vice, qui est toujours éloquent, essaie de persuader et veut cacher ce qu'il a de honteux. La vertu, qui défend toujours, oppose sa seule beauté, ses glorieuses récompenses; et si après avoir écouté leurs plaintes, la justice vient à se déclarer, on voit souvent une des parties revenir contre l'arrêt. Le vice, qui est le plus opiniâtre, propose encore quelque chose de nouveau qu'il déguise et veut faire passer pour raison ; il représente hardiment la volupté et sa suite comme le souverain bien de la vie ; et, s'il trouve de la résistance, il flatte et il caresse son juge ; il fait ses efforts pour le séduire et ne se tient jamais pour abattu qu'il ne lui ait fermé la bouche, qu'il ne l'ait jeté dans l'horreur et l'aversion et qu'il ne lui ait prononcé un bannissement perpétuel. Il se retire pour lors chargé de honte et de confusion ; il cède à la force de la justice, et son pouvoir, qui a chassé l'ennemi de la place qu'il occupait dans l'âme, y établit enfin ce calme bienheureux et cette douce et paisible satisfaction intérieure par laquelle nous croyons concevoir la félicité. Je sais bien que ce combat est rude, et que la corruption s'est rendue si générale que les vertus ne sont plus que des vices travestis, que les crimes les plus cachés paraissent présentement en public avec impunité, et que la honte ni l'infamie ne sont plus des peines pour ces esprits abandonnés à l'avarice et à toute sorte de prostitution.

« Mais, de même que la flamme ne peut être accablée parce qu'elle échappe à tout ce qui la presse, ainsi l'âme, d'une substance plus simple et plus déliée, ne peut être surprise ni entièrement étouffée par les vices ; mais, par le bénéfice de sa nature subtile, elle est poussée au dehors et s'élève parfois au-dessus des choses mêmes qui semblent l'accabler. Cette justice, qui est son essence toujours pure et toujours incorruptible, ne manque jamais de forces ni de connaisances : elle sait distinguer en tout temps la véritable d'avec la fausse générosité ; et si elle s'éteint ou s'assoupit en quelques-uns par une infâme convoitise qui trouble et qui désole le monde, cet horrible exemple doit exciter la vertu des autres et rendre leur justice intérieure plus sévère dans ses jugements. Scévola a vaincu par elle le feu, Socrate le poison, et Caton la mort qu'il enfonça lui-même dans son sein. Quelle peine peut-on trouver, après ces traces si sanglantes mais volontaires et héroïques, de régler le dedans de soi-même et de se maintenir seulement dans ses devoirs, et de ne pas laisser envahir sa propre domination par le plus cruel de tous les tyrans? Mais, quand la gloire du triomphe ne vous attirerait pas au combat, votre justice intérieure, qui est toujours sur ses gardes, fait elle-même la guerre à votre oisiveté, et vous donne malgré vous la connaissance et l'amour de ce qui est bon en vous-mêmes et vous fait condamner ce qu'elle y trouve mauvais.

« Avocats, ne craignez rien pour elle : ses forces sont au-dessus de celles de ses ennemis ; elle est à tout moment attaquée, mais jamais vaincue; si les vices lui dressent des embûches et essaient d'attenter à sa pureté, les vertus sont pour sa défense, et si la mollesse fait abandonner quelques-uns à des appas suborneurs, c'est seulement quelques-unes des vertus qui succombent ; la justice intérieure est toujours invulnérable : elle tend la main, dans ce désordre, à cette vertu attérée, et tâche de la relever par le reproche qu'elle nous fait à nous-mêmes de sa chute. Il y a dans toutes les âmes des semences des choses honnêtes qui se réveillent par les avertissements ; et, si une étincelle s'étend et produit de grandes flammes par un petit souffle de vent, la vertu aussi, quand on la touche, ne manque pas de paraître et de s'élever merveilleusement. C'est pour lors la justice intérieure qui lui donne des forces suffisantes ; mais si elles ploient, elle se met en colère, et ses justes mouvements qu'elle fait ressentir ne peuvent plus être retenus ; et comme sa puissance ne s'étend pas moins sur le sceptre que sur la houlette, elle a cela de rare et de divin, qu'elle agit toujours sans complaisance et qu'elle traite souvent les Rois plus rigoureusement que leurs peuples : *Cæsari*, dit-elle, *cum omnia licent, ex eo minus licet*. Il était bien juste qu'étant l'origine sacrée de celle qui fait régner les souverains et qui assujettit les hommes à leurs lois, ils en fussent tous également dépendants, et qu'elle retînt cette incomparable et universelle puissance qui lui conserve son empire sur toutes les âmes ; puissance qui agit par des voies secrètes et inconnues avec de si admirables effets, que nous sommes contraints de l'exercer sur nous-mêmes ; puissance qui dissipe tous les orages et les tempêtes de la vie pour nous donner le repos ; puissance enfin qui ne force pas notre liberté, mais qui, après nos crimes, de coupables nous fait devenir nos accusateurs, d'accusateurs nos juges, et de juges nos plus cruels tyrans. *Adsit accusatrix cogitatio, testis conscientia, carnifex timor*.

« Avocats, s'il n'y a personne qui ne soit soumis au pouvoir de la justice intérieure, il en est sur qui il doit s'étendre avec plus d'autorité; et comme vous êtes du nombre de ceux qui contribuent à la bonne ou à la mauvaise fortune des hommes, et que cette justice n'a point d'autre but que leur tranquillité, sa fonction est d'épurer vos âmes, d'en chasser les affections déréglées et de dissiper ces épaisses ténèbres qui font quelquefois trouver de l'embarras et des abîmes dans les choses les moins obscures. Elle veut que vous travailliez sur vous-mêmes avant que de pouvoir donner conseil pour la conduite des autres. Ils s'adressent à vous comme à des miroirs sans tache qui doivent leur renvoyer avec fidélité les images de tout ce qu'ils leur présentent pour en connaître les mesures et les défauts; ils s'attachent aussi à vos avis comme à des décisions; ils soutiennent avec opiniâtreté vos sentiments ; de vos pensées ils en font leurs passions, et ne s'embarquent d'ordinaire que sur l'assurance que vous leur donnez de les conduire heureusement au port. Votre justice intérieure demande donc en vous la science et la pureté ; elle vous défend la complaisance et la flatterie, qui, comme des sirènes, attirent les hommes dans des écueils..... »

A l'ouverture de la Saint-Martin 1661, où il avait choisi pour sujet : *La puissance et le devoir du juge,* il disait : « ... C'est une chose admirable dans le monde, que, la loi de sa création le rendant sujet à l'instabilité, qui en a tant de fois changé jusqu'au gouvernement et à la figure, tous les hommes, dans ses diverses révolutions, aient constamment, dans tous les temps, conservé l'amour de la justice. Mais reconnaissons plutôt que c'est elle qui a tant de fois changé et poli le monde ; qu'elle est le sage pilote qui conduit ce grand vaisseau dont elle tourne de temps en temps le gouvernail, ne pouvant souffrir qu'il aille au gré des vents impétueux qui essaient d'en renverser et corrompre les lois, et que c'est elle qui, après avoir établi le droit naturel parmi toutes les nations pour leur servir de règle, leur a aussi donné des rois, que l'Ecriture appela « les officiers de Dieu, » pour conduire et juger les hommes avec une si pleine puissance, que leurs sujets ne sont pas liés envers eux par une moindre obéissance que celle qu'ils doivent aux propres décrets de la divinité.....

« Mais représentons-nous que la puissance qui nous est attribuée fait une partie essentielle de la majesté du prince; que c'est lui qui nous appelle au partage du droit légitime qui lui appartient sur les biens, l'honneur et la vie de ses sujets ; qu'il nous fait ses associés à son autorité sur la chose publique ; et que, s'il étend nos prérogatives et l'honneur de sa confiance jusqu'à vouloir souffrir par nos remontrances une espèce de restriction à l'absolu pouvoir qu'il a de se faire obéir lorsqu'il commande, nous lui devons aussi la première de nos obligations, qui consiste principalement, en nous acquittant de nos emplois, à conserver toujours le souvenir de notre dépendance et à ne violer jamais la loi du dépôt, en nous faisant maîtres des choses dont nous n'avons que la garde. Tous les sujets doivent la soumission au souverain ; mais les juges lui sont comptables de la leur et de celle de leurs sujets. Ne nous trompons pas en ce point : il est le seul maître de la chose publique, et le droit que nous avons d'y veiller ne s'étend, dans les plus importantes occasions, qu'à en reconnaître et à lui en représenter avec respect l'utilité ou le dommage dont il est le dernier juge ; bien loin de pouvoir prétendre assujettir à nos sentiments, dans les choses mêmes qui nous semblent justes, celui qui n'a point de supérieur sur la terre et de qui nous sommes devenus par nos charges doublement sujets.

« Ce sont là, Messieurs, les principaux devoirs des magistrats envers le prince ; mais l'autorité qu'ils ont sur les peuples emporte avec soi d'autres obligations dont ils leur sont débiteurs. Cette puissance publique prend sa force dans la source où elle est puisée, mais elle ne la conserve que par l'union de l'esprit du juge avec celui de la loi dont il est l'interprète ; et s'il a cet avantage sur elle, qui n'a que des commandements et des menaces sans action et sans effet, de la faire craindre et obéir, elle lui attire de son côté, par la fidèle exécution de ses ordres qui sont toujours saints et toujours justes, la créance de l'amour des hommes qui joignent au respect qu'ils doivent à l'autorité la bonne opinion qu'ils ont du juge ; ils le regardent ensuite parmi eux comme leur loi vivante : je veux dire qu'ils lui sont soumis par crainte et par amour.

« C'est véritablement dans cette bonne opinion que consiste votre plus grand pouvoir, et c'est elle qui imprime cette vénération que l'on voit porter à vos arrêts. Les armes, à proprement parler, ne sont destinées que contre la brutalité ; mais pour les hommes il ne faut que la raison, qui est l'âme de la loi.

« Voyez dans ce grand corps de la justice, composé de plusieurs milliers d'hommes, le petit nombre de ceux qui sont préposés à la faire obéir par la voie de la force; c'est là sans doute une marque que son empire doit s'étendre sur les esprits, et comme c'est dans l'âme que se forment les frayeurs et l'amour par le moyen de l'opinion qui lui représente les choses qui ont de la beauté et celles qui donnent de l'épouvante, c'est au magistrat, pour rendre sa justice aimable et puissante, de fortifier par sa conduite la haute opinion qu'on doit avoir de sa personne... Les lois d'Athènes permettaient de tuer le magistrat quand il était trouvé ivre. Pour toucher aux hosties, ne fallait-il pas une pureté extraordinaire dans le sacrificateur? Il n'y avait que les Vestales qui eussent autrefois le droit de garder le feu sacré, symbole de la pureté. Dans la guerre, qui doit avoir plus de courage que celui qui mène les autres au combat? Et où doit-on trouver plus de justice que sur le trône, qui en est le siége? Mais où faut-il chercher plus de prudence et de modération, plus de courage et moins de passion que dans le juge, qui doit savoir ployer aussi bien que se faire obéir; qui doit tout voir et tout connaître, mais avec la même pureté que l'œil, qui, ne retenant jamais rien de la couleur des objets, se trouve toujours en état d'en faire le véritable discernement; qui doit protéger les faibles sans se laisser vaincre à la pitié, faire tête aux grands sans haïr leur grandeur mais leurs entreprises, et enfin justice à tous?.... Il n'est pas de même de la puissance du juge, pour être souveraine, que de celle du Souverain; le juge, pour être obéi, doit être juste; mais, à l'égard du Souverain, il suffit qu'il parle pour obliger à l'obéissance. S'il vous a donné la puissance publique dans les jugements, ce n'est pas de lui que vous tenez la justice : *Data est potestas a Domino, sed virtus ab Altissimo*. Je vous ai fait voir autrefois quelle était sa force intérieure ; mais, pour tirer tous les avantages de l'une et de l'autre, il me suffit, en finissant, de vous adresser ces belles paroles de l'orateur romain : *Vestri consilii, vestræ prudentiæ est, judices, spectare quod decet vos, non quæ res liceat vobis.* »

Il disait aux gens du Roi : « Si la puissance de la justice, qui est toujours celle du magistrat, lui communique des avantages qu'il ne peut conserver qu'en se conformant à ses règles et à ses sentiments, vos charges, qui ont tant de liaison et vous doivent donner une si grande part à l'éclat de son autorité, exigent de vous des devoirs tout particuliers. La puissance du juge le rend maître de l'exécution de la loi, et, en étant l'interprète, il peut même y ajouter, l'adoucir et quelquefois la corriger. Mais vos fonctions devant toujours être attachées à l'étroite observation de ses décrets, vous ne pouvez jamais vous relâcher de la sévérité de ses commandements. Cette exacte conformité à ses ordres vous rend aussi participants des mêmes respects qu'on a pour elle, et vous fait trouver dans tous les esprits de la crainte et de l'estime. La complaisance ni la dissimulation ne peuvent compatir avec vos emplois... Le seul nom que vous portez fait ressentir le pouvoir de vos charges, et la puissance de celui pour qui vous avez droit de parler demande toujours en vous une fermeté qui soit inflexible.

Mais, comme toutes les affaires importantes qui viennent à nous ne s'y présentent qu'après avoir passé par vos organes, vous devez faire en sorte que vos jugements paraissent toujours comme l'aiguille entre les bassins de la balance pour marquer de quel côté penchent la vérité et la justice, et que le poids et la sagesse de vos remontrances contribuent en toute rencontre au maintien de sa grandeur et de sa puissance. »

Il disait aux officiers des Bailliages : « Il n'y a jamais eu personne qui n'ait eu de la crainte et des respects pour la justice, et les plus rebelles n'ont pu s'empêcher, dans l'intervalle de leur fureur, d'en avoir les mouvements. Si sa puissance est universelle sur les esprits, elle devient encore plus redoutable par l'union de celle du juge, qui, faisant de son côté éclater l'étendue de ses pouvoirs au dehors, assujettit en même temps les âmes et les corps sous l'empire de la justice; mais comme toute cette puissance dépend de la force de cette union, il faut, pour la conserver entière, qu'il se rencontre tant de sympathies et qu'il y ait de si grands rapports entre le juge et la justice, qu'ils n'aient qu'un même esprit et qu'une seule volonté; leurs offices, l'un envers l'autre, doivent être mutuels : la loi fait craindre le juge en lui confiant l'exécution de ses décrets, et le juge fait craindre la loi en exécutant fidèlement ses ordres avec sévérité. C'est sur lui-même qu'il doit le premier faire cette épreuve, et, pour faire respecter sa puissance, il doit commencer par attirer des respects à sa personne. Ainsi, votre plus grande force est en vous-mêmes. L'autorité accompagne bien vos jugements, mais ils ne s'étendent sur les esprits qu'à mesure de la créance et de l'estime qu'on a pour vous. Vous devez autant regarder votre devoir que cette puissance qui vous est confiée ; si elle contribue si fort à vous distinguer des autres, elle vous impose aussi l'obligation de faire paraître en vous des vertus qui répondent à cette prérogative..... »

Dans son exhortation aux avocats, prononcée le même jour à l'audience publique, il disait : « C'est une chose assez surprenante, que tout ayant d'abord été fait pour l'homme avec toute la perfection que peut avoir un ouvrage où nous voyons autant de miracles que de choses, il se soit trouvé seul avec son franc arbitre dans le milieu de tous ces miracles et de toutes ces choses, qui ont chacune un instinct et un ordre immuables, sans ordre et sans lois particulières pour sa conduite. Mais si cette circonstance est une des marques de la plénitude de sa puissance sur les choses de la terre, elle est aussi la figure de la noblesse de son être, qui, se trouvant au moment de sa création, rempli de la connaissance du bien et du mal et généralement de celle de tous ses devoirs, nous apprend que l'homme et la justice sont nés ensemble, qu'ils viennent d'un même auteur, et qu'ils sont les ordonnateurs de toutes les lois et les fondateurs de tous les empires...

« Soit que la beauté des choses du monde en inspire par son excellence l'amour immodéré, ou que ce désordre se forme dans l'esprit humain par l'inquiétude qui est naturelle à toutes les choses qui sont hors de leur centre, il est étrange que tout ce qui est de grand, de riche et de magnifique sur la terre ne puisse remplir son ambition, et que chacun se fasse une telle injustice à soi-même que, ne se contentant pas de la condition où Dieu l'a fait naître ni de tous les présents de la fortune, il aspire toujours à une plus haute élévation, qui lui fait souvent tourner la tête et le précipite ensuite dans l'abîme des malheurs. Mais, pour faire durer le monde parmi ces confuses agitations qui tiennent quelque chose du chaos d'où il est sorti et sont capables de lui faire perdre sa figure, il est admirable que dès le commencement des choses il se soit élevé sur tous les esprits une secrète et invisible puissance qui leur a inspiré l'ordre et le devoir, qui leur a fait faire des lois pour eux-mêmes, qui s'est assise sur un trône pour leur commander, et qui s'est enfin rendue visible en mettant les rois en sa place pour nous distribuer ses oracles et assujettir tous ces hommes sous l'empire de la raison.

« En effet, quel moyen de démêler cette confusion des personnes et des choses dont la multitude et la diversité bien réglée devaient faire une des beautés du monde, sans le secours de la justice? Et comment se rendre maître de l'appétit déréglé des hommes, si portés à se détruire et à s'élever sur la ruine les uns des autres, sans cette intelligence qui sait mouvoir les plus secrets ressorts de leur conscience, et sans cette autorité qui a le pouvoir d'arrêter tout ce qui échappe à la raison? Le Créateur aussi, dont nous admirons l'ouvrage de toutes parts, mais principalement en ce point qu'il a tiré toutes choses du rien qui en est la commune origine, en a usé autrement à l'égard de la justice, parce qu'il l'a fait sortir de soi-même et lui a communiqué cet avantage commun à toutes les choses dont la source est divine, d'être immortelle et incorruptible par cette participation qu'elle a reçue de sa nature. Ainsi, elle est née avant les temps et survivra à toutes les choses ; il en a été lui-même le dispensateur sur la terre avant qu'elle se fût rendue indigne de sa présence, et, ne voulant pas entièrement abandonner les hommes, quoique rebelles, il l'a déposée entre les mains des rois comme la figure du commandement ; il l'a unie au sceptre pour lui conserver sa majesté, et il l'a armée pour la rendre terrible. Mais devant être toujours pure comme le milieu qui unit le ciel et la terre, il a fait observer partout l'onction des rois, et a déclaré qu'il tenait leur cœur dans ses mains, pour apprendre non seulement aux hommes la nécessité de leur obéissance, mais même la soumission de leur volonté aux ordres du Souverain.....

« Si la justice est puissante en autorité pour imprimer la crainte, elle ne l'est pas moins en charmes pour inspirer son amour. La sûreté des Etats, la protection des grands, la défense des faibles, l'ordre et l'honnêteté dans les mœurs et dans toutes les conditions, sont les fruits de son travail et de son application, qui, s'étendant au dedans comme au dehors, purifie l'intérieur des hommes en y éteignant la convoitise qui les consume, modère leurs sentiments en les faisant contenter de ce qui leur appartient, et s'introduit enfin en eux-mêmes en formant dans leur esprit l'habitude et l'amour de ce qui est juste et honnête. Ces grands effets aussi ont fait considérer les Parlements qui en sont, sous l'autorité des Rois, les immortels dépositaires et les souverains dispensateurs comme l'âme qui forme les Etats, règle leurs mouvements et leur donne cette vie florissante qui est toujours accompagnée de la foule des arts, des sciences et des vertus. Et, de même que toutes les choses de la terre sont entraînées par la puissance du premier mobile qui leur imprime le mouvement d'où dépend leur agitation ou leur repos, c'est des Parlements, de ces mobiles de la fortune des peuples, que dépend le plus souvent leur quiétude..... C'est à présent qu'elle commence dans un si beau règne à redoubler ses forces, que ses oracles dans le silence seront mieux écoutés et plus redoutables; que ces fortunes précipitées trembleront à leur tour après avoir donné de l'épouvante, et que ces statues d'or dont la base n'est que de boue, ces néants déguisés, rentreront dans la bassesse de leur première condition (1)...

« Avocats, vous avez intérêt à l'éclat de cette puissance, puisque vos fonctions sont toujours aux pieds du juge et de la loi. Les fortunes des hommes passent par vos mains avant que de paraître devant ce tribunal; mais, comme c'est de vous que nous vient le premier jour qui nous éclaire dans leurs intérêts, évitez de leur communiquer ces faibles lueurs qui marquent plutôt les ténèbres qu'elles ne les dissipent, et ne nous faites paraître qu'une véritable lumière qui nous en découvre toutes les circonstances. Pour la rendre unie et perçante, ne la dissipez plus dans ces longs discours qui font perdre de vue ce que vous essayez de rendre visible; renfermez-la

(1) Allusion à l'affaire du surintendant Fouquet, arrêté par ordre du Roi le 5 septembre de la même année, six mois après la mort de Mazarin.

dans un si petit espace, que rien ne puisse échapper aux yeux ni à la mémoire. Défaites-vous de ce fatras de citations inutiles et importunes et de ces répétitions ennuyeuses qui ôtent la grâce aux raisons et ne marquent que la stérilité des pensées ; mais attachez-vous principalement à ce qui est le plus important, à exposer un fait avec netteté, à la doctrine et à la délicatesse de l'expression, et, s'il est difficile d'ajuster ce conseil avec l'affluence des affaires dont vous êtes chargés, allez à ce qui vous doit être le plus cher, et préférez généreusement à elles l'amour de votre réputation et l'avantage de contribuer pour quelque chose à la majesté de la justice. »

A la Saint-Martin 1663, il disait à la Compagnie, sur *l'amour de la justice et de sa charge* : « ..... De toutes les puissances qui ont été données à l'homme, il n'en est point dont la force et l'étendue soient égales à celle de l'amour. Tout est de son ressort et de sa connaissance ; il n'est rien qui ne lui soit soumis, et l'être même, qui est la première et la plus noble de toutes les choses, ne subsiste que par l'amour. Mais, comme elle n'opère que par un mouvement de l'âme qui porte l'appétit à ce qui lui semble bon et aimable, et que ce mouvement est continuel et rapide, l'âme en est quelquefois entraînée avec tant de violence, que, s'étant surprise elle-même dans son discernement, elle ne se trouve pas toujours attachée à ce qui est le plus digne de son élection. C'est par cette raison que la morale, dont l'objet est de s'opposer à ses égarements et d'embellir les mœurs, s'est appliquée à la recherche de tout ce qu'il y a de beau et de rare dans les vertus pour les faire ensuite passer dans l'âme par l'amour et en arrêter les saillies. Mais avouant elle-même que de tout ce qu'elle propose la justice a le plus de pouvoirs et de charmes pour parvenir à un si illustre dessein, pouvons-nous assez estimer notre fortune de nous avoir mis dans une profession si élevée dans ses fonctions et si utile au repos et à la félicité des hommes ? Et pouvons-nous plutôt assez élever nos esprits, puisque c'est par nous que la justice leur doit faire connaître la pureté de ses sentiments ? Nous le pouvons, Messieurs, par la force de notre amour pour elle et pour nos charges..... Nous ne saurions aimer la justice et ne penser que rarement à elle ; l'assiduité aux affaires et l'application que nous leur donnons doivent être une des marques de notre amour ; le respect et l'estime que nous avons pour la justice et pour nos emplois en sont une autre ; mais la plus importante des actions qu'elle doit produire en nous, et qui peut le mieux expliquer la force de notre attachement, consiste dans la manière dont nous les remplissons......

« C'est donc à nous de voir si la prudence nous éclaire dans nos jugements ; si les passions en sont si absolument bannies qu'il n'y paraisse que de l'indifférence ; si nous regardons toujours le bien public comme une de nos principales obligations ; si, dans les rencontres difficiles, la constance et la magnanimité se trouvent parmi nos conseils et dans nos résolutions, et si notre conduite au dehors ne dément jamais le rang que nous y tenons. Si toutes ces choses nous plaisent, si nous nous y portons avec joie, nous pouvons dire que nous avons le parfait amour de la justice, que nous allons entrer dans la jouissance de tous les biens dont elle est suivie, et que nous satisfaisons à cet important précepte qui nous est adressé par le plus haut des juges : *Si delectamini sedibus vestris, discite, judices finium terræ. Diligite justitiam, ut in perpetuum regnetis.*

« En effet, n'est-ce pas régner, que de siéger sur le trône, d'avoir en ses mains les biens, l'honneur et la vie des hommes, et de les voir si parfaitement soumis à son autorité? Mais disons plus véritablement que ce trône est celui de la justice; que nous sommes les premiers ministres de son état, par la bouche desquels ses volontés sont connues, et que, se reposant sur nous du soin de leur conduite dans la société civile, nous ne saurions reconnaître tant d'avantages que par l'excès de notre fidélité pour elle et de notre amour..... Nous ne saurions aimer la justice que nous ne désirions nous unir à elle par la jouissance; et comme elle n'est qu'un esprit et que dans les unions parfaites des choses il ne paraît que celles qui le sont davantage, nous ne serons jamais dans la pleine jouissance de notre amour que son esprit ne soit le seul dont nous paraissions animés. Mais quel est cet esprit? C'est, dit la sagesse divine, *spiritus intelligentiæ, sanctus, unicus, multiplex, subtilis, disertus, mobilis, incoinquinatus, certus, suavis, amans bonum, acutus, quem nihil vetat, benefaciens, humanus, benignus, stabilis, securus, omnem habens virtutem.*

« Voilà, ce me semble, un bel objet pour notre amour. Chacun dans le monde se propose une fin; mais peut-on en choisir une plus haute et plus glorieuse que celle de posséder cet esprit, et pouvons-nous assez aimer nos charges dont les fonctions en doivent être toutes remplies? Mais prenons garde. C'est cet esprit de lumière et d'intelligence qn'on respecte en nous ; ses forces sont connues et redoutées ; mais elles agissent seulement dans l'opinion des hommes. Si donc cette lumière de justice ne brille pas dans notre conduite et dans nos jugements, l'obscurité nous cache nécessairement à leurs yeux ; nous ne sommes plus que des flambeaux éteints; notre gloire devient notre honte, et tout notre pouvoir fait notre abaissement..... »

Il disait aux gens du Roi : « Quelque puissants et paisibles que soient les Etats, ils ne laissent pas d'être sujets au trouble et au tumulte, et ils ont toujours des forces prêtes pour s'opposer à tout ce qui en pourrait troubler la quiétude. L'exercice de la justice est tranquille : son empire s'étend principalement sur les âmes, et se gouverne conséquemment par l'amour ; mais la crainte, qui fait sa plus considérable force, ne laisse pas d'être appelée dans ses conseils, comme un secours nécessaire et une défense naturelle qui repousse les entreprises et assure la tranquillité de son règne. Le poste que vous occupez dans son Etat est bien avantageux ; c'est à vous de veiller à sa sûreté, d'attaquer sans connaître personne tout ce qui se soulève contre la raison, de vous déclarer ouvertement contre le scandale et les mauvaises mœurs, de vous mêler parmi ce qui est le plus saint et le plus sacré pour en maintenir l'ordre et l'économie, et d'imprimer dans l'âme des coupables, par vos exactes et vigoureuses poursuites, la crainte de l'autorité des lois.

La grandeur du courage, si nécessaire dans vos emplois, ne vous permet pas de faire la moindre réflexion sur la haine et l'envie de ceux que vous attaquez. Vous êtes établis pour leur être opposés, et la terreur des méchants doit faire votre gloire. La justice et le public se reposent sur vos soins et sur votre vigilance de découvrir et de combattre tout ce qui peut troubler leur ordre et leur repos. Souvenez-vous donc que le repos n'est pas pour vos charges, qu'il ne vous y faut que de l'action et du mouvement. Mais surtout prenez garde d'y être toujours animés de l'amour de la justice, dont l'esprit est ferme, hardi, vigilant et égal. »

Il disait aux officiers des Bailliages : « Ce n'est pas par le seul respect que vous devez à la justice souveraine que vous êtes obligés de paraître tous les ans dans son sanctuaire, mais pour y apprendre vos devoirs, y entendre notre censure et en remporter de nouveaux sentiments de pureté et d'amour pour l'exercice de vos charges. Vous êtes exposés dans leurs fonctions à un air dangereux et corrompu, qui s'élève de la haine, de l'avarice et de la chicane, et vous avez besoin de puissants préservatifs contre sa malignité. Remettez-vous devant les yeux que vous devez être attachés à la justice, dont l'objet est de régler les actions des hommes, de modérer leurs passions et de leur procurer du repos, et que vous ne sauriez la servir fidèlement sans l'aimer et sans suivre ses belles maximes, qui sont les armes qu'elle emploie pour combattre et pour vaincre. Vous savez assez qu'elle vous demande l'honnêteté dans vos mœurs, l'équité dans vos jugements et la pureté dans vos intentions. Et comme à la présence des corps lumineux la lumière se produit dans l'air qui les environne, l'éclat que vous voyez ici de toutes choses se doit aucunement reproduire en vous, et les marques en doivent paraître dans votre conduite. Retranchez ce nombre infini d'appointements, de sentences et d'exécutions qui font la longueur des affaires et la ruine des hommes ; mais cessez surtout cet abus de donner des provisions en toutes causes et de prendre des épices en tel excès qu'il semble que vous en fassiez la rançon de la justice que vous rendez aux plaideurs. Nous sommes dans un temps où la réformation est générale, et ne vous attirez pas ce cruel reproche que la corruption des juges et des lois fit faire autrefois à Rome à la honte du sénat, *utque antehac vitiis, ita nunc legibus laborabatur*. Réunissez donc vos esprits à celui de la justice. Il est toujours pur, égal, bienfaisant et sévère ; c'est lui que les hommes respectent et craignent en vos personnes quand elles en sont animées. Mais, s'il cessait d'y agir et d'y paraître, ne doutez pas que ces respects et cette crainte ne se changeassent soudainement contre vous en déshonneur et en audace..... »

A l'audience publique il disait aux avocats : « L'homme naissant avec une lumière qui, après avoir dissipé les nuages de l'enfance, lui fait connaître et distinguer le bien et le mal, et qui lui sert ensuite à faire agir sa volonté en se déterminant sur la préférence qu'il donne aux choses qui sont bonnes par-dessus celles qui lui semblent mauvaises, nous pouvons dire que la naissance de sa justice n'est en rien différente du temps de celle de sa personne; que l'une et l'autre reposent dans le même berceau, et qu'elles en sortent ensemble par le progrès de l'âge, l'enfant devenant homme à mesure que sa raison, qui est la véritable justice naturelle, s'augmente, et sa raison s'augmentant à mesure que ses organes se fortifient et le font homme. C'est alors que leur union devient plus étroite; la nature les avait fait naître en même temps et les avait élevés l'un et l'autre sans se connaître; mais à présent qu'ils se connaissent, ils savent qu'ils ne sont et ne peuvent rien l'un sans l'autre; que la justice, qui doit conduire et régler l'ordre et l'économie du monde, ne le saurait faire que par l'homme, la seule des créatures capable de ce ministère; et que l'homme, né pour commander au monde, ne saurait se conduire lui-même dans ce grand chaos, rempli de confusion et de ténèbres, sans le secours de la justice. C'est donc à elle que nous devons donner notre amour; cet amour doit être le plus fort de tous les attachements, et c'est celui de tous les devoirs que je veux vous faire voir qui peut le plus contribuer à votre félicité.

« Il y a tant d'agrément dans le nom d'amour, et ses effets sont si ordinaires et si grands, que l'on peut dire en général qu'il n'est pas plus doux ni plus naturel de vivre que d'aimer. C'est une noble vigueur à qui nous ne devons pas moins le désir des belles choses et leur conservation que leur être. Les vertus, les sciences, la société civile et tous les autres biens sont des fruits de l'amour, et s'il ne nous délivre pas de cette foule de maux que la vie entraîne nécessairement avec soi, pour le moins il les adoucit ; il les rend même agréables et en fait quelquefois les instruments de notre joie et de notre quiétude. Mais, comme il est aussi la source de toutes les disgrâces, de toutes les passions violentes, et que c'est par lui que se forment dans l'âme toutes les tempêtes dont la vie est agitée, il est très important à notre repos de donner à l'amour un objet comme la justice, qui, étant plus pur et plus élevé, nous puisse mettre au-dessus des orages et nous faire considérer de ce port assuré ceux qu'elle excite dans les personnes qui languissent sous le poids des choses basses et injustes. Quelque pureté qu'ait le feu, les fumées qu'il élève sont plus ou moins épaisses et dangereuses suivant que la matière où il se prend est plus ou moins légère ou corrompue. De même, quand le feu divin de l'amour s'attache aux désirs déréglés et se nourrit d'avidité, qui est toujours la marque d'une âme corrompue, il ne produit que des désordres et des ruines. Sa flamme augmente l'infection de la matière, et les actions injustes et les mauvaises mœurs qui sont les fumées grossières qu'elle jette au dehors nous font toujours juger sainement de la corruption qui est au dedans. Au lieu que, quand l'amour ne se porte qu'à des sentiments honnêtes et ne s'entretient que du désir des choses justes, ce feu conserve sa pureté tout entière; il purifie encore la matière qui lui sert d'aliment, et la fumée qu'il élève ne fait rien perdre de la clarté de sa flamme.

C'est donc à la justice que tous ceux qui prétendent à la dignité d'être vraiment hommes se doivent lier par de véritables attachements d'amour. Vous m'avez autrefois ouï parler de l'étendue de sa puissance intérieure et de celle qu'elle exerce au dehors. Je vous l'ai fait voir sévère et terrible pour vous en imprimer la crainte, n'épargnant pas même les monarques, qu'elle punit quelquefois comme les autres hommes par la douleur et par le remords dont elle remplit leur âme. Mais à cette heure que je vous invite à l'aimer, je vous la présente avec ses seules beautés naturelles pour laisser agir plus librement votre amour. Ses charmes et ses attraits ne sauraient manquer de la rendre maîtresse de votre cœur. Il n'est point de peuples ni d'hommes sur la terre qui ne soient frappés du moins de quelque inclination pour elle ; les plus barbares et les moins policés lui rendent des hommages, et par des sacrifices intérieurs soumettent leur volonté à l'autorité des lois qu'elle leur a inspirées. Chacun en reconnaît en soi-même l'utilité et le besoin et témoigne assez qu'il la respecte et la révère en faisant toujours paraître de l'aversion pour ce qui est injuste et sujet au mépris, et donnant toujours son estime à ce qui est honnête et digne de louange, sans être porté à cette différence de sentiments que par les seules lumières de la justice et par une disposition naturelle à lui donner son amour. C'est par elle que la vérité et la religion, qui sont ses fidèles compagnes, se sont établies parmi les hommes ; et c'est à elle qu'ils doivent la douceur qu'ils ont eux-mêmes nommée humanité, honorant de leur propre nom cette vertu qui les distingue infiniment de toutes les créatures animées, et qui par un merveilleux enchantement, ordinaire toutefois dans l'amour, les transforme insensiblement en elle, ne leur faisant plus regarder la tranquillité et la paix que comme un bonheur qui doit presque toujours remplir leurs espérances et leurs désirs.

« En effet, je puis dire que si l'amour de la justice n'avait point été altéré par les hommes, elle aurait pu toute seule leur faire trouver la félicité sur la terre sans la chercher ailleurs que dans eux-mêmes. Mais leur aveuglement les ayant précipités dans une révolte opiniâtre contre elle, leur lumière est demeurée obscurcie et la première pureté de leurs sentiments s'est corrompue. Cette guerre intestine a été suivie de confusion ; la face du monde en a été changée; les mœurs se sont perverties ; la trahison et les embûches, qu'on ne connaissait pas auparavant, sont devenues fréquentes; la fidélité dans l'amitié a été comme bannie ; les vertus presque méconnues ; les vices et les crimes ont eu des sectateurs, et tout s'est vu exposé aux ravages de la haine et de la convoitise. Que faire dans cet embarras ? On ne voit que dissensions, que brigandages, qu'enlèvements, qu'assassins; on reconnaît enfin la grandeur et l'extrémité du mal que produit ce soulèvement. Mais c'est trop tard : la division s'est emparée de tous les esprits, et ne permet plus de voir régner parmi eux cette première et aimable concorde qui était le fondement de leur profond repos. Alors les hommes qui avaient encore l'idée de l'amour de la justice sont touchés du ressouvenir de la puissance de ses effets ; ils recourent à elle comme au seul remède à leurs malheurs, et comme dans leur trouble elle avait perdu la place qu'elle occupait dans leur intérieur, ils s'avisent de lui rendre de nouveaux honneurs; ils lui élèvent des trônes ; ils la rendent visible en ceux de la plus rare sagesse qu'ils choisissent et placent sur ces trônes, et ils joignent à la confiance qu'ils leur font de sa garde une autorité sur eux indépendante, absolue et suprême; afin qu'au lieu que la justice intérieure, devenue impuissante, réglait le dehors par les secrètes fonctions qu'elle exerçait au dedans de l'ame, cette justice publique, comblée de tous les pouvoirs, exerce par un autre ordre son empire sur les actions, pour, après s'en être rendue victorieuse, le faire passer sur les volontés. Remarquez en cet endroit l'effet de l'amour de l'ordre et de la justice : chacun était le souverain de sa famille et pouvait lui donner des lois; mais, reconnaissant qu'elles étaient le plus souvent injustes ou sans vigueur, chacun quitte volontairement sa royauté et juge enfin que tant d'hommes qui sont dans un Etat ne devant faire qu'un seul corps, ils ne devaient être soumis qu'à un esprit.....

« L'amour du Prince n'est pas aussi différent de celui de la justice, puisque sa personne en est la figure et l'image. Aussi voyons-nous que les Parlements, ces Corps illustres que les Rois ont été obligés d'appeler à leur secours dans l'administration de cette autorité légitime, ont de même trouvé partout de l'amour, du respect et de la vénération. Les bons Princes n'en ont même acquis le nom qu'en les honorant comme des sanctuaires où reposent ce qu'ils avaient de plus inviolable et de plus sacré. Ils ont fait des règles de leur état, de ne rien vouloir en ce qui regarde la chose publique qu'il n'ait été auparavant examiné et approuvé par eux, qui en sont les justes et exacts observateurs. Ils apprennent ainsi à leurs peuples l'amour qui est dû à la justice souveraine. Ceux-ci l'ont révérée, lui ont donné leur confiance et, par les biens qu'ils en ont reçus, l'ont toujours regardée comme l'intelligence qui meut le plus souvent leur intelligence et leur fortune. Et les Parlements se trouvant comme maîtres de l'esprit des peuples, ils sont devenus leurs médiateurs envers les Rois et ont été en même temps les forts et puissants liens qui ont attaché l'obéissance des sujets aux commandements du Prince et leur fidélité et leur amour à sa personne et à la justice..... »

Aux mercuriales de 1664, il disait au Parlement sur *les combats du juge* : « Encore que l'âme considérée en elle-même, n'ayant rien de corruptible dans son essence, n'ait besoin d'aucuns secours des choses alimentaires pour se maintenir dans sa pureté et que, depuis qu'elle a reçu l'être de la bouche de son auteur, elle vive éternellement sans déchoir et sans vieillir, son union avec le corps qu'elle anime est si étroite, qu'elle participe non seulement à ses infirmités, mais souvent qu'elle en fait comme les siennes propres. De sorte que si le corps a ses besoins, s'il lui faut des purgations, de l'exercice et du plaisir, l'âme, qui lui est en quelque sorte assujettie par cette société des accidents corporels, veut être aussi purifiée, révérée et exercée, si nous voulons qu'elle vive et qu'elle agisse en nous, ou, pour mieux dire, si nous voulons vivre pour elle et jouir de ses divines fonctions. Il ne faut point douter que ce ne soit là un des motifs qui ont porté nos pères à établir la solennité de cette journée, pour, après le long repos dont nous sortons, purifier nos volontés en reprenant l'exercice de nos charges. Personne de nous ne doit ignorer qu'elles sont toutes spirituelles et que consistant dans la pratique des plus nobles habitudes dont nos âmes puissent être ornées, tout ce qui se dit aujourd'hui n'est que pour les y fortifier davantage, et nous obliger en prenant le gouvernail sur cette mer orageuse, où on ne voit que des combats et de fréquents naufrages des passions, à chercher pour nous-mêmes les routes les plus certaines et à faire toutes les provisions nécessaires pour notre propre conduite parmi tant d'agitations et de travaux, qu'ils me donnent lieu à vous en parler présentement sous le nom *des combats du juge*.

« L'esprit de l'homme n'a jamais été si ingénieux que lorsque, par sa chute, passant du repos au travail, et regardant toutes les conditions remplies de peines, il a eu l'adresse non seulement de se les adoucir par l'honneur de la patience, mais encore de mettre tant de gloire à leur suite, qu'il n'a rendu illustres la plupart des professions et des emplois qu'à mesure qu'ils sont chargés de soins et de fatigues. S'il a considéré les combats comme les actions les plus difficiles et où se trouvent les plus puissants obstacles, il leur a aussi décerné des triomphes, et c'est sans doute ce qui fait toujours passer la profession des armes pour l'une des plus éclatantes. Rien n'est si fort et si puissant que les hommes qu'elle se propose d'attaquer et de vaincre. Mais comme la magistrature n'a pas la même vue, qu'elle les attaque et poursuit jusque dans leur intérieur ; que leur confusion et leurs désordres sont les grands obstacles qu'elle doit surmonter, et que, se mêlant enfin parmi leurs passions les plus déréglées pour y faire des progrès, elle est dans de continuels combats, elle a aussi toujours tenu un rang d'autant plus élevé que ses victoires sont plus utiles et plus fréquentes et doivent rétablir parmi eux une heureuse tranquillité. Ce sont là, Messieurs, des exploits et des combats de notre profession, mais elle a cela de particulier et de différent de l'art militaire que ses peines ne se terminent pas comme les siennes à ce qui en paraît au dehors.

« Les combats du juge sont intérieurs et infinis ; sa fonction publique ne commence proprement qu'après des choses secrètes dans le siége de l'âme, où se forment ensuite ses sentiments et ses résolutions ; l'esprit tâche, à l'aide de ses lumières, de dissiper les nuages qui couvrent et confondent le vrai et le faux ; et comme l'un, par des artifices suspects et empruntés, prend souvent la place de l'autre, le plus apparent est quelquefois le moins véritable ; et le juge, combattu de tous les deux, n'agit alors qu'en tremblant. Il souffre des inquiétudes et s'en prend avec quelque honte à la faiblesse de sa connaissance. Aussi est-il si naturel à l'âme qui sait les effets et les caractères de sa puissance, d'agir avec un tel empire dans son discernement, qu'elle n'y est jamais blessée sans trouble et sans confusion.

« Mais ce n'est pas à elle qu'il faut imputer ce désordre : ses fonctions sont trop pures pour la rendre sujette à ses atteintes ; elle est, dans ces rencontres, trahie par ses propres facultés qui, s'étant laissé séduire et corrompre, lui causent ces défaillances et la livrent à ses ennemis, qui de la souveraine du monde la font devenir l'esclave des plus lâches et des plus infâmes passions. Cependant ce n'est que par elle que le magistrat pénètre les choses les plus cachées ; elle lui sert de boussole pour éviter les écueils et se conduire avec sûreté dans les endroits et les détours les plus difficiles, en lui communiquant, avec la connaissance de tous les devoirs, l'amour du bien et la haine du mal ; c'est à elle seule qu'il doit ses lumières et la rectitude de ses jugements. Mais, quoique ses plus célèbres actions n'éclatent jamais davantage que dans les grands embarras, que ce soit là qu'elle tienne le mieux son rang, et qu'elle y fasse admirer le juge comme un autre soleil qui éclaire le monde et qui l'anime, elle ne peut rien toutefois qu'elle ne trouve en soi-même ce calme et cette sérénité qui lui donnent à la fois l'autorité et l'infaillibilité dans ses décrets. Les premiers combats du juge doivent donc lui gagner un poste avantageux contre les orages et les tempêtes ; il lui en faut d'autres fréquents pour l'y maintenir. Etant sans cesse attaqué, ses gardes doivent être le travail et la vigilance, ses forces les vertus et toutes les passions bien réglées, et la justice doit les commander et les conduire. Mais, quelque utiles que soient les fonctions des dernières, qui sont les plus animées pour son secours, elles ne laissent pas d'être sujettes entre elles à des mouvements irréguliers et dangereux qui tiennent souvent de la révolte et tourneraient à la perte du juge s'il ne se jetait à elles pour s'en rendre maître et les contenir chacune dans ses bornes et dans son emploi. La hardiesse l'assure dans le péril ; mais, pour peu qu'elle entreprenne, elle le rend téméraire. La crainte lui représente ce qu'il doit éviter et fuir, mais elle le fait quelquefois avec lâcheté. L'amour lui montre le bien et ce qui est désirable, mais il est souvent aveugle et sujet à se tromper. La haine le porte contre le mal, mais pour elle il ne saurait s'écarter qu'elle ne le fasse devenir indifférent et cruel et ne le remplisse de vengeance.

« Enfin, ce n'est pas seulement contre les maux et les vices les plus visibles, contre les mauvaises mœurs et contre l'ignorance et l'oisiveté que le juge doit combattre ; on peut dire qu'il le doit encore contre ses propres forces et contre une multitude d'ennemis qui le flattent ou qui le surprennent, qui se cachent sous de belles apparences pour le tromper, ou qui se déclarent tout d'un coup pour le perdre. Tous ces exploits si difficiles n'aboutissent encore qu'à la victoire de nous-mêmes ; mais aussi, quand elle est bien entière et qu'elle a commencé à affermir cette paix intérieure qui nous assure la jouissance sans trouble de tous les biens qu'elle nous a procurés, nous sommes alors des athlètes dans les autres combats où nous engageons nos fonctions ; il ne nous y faut plus que des armes légères ; nous ne regardons le travail et la peine que comme des chemins qui mènent à la gloire, et toutes nos actions, qui sont pleines de lumière, portent partout le bruit et les marques de notre modération et de la grandeur de notre courage.

« Ne nous reposons pas toutefois si absolument sur cette tranquillité que nous ne soyons toujours en garde contre nous-mêmes. Les actions et les combats du juge sont perpétuels ; quand il s'est vaincu lui-même, il ne commence qu'à être propre à d'autres choses ; tout lui doit être soumis par la crainte ou par l'estime ; mais tout ne laissant pas d'être sujet à de fréquents soulèvements contre son autorité si enviée, ses moindres relâchements sont périlleux, et il doit, de même que le soleil, conserver toujours une pureté si constante et si égale, que, comme les vapeurs qui s'élèvent incessamment contre ce grand astre et semblent devoir en étouffer la lumière sont enfin par la force de ses rayons abattues et dissipées, il puisse de même, par la fermeté de ses résolutions toujours sages et modérées, se maintenir également dans la tourmente et tôt ou tard renverser et confondre tout ce qui s'oppose à la pureté de ses fonctions, à l'éclat de son emploi et à sa grandeur. Mais souvenons-nous que la prudence est encore plus nécessaire et plus utile aux combattants que le courage. C'est dans les grands périls que paraissent le plus leur adresse et leur conduite, et leurs retraites en bon ordre sont souvent aussi glorieuses que leurs victoires les plus signalées. Nos combats sont si nombreux et si fréquents, qu'il est difficile que l'issue en soit toujours pareille; et pour être armés des vertus et de l'autorité de la justice et des lois, nous n'éprouvons que trop que nous ne sommes pas invulnérables dans nos charges, ni même dans nos bonnes intentions... Ne nous rebutons donc ni des peines ni des difficultés de nos emplois : soyons-y toujours assidus, vigilants, intrépides; et, puisqu'ils sont remplis de tant de combats, préparons nos forces, ouvrons nos connaissances, faisons entrer en lice toutes les vertus du juge destinées à le défendre... »

Il disait aux gens du Roi : « L'administration de la justice est si vaste dans ses emplois, que, comme elle embrasse les fins de toutes les professions, elle renferme aussi en soi la plupart des peines, des obstacles et des traverses dont elles sont remplies. Ses combats ne sont pas seulement pour nous, qui avons le soin de la maintenir dans sa puissance et d'en avancer le progrès ; on peut dire qu'ils vous regardent autant que personne. En effet, c'est sur votre vigilance et sur votre courage que reposent l'ordre et la sûreté publics, et les lois de cet Etat vous ont tellement confié tout ce qui en concerne la poursuite, qu'elles ne connaissent proprement que vous pour les premières attaques. Elles ont cru que rien n'était si naturel, si étendu ni si difficile à ménager que le ressentiment et la colère ; il fallait des hommes exprès qui, sans être sujets aux désordres de cette passion, se chargeassent de la vengeance des autres et de combattre pour eux et pour elle, en conservant toujours de la modération et de la bienséance. Cet emploi est d'autant plus illustre qu'il est fondé sur deux grandes vertus, la prudence et la grandeur de courage, et que tous les yeux sont les témoins de tous vos coups. Mais, comme ils n'ont de force qu'autant que la justice les approuve et qu'elle y concourt par la pesanteur de son bras, travaillez toujours à mériter son estime et sa confiance par vos grandes et célèbres actions, et considérez enfin que, ne devant agir et combattre que pour elle, vous lui devez des attachements dont dépend toute la considération de vos personnes et de vos charges. »

Il disait aux avocats (1) : « Il est étrange que l'homme, recevant l'empire de toutes choses sans aucune contrainte de son libre arbitre, ait trouvé dans la plénitude de sa propre puissance tant de peines et de travaux, que bien souvent de la plus élevée il se fait la plus malheureuse de toutes les créatures. Peut-être est-ce que l'âme, qui a été créée avide et dépourvue de tous les biens qui lui sont nécessaires, n'en trouvant rien ici-bas qu'au-dessous de ce qu'elle est, ne s'y porte avec quelque négligence et souffre des agitations de n'y rien voir qui puisse remplir ses désirs? Disons plutôt que la prison où elle est enfermée lui ôtant beaucoup de la force et de la pureté de ses fonctions, qui sont toutes nées libres, et que ses ennemis, qui sont tous les mouvements déréglés de l'appétit, agissant en liberté contre elle avec leur adresse et leurs charmes, elle succombe maintes fois sous leurs artifices et leurs faux appas, sources inépuisables des peines et des maux qui troublent le repos dans toutes les conditions et même assez souvent la tranquillité publique.

« En effet, peut-on nommer quelqu'un entre tous les sages de l'antiquité qui ait été toujours d'accord avec soi-même? Y a-t-il quelque héros qui ait pu fixer les bornes de sa gloire dans un certain nombre de conquêtes et de triomphes? Les plus puissants Etats n'ont-ils pas toujours été sujets à des agitations et à des désordres? Et y a-t-il quelque bien sur la terre dont la possession ait

(1) Le texte de cette harangue, prononcée à l'audience publique du même jour, était : *L'administration de la justice est supérieure à la profession des armes.*

été sans trouble et sans envie?..... La valeur la plus brillante des vertus et qui semble affronter l'immortalité est celle qui dans la guerre a le plus de part dans le bon succès des grands desseins. Mais quand elle est jointe à la prudence si nécessaire et si rare toutefois dans le capitaine, n'importe que tout soit périssable, sa gloire vit après lui dans le milieu des ombres, les siècles futurs en sont éclairés et ses grands exemples qui ne meurent jamais sont comme des semences d'émulation et d'honneur dont naissent d'autres hommes qui maintiennent à leur tour la grandeur et l'éclat dans cette profession..... Il semble après cet éloge que tout lui doive être soumis et qu'il n'y ait plus qu'à lui rendre les armes. Mais la justice est une divinité, et ne peut être vaincue; le bruit et l'éclat ne l'étonnent pas; elle regarde le faste et la pompe sans diminution et sans jalousie, parce que sa fonction est de demeurer toujours égale et que sa puissance est appuyée sur les mêmes fondements que le monde. Son objet ne se termine pas, comme celui des armes, à procurer seulement un bien en particulier : il pénètre jusque dans l'intérieur pour y former les vertus; il se jette dans toutes les conditions pour y donner des règles; il en remplit les arts; il embrasse tout l'univers par ses lois, qui en font l'ordre et la principale beauté; et, pour leur donner plus d'action et de vigueur, la justice se réduit elle-même en art, et devient un exercice qui est proprement celui de la sagesse.

« Qu'y avait-il de plus hideux que la force? Elle était en soi un mal qui pouvait tout détruire; mais la justice en fait un bien : elle l'érige en une vertu, pour tout conserver sous ses ordres et fonde sur cette vertu la profession des armes. Heureuse autant qu'illustre alliance des armes et des lois ! Vous devez toutes deux votre bel être à la justice. Vous étiez, les unes sans pouvoir, les autres sans estime, et vous êtes présentement puissantes, estimées et glorieuses. Mais comme tous leurs avantages n'ont d'éclat et de durée qu'autant qu'elles sont unies ensemble et qu'elles savent se contenir dans leurs bornes, les armes ne doivent jamais oublier qu'étant venues après les lois et pour leur rendre office, celles-ci n'ayent sur elles les droits de la naissance et l'autorité de leur commander, et les lois qu'elles doivent aux armes de l'estime, de la protection et de la reconnaissance. L'art militaire, tout glorieux qu'il est, n'a pour but que d'arrêter et de vaincre tout ce qui s'oppose à l'ordre par une violence armée qui peut troubler le repos public. Mais la connaissance de ce qui est contre l'ordre n'est pas de son ressort. La seule exécution lui est confiée ; et les limites de ce pouvoir sont même si étroites, qu'on peut dire qu'il n'a pas la libre jouissance de ses propres victoires, ne pouvant sans déshonneur exercer sur ses vaincus sa haine, quoique juste, ni sa vengeance. Les emplois de la justice sont bien différents et d'une autre étendue : c'est d'elle que les Etats tiennent leur être, leur ordre et leur durée ; c'est d'elle que l'on tient l'honnêteté dans les mœurs et les règles de tous les devoirs ; et c'est encore elle qui, par des soins infatigables, descend à chaque homme en particulier, entre dans le détail de ses affaires et de ses traverses, et lui prête toujours son secours..... Il n'est pas de même de l'administration de la justice que des autres professions. Le soldat qui a de la valeur, quoi qu'il fasse, est soldat; le médecin, soit juste ou injuste, pourvu qu'il soit savant dans son art, ne laisse pas d'être médecin; il en est ainsi de tous les autres arts, parce que pour y réussir il ne faut que la connaissance de ce qui leur est propre, sans regarder la volonté. Mais pour faire le magistrat accompli la science et les travaux ne suffisent pas : il lui faut les habitudes de toutes les vertus; il faut qu'elles s'emparent de sa volonté, qu'elles la portent continuellement au bien, et qu'il se forme toujours dans son âme des résolutions remplies également de lumière, de justice et de courage, de conserver et de rendre à chacun ce qui lui appartient.....

« Avocats, les fonctions de la justice sont si nobles et si pures, qu'elles ne souffrent de mélange que celui des seules vertus. Elle vous a confié l'éloquence, qui en est une, et qui, séparée d'elle, ne serait que déguisement et brigandage. Toute sa force dépend du fidèle usage que vous en faites en l'éclairant toujours des lumières de la vérité..... »

Aux mercuriales de 1666, il avait pris pour texte : *Le règne de la justice;* il disait au Parlement : « S'il n'est rien de plus malaisé dans l'art de bien dire que de réussir à louer les hommes, quelque illustres et magnifiques que puissent être les sujets de leurs éloges, et s'il est encore plus dangereux de l'entreprendre en leur présence, quelle espérance puis-je avoir de m'acquitter avec avantage de mon emploi dans cette journée destinée à une censure parmi vous qui ne fournissez que la matière d'une juste louange? Et ne serait-il pas à désirer pour moi que la coutume des Lacédémoniens, qui ne parlaient point à leurs soldats allant au combat, fût ici établie, par la même raison que rend Thucydide de cet usage, que l'habitude de bien faire acquise de longue main a une tout autre force qu'une harangue bien prononcée? Mais, puisque par un ancien devoir, incommode et glorieux tout ensemble, c'est à moi d'ouvrir par la parole le camp de vos exercices et de vous remettre devant les yeux ce qui regarde vos importantes fonctions pour vous exciter à y faire toujours paraître plus de pureté et d'attachement, je ne vois rien de plus convenable au temps présent ni de plus utile à nous-mêmes que de vous proposer de faire de grandes et solides réflexions sur le règne et la réformation de la justice, et de les prendre pour le sujet de ce discours.

« Dans la multitude et la diversité des humeurs et des choses qui s'entrechoquent et se détruisent dans la nature par leurs contrariétés, c'est une merveille que toutes ensemble soient employées à former le corps politique, qui ne subsiste que par leur union et leur concorde ; et il est encore plus merveilleux que l'esprit qui donne le mouvement à ce grand corps ait eu le secret de la science et l'autorité de se rendre maître des hommes, malgré le violent amour de leur liberté naturelle, d'entrer dans leur cœur et de leur y livrer des combats quand ils s'élèvent contre la raison, et de les soumettre à l'obéissance de ses lois par un commandement si absolu et si doux, que ceux mêmes qui deviennent les sujets de sa colère lui conservent encore de la vénération au milieu des châtiments qu'il leur impose. Il ne faut donc pas s'étonner si celui de tous les Rois qui a été le plus profond en sagesse et dans toutes les connaissances ne donnait point d'autres bornes à ses désirs que de posséder parfaitement cet esprit, qui n'est autre que celui de la justice. Jamais ambition n'a paru plus élevée, plus étendue ni plus légitime que dans ce souhait, qui par le seul règne de la justice se proposait avec certitude la conquête du monde et l'empire universel des esprits. Quelque différents que soient les peuples dans leurs mœurs et dans leur gouvernement, on doit demeurer d'accord que tous ont toujours regardé la justice avec tant de respect et une telle confiance, qu'ils lui ont comme de concert attribué leur bonheur et l'assurance de leur repos..... »

Puis il disait au Barreau : « Avocats, si le monde est admirable dans le prodigieux concours et le pompeux assemblage de toutes les beautés dont sont pourvues toutes les choses singulières qui en font la merveilleuse et divine structure ; si tant de partis naturellement opposés, tant de régimes différents et tant d'inclinations et d'intérêts contraires qui devraient, ce semble, en être les taches, ne servent qu'à en former une plus parfaite et plus solide beauté ; si enfin ce grand corps, dont tous les membres sont périssables et mortels, bien loin de s'affaiblir par son grand âge, tire de nouvelles forces de la suite nombreuse des années, quel miracle peut être assez surprenant et assez perpétuel pour unir toujours si parfaitement ce que la nature a divisé, pour concilier tant de contrariétés, qui sont toujours la cause de la dissension et du désordre, et pour communiquer une espèce d'immortalité de vie et de bonheur à un être dont la fin ne peut être révoquée en doute, puisque son commencement est certain et qu'aucune de ses parties n'est exempte de la mort? Personne ne l'ignore : peu de gens toutefois relèvent cette merveille..... C'est de la justice que je parle : de cette âme qui anime le monde, qui s'est rendue maîtresse de toutes les nations, qui s'est fait entrée dans les endroits les plus cachés et jusque dans le fond des cœurs, pour y porter ses lois et son amour ; qui, par son autorité et par ses règles, a tiré le bien du sein du mal, donné l'être, la forme et la durée à la société des hommes, fondé tous les Etats et augmenté leur puissance, maintenu la religion, introduit et protégé les vertus, les sciences et les arts ; qui, ayant su ramener tant d'esprits déréglés et brutaux, leur a fait connaître et aimer la concorde, s'est fait révérer et craindre dans la guerre même et le tumulte, et qui enfin a renfermé dans l'immense étendue de son règne toute la douceur et la félicité qui peuvent être trouvées sur la terre.

« On n'a jamais douté dans la nature que tous les corps ne fussent animés chacun suivant la qualité de son être, et que leur âme, qui est un certain feu dont ils tiennent la vie, leur accroissement et leur conservation, venant à s'éteindre, ils ne demeurent sans action et sans mouvement. C'est aussi une opinion reçue que chacun des hommes, dont les âmes sont créées aussitôt que les organes sont disposés à recevoir cette divine forme, est encore commis dès cet instant à la garde d'un esprit céleste qui devient son ange tutélaire.... Et la plupart ont tenu et tiennent encore que les Etats, qui sont des corps politiques, ont aussi chacun leur intelligence protectrice qui les meut et les soutient, et qui veille sans cesse à ce qui regarde leur gouvernement.

« Mais n'y a-t-il pas plus de raison de croire que le monde, qui est un corps composé d'une multitude infinie d'autres corps, et qui prend sa forme de toutes les autres formes, a aussi reçu lors de sa création une âme qui conduit, qui règle et qui unit de telle sorte ses différentes parties, que c'est elle qui forme par la mesure de leurs accords cette charmante harmonie, cette concorde qui en est l'ornement et la beauté? On ne peut dire qu'il est seulement un amas de tous les êtres qui, ayant pris leur ordre des mains de leur auteur, n'ont besoin d'aucun esprit ni mouvement pour les régler et les conduire, et que les lois qu'ils ont reçues de la nature étant immuables et puissantes, cette âme serait inutile et sans fonction. Je ne parle pas de l'ordre des âmes dont la direction et l'emploi ne regardent que les êtres particuliers qu'elles animent, étant certain qu'elles n'empruntent quoi que ce soit les unes des autres, et que chacune est parfaitement dans son essence. . . . . .

« L'âme qui conduit et qui règle le monde n'est ni végétante, ni sensitive; et celle même de l'homme était trop sujette aux accidents corporels pour avoir un département d'une si grande étendue et d'une aussi difficile administration. Il fallait un esprit d'intelligence et de lumières pour pénétrer les choses dans le fond de leurs causes et les rendre utiles dans leurs effets, pour fléchir et réduire à un juste tempérament les inclinations contraires et pour arrêter par des liens secrets aussi bien que par de publics les emportements et les saillies. Il fallait qu'il fût ferme, bienfaisant, universel et incorruptible, pour s'introduire et régner dans tout l'univers, et pour n'y pas laisser un petit coin qu'il n'animât par quelque bon ordre et qu'il ne gagnât par amour; et il fallait encore que cet esprit divin, cette justice qui est véritablement l'âme de la police du monde, prît naissance avec lui; mais avec cette différence, qu'elle y vînt incréée, pour n'être jamais sujette aux désordres des créatures.

« Tout a beau être sur la terre exposé aux changements et aux révolutions, la vraie justice demeure toujours inébranlable et immortelle : *perpetua et immortalis*. Les empires ne peuvent commencer ni s'accroître qu'avec elle et par elle; mais, s'ils la quittent, elle survit à leur décadence et trouve quelquefois dans leurs ruines mêmes les fondements d'une nouvelle domination plus assurée et plus puissante. La corruption des mœurs et de ses propres lois ne l'infecte jamais, parce que sa nature et son essence l'exemptent de toutes les souillures de l'âme. Enfin, si l'homme est le plus excellent de tous les sujets de la nature mortelle, si l'âme fait l'excellence et la dignité de l'homme, et si les vertus sont l'excellence de l'âme, ne s'ensuit-il pas que la justice est l'excellence des vertus et qu'elle les surpasse; et, par une autre nécessité, que son règne ne peut être que magnifique et heureux?

« Il n'y a guère d'histoires qui ne nous marquent que l'élévation de l'état des Romains... était due aux belles lois qui ornaient cet empire et à l'amour que chacun joignait à leur obéissance, et qu'à mesure que le relâchement a paru dans sa justice, on l'a vu passer dans la soumission des esprits, et ensuite changer peu à peu la face du plus florissant Etat qui fût jamais. Le nôtre a-t-il été plus tranquille et plus redoutable que sous des Charlemagne, des Louis XII et des Henri IV, qui vivent encore dans les cœurs par ces titres glorieux de pères de la justice et des peuples? Et toutes les fois que les lois et l'autorité légitime ont été méprisées ou affaiblies, n'est-il pas tombé dans des troubles, des disgrâces et des abaissements? Mais dans les affaires humaines, les siècles et les personnes s'en vont, et les causes et les événements renaissent. Après diverses sortes de guerre et d'agitations qui avaient tenu longtemps la France abattue par de grands et continuels efforts, qui l'avaient gâtée et salie par les vices et les crimes que l'avarice y avaient enracinés, et qui, par un relâchement presque universel au mépris des lois, l'avaient rendue si dissemblable de ce qu'elle était avant ses souffranees, elle se voit aujourd'hui non seulement exempte de bruit et de tumulte et dans le plus profond silence qui ait encore accompagné la tranquillité publique, mais... elle sent tous les jours renaître ses forces et sa vigueur par cette grande et utile réformation des finances, par le retour de la pureté de ses premières mœurs, et par cet admirable esprit de justice dont son monarque anime toutes les parties du Corps de l'Etat. Ah! qu'il sait bien ce qu'a dit le plus sage des rois, que c'est elle qui élève les royaumes à leur plus haut degré de réputation et d'honneur, que c'est elle qui les rend redoutables et triomphants, qui leur soumet et leur conserve agréablement les nations, et qui peut encore attirer les peuples éloignés à venir volontairement subir le joug de ceux qui ne commandent que selon ses règles et ses conseils! *Justitia elevat gentem.*

« Mais ne savons-nous pas tous de ce Prince qui en est l'image, que ses peines et ses veilles ne fondent pas moins notre commune félicité que sa puissance et sa gloire dans les siècles futurs? l'Eglise ne lui doit-elle pas la grâce de l'avoir délivrée de l'impiété et du blasphème?... La noblesse ne doit-elle pas à sa fermeté de l'avoir guérie de la fureur des duels, aussi funeste et souvent plus malheureuse dans ses suites que la guerre? Et les peuples peuvent-ils être à couvert de la concussion et de la violence, autrefois si ordinaires, sans reconnaître qu'ils doivent leur repos à son amour pour la justice? Mais que ne lui devront pas tous les ordres de l'Etat quand ils jouiront de ces belles lois prêtes à paraître, et quand ils verront par elles la justice revêtue d'un nouvel éclat, et les monstres d'une ruineuse chicane abattus! Nous voyons déjà, comme des présages assurés de ce bonheur, tous les esprits s'unir et entrer dans de mêmes sentiments en ce qui regarde la soumission. Mais il est temps que les volontés commencent à se rendre plus désintéressées. La justice est dans son règne, qui ne peut être paisible ni glorieux que tout ce qui lui est soumis ne se ressente de sa pureté.

« Avocats, je ne puis penser au règne de la justice ni au service assidu et pénible que vous lui rendez sans l'admirer dans l'exactitude de sa reconnaissance. Je ne vois rien dans toutes les professions qui ait du rapport à à sa grandeur ni à la continuité du travail que vous demandent vos fonctions, parce que partout où l'esprit qui est infini peut porter ses pensées, ses désirs et ses mouvements, soit dans les arts ou dans les sciences, dans les droits divins ou humains, vous y devez entrer par de profondes connaissances. Mais la justice régnant avec autant d'empire sur les âmes que sur les choses, vous a fait trouver parmi les hommes un crédit et une estime qui ont toujours été regardés par eux comme la plus glorieuse récompense des plus pénibles travaux. On a vu autrefois des sénateurs et des consuls descendre volontairement à vos emplois pour y acquérir cet honneur qui donne la vie aux plus grandes choses; et vous avez encore cet avantage par-dessus nous, qui siégeons dans leurs places, que la plupart de nos actions se font à l'ombre, sans ornement et sans appareil, pendant que vous produisez au grand jour l'éloquence, l'érudition et les belles connaissances que vous vous êtes acquises. Mais prenez garde aussi que la justice, qui se conduit dans son règne avec sagesse et lumière, ne souffre ni taches, ni défauts, et qu'elle cherche toujours avant toutes choses dans vos écrits et dans la beauté de votre langage la pureté et la modération de vos sentiments. »

A l'ouverture des audiences en 1669, où il avait pris pour texte : *Le tableau du juste*, il prononçait ces belles paroles : « C'est une chose assez étrange que l'esprit de l'homme, tout ingénieux et tout infini qu'il paraît, soit toujours tellement renfermé dans lui-même que, bien que tout ce qu'il produit et tout ce qu'il invente nous semble être une multitude de merveilles, il n'a pu, depuis tant de siècles qu'il s'occupe à embellir et à régler le monde par les vertus et par les lois, trouver le secret de les insinuer assez avant dans le cœur et dans la volonté pour y laisser cette agréable sujétion d'aimer toujours ce qui est aimable et de fuir ce qui ne mérite que l'aversion. Toute sa lumière n'a pu servir qu'à lui faire connaître l'un et l'autre, et son adresse qu'à en inspirer à quelques-uns de l'amour et de la haine. Enfin, il faut dire que les facultés de l'âme étant nées libres et souveraines, toute sa ressource pour se les rendre favorables a été de s'adresser à elle par la voie de la persuasion.

« On ne saurait douter que les Grecs, de qui tout le reste de l'Europe a emprunté les lois, ne pensassent à cet article lorsqu'ils s'avisèrent de mettre leurs lois en chansons et qu'ils ne voulurent plus avoir d'autres chansons que leurs lois. Le mot ῥοπὸς signifia encore l'un et l'autre, ce qui s'appelait le chant d'Orphée, la loi Phrygienne! Et Dion remarque qu'elles ne furent jamais mieux gardées parmi eux que lorsqu'au lieu de ces tables et de ces portiques de marbre, d'airain et de porphyre, où on les a vues depuis si superbement exposées par écrit, elles étaient toujours auparavant dans la bouche et dans la voix des peuples, qui de leur mémoire les faisaient passer et les imprimaient insensiblement dans leurs cœurs. C'est sans doute ce sentiment qui a porté le premier des politiques, dans le beau plan qu'il a laissé d'une République heureuse et florissante, à ne pas désirer un grand nombre de lois, mais à s'attacher avec toute son application et toute son étude à former quelques hommes qui, étant ornés des vertus et armés de la majesté des lois, fussent eux-mêmes des lois vivantes, des modèles achevés pour les autres et des conducteurs fidèles et éclairés dans la vie. Vous tenez, Messieurs, la place de ces sages pilotes dont il nous a donné ces belles idées; vous êtes ces miroirs de réflexion qu'il propose pour faire voir en vous les règles que chacun doit tenir dans sa conduite; et vous êtes assis dans le siége du juste, dont je puis entreprendre de vous faire le tableau, vous ayant tous devant les yeux.

« Rien n'étant si puissant dans le monde que l'exemple et le désir de la gloire, c'est avec beaucoup de raison qu'on a choisi des hommes pour les placer dans un lieu éminent d'où ils puissent persuader sans cesse par eux-mêmes ce qui est digne de louange, répandre dans tout ce qui les environne l'éclat et l'amour des vertus, et tout conduire par le pouvoir et par la sainteté des lois. Celles-ci ont beau commander et défendre, paraître sévères et menaçantes; elles ont beau même se joindre à l'autorité comme à la cause et à la base de la félicité humaine : le propre poids de la puissance ne sert qu'à la faire retomber plus tôt et à plonger dans les malheurs, si ceux qui en ont le maniement et la conduite n'agissent par leurs sages conseils et s'ils ne la soutiennent par leur propre vertu et par leur exemple : *Vis expers consilii mole ruit sua.* Ils doivent se ressouvenir que l'éclat et la durée du pouvoir de l'homme et de la loi se tirent de leurs mutuels secours : le juge prend son esprit de la loi, la loi prend la voix et les organes du juge; le juge parle comme ferait la loi, la loi renvoie tous les honneurs au juge; la justice devient la vertu de l'âme, et l'âme est la force de la loi; et c'est dans cette admirable union qui anime une puissance qui ne faisait que languir et qui dégage une autre des ténèbres qui l'aveuglaient, que se forme le tableau du juste et que réside toute la gloire des magistrats et le bonheur des empires.

« Peut-on donc douter que le juge ne doive être composé de la plupart des vertus, puisque la justice qui le doit animer et en qui il faut qu'il se transforme en est un parfait assemblage? *Ad eum pertinet*, dit Platon, *esse veredicum, temperatum, fortem, justum, mansuetum*. Ce n'est pas assez qu'il ait la main toujours levée sur les vices et qu'il paraisse sans tache aux yeux qui le regardent. S'il est vraiment animé de la loi, l'intégrité de sa vie, la modestie de ses mœurs, sa constance, sa religion, son innocence en seront les images : *Cujus vita integerrima, modestissimi mores, summa fides, pietas, integritas, innocentia spectata sit*. (Id.) Si l'estime et la gloire, qui produisent tous les biens et qui sont la plus belle récompense que les hommes attendent de leurs peines, sont aussi le prix que le juge se propose de ses travaux, ce ne lui sera plus rien de quitter les jeux et les plaisirs; son application et ses veilles feront sa douceur et sa joie; tout ce qui se lèvera contre l'ordre et la raison l'aura toujours en tête; la haine, l'arrogance et l'envie échoueront à ses pieds; et s'il sait se servir de cette modération, de cette adresse si nécessaires dans la vie, ses combats seront moins fréquents, mais ils seront toujours suivis de la victoire.....»

Il disait aux officiers des bailliages : «... Je n'ai que faire de vous parler aujourd'hui de l'autorité des lois : personne n'ignore que le temps où nous sommes ne soit celui de leur règne. Mais je ne puis vous mettre assez devant les yeux que plus leur règne est élevé, plus elles exigent de ceux qui en sont faits participants ; que leur plus grand souci est à présent de vous purifier dans votre conduite comme les premiers canaux dont la justice se sert pour communiquer à la société civile les biens qu'elle lui produit en abondance; qu'elles regardent la vue du gain comme un désir impur, capable de rendre l'esprit immonde et de corrompre la doctrine et les mœurs ; qu'elles veulent que l'honneur et l'autorité soient presque la seule récompense des juges, et que pour peu qu'on s'éloigne de leurs sentiments, on ne voit plus alors que sévérité et rigueurs.... Pouvez-vous mieux satisfaire à des devoirs si naturels et si importants à votre réputation et à votre repos qu'en vous animant des propres sentiments des lois et qu'en vous en faisant vous-mêmes des images vivantes, dans lesquelles elles se puissent reconnaître à votre désintéressement et à votre modestie, à votre application et à la justice de vos jugements? *Justitiæ cultor rigidus, servator honesti.* Enfin, sachez que les traits et les caractères du juge sont : que la pureté soit toujours dans son cœur, la sérénité sur son visage; que sa foi ne soit jamais feinte, et qu'il ne paraisse en lui que cet aimable feu produit par le désir et l'amour de bien faire. »

Il disait aux avocats, sur le même sujet : « Quelque surprenants que soient toujours à l'esprit et aux yeux les premiers miracles de la création de toutes choses, quelque admirable et divine que soit leur structure, et quelque merveilleux que puisse être l'ordre inviolable qui leur a été donné pour leur conduite, il faut demeurer d'accord que plus le présent que Dieu en a fait à l'homme est grand et magnifique, et plus est libre et souveraine la possession qu'il lui en a donnée, plus il se forme à lui-même d'embarras et de traverses dans sa jouissance. Peut-être est-ce que le Créateur, dont les secrets nous sont impénétrables, a voulu lui faire connaître que son pouvoir et cette pleine liberté qui font sa principale prérogative ne sont qu'une véritable et perpétuelle dépendance; que la raison, qui est le flambeau qui l'éclaire, ne jette souvent que des lumières faibles et trompeuses, et que son esprit, tout supérieur qu'il est à toutes choses et tout infini qu'il paraît, tient toujours de la créature, ne peut rien produire de lui-même, et pas seulement se donner l'ordre, le calme ni le repos dont jouit tout le reste de l'univers.

« En effet, pourquoi, après l'avoir formé de ses propres mains, le laisser sans lui donner pour sa conduite des ordres qui ne pussent être ni violés, ni changés? Pourquoi lui tout soumettre et le souffrir dans un continuel divorce avec lui-même? Pourquoi enfin attendre tant de siècles pour lui donner seulement quelques lois, et n'imprimer pas en même temps dans son cœur les sentiments de la même obéissance que toute la nature rend sans peine à tout ce qui est des règles de son être? Il n'est non plus possible que permis d'entrer dans ces divins secrets. Mais nous pouvons dire, selon la faiblesse de nos raisonnements, que ce chef-d'œuvre des mains de Dieu recevant un empire de si vaste étendue, sa dignité ne devait être dominée par aucune contrainte, mais qu'il la rend embellie et éclairée de tant de brillantes lumières, qu'il ne peut se dévoyer jamais sans se rendre et sans se sentir coupable de ses égarements. Que lui fallait-il davantage, avec la prééminence de son franc arbitre, que de recevoir toutes les vertus pour lui servir de règles dans sa conduite; que de lui en faire connaître le pouvoir et la beauté, et que de lui en inspirer encore l'estime et l'amour? Il sent dès son enfance des mouvements intérieurs de la justice naturelle et qu'elle s'oppose déjà quelquefois aux mouvements de son âge. A mesure qu'il avance, son esprit s'ouvre agréablement à ses lumières, il la connaît et la révère dans ses effets, et il la croit un guide très assuré dans la vie, mais ce seul sentiment ne suffit pas. Pour ne s'égarer point parmi tant de routes écartées et de détours inconnus, il en faut faire une affection du cœur, ne perdre jamais de vue cette aimable conductrice, se laisser aller à ses mouvements, et il faut enfin nous faire le tableau de la justice pour nous remettre devant les yeux ce qu'elle est, ce qu'elle fait, et ce que vous lui devez......

« C'est de toutes les vertus particulières que je vous forme le tableau de la justice; je vous les représente à l'entour d'elle comme lui communiquant chacune ce qu'elle a de plus singulier et de plus beau, la regardant comme le merveilleux composé dont elles sont les rares parties, et comme s'élevant au-dessus d'elles pour montrer qu'elle les surpasse également en beauté, en pouvoir et en charmes. Mais voyez-la assise sur le trône de l'empire du monde, tous les rois au-dessous d'elle, de qui ils prennent en même temps et des lois et leur sceptre; de grands livres ouverts remplis de tous les devoirs, de toutes les conditions, et une infinité de peuples à ses pieds qui la regardent avec des yeux de soumission et d'amour, comme s'ils voulaient lui faire connaître que sa puissance n'agit pas moins dans le fond de leurs âmes qu'elle s'étend sur leurs biens, sur leur honneur et sur leur vie! Voyez son action d'imposer le silence et de mettre partout le calme et la paix, d'avoir la main armée et levée contre la violence, de parler et de persuader, d'embellir les mœurs et les arts, de faire fleurir les lois, de tenir sous elle les vices enchaînés, de distribuer les honneurs et les peines au poids et à la balance, et de se couvrir les yeux pour ne rien donner à l'apparence, pour ne distinguer personne dans ses jugements, et pour se conserver plus vives et plus pures les lumières intérieures de sa pénétration et de sa connaissance. Toutes ces choses ne sont toutefois que des images imparfaites de ce qu'est et de ce que fait la justice..... Les dominateurs de la terre en parent leurs palais : ils en font le principal ornement de leurs Etats; leurs plus grandes actions ne sont estimées belles que par le rapport qu'elles ont à ses traits; et nous ne croyons pas pouvoir élever davantage leurs personnes que de les regarder comme des copies animées de ce grand original. Leur véritable grandeur est renfermée dans le droit incommunicable de donner quelques touches à ce tableau pour en rafraîchir les couleurs lorsque le temps ou le mauvais air les a gâtées ou affaiblies, et nous voyons aujourd'hui que le plus grand des héros en fait son application et sa félicité.....

« Avocats, vous êtes trop nécessaires dans mon dessein pour le pouvoir achever sans parler de l'emploi qui vous y est marqué. La parole et la persuasion sont ici votre partage ; mais comme tout ce qui vient de la justice doit toujours porter des marques qui tiennent d'elle, si elle vous a confié une manière d'autorité par la force de la parole, elle vous demande aussi d'y joindre cette douceur et cette netteté qui la rendent agréable et insinuante; elle veut qu'elle soit hardie, mais modeste, toujours véritable, jamais déguisée. Regardez comme des écueils pour vous ces longs et ennuyeux discours qui représentent mieux des ombres dans le tableau de la justice que la lumière dont vous devez contribuer à l'embellir. Enfin elle veut dans ceux de votre ordre de l'esprit, du travail, et une fidélité qui soit exempte des atteintes de la convoitise et qui ne puisse être détruite ni ébranlée par la crainte : *Tum ut ingenium, laborem, fidem suam populo promptam expositamque præbeant, quam nec cupiditas corrumpat, nec gratia avertat, nec metus frangat.* »

Il disait au Parlement, à la Saint-Martin 1670, où il avait pris pour sujet : *La lumière* : « On ne peut douter que chaque chose n'ait été très parfaite au sortir de la main puissante et de la parole féconde du Créateur ; mais ce n'est pas la multitude de tant de beautés singulières qui fait celle de l'univers, et il est plus juste de se dire que c'est la dépendance qu'elles ont reçue les unes des autres et l'ordre et le rapport qui se trouvent entre elles qui en font le miracle perpétuel. Il leur fallait au-dessus d'elles un être sensible qui comprît en soi tant de vertus opposées et diffuses dans tous les autres êtres, pour être le lien qui les unît, l'esprit qui les animât et le ressort naturel qui réglât le mouvement infaillible de leur instinct. Le même ordre n'était pas moins nécessaire dans le monde politique, où l'étendue infinie de l'esprit, sa pénétrante et continuelle activité et les passions et les vertus différentes n'eussent fait, tout utiles qu'elles sont, qu'un chaos lumineux de tous les biens de la société civile. Enfin, ce que l'astre du jour a fait à l'un, l'esprit du juste l'a fait à l'autre : tous deux venant d'un même principe et tendant à une même fin, tous deux se ressemblent dans leurs actions et dans leur conduite ; mais rien ne pouvant égaler l'éclat, la pureté ni les vertus de la lumière dans l'étendue de sa sphère, j'ai à vous faire voir que la justice qui dans la sienne possède les mêmes avantages, doit suivre les mêmes règles.....

« Je n'ai que faire de remonter à l'origine de la lumière, ni à cet esprit de vie qui est l'âme du juste, sinon pour faire voir que bien que l'un et l'autre aient reçu chacun son être par une action particulière du Créateur, il ne les a pas toutefois tellement égalées dans leur naissance que la justice n'en puisse prétendre l'avantage, et que si la lumière l'a précédée dans l'ordre du temps, ce n'a été que pour préparer les choses à recevoir avec plus de pompe l'homme qui en devait être le truchement.... Il est de sa nature de commencer par se répandre sur les objets avant de les échauffer; sa chaleur remplit ensuite l'air et les cieux; sa vertu pénétrative se fait passage peu à peu à travers les corps les plus durs et les plus solides; et, remuant et tempérant tout, suivant la différente disposition des qualités qu'elle rencontre, elle fait des productions et des merveilles sans nombre. Il n'est pas moins naturel à l'esprit de porter partout sa connaissance et sa pénétration; mais il est de celui du juste de s'attacher seulement à son objet, de le connaître par des lumières unies et non trompeuses, de pénétrer par l'application et par la patience dans les choses les plus cachées, et d'avoir toujours pour la droite raison cet amour clairvoyant et réglé qui échauffe et qui produit les justes sentiments qui font l'ordre et la beauté du monde. En effet, quand l'entendement connaît la raison et commence à l'aimer, ne sentons-nous pas en nous un certain feu qui dissipe tout ce qui semblait l'obscurcir, qui, après avoir purifié notre connaissance, purifie notre volonté, et n'y laisse que des mouvements pleins de zèle et de chaleur pour les choses justes?

« Mais observons la conformité de l'action de la lumière avec celle du juge pour en tirer un avis important aux magistrats dans leurs fonctions. Les rayons, dans lesquels est toute la force de la lumière, partent toujours du corps lumineux revêtu de ces mêmes qualités, et, tombant par une ligne droite et continue sur les objets, ils leur portent non seulement le brillant de sa clarté et la fécondité de sa chaleur, mais encore sa propre image. De même, l'action du juge partant d'une volonté éclairée où se voit le caractère de son esprit, portant avec elle la pureté de ses sentiments dans les affaires particulières et publiques, elle n'y laisse pas seulement des marques éclatantes de l'utilité et du pouvoir de la justice, elle y fait encore comme un tableau des mouvements intérieurs du juge; de sorte qu'il n'est pas moins vrai de dire de lui dans ses actions intellectuelles ce qui n'a été dit que du soleil comme un avantage qui lui est particulier sur les choses visibles, que le juge, comme ce père de la lumière, est le seul bon peintre de lui-même.

« Nous ne pouvons, Messieurs, nous dérober à notre propre nature; et, puisque celle de notre condition expose aux yeux du public ce qui est en nous de plus caché, et que sans y penser nous nous peignons si ressemblants dans nos actions, mettons la main au dedans et n'y laissons que ce désintéressement et cette indifférence qui seuls, avec le secours des lumières acquises, peuvent nous donner le repos intérieur, assurer nos fortunes et rendre illustres nos travaux. Nous sommes plus que nous n'avons jamais été dans le temps tenus d'imiter la lumière, qui règle, embellit et enrichit la nature sans profiter des biens et des richesses qu'elle y produit. Notre emploi, de même que le sien, est à présent tout action et tout travail : il est la règle des mœurs et des fortunes privées; les peuples en tirent du secours, l'Etat de l'ornement, et nous le seul honneur de faire du bien à tous.....

« Vous êtes tous, Messieurs, des rayons qui, sortant

de la majesté du Prince, avez chacun tiré de lui un différent éclat, suivant les divers degrés de vos emplois, et qui y ajoutez encore celui de vos différents génies ; mais vous êtes déjà trop éloignés du centre pour agir séparément, avec autorité et succès. Votre action et votre force, de même que celles des rayons, ne sont que dans l'union de vos vertus et de vos lumières..... Celles-ci se doivent toujours joindre ensemble pour s'éclairer et pour se fortifier les unes par les autres, et c'est uniquement dans cette union de tant de choses excellentes et rares que se trouvent la vraie justice, la plus parfaite exécution des lois, l'exercice et l'affermissement de votre autorité..... »

Il disait aux officiers des Bailliages : « Officiers, ce que la lumière est au monde sensible, la justice l'est au monde politique : chacun orne, éclaire et enrichit celui qu'elle doit conduire, et toutes deux ont entre elles tant de rapports, il y a tant de ressemblance dans leurs actions, leurs manières et leurs effets, qu'on ne peut dénier que les règles de la lumière, toujours certaines et toujours admirables dans l'ordre de sa conduite de même que dans ses productions, ne soient les plus sûres et les plus infaillibles que les juges se puissent proposer dans leurs emplois. Son action continuelle, l'étendue de ses rayons, la force de sa pénétration et la vertu de sa chaleur, qui sait se faire entrée dans les corps les plus opaques et les plus cachés pour y produire ses excellents ouvrages, ne doivent pas être moins propres aux magistrats; que serait-ce à eux le repos parmi les plus nobles et plus laborieuses fonctions de la vie active et civile?

Utile latens virtus quid enim submersa tenebris proderit?

« La doctrine et la connaissance des droits divins et lumineux sont le flambeau qui éclaire les magistrats et qui leur rend comme naturelle la force de pénétrer jusqu'à la vérité à travers les déguisements et les ténèbres dont elle est souvent couverte, et leur fervent amour pour les choses justes les faisant entrer partout et y porter les sages sentiments des lois, ils amollissent par elles les cœurs les plus durs et font cette surprenante merveille de tirer l'ordre de la confusion, l'obéissance du sein même de la révolte.

« ..... Faut-il s'étonner si la justice, pour se communiquer aux hommes avec plus d'autorité, d'éclat et de succès, s'attache d'abord à purifier ses ministres jusque dans leurs désirs ; si elle n'en veut que de modestes et de désintéressés ; et si, trouvant en eux des relâchements, elle les porte à des réformations sévères qui les fâchent et qui les diminuent pour un temps de considération et de pouvoir? Quand ces malheurs arrivent, il est de la sagesse des magistrats de faire comme la lumière, qui ne paraît jamais plus belle, plus vive ni plus agissante que lorsqu'après avoir été quelque temps affaiblie et diminuée à nos yeux, elle vient à dissiper par ses rayons l'épaisseur de l'air qui semblait la tenir en langueur. Ils n'ont de même dans ces rencontres qu'à se rallier à la justice et qu'à s'animer de ses sentiments ; ils n'ont qu'à s'attacher à l'exacte exécution de ses lois, qui prenant toujours d'eux la force et la vigueur ne peuvent avoir de la réputation et du crédit qu'en même temps ces mêmes lois qui semblaient les devoir abaisser, ne les honorent et ne les élèvent. Ces retours sont infaillibles et glorieux, parce que la justice se retrouve toujours nécessairement sur sa base, qui est inébranlable, et qu'elle rend participants de son estime et de sa gloire ceux qui sont les seuls solides fondements de notre repos et de nos fortunes, ceux qui par l'action, par la pureté et par le travail l'aident dans ses progrès...... »

Il disait aux avocats : « ..... Quelque merveilleuse et incompréhensible que soit la lumière, j'ai à me mettre à couvert du reproche qu'on peut me faire, qu'étant créature, et son objet, tant noble qu'il est, ne regardant que les choses sensibles, il ne se trouve aucun rapport dans son principe ni dans sa fin avec la justice, qui est une vertu donnée du ciel, avec une action qui ne s'attache qu'à purifier les sentiments de l'esprit. Mais il ne s'agit dans ce discours que d'assembler et non pas de confondre des choses qui en effet sont différentes, que d'y chercher entre elles des ressemblances qui parlent aux yeux en faveur de la justice, et que de lui attirer, par la conformité de son image avec ce qu'il y a de plus beau, de plus étendu et de plus puissant dans la nature, des hommages et de nouveaux sacrifices des cœurs.

« Il faut demeurer d'accord que de tous les idolâtres, ceux qui ont adoré le soleil semblent avoir été les plus dignes de pardon. Que pouvaient-ils penser de cette vive et profonde lumière qui, par une action sans relâche et toujours réglée, anime et soutient cette vaste étendue du ciel et toutes les parties sans nombre de cette pesante masse de la terre, et qui, toute familière et ordinaire qu'elle est, semble conserver toujours beaucoup de majesté, ne nous permettant pas de nous élever jusqu'à sa face par de fixes regards? Avant que d'être éclairés par la foi, rien ne répugnait à l'opinion de ces philosophes qui croyaient que la lumière était une partie de l'essence de Dieu, qui, passant à travers le corps du soleil, qu'ils tenaient être transparent, s'épanchait ensuite sur toutes les choses de la nature et devenait par ce moyen plus supportable à nos yeux. Mais il est vrai de dire qu'elle est de toutes les créatures sensibles la plus aimée de la Divinité et celle qui lui est la plus conforme, puisque, lorsque Dieu s'est voulu rendre visible, ç'a toujours été avec la lumière, et qu'il déclare lui-même que c'est au milieu d'elle qu'il a son habitation..... N'est-ce pas la lumière qui a mérité et obtenu la première louange du Créateur, et ne peut-on pas dire qu'elle lui est due avec d'autant plus de raison que la beauté de ses autres ouvrages n'a été découverte que par elle, qui ne peut encore leur refuser le secours de sa présence sans les jeter dans la faiblesse et dans la langueur?

« Mais pourquoi, dira-t-on, fallait-il que dans ce grand ouvrage du monde, si parfait jusque dans ses moindres parties, il y en eût une par-dessus les autres qui en fût la règle, l'esprit vivifiant et le mobile, comme si l'Auteur commun des êtres n'avait pu leur donner avec indépendance ce qu'ils ont reçu de lui de mouvement et de vie? C'est ici que se découvre la sagesse de la Providence et que commencent à paraître les premiers rapports de la lumière à la justice. Le Créateur faisant le monde visible a suivi le même plan pour le monde politique, intelligible et raisonnable, comme ne devant des deux faire qu'un seul monde où il voulait manifester sa grandeur, dans l'un par les riches et inépuisables trésors de la nature, dans l'autre par les merveilles et par la sublime étendue de l'esprit qui devait tout conduire......., tous deux lui devant être toujours soumis. Chacun en a reçu des marques essentielles dans toutes ses parties, par la loi générale et inviolable de la subordination : la nature dans celle des êtres sensibles, l'âme dans celle des vertus, qui sont ses guides, son ornement et sa vie ; de sorte que si la lumière, chef-d'œuvre de la création des corps, se trouve placée comme supérieure sur tout ce qui est visible, la justice, comme une partie de Dieu même, tient le premier rang et la suprême autorité sur tous les autres et divers apanages de l'esprit. Mais l'une et l'autre devant être la règle et la conduite de ce grand univers, aussi bien qu'en faire l'ornement et la beauté, elles sont toujours d'intelligence ; et, par un ordre merveilleux, on les voit se prêter de mutuels secours et s'imiter même dans leurs différentes fonctions.

« Cette vérité ne fut-elle pas exaltée sur la montagne dans cette grande et importante occasion où il fallut donner des lois qui fussent, comme elles ont toujours été depuis, les fondements et les pivots de l'ordre et du repos du monde? La lumière se joignit alors à la justice; paraissant tantôt avec son plus brillant éclat, tantôt se retirant dans l'épaisseur de la nue qu'elle avait remplie d'éclairs, de foudre et de tonnerre, elle aida, par l'éblouissement des yeux, par la frayeur et par l'épouvante qui furent jetés dans le cœur des nations, à dénoncer à tous les hommes que le ciel et la terre seront toujours armés contre la désobéissance et contre l'infraction des lois. Mais venant de plus près à la justice et à la lumière, quelle conformité ne trouverons-nous pas dans leur nature et dans leur essence ! Si l'une vient de Dieu, l'autre est sa plus parfaite image. Cette étendue infinie, ce concours général de la justice jusque dans les parties du monde les moins connues, et tous les grands effets qu'elle y produit ne sont pas des avantages qui soient moins propres à la lumière; si celle-ci agit sans relâche, sans lassitude et sans diminution, si elle pénètre dans le fond des abîmes, si elle anime et réjouit la nature par sa présence, et si ce qui ne la sent pas demeure sans force et sans vie, l'esprit de la justice, de son côté, est une effusion de biens et de grâces toujours agissante et inépuisable qui s'insinue dans les plus secrets replis de l'âme, qui y fait goûter des plaisirs quand il y règne et qui ne peut guère en être absente que sa place ne soit bientôt occupée par la confusion..... La lumière se communique généralement à tous les corps, mais la nature ne les a pas tous formés pour en recevoir le même éclat ni pour le rendre : il y a de même dans les Etats de grands et de larges canaux pour distribuer aux peuples avec abondance les biens de la justice ; les autres ne sont que des ruisseaux d'hiver ou des torrents qui ne peuvent leur porter que de légères charges.....

« Que la France a de bonheur et de gloire de voir aujourd'hui la plus vive image de la lumière et la justice même s'unir ensemble et siéger sur son trône, où sont toujours ouvertes et accessibles ces abondantes sources de tous les biens ! Et quelle fortune pour elle de voir rassemblés dans la seule personne de son Prince les plus magnifiques présents que Dieu ait faits à l'univers dans sa création ! Quel étonnement de penser à l'activité de sa pénétration et à tous les surprenants effets de son application pour le bon ordre et pour la grandeur de l'Etat, où il fait fleurir en même temps la religion, les lois, la discipline militaire et tous les arts ! Enfin, quelle gloire d'avoir véritablement (ce qui n'a été dit autrefois que comme une flatteuse parabole) un Prince qui ne surpasse pas moins les autres rois en génie, en puissance et en justice!...., et qui nous apprend encore par lui-même que rien ne convient mieux à la justice que la lumière, qu'il nous représente par sa gloire ! »

A l'ouverture du Parlement en 1672, où il avait pris pour sujet de sa harangue *l'Action*, il disait au Parlement : « Quelque différents que l'esprit soit du corps et le monde politique du monde naturel, il faut demeurer d'accord qu'ils ont entre eux de la ressemblance et des rapports dans leurs manières. Chacun a bien son objet séparé et suit la route différente qui lui a été tracée par leur commun auteur ; mais l'un et l'autre ont reçu de lui la même loi pour la production et la beauté de leurs ouvrages ; le monde naturel, le mouvement comme la source féconde ; le soutien et la vie de la nature ; le monde politique, l'action qui est aussi un mouvement, mais admirable et divin par lequel l'esprit se fait un empire réglé sur les choses de la nature, l'embellit par les arts et s'élève encore comme au-dessus de lui-même par les sciences et par les vertus ; de sorte qu'il est vrai de dire que toutes les merveilles de lumières qui ne sont qu'un composé d'esprits et de corps, sont dues à l'action et au mouvement.

« En effet, la vie contemplative ne convient point à l'homme. La spéculation qui ne se réduit à aucune action, demande une nature plus dégagée que la nôtre n'est ici bas. Les vertus mêmes que nous connaissons comme les plus élevées et qui pourraient être les bases de la contemplation, ne se produisent à nous que par l'action ; car quelque tranquille que nous nous imaginions la prudence, il entre de l'agitation dans le conseil qu'elle prend sur le bien et sur le mal avant que de se déterminer sur ce qui est à poursuivre et sur ce qui est à éviter dans les occasions différentes et épineuses de la vie. La justice, quelque égale qu'elle soit dans sa distribution, a aussi ses peines en elle-même et est sujette au dehors à des tracasseries et à des troubles, et la douceur extrême qui s'appelle *mansuétude* ne peut être gardée avec tranquillité parmi les menaces et les injures ; l'honneur même, qui est la véritable vertu du monde poli et honnête, oblige à s'animer alors de quelque colère, pourvu qu'on demeure toujours maître de soi-même. Enfin, toutes les vertus disposent bien l'esprit et le préparent pour tirer un jour de grands avantages de la contemplation ; mais dans la vie elles consistent essentiellement dans l'action.

« La vie active est uniquement celle de l'homme ; l'esprit, non plus que la nature, ne peut rien souffrir d'oisif ; les plaisirs de l'un et de l'autre sont de travailler et d'agir. Ils ne sont jamais plus grands que lorsqu'ils viennent à réduire en acte les puissances et les connaissances mortes en des actions vivantes, et comme les vertus qui sont toutes actives, utiles et glorieuses, ne peuvent avoir chacune leur exercice et toute leur étendue que dans le gouvernement, doit-on s'étonner que ceux qui tiennent le timon des Etats avec éclat et succès et qui, par la nécessité de leurs hautes fonctions, ont tant de rapports et de commerce avec elles, soient honorés de tous les respects humains et qu'ils enlèvent notre obéissance et nos cœurs? Que peut-on suivre avec plus de raison que ceux qui sont ornés de toutes les vertus; c'est-à-dire qui n'ont pas seulement la volonté et le pouvoir de faire du bien aux hommes, mais encore qui le leur distribuent actuellement avec connaissance, profusion et sagesse?

« Notre condition, Messieurs, est bien avantageuse : elle nous élève sur le commun des hommes et leur inspire naturellement de l'estime, de la déférence et de la soumission pour nos personnes ; mais ne croyons pas que leurs sentiments respectueux et soumis pour les juges soient des tributs qu'ils rendent à leur seule autorité. Ce qui vient purement par là ne passe point par le cœur, où tout est libre et désintéressé. Il entre de l'amour-propre dans leur respect ; ils vous aiment par le bien que vous leur faites et honorent les grandes qualités que vous possédez par rapport à leurs propres avantages. Cessez aussi de travailler et d'agir, relâchez-vous de vos fonctions et de vos vertus, et conservez votre emploi, vous verrez tomber tout à coup cette considération et cette estime...

« Le véritable caractère du juge est l'action et la droiture des sentiments ; son objet comprend la plus noble partie du gouvernement, et ses fonctions sont si étendues qu'il ne peut les remplir parfaitement qu'en se donnant tout entier par l'action et par le travail à ses devoirs. C'est sur sa vigilance et sur ses soins que reposent les fortunes privées et très souvent le bien public. Et parce que leur tranquillité n'est jamais troublée que par les passions et par les vices, parmi lesquels il faut qu'il soit à tout moment en garde, l'exercice des vertus lui est particulièrement confié pour les répandre et s'en servir le premier comme de préservatif contre leurs dangereuses atteintes. Son pouvoir, tout souverain qu'il est, n'est pas si absolu que ceux-mêmes sur qui il s'étend ne s'en prennent quelquefois au juge aussi bien qu'au jugement ; et si la loi le dispense d'entrer en lice avec son client qui se plaint, elle ne l'exempte pas de l'examen rigoureux que fait d'ordinaire le client des actions et de la conduite du juge, ni de la honte ou des reproches qui sont toujours la suite de sa négligence et de ses défauts. Il ne faut pas croire que pour être dans un poste d'autorité on mérite les honneurs, mais seulement qu'on est en état de les mériter. Le nôtre nous expose tout entier au public qui est un juge sévère, dont les yeux sont toujours ouverts et difficiles à tromper et qui cherche toujours en nous de la beauté dans les mœurs, de la justice dans les sentiments, de l'action et de l'assiduité dans le travail. En effet nous sommes comptables au public de notre temps et de nos devoirs dans nos charges ; et peut-on se plaindre de cette honorable dépendance, puisque nous sommes faits principalement pour lui, qui en récompense est prodigue d'honneurs envers nous, nous reconnaît pour ses protecteurs et augmente notre considération et notre force en se soumettant si agréablement et si volontiers à la justice? Notre profession, de même que toutes les autres, consiste dans le travail et dans l'action; mais, comme elle a cet avantage particulier qu'il n'entre rien de matériel dans tous ses ouvrages, nos premiers soins sont d'agir sur nous-mêmes pour éclairer, purifier et affermir l'esprit et la volonté qui les produisent, et de jeter dans l'âme de l'aversion et du mépris pour tout ce qui est de bas, d'indigne et d'impur dans les sentiments. L'assiduité et l'application achèvent ensuite le magistrat et rendent utiles et glorieux tous ses travaux. Ce n'est pas assez d'être habile et droit dans ses intentions; le bien le plus excellent est celui qui doit être le plus communiqué, et c'est uniquement par le besoin qu'on a de cette communication que vous êtes recherchés et honorés..... »

Il disait aux officiers des Bailliages : « Les hommes ont été bien ingénieux de s'être fait un point d'honneur de ce qui d'abord a été leur honte : être chassés avec colère d'un lieu de repos abondant en voluptés, où ils devaient avoir pour toujours leur demeure, et n'avoir plus que la peine et un travail ingrat pour partage, ç'a été au commencement des choses leur punition; mais leur obéissance a su adoucir ce décret, et leur adresse se faire des plaisirs et des honneurs dans leur obéissance. La sagesse même leur a appris depuis qu'ils trouveraient toujours l'abondance dans l'action et le travail, et ils y ont, de leur côté, attaché tant de considération et de crédit, qu'ils en ont fait la mesure de leur amour, de leur estime et de tous les honneurs. Ces sentiments, si généralement approuvés, ne sont pas moins justes que naturels. Il n'y a rien de si universellement aimable et désiré dans la nature que l'être. Mais l'être et toutes les perfections qui l'accompagnent n'ont pris naissance et ne subsistent que par l'action, le mouvement et le travail. Nous ne sommes que parce que nous vivons et que nous agissons, et nous n'aimons si fortement ce qui vient de nous que parce que c'est une partie de notre être où nous nous reconnaissons par notre ouvrage. C'est par cette raison que le plaisir de faire du bien et des grâces est toujours plus grand que celui d'en recevoir, car le bienfaiteur se réjouit de se voir pour ainsi dire dans le bienfait, qui est une action honnête et louable, au lieu que celui qui en tire seulement le profit n'a que le simple plaisir de recevoir sans agir, qui n'est en soi d'aucun mérite. En effet, ce qui est honnête se conserve contre le temps ; l'utile ne touche que de certains moments, le souvenir de l'un a de l'agrément et des charmes, la mémoire de l'autre n'a rien qui réjouisse. L'action est donc ce qui est de plus convenable et de plus nécessaire à l'homme : c'est l'âme de toutes les vertus ; le monde politique et naturel ne se maintient que par l'action et le mouvement ; le monde chrétien même, qui n'a de vie que pour un éternel repos, agit, travaille et se tourmente pour parvenir au but de ses désirs ; enfin c'est une loi commune de tous les êtres et de toutes les conditions, que d'agir, et c'est par la seule action qu'on en connaît les avantages et les défauts..... »

A l'audience publique, il disait aux avocats : « L'ambition et la convoitise sont des torrents qui ont toujours été sujets à entraîner les hommes, et qui ont souvent renversé les digues qu'on a opposées à leur impétuosité. Mais quelques ravages qu'elles fassent, et quelque accoutumé qu'on soit à s'en plaindre, on ne s'est toutefois jamais proposé de les déshonorer entièrement ni de les chasser tout à fait de la vie, quoiqu'elles en aient toujours été appelées les tyrans..... En effet, il est plus juste de regarder ces passions comme des mouvements naturels de notre être, qui, n'étant pas parfaitement heureux, change souvent le bien en mal par le mauvais usage qu'il en a fait. Nous devons à l'une le désir de la gloire, qui ne nous élève sur le commun des hommes que parce qu'elle ne s'acquiert que par de grandes et vertueuses actions, qu'ils aiment et qu'ils honorent ; à l'autre la recherche de ce qui peut rendre la vie agréable et commode. Mais ces avantages et ces plaisirs qui, à en demeurer là, n'ont rien que de solide et d'honnête, deviennent en la plupart, par leur faiblesse, de criminels séducteurs qui les enchantent, les éblouissent et les portent à tout ce qu'il y a de corrompu, d'injuste et de barbare dans la poursuite de leurs désirs ; de sorte que toutes les puissances du ciel et de la terre ont été obligées de se soulever et de sévir contre les excès de ces deux emportées : la religion, pour conserver la pureté du cœur ; la politique et les lois, pour assurer le repos de la société civile ; et la morale, pour conserver parmi les hommes dans leurs différents intérêts cette douceur et cette honnêteté qui polissent les mœurs et font un des grands agréments de la vie. Mais ces secours, tout puissants qu'ils sont, n'étant par eux-mêmes que de vives et simples lumières qui nous éclairent sans nous contraindre, et ne pouvant rien qu'à force d'émouvoir le dedans et d'agir au dehors, c'est à l'action et au mouvement que nous devons leurs progrès et tous les biens ; c'est aussi à eux que l'honneur et la récompense ont toujours été attachés ; ce n'est que par l'action et par le travail dans toutes les conditions que les hommes se distinguent ; c'est toujours par là qu'ils s'élèvent dans leurs emplois pour peu qu'ils soient honnêtes ; ce sont les causes prochaines de vos réputations et les bases solides de vos fortunes, de même que c'est ce qui forme les héros et fonde la belle gloire. Je veux enfin vous faire voir que dans l'action, le travail et le mouvement consiste la véritable vertu du monde.

« On ne peut douter que le mouvement ne soit un des principes de la nature, et qu'elle ne l'ait reçu de la main puissante du Créateur, parce que nécessairement tout ce qui se meut doit être mu, et que nous ne connaissons que lui pour premier moteur et immobile ; et, comme pour mouvoir il faut imprimer dans ce qui est mu quelque chose de son propre mouvement, il ne se peut que le mouvement, par rapport à sa source, ne soit une des premières et des plus excellentes merveilles de la nature. En effet, c'est lui qui produit et conserve tous les êtres, qui en anime la beauté, et qui par d'invincibles ressorts conduit, règle et soutient tout l'univers.

Les êtres particuliers ne sont parfaits qu'autant qu'ils sont abondants en essence, c'est-à-dire en puissance d'agir, et qu'autant qu'ils agissent. C'est même un des attributs de la divinité, quoique toujours dans la contemplation d'elle-même et dans un profond repos, d'entrer toutefois partout et d'y être toujours présente par son action aussi bien que par ses regards. Les intelligences qui approchent le plus de sa nature sont celles qui, selon nous, sont les plus agissantes. Entre les choses sensibles, la lumière ne tient le premier rang que par l'excellence de son action, dont la promptitude, la pénétration et l'étendue surpassent tout ce qu'il y a de plus grand et de plus actif; et l'homme n'a été élevé à l'empire du monde que parce qu'il est le seul qui puisse porter partout son esprit et sa connaissance, qui est la plus noble action de l'âme, admirer tous les divins ouvrages dont il a l'actuelle jouissance, et plaire à son auteur en se revêtissant des vertus qu'il lui a communiquées actives pour se conduire et agir par elles sur la terre, où d'abord il lui a assigné l'action et le travail comme le partage de sa condition.

« Ce n'est pas en vain que son âme a été créée d'une nature active et supérieure à celle de tous les êtres sensibles, et qu'elle a été formée sur un patron que nous ne connaissons que par le miracle de ses ouvrages. Le caractère de l'âme est de connaître et d'agir, et comme toutes les choses ont une inclination naturelle qui tient de leur origine, le grand plaisir de l'âme est d'être toujours dans l'action ; elle en fait ici-bas sa félicité, et n'est jamais contente qu'autant qu'elle s'avance et s'exerce dans les vertus. L'action est donc la mesure et l'image de l'être ; conséquemment c'est par l'action que nous en reconnaissons la perfection et les défauts..... La mort n'est hideuse que parce qu'elle prive d'action et de mouvement. et elle ne nous épouvante que par cette privation. Tout ce qui a donc plus d'action et de mouvement est plus agréable et plus parfait, parce qu'il est plus opposé à la mort; et l'âme n'est le plus admirable de tous les êtres que parce qu'elle est le plus actif et qu'elle en est exempte.

« Il est certain que nous ne vivons que par l'âme, et que dans l'âme est la vertu, qui fait autant en nous qu'une seconde âme; d'où vient qu'il y a quelquefois autant de différence d'homme à homme que d'homme à bête. De sorte que si nous devons la vie à l'âme, nous devons la belle vie à la vertu; et, parce que la vertu consiste dans l'action, on ne peut être heureux sur la terre que dans la vie active. Disons donc que ce que l'âme doit à la vertu, la félicité ou le bonheur de la vie le doit à l'action et au travail. En effet, comme l'enfance et la vieillesse ne sont pas propres à l'action, cette félicité n'est pas aussi pour elles; car, fuyant l'oisiveté et le repos, elle ne se donne qu'à l'âge parfait, à condition de faire agir en même temps ce qui est en lui de forces et de vigueur..... Les vertus, toutes brillantes et glorieuses qu'elles sont, ne paraissent et n'agissent que par l'emprunt qu'elles font de notre propre action. Mais ce prêt n'est pas gratuit et nous est bien avantageux; elles nous communiquent en récompense leurs inclinations et leurs sentiments, purifient nos volontés, ne nous laissent du goût et de l'amour que pour ce qui est bon et doit être aimé. Et quand, par une habitude assez éprouvée, nos actions ne suivent plus que le penchant des vertus, nous sommes alors honorés de leurs grands noms, et en même temps rendus participants de l'estime et du respect qui viennent toujours à leur suite, et des autres avantages qui peuvent rendre la vie tranquille et heureuse.

« Que si, étant dans un poste élevé, on donne tout son temps, toute son application et tout ce qu'on a de mouvement à toutes les vertus ensemble, avec tant d'action et de succès que le public soit convaincu que chacune a tout son exercice, tout son crédit et tout son relief, et qu'elle soit reconnue pour ce qu'elle est, c'est alors qu'on peut croire qu'on a atteint le comble de la félicité humaine.....

« Toutes ces vérités ne paraissent-elles pas avec éclat dans notre monarque? S'aperçoit-on de quelque relâche dans son application? Y a-t-il quelques vertus qui ne tirent pas tous leurs avantages de son autorité, de son action et de son travail? Avec quelle pénétration ne fait-il pas entrer la prudence dans ses conseils et dans tous les détails? Quel temps et quels secours n'a-t-il pas prêtés à la justice pour lui rendre sa pureté? Que ne lui doivent pas la grandeur de courage et la modération, qu'il fait briller toutes deux dans la générosité et la sagesse de ses sentiments? Et que n'a-t-il pas fait pour les vertus militaires, qui sont les plus actives, par tant de grands et surprenants exploits et de triomphes sur triomphes, qui sont tous dus à son action, à ses fatigues et à son intrépidité ? Enfin toutes les vertus ne lui doivent-elles pas l'obligation de les avoir mises dans leur plus beau jour et d'en avoir fait tous les ornements de sa cour et les ornements de son règne? De leur côté elles ne sont point ingrates; elles le rendent par une juste reconnaissance le plus grand et le plus heureux prince du monde, portent et répandent partout l'éclat et le bruit de ses hauts faits et de sa grandeur. *Sed famam extendere factis hoc virtutis opus*. Qu'y a-t-il qui ne le respecte? Qu'y a-t-il qui ne l'admire? Qu'y a-t-il qui ne lui succède? Quel prodige que la rapidité de ses conquêtes! Et que diront les siècles futurs quand ils sauront que la réduction de quarante places et la prise de plus de quarante mille prisonniers de guerre n'ont été que ses exploits de la moitié d'une campagne? Mais que pensons-nous nous-mêmes de voir dans nos jours de plus grandes choses que ne nous en fournit toute l'histoire! Sa domination, qui, pour être plus étendue, n'en est pas moins affermie, ses forces et ses finances augmentées du double sans nouveauté considérable et presque sans moyens extraordinaires, et tout le royaume plus tranquille et mieux réglé dans tous les ordres et dans toutes ses parties qu'il ne le fut jamais. Nous ne pouvons attribuer qu'à son esprit, à son application et à son travail toutes ces merveilles. Et si la fortune le seconde si heureusement dans tous ces desseins, c'est qu'elle favorise d'ordinaire les grands courages qui les forment et les grandes actions qui les exécutent. C'est donc l'action jointe au génie qui fait la grandeur des rois et leur félicité aussi bien que celle des Etats et de tous les hommes; c'est elle qui porte partout l'honneur, l'abondance et la bénédiction par les ordres de la sagesse, qui est ferme dans ses commandemements, mais toujours prodigue dans la récompense. Ecoutez-la dans sa colère contre les faiuéants, qu'elle ne peut traiter avec plus d'abjection et de mépris qu'en les renvoyant aux moindres des animaux pour en prendre des leçons : *Vade ad formicam, o piger; considera vias ejus, et disce sapientiam.....* »

A la Saint-Martin 1675, où il avait pris pour texte : *De l'honnêteté et de la bienséance,* il disait au Parlement : « La vie n'est remplie que de devoirs ; non seulement tout ce qui est sur la terre est fait pour l'homme : les hommes mêmes ne sont faits que pour les hommes, et, imitant la sagesse de la nature, qui rend toutes les choses utiles les unes aux autres, ils se sont de même liés entre eux par un commerce réciproque de devoirs. Chaque profession a les siens particuliers ; et plus les emplois ont d'étendue et sont illustres, plus ils sont chargés d'obligations. Quels sont les soins et les devoirs des rois et des ministres des Etats? Combien sont grandes les obligations des juges souverains, qui dans leurs fonctions et dans leur pouvoir en sont les images! La vie privée n'est pas même exempte de devoirs. Et n'est-ce pas une loi commune et bien juste de contribuer de quelque chose aux avantages de la société dont on fait partie? Enfin on en a attaché à toutes les actions et à tous les moments de la vie et on les a groupés sous le nom d'honnêteté et de bienséance, que je prétends être les plus belles et les plus étendues des vertus.

« On ne peut douter que la justice, à la considérer dans sa fonction et dans ses effets séparément des autres vertus, ne soit celle de toutes qui mérite les plus grands éloges et qu'elle n'en soit même tout le lustre et toute la splendeur. Cependant on peut dire que pour être la principale comme la plus utile et la plus capable de nous acquérir de la créance, elle ne peut toutefois faire de grands ni d'agréables progrès sans emprunter le secours de la bienséance et de l'honnêteté ; mais cet emprunt ne la diminue pas, parce qu'il est réservé à la seule bienséance d'avoir l'économie de toutes les vertus, et qu'il est de son devoir de se joindre à la justice comme à toutes les autres pour en découvrir et augmenter les agréments. En effet, il est tellement de la nature de la bienséance d'être jointe et liée avec les vertus, qu'elle ne peut jamais paraître sans elles ; et, comme elle est pour ainsi dire leur esprit, c'est elle qui les anime, qui les conduit et les porte à produire au jour la commodité, les agréments et tout ce qui peut plaire dans la vie honnête. Admirez l'esprit dans l'ordre et la conduite qu'il tient à l'égard de la bienséance et des vertus ; rien assurément n'est si pur ni si dégagé de notre nature que les vertus, et c'est pour cela qu'elles sont la nourriture et les charmes de l'esprit. Mais l'esprit, s'élevant et se raffinant dans son goût, tempère encore les vertus et n'en prend que ce qui est de plus doux et de plus exquis, pour en former ce qui s'appelle bienséance et honnêteté.

« Ainsi, les qualités douces et tranquilles, comme la modestie, l'équité, la tempérance et l'amour de son devoir, sont les plus estimables et une partie des choses essentielles à l'honnêteté ; ainsi, l'honnêteté est une vertu générale qui entre partout et qui adoucit ce que les autres ont de plus austère ; qui, sans leur rien ôter de ce qu'elles ont de plus beau et de plus solide, sait les ajuster à la commodité comme à l'embellissement de la vie, et qui est enfin le fondement de la réputation.

« L'exercice de la justice est sans doute ce qui est de plus excellent pour la conservation de la société des hommes et ce qui honore conséquemment davantage ceux qui sont chargés de cet emploi. Mais plus il a d'étendue et d'éclat, plus il embrasse de devoirs et plus il demande de devoirs, plus il est assujetti aux règles de la bienséance qui consiste principalement dans l'accomplissement des devoirs.

« Le premier de tous est de gagner l'estime parce que, sans elle, l'autorité s'affaiblit et se déshonore, de même que les grands noms abaissent au lieu d'élever ceux qui ne les savent pas soutenir; mais on ne peut manquer de s'en attirer par la bienséance des mœurs et par la modération et le juste tempérament qu'on fait voir dans ses actions et dans ses paroles..... Le cœur droit et sincère est le caractère de l'honnête homme, comme il est le fondement de la sagesse ; ceux qui l'ont de la sorte ont le sens de même. Avec tant de plis et de replis, l'esprit n'est jamais juste ; toujours quelque faux jour, toujours quelque fausse vue qui lui attire l'aversion et le mépris..... Ce qui choque les gens bornés ne surprend guère l'honnêteté, et ce qui leur plaît est le plus rarement de son goût. De sorte que l'intérêt, bien loin de l'éblouir, ne peut la faire abaisser ; qu'elle n'est point sujette aux préventions, ne s'attache à rien sans en connaître la valeur, et qu'elle a toujours plus d'égards au mérite qu'à la fortune ; et, comme elle ne cherche qu'à se rendre agréable et qu'à plaire, dans cette vue elle montre toujours une douceur et certains agréments qui vont droit au cœur, et qui y portent avec la politesse l'amour de la raison. C'est pour cela que la dureté et la rudesse ne sont jamais d'un honnête homme, qu'il a en horreur la violence, qu'il ne peut s'accommoder des emportements ni du trop de chaleur, et qu'il préfère l'excuse et le pardon à la vengeance. En effet l'humanité lui inspire quelque chose de si tendre qu'il ne peut même sans souffrir exercer contre les plus coupables toute la sévérité des lois. Enfin vous voyez qu'il n'y a rien de si étendu que l'honnêteté ; qu'elle est le frein des passions, la mesure qu'il faut garder en toutes choses, le sentiment le plus fin et le plus délicat des vertus, et tout l'ornement de la vie. Il n'y a personne qui ne se pique d'être honnête ou qui ne désire du moins de le paraître ; mais cette inclination est pour les magistrats un devoir particulier de leur condition. Ce n'est pas assez de ne faire tort à personne : le devoir de la modestie et de la pudeur est de ne déplaire à personne..... Le monde est une société où les esprits particuliers font peu de progrès. La raison de cela est que pour y réussir il faut être sociable, et que l'honnêteté est une vertu générale et de commerce qui n'embellit la société qu'à force de s'y communiquer et d'y agir.....

« Mais que chacun de nous pense que pour avoir des

fonctions et tenir un rang considérable dans cette société, il n'est pas pour cela plus honnête homme mais seulement dans de plus grands engagements de le paraître. Nous voyons que la modération et la douceur est ce qui est estimé de plus digne d'un esprit honnête et que tout ce qui y est contraire ne peut inspirer que du mépris et de la haine. Regardons donc comme un écueil pour nous les manières sèches et fières. Ne nous montrons jamais ni chagrins, ni difficiles, mais usons de telle sorte de la douceur et de la facilité, qu'elles paraissent toujours accompagnées dans nos fonctions de cette sérénité bienséante et nécessaire à l'autorité..... »

Il disait aux avocats : « Le monde naturel étant l'ouvrage des mains de Dieu, qui, non content d'y avoir marqué sa puissance et sa grandeur, lui a encore imprimé un mouvement nécessaire et donné des règles certaines et immuables pour tout le temps de sa durée, il ne faut pas s'étonner si ce monde conserve encore sa première beauté, ni si son cours, son ordre et sa conduite sont toujours pareils et le font admirer dans son tout et dans ses moindres parties. Par la même raison, on ne peut être surpris que le monde politique, n'étant formé que par l'esprit humain, également libre et inconstant de sa nature, ni soutenu que par des lois qui se ressentent de son incertitude, il soit sujet à d'éternels changements. En effet, qu'y a-t-il de plus variable que l'esprit, de plus obscur que ses connaissances, de moins stable que ses résolutions, et de plus différent que ses jugements ? Cependant ses lumières nous paraissent unies et avoir de l'étendue : les faits sont certains et les objets frappent les sens. On n'a pas laissé, toutefois, de douter presque de tout ; et les plus sages et les plus habiles, s'étant fait enfin un point d'honneur de prendre un parti après leurs disputes, ne se sont distingués des autres qu'en s'attachant seulement au vraisemblable.

« Mais il faut l'avouer, il n'y a jamais rien eu de si beau à tous les hommes en général que de s'être dépouillés de leur liberté de croire et de penser à l'égard d'une infinité de choses. Leur nature les faisait bien sociables ; mais elle les faisait aussi libres, et rien ne pouvait leur paraître plus doux et plus aimable dans leur société. De sorte qu'on peut dire qu'avoir regardé comme aveugle et embarrassante cette liberté trop étendue de tout dire et de tout faire, et s'être soumis par toute la terre aux lois qu'ils ont inventées pour se régler dans leurs mœurs et même dans leurs sentiments, cela ne s'est pu faire sans quelque mouvement de la première sagesse dont leurs âmes ont retenu les impressions. Je n'entends pas parler ici de l'établissement des états et des empires : on sait que la nécessité et l'intérêt leur ont donné la naissance. La sûreté de la vie et des fortunes n'est pas aussi ce qui me touche le plus entre les effets de la société civile ; mais je veux m'attacher à la bienséance et à l'honnêteté, qui, par cette soumission, se sont introduites heureusement parmi les hommes, et les regarder comme une invention merveilleuse de l'esprit, par laquelle il a su s'adoucir et se régler lui-même, donner tous les agréments à la vie, mettre le mérite, la probité et toutes les vertus en leur jour, et enfin nous rendre aimables et nous distinguer avec avantage dans toutes les conditions.

« C'est une chose assez étrange, que quelque parfait que soit en soi ce qui se présente à l'esprit et aux sens, il n'y a jamais rien de si beau ni de si pur où il ne se trouve quelque chose à redire ou des défauts. Entre les choses sensibles et les plus élevées, les plus brillantes ne sont pas exemptes de taches; les lois les plus pures et les plus saintes n'ont que leur temps; les empires les plus florissants et les mieux fondés ont leur décadence; et les vertus les plus hautes et les plus illustres, quoique les lumières et toute la pureté de la vie, sont sujettes entre elles à des tempéraments. Ne voit-on pas que par la médiation dont se sert toujours la prudence pour chercher et connaître la vérité, l'esprit devient farouche à force de s'enfoncer en lui-même, et que l'action dont toutes les autres vertus tirent leur mérite et leur louange se dissipe quand elle est continue et sans relâche et qu'alors elle empêche les réflexions qui servent à conduire comme à former les grands hommes; que la justice, tout aimable qu'elle est, ne peut être contrainte ni renfermée dans de certaines bornes étroites qu'elle ne devienne odieuse comme l'iniquité même, et que la grandeur de courage sans sagesse est toujours quelque chose de violent et d'impétueux? La raison de cela est que l'esprit, de même que le monde, est un tout dont la dernière beauté n'est formée que par l'union et par l'assemblage de ce qui est de plus excellent dans toutes ses parties. Ainsi, pour unir et pour assembler tout ce qui concourt à donner à l'esprit sa dernière perfection, on a eu recours à cette vertu autant admirable qu'utile qu'on a nommée la tempérance, comme tenant le milieu entre les autres et les unissant toutes par sa modération et par sa douceur. Mais pour pousser les choses encore plus loin et tirer d'elle de plus grands avantages que ceux qui lui étaient naturels, on a trouvé moyen de lui faire produire tant d'agréments, d'y ajouter tant de politesse, de la faire servir à tant de commodités et de la charger de tant d'honneur, qu'on peut dire qu'elle n'est plus connue dans la vie polie et humaine que sous les noms de bienséance et d'honnêteté ; et par là l'honnêteté est devenue une vertu générale qui embellit toutes les actions et tous les sentiments et qui doit se répandre dans toutes les conditions et entrer dans tous les devoirs.

« Le caractère de l'âme, c'est la raison ; celui de la raison, c'est la douceur. Qu'y a-t-il de plus doux et de plus insinuant que les manières honnêtes, et qu'y a-t-il de plus conforme à notre nature que l'honnêteté ? Mais quels n'en sont pas les progrès lorsqu'elle est portée aussi loin qu'elle peut aller ! Son alliance est très étroite avec la raison : il est de son devoir de l'accompagner partout, sans se laisser jamais enfler par la vanité ni par l'orgueil, et sans se diminuer par des abaissements. Son intelligence s'étend à toutes les connaissances ; elle sait adoucir et égayer les sciences et les rendre aussi agréables qu'elles sont utiles. La religion en tire des avantages ; la plus haute gloire s'humanise par elle, et un grand héros ne peut être complet s'il n'est véritablement honnête homme.....

« Mais regardons d'un peu plus près ce que fait et ce que demande l'honnêteté et considérons-le pour nous l'appliquer à chacun, selon ce que nous sommes. Le silence ferme ordinairement la bouche à l'honnête homme. S'il est obligé de parler, c'est d'un ton de voix qui marque sa tranquillité; sa parole n'est ni lente ni faible, ni impétueuse ; s'il est habile, il le fait paraître, sans l'affecter, d'une manière savante et fine qui ne sent ni l'art ni l'étude, et comme s'il avait naturalisé les sciences, il s'explique si clairement que pour l'entendre il ne faut qu'avoir de l'esprit. Rien de violent ne l'agite si fort dans les passions les plus turbulentes, qu'il n'en sache prendre le dessus, et s'il n'est pas sensible à celles qui flattent et qui séduisent, il les empêche bien de devenir ses tyrans; mais il s'attache toujours à la droite raison, à la probité et au désintéressement, et aime du moins autant à servir et à plaire qu'à recevoir des offices. Ainsi il est modeste dans la prospérité, retenu dans ses plaisirs, toujours sincère et plaint dans ses disgrâces, quoiqu'il ait le secret de les adoucir par cette modération qui diminue la violence et le sentiment des maux et qui le fait comme maître de lui-même. Enfin je ne vois point de différence entre l'honnêteté et la vraie sagesse, sinon que celle-ci est plus austère et que l'honnêteté est plus sociable et plus polie.

« Ce n'est pas ici une idée que je vous propose; il n'y a point de traits dans ce tableau que je vous présente qui ne soient naturels et ressemblants et qui ne doivent être regardés comme des règles nécessaires et faciles pour la conduite dans la vie. Tout ce qui n'est pas barbare veut être honnête, et pour peu qu'on ait l'esprit bien fait, il est impossible qu'au travers des intérêts du monde et des passions les plus emportées on n'entrevoie, on ne sente de temps en temps je ne sais quoi d'honnête et qu'on ne l'aime. C'est sans doute parce que l'honnêteté est le sentiment le plus exquis de la raison et qu'elle laisse toujours de soi un sentiment agréable et tendre.

« Qui pourrait donc ne pas aimer ce bien charmant de la société des hommes et ne pas travailler à se le rendre propre ? On aime naturellement les bonnes mœurs, la droiture du cœur, la douceur et la bienséance, et je ne vois personne qui ne désire être honnête homme, du moins en apparence, et qui ne soit bien aise de se polir davantage ; on en inspire les sentiments dès l'enfance ; on y travaille dans la jeunesse ; on s'y applique beaucoup plus quand on est plus avancé et la vieillesse même ne s'en relâche pas sans en souffrir quelque mépris. Il n'est pas difficile d'en trouver la cause. L'honnêteté est une vertu aisée, qui plaît, qui récompense sur-le-champ, et qui sert de parure à toutes les actions humaines, et parce que le monde n'est qu'un commerce perpétuel où tout est au dehors, et où on ne réussit qu'autant qu'on paraît agréable et habile. La plus grande étude est de se montrer toujours honnête dans ses discours et dans sa conduite.

« Mais ne croyez pas que ce soit d'une légère superficie que viennent les vrais agréments qui font l'honnête homme ; ils sont tirés d'un grand fond d'esprit et de mérite qui se répand sur toutes ses manières ; ce fond est celui même des vertus dont la bienséance ne peut être jamais séparée ; car ce qui est bienséant est vertueux, et ce qui est vertueux est bienséant. L'honnêteté ne demande qu'un cœur droit et sincère, que des inclinations bienfaisantes et modestes, et que la vérité toute unie, sans finesse ni subtilité. Que de grâces donnent ces choses à toutes les actions de la vie! qu'elles embellissent les paroles et les pensées, et qu'elles répondent bien à tout ce que demande l'honnêteté, qui, pour tout comprendre dans un mot, consiste à bien dire et à bien faire!.... »

A la rentrée de 1677, où il avait pris pour devise : *De la modération et de la douceur*, il disait au barreau : « ..... La puissance publique attachée aux charges et la dignité de la naissance sont des inventions de la politique autant pour exciter et récompenser la vertu que pour contenir le reste de l'Etat par le respect qu'on rend sans peine à ces images de la grandeur. Mais la possession de ces avantages ne signifie pas toujours qu'on en soit digne, et les esprits bien faits ne les regardent que comme de simples facilités pour mettre le mérite dans un plus grand jour et pour se rendre plus agréables par la modération et par la bienséance qu'ils gardent toujours dans leur conduite. La règle est générale : l'estime ne s'acquiert et on n'entre dans le cœur qu'à force de plaire, et on ne plaît que par la modération et par la douceur. La raison est qu'il n'y a rien de si pur ni de si libre que l'esprit, et que, pour se rendre maître de celui des autres, il faut s'accommoder à ses manières, qui sont naturellement douces et modérées..... C'est pour cela que la majesté sans douceur et la grandeur de courage sans modération ne produisent que de la crainte et de l'épouvante et jamais cette estime accompagnée d'amour.....

« L'exercice des vertus a toujours été l'occupation et l'amour des sages, et tous les philosophes, je veux dire tous ceux qui se sont signalés par une attache singulière à la sagesse, ne se sont partagés en différentes sectes que sur le différent usage qu'ils ont cru devoir faire des vertus. Toutefois, bien qu'elles aient été regardées de tous comme les lumières, les guides et les délices de la vie, ils sont demeurés d'accord que leur extrémité était vicieuse et que tout ce qu'elles ont de bon ne se rencontrait que dans un certain milieu également éloigné du défaut et de l'excès ; et c'est véritablement dans ce milieu que consiste l'ordre et la modération qui donnent la perfection à toutes choses.

Nous admirons tous les jours la nature dans ses ouvrages; mais prenons garde qu'elle ne fait jamais de plus grandes merveilles que lorsqu'elle agit dans le calme, et que l'ordre immuable qu'elle impose à tout ce qui lui est soumis ne reçoit aucun trouble.....

« Le caractère de la modération est de régler le mouvement des passions ; de faire jouir des vertus dans leur pureté; d'adoucir et d'affermir l'autorité comme la cause prochaine de tous les biens ; de diriger la conduite particulière dans toutes les conditions, suivant les lois de la bienséance qui y est attachée ; de rendre l'esprit doux, agréable, docile et capable des plus grandes choses ; de le retenir dans la prospérité, sans le laisser abattre dans la disgrâce, et d'attirer toujours le respect, l'estime et l'amour. D'autre côté, la rudesse et l'emportement, qui sont ses contraires, ne paraissent jamais sans exciter du trouble, de l'aversion et du mépris. Cette différence vient sans doute de ce que l'esprit, comme la nature, aime l'ordre et l'égalité en toutes choses; de sorte que lorsque les actions se trouvent conformes à cette inclination, il ressent de la joie, comme il se sent inquiété et agité quand elles y sont opposées. La religion, qui ne fait que recommander la ferveur, y admet toutefois du tempérament; et la justice, si exacte et si sévère dans ses lois, les a souvent adoucies et modérées, et, par une espèce de reconnaissance envers la modération, elle l'a honorée du doux nom d'équité, et en même temps lui a donné plus de pouvoir qu'elle ne s'en est réservé. Dans la religion, le zèle n'est plus louable lorsqu'il est immodéré; dans le Palais, la rigueur de la loi est quelquefois une véritable injustice.

« Mais la puissance suprême, quoique affranchie des lois, s'en fait une particulière de la modération et en tire de merveilleux avantages. Vit-on jamais un prince plus puissant et plus glorieux que notre monarque? Cependant cette puissance redoutable et cette gloire que tout le monde admire ne lui font pas plus d'honneur que sa modération. Que peut-on penser en effet de plus grand et de plus rare que de le voir dans les occupations et les délices de la paix aussi bien que dans les triomphes continuels de la guerre, toujours juste, toujours modéré, toujours semblable à lui-même? N'est-ce point par cet ordre et par cette modération qu'il garde si bien en toutes choses qu'il a comme forcé la fortune en sa faveur? Tout est sujet à ce changement;

mais avouons que le plus souvent la bonne conduite nous rend comme maîtres des événements et que l'usage modéré des prospérités et de tout ce qui est bon nous en assure la jouissance. Il est des mers non sujettes aux orages et des vaisseaux qui ne craignent pas la tempête. Il est aussi des conduites sages, actives et modérées qui, ne laissant rien à faire à l'action ni échapper à la prévoyance, sont presque toujours heureuses..... Mais disons que la modération est proprement la vertu et la boussole des magistrats et de tous ceux qui concourent avec eux à l'administration de la justice. Nous ne sommes établis que pour la rendre avec cette tranquillité toujours égale qui est de son essence et qui la fait aimer des hommes. Que serait-ce si un juge qui dans sa fonction est l'image animée et vivante du prince y paraissait avec des sentiments passionnés? Quelle honte serait à lui de se montrer si dissemblable et si indigne de ce qu'il représente? Mais aussi quel honneur d'y faire toujours voir un esprit juste et modéré qui lui ressemble?

Nous sommes tous dans le même vaisseau, avocats, quoique nos emplois y soient différents ; l'heureuse navigation est notre commun ouvrage; vous avez des règles et un serment qui vous attachent aussi bien que nous à la justice ; elle vous a admis dans son tribunal pour y représenter et soutenir les intérêts des hommes, et, parce que la vérité et la modération se trouvent rarement en eux parmi les mouvements qui les agitent, il est beau de garder la modération dans le trouble, d'entrer dans les intérêts des autres sans entrer dans leurs passions, et de se savoir faire un port assuré au milieu de tant de naufrages. L'éloquence et l'érudition qui vous sont si nécessaires ne vous apprendront pas toutefois ce secret. Mais quand vous serez modérés autant que vous êtes habiles, vous n'aurez plus à craindre, vous serez véritables et sincères. Vous plairez, vous persuaderez, vous pourrez même parvenir à gagner cette confiance des juges qui rend toujours illustres dans votre ordre ceux qui en sont honorés. Ce calme enfin vous rendra doux et honnêtes envers tout le monde qui aimant la modération et la douceur vous donnera autant de part dans son estime que vous lui en donnerez de marques dans votre conduite et dans vos emplois. »

A la Saint-Martin 1678, où il avait pris pour sujet *la Vérité,* il disait aux avocats : « C'est avec beaucoup de raison que la recherche de la vérité a toujours été l'application et l'amour des sages. Tout paraît obscur ou douteux dans la nature ; l'homme seul a l'avantage de désirer connaître la vérité, et lui seul peut trouver et aimer l'ordre, entendre les bienséances et juger de la beauté et des agréments de tout ce qui se présente aux yeux et à l'esprit. Comme cette prérogative est ce qui lui tient le plus au cœur, il en a toujours fait son plus grand honneur. Plus les hommes savent porter loin leurs connaissances, plus ils se distinguent entre eux, plus ils s'élèvent les uns au-dessus des autres. Les arts et les sciences honorent bien ceux qui les possèdent ; mais n'ayant été inventés que pour parvenir à connaître la vérité, on ne se rend illustre par leur moyen qu'autant qu'on la découvre plus clairement au travers des ténèbres qui l'obscurcissent ; et celui qui, à force de pénétrer le fond des choses, la sait mieux trouver et connaître, est toujours estimé le plus habile. Il y a des règles dans toutes les professions, c'est-à-dire des voies sûres et certaines pour acquérir la connaissance de ce qui est de plus fin et de plus délicat. Ce sont ces certitudes qu'il faut chercher et connaître sans les perdre jamais de vue, si l'on veut tirer de grands avantages de la vérité. Nous sommes tous attachés dans nos différents emplois à la jurisprudence, à cette connaissance vaste et étendue des choses divines et humaines, à cette science de ce qui est juste et injuste, qui comprend pour ainsi dire celle du bien et du mal, et qui conséquemment est fondée sur l'amour de l'ordre et de la vérité.

« Rien n'est plus noble que cette idée ou plutôt que ce véritable objet de vos fonctions. Quel moyen de remplir des devoirs si importants et si étendus? Entre le nombre infini de ceux qui nous regardent, je m'attache seulement à la vérité, comme à la fin principale que doivent avoir tous nos desseins. On n'aime rien tant que la justice, et la justice ne recherche que la vérité. Toute l'étude et l'application des magistrats ne tend qu'à la trouver; leur mérite et leur force ne consistent qu'à la rendre maîtresse. Les formes leur sont données comme des secours pour les aider à la découvrir, les lois pour l'affermir quand ils l'ont découverte; et vous avez été mis devant eux comme de premières lumières pour les éclairer sur la vérité des faits, d'où dépend la justice de leurs décisions. Ce n'est pas assez que vous ayez de la capacité et cette intelligence vive et lumineuse qui vous fait débrouiller les choses les plus obscures et les plus confuses, et que vous puissiez même avoir cet agréable feu qui anime l'orateur et qui donne tant de brillant et de grâces à l'action ; il vous faut encore quelque chose de plus solide : vous devez être véritables et sincères... *Memento, quæso, quomodo ambulaverint coram te in veritate et in corde perfecto.*

« La vérité seule peut résister à l'atteinte des temps et conserver éternellement la mémoire des plus grandes choses..... Le mensonge, au contraire, comme opposé à la vérité, est toujours chargé de l'indignation et de la colère que mérite un vice qui trouble et renverse l'ordre et le repos de la société. La simulation et le déguisement, quoique couverts de ces belles apparences qui plaisent d'abord...., n'emportent dans la suite que de la haine et du mépris, et notre sentiment ne se borne pas toujours à haïr le trompeur..... Que si le mensonge et la simulation vont jusqu'à prendre le masque de la religion et de la sainteté, nous nous levons aussitôt et devenons les vengeurs de la vérité violée, de la religion profanée et de notre propre offeuse..... Qui ne sait que la fraude ne peut jamais trouver d'abri qui soit assuré; que l'innocence triomphe souvent de la calomnie ; que l'injustice et la violence sont à la fin confondues; les desseins dressés contre les lois changés en des effets contraires, et que le dernier pouvoir demeure toujours à la vérité ?....

« Cependant tout n'est que feinte et que déguisement dans la plupart des hommes, le composé l'emporte sur le naturel, l'ambition et la convoitise leur ôtent la sincérité. Le fard entre dans presque tout ce qu'ils disent et dans tout ce qu'ils font, leurs félicités même sont masquées. Otez aux plus grands ce qui les couvre, vous ne trouverez rien moins que ce que vous pensez. Ceux qui acquièrent du bien par toutes voies, en changeant d'état ne font que changer de misères, parce que le vice n'est pas aux choses, mais dans l'esprit toujours plein d'incertitudes, toujours vide de vérités. Si l'on pouvait se mettre en tête que l'esprit n'a point de bien que celui qui le fait meilleur et qui l'arrête, et que ce qui est honnête ou déshonnête est la règle certaine de toutes les actions de la vie, on n'aimerait rien avec tant d'attache que la sincérité et la bonne foi, d'où vient toujours le calme intérieur qui fait le bonheur que nous cherchons, et tous les biens qui dépendent de la fortune apporteraient de l'utilité et du plaisir, si on pouvait se posséder en même temps qu'on les possède, sans jamais se mettre en leur puissance.....

« Il est propre et naturel à l'éloquence d'être jointe à la vérité ; l'antiquité, voulant nous l'apprendre, feignait que Mercure était en même temps le dieu de l'éloquence et le protecteur de la vérité..... En effet, ne remarquez-vous pas, par les actions qui se font ici, le pouvoir que donne la vérité sur tous les esprits, et avec quelle justesse vous nous entraînez vous-mêmes lorsque vous nous la rendez sensible ? Quel charme pour vous, après des discours éloquents et véritables, de remporter des applaudissements publics qui sont toujours exempts de flatterie, de voir et de sentir une certaine gloire qui vous environne, qui vous attire de toutes parts des regards qui vous montrent de la joie et de l'estime, qui vous fait entendre dans toutes les bouches des expressions différentes de vos louanges !....

« N'imputez pas tous ces avantages au seul pouvoir de l'esprit, de l'extérieur et de la voix : les vérités sont dans le cœur, et le cœur a son langage comme l'esprit a le sien ; celui-là est toujours sincère, et cette seule expression du cœur fait souvent les plus grands effets. Avec bien de l'esprit, on ne fait qu'un bruit agréable, si le cœur n'est pas ému par la vérité ; mais, quand il est agité par elle et que l'esprit fait le choix et prend la conduite de ses vrais sentiments, on enlève tout par l'éloquence et par la vérité...., »

A l'ouverture du Parlement à la Saint-Martin 1681, où il avait pris pour texte de sa harangue : *Que le bonheur de la vie consiste dans la pratique des vertus de chaque condition,* il disait aux avocats : « Rien n'est plus naturel et plus juste dans la vie que le désir d'être heureux ; on n'y travaille, on ne s'y tourmente que pour se la rendre agréable ; les plus éclairés et les plus sages n'y ont rien trouvé de plus digne de leur application que de chercher et de découvrir ce qui peut y faire le bonheur de l'homme. Les uns ont su le trouver dans les seuls plaisirs des sens ; aucuns dans la privation de la douleur ou l'indolence ; d'autres dans l'exercice de la vertu la plus austère, rejetant tous les plaisirs comme produits par les passions qu'ils ont réputées mauvaises d'elles-mêmes et ennemies de la raison, parce qu'elles en ôtent l'usage. Plusieurs, au contraire, les tenant bonnes de leur nature, ont choisi le milieu des passions et des plaisirs pour y mettre le siége de la vertu, à qui seule ils ont donné le pouvoir de nous rendre heureux en nous faisant jouir avec modération des biens de l'esprit, du corps et de la fortune ; et d'autres l'ont trouvée peu dignement et peu sûrement placée entre les plaisirs et les passions, dont les extrémités sont toujours vicieuses et corrompues.

« Mais rien n'a été fait inutilement par la nature, et les passions sont une de ses plus sages inventions ; ce sont des forces qu'elle a données à l'homme dans les occasions où il doit agir fortement pour repousser le mal ou se porter au bien. On peut même dire qu'elles sont de Dieu, et leur désordre de l'homme, puisqu'il les lui a soumises avec des moyens suffisants, non seulement pour les contenir, mais encore pour en faire les instruments de ses triomphes. Qu'y a-t-il de plus merveilleux que ce feu invisible dont les passions l'animent et que ce mouvement rapide qui le pousse aux plus hautes et aux plus périlleuses entreprises, comptant pour rien tant d'obstacles qui sans leur secours lui paraîtraient invincibles ? Qu'y a-t-il, d'un autre côté, de plus dangereux que ces lions déchaînés et que ces torrents retenus, lorsqu'ils viennent à rompre leurs chaînes et leurs digues ? Mais l'homme est né pour commander : son sort est dans ses propres mains ; tout lui obéit sans peine ; la seule domination de lui-même est la cause de tous ses troubles. Il est maître ou esclave, glorieux ou méprisé, heureux ou malheureux, suivant qu'il use des vertus, de ces armes victorieuses qu'il tient du ciel pour combattre ou pour vaincre tout ce qui s'oppose à sa réputation ou à son repos.

« C'est en effet uniquement dans les vertus qu'il peut trouver le bonheur et la gloire qu'il y cherche comme dans leur centre depuis le commencement des siècles. La raison convainct que le bien qui nous met dans l'état le plus parfait est le plus souverain. Nous savons qu'il n'y a rien de meilleur ni de plus noble que l'âme qui nous anime et qui nous soutient ; ce n'est donc ni la volupté, ni la privation de la douleur, ni la fortune, ni la beauté, ni aucun autre des biens corporels, mais l'âme seule qui est le souverain bien du corps, puisque c'est elle qui lui communique tous ces avantages par sa présence et qui lui donne la vie, qui est plus excellente que tous ces biens. Mais, comme ces biens particuliers sont les seuls véritables et exquis, et qu'ils viennent des vertus dont elle emprunte les lumières, la puissance et les qualités, il est juste de dire que c'est seulement par leur moyen que nous pouvons être véritablement heureux.

« L'esprit rempli de ces vérités, toujours ingénieux pour lui-même et appliqué à ce qui peut nous conduire à cette fin, a su faire le partage des vertus suivant les différents états des hommes, pour les rendre tous participants de l'honneur et des avantages attachés à leur possession. Les principales et les plus illustres sont destinées toutes ensemble pour le trône et ne souffrent point de division dans ce lieu éminent, où elles doivent rendre heureux et pleins de gloire l'empire et le monarque. D'autres en sont tirées pour les plus belles professions ou avec les mêmes noms sans avoir le même éclat ; elles élèvent et illustrent toujours les personnes comme le mérite. Ce sont des miroirs de réflection qui nous représentent les objets que nous devons avoir devant les yeux, et des flambeaux dont la lumière, quoique empruntée, nous éclairant de près, sert à nous conduire dans les voies et les obligations de notre condition ; et le commun des hommes en a d'autres particulières qui assurent leur repos et qui les honorent. On ne peut imaginer la société civile sans comprendre qu'il y a du moins un souverain pour commander, des sujets pour obéir, et des ministres et des magistrats pour donner vigueur aux lois et pour procurer obéissance. Il fallait à ces différents états de différents devoirs réglés par de différentes vertus, proportionnées dans leur dignité et dans leur étendue à leur emploi. Chacun aussi ayant son objet particulier et sa mesure, celle qui convient à l'un ne procure jamais à l'autre tous les avantages qu'elle peut produire, parce que ce n'est pas là qu'elle doit le plus agir ; l'humilité et la soumission n'élèveront jamais le Souverain, la valeur le magistrat, ni la magnificence un homme du commun. Le dérangement des vertus comme de toutes autres choses est une manière de désordre ; c'est assez de remplir dignement ses obligations ; et il suffit, pour être heureux ou pour mériter de l'être, de faire parfaitement tout ce qu'on doit, sans se porter vainement au-delà de ce qu'on doit faire.

« L'esprit, pour être content, ne peut trouver qu'en lui-même ce qui lui est propre, parce que tous ses plaisirs sont intérieurs et qu'ils naissent seulement des actions vertueuses qui viennent de lui. L'usage du monde et des vertus lui forme le goût qu'il doit en avoir, et lui apprend que ce qui est de meilleur dans tous les biens est toujours dans un certain milieu, éloigné du défaut et de l'excès, comme dans un point où se rassemble la vertu la plus exquise des choses. Hors de cet endroit, nul bien solide, nulle joie parfaite; pour peu qu'on s'en éloigne, on s'égare; les vrais biens se changent souvent en de vrais maux. Que devient la tempérance, cette vertu principale dont l'emploi est de modérer la passion qui pourrait asservir l'homme au plaisir des sens? Lorsqu'un avare se privant de tout, jusqu'au nécessaire, prétend du reste se faire honneur de sa sobriété, que fait-il alors que de quitter un plaisir honteux pour un autre plaisir blâmable; et un des plus sages de l'antiquité n'a-t-il pas eu raison de s'écrier : *Fatua temperantia eorum qui sunt intemperantia temperati*. C'est donc le dernier raffinement de la sagesse de l'homme, de savoir se ménager tous les avantages qu'il peut tirer des vertus qui lui sont particulières. Avec cet admirable secret il trouve toujours le repos et tous les honneurs qui conviennent à son rang et s'il s'est élevé sur le trône, il devient un héros couvert de toute la gloire des vertus illustres et brillantes qui y sont attachées.

« Ces vérités nous sont sensibles par l'éclat qu'elles répandent aujourd'hui dans toutes les conditions et rendront illustre aux siècles à venir celui où nous vivons. On craint ou on respecte par toute la terre la puissance et la grandeur de notre Prince. Mais les merveilles qu'on en voit ne sont que les effets de la magnanimité, de la modération et de la justice.....

« Passons plus loin et voyons ce qu'elles font pour les

ministres et les magistrats. Leur partage est l'amour et le service de l'Etat avec beaucoup d'application et de justice dans leur emploi. Chacun y remplit à présent ses devoirs avec exactitude. On est laborieux et modeste ; l'administration de la justice ne peut être plus pure, le commandement plus juste, ni l'obéissance plus parfaite ; le Prince et l'Etat n'ont jamais été si bien servis. Chacun aussi est plus autorisé que jamais dans son légitime pouvoir. La force des bons arrêts est égale à celle des meilleures lois, la réputation augmente et les honneurs qui sont nos véritables récompenses plutôt que les biens périssables de la fortune se rendent solides : faut-il s'en étonner? les vertus sont leur source et leurs bases. Peut-on avec ces sentiments n'être pas solidement estimé et content ?

« Mais vous, avocats, dont l'emploi est de vous mêler parmi les passions des hommes pour leur montrer les bornes de la raison, et de leur rendre tous les offices de la vie civile ; qui, par l'assiduité de votre travail et par l'étendue de vos connaissances, allez si loin dans la science des vertus ; qui êtes les premières lumières qui nous éclairent dans nos décisions; qui contribuez par tant de peines, de soins et de secours à la justice de nos arrêts, et qui avez pour partage la vérité, la modestie et l'honnêteté, ne sentez-vous pas la douceur et la joie que cause la pratique de ces vertus, et pouvez-vous être plus heureux que d'ajouter par elle à la noblesse de votre ordre une belle réputation qui pourrait toute seule faire le bonheur de la vie, et qui est encore le fondement solide de vos fortunes ? »

A la rentrée du Parlement à la Saint-Martin 1683, où il avait choisi pour texte de sa harangue : *De l'ordre et de la bienséance*, il disait aux avocats : « ... L'homme, comme le plus noble des êtres animés, a reçu par les vertus les lumières qui l'éclairent, l'élèvent et le rendent illustre à mesure qu'il se remplit de leurs sentiments. Mais il faut prendre garde que les vertus elles-mêmes ne conservent leur éclat et leur force que par l'ordre et par la bienséance qu'elles gardent entre elles. C'est par l'ordre que la nature agit, qu'elle produit et se maintient ; c'est par lui que l'esprit se soutient et qu'il tire des avantages de ses connaissances ; c'est par l'ordre que se forment les Etats et que leur vient leur accroissement et leur durée....... Mais étant donné à l'homme seul de savoir et de connaître le bien et le mal, de le fuir ou de le poursuivre, de commander à ses passions ou de s'y assujettir, il n'y a que lui qui sache ce que peut l'ordre, quels en sont les avantages, ni à qui il en puisse revenir du profit et des louanges. Les vices lui sont naturellement odieux et les vertus aimables. Mais les vertus ont des austérités qui sont sujettes à des tempéraments... Un trop grand courage non réglé par la sagesse ne sera qu'impétuosité et violence, une justice trop rigoureuse qu'injustice, et une douceur immodérée qu'indolence. On est honteux d'être ignorant, de faillir et de tromper. La science toutefois trop subtile est souvent tromperie plutôt que sagesse. La dissimulation, si nécessaire dans la politique, et qui l'est même dans le commerce de la vie, est à craindre quand elle est artificieuse, et les maux de l'âme ne sont jamais plus dangereux que lorsque leur déguisement va jusqu'à empêcher qu'on ne s'en aperçoive.

« Disons donc que ce n'est pas tant les grandes qualités qui sont estimables que leur économie, et que c'est elle qui fait les grands hommes. L'ordre et la proportion sont des règles générales pour l'esprit comme pour tout le reste de la nature. Elle nous enseigne, par l'usage qu'elle en fait, celui que nous en devons faire ; et ce n'est que par l'ordre et par la bienséance que nous faisons paraître dans notre conduite et dans nos mœurs que nous donnons de l'éclat et de la force à nos vertus et en tirons de la gloire..... Se conduire suivant les règles de la nature embellies par les préceptes, faire céder ses désirs à la raison et tenir un milieu entre la témérité et la mollesse, la hardiesse et la crainte, ce sont des devoirs de l'ordre et de la bienséance pour tous les hommes. Mais faire toujours voir de l'ordre et de la proportion entre ses actions et ses desseins, n'en former que de convenables à ce qu'on est, s'y attacher sans les perdre de vue et les conduire jusqu'à leurs fins par des soins exacts et toujours réglés, ce sont les moyens infaillibles de surpasser bientôt ses égaux. Allons plus loin : s'il vient à se trouver sur le théâtre du monde de ces génies rares et supérieurs tels que la nature en forme quelquefois dans le cours des siècles, on ne voit alors que régner l'ordre avec eux dans tout ce qu'ils font ; mais un ordre proportionné à la hauteur de leur rang et de leurs entreprises ; un ordre qui unit, range, embellit et conserve tout ; un ordre enfin semblable à ces lumières unies et brillantes qui obscurcissent celles qui ont moins d'éclat, qui fait découvrir des défauts en mille choses qui semblaient bonnes, rend aisé ce qui paraissait de plus grand et plus difficile, tire du propre relâchement la pureté et la discipline, donne une nouvelle vigueur à la valeur, affermit le calme, augmente l'autorité, et qui communique l'immortalité de la gloire aux noms augustes des auteurs de tous ces biens.....

« Heureux l'Etat comme le nôtre qui semble à présent n'être qu'une sorte de famille unie, bien réglée et conduite par son chef, qui s'en est fait lui-même l'économe et qui s'applique sans relâche à savoir tout ce qui s'y passe et à tout ordonner, à pourvoir aux besoins particuliers de ses membres, à l'augmenter en biens, en réputation et en grandeur et à y maintenir l'union, l'ordre et la paix.....

« Avocats, vous pouvez tirer aussi des avantages de l'ordre et de la bienséance dans votre condition. Rien n'est plus beau que l'éloquence et la probité qui en sont l'apanage et rien ne peut chatouiller davantage que d'être recherché et consulté par les plus grands et les plus éclairés comme des oracles; que de s'attirer par sa réputation leur confiance, que de voir de simples conseils respectés comme des lois par ceux mêmes qui avaient le droit de commander. Quel plaisir, quels charmes en parlant devant une grande foule de se voir honoré de son estime par son silence et par ses regards, loué ensuite et envié agréablement par ses auditeurs et ne devoir qu'à soi-même ce qui s'appelle pour les autres les biens de la fortune? Mais songez-vous que pour acquérir et conserver ces avantages, vous devez, plus qu'aucun autre, faire une étude particulière de l'ordre et de la bienséance ; que l'ordre se doit rendre maître de votre esprit et de vos sentiments pour se faire remarquer dans toutes vos actions et dans tous vos conseils et qu'il en doit être toujours la base ; qu'ayant l'honneur d'être membres du corps de la justice, vous devez vous faire des devoirs de l'ordre une habitude, comme elle-même en est une de tout conduire avec règle..... que l'ordre enfin de la véritable éloquence consiste à ne dire que ce qu'il faut et celui du bon orateur comme du parfait magistrat à ce que la pureté se trouve toujours dans leurs cœurs et que leur foi ne soit jamais feinte.....? »

A l'ouverture du Parlement (Saint-Martin 1687), où il avait pris pour devise : *La politique du parfait magistrat,* il disait : « Le désir de dominer est celui de tous qui occupe le plus le cœur de l'homme. C'est un droit de son être que de commander à tout ce qui se meut et qui respire ; et l'établissement des sociétés et de tous les Etats a été fait si dépendant de l'autorité, qu'on peut dire que la commodité et la raison n'ont guère plus contribué à les former que l'ambition. Mais heureux sont les effets de cet amour de la gloire ! Le premier ouvrage de l'esprit a été de tout partager entre le commandement et l'obéissance ; et ce partage, quoique inégal, a fait tout l'ordre et toute la beauté du monde. Les soins de son maintien ont été partout la plus noble occupation des plus grands génies, et de leur application est venue la politique, cet art important et admirable dont l'objet est de les unir ensemble par des liens agréables et de mutuels devoirs. Qu'y a-t-il de plus solide et de plus illustre que ce qui fait l'agrandissement et la force des empires, le bonheur des sujets et la tranquillité publique? C'est sans doute la vraie et la plus noble science de l'homme, si les desseins de la politique sont utiles et glorieux ; l'étendue de sa connaissance et de ses soins est immense, et l'esprit, si difficile à s'arrêter et à se remplir, ne peut trouver que là à fixer son action et le terme de ses désirs. On se fait une affaire considérable de la conduite de soi-même ; les règles toutefois en sont certaines et produisent la réputation et les honneurs ; mais peu s'en rendent dignes. Qu'est-ce que cela en comparaison de gouverner une infinité d'hommes ; d'entrer dans leurs détails, de faire régner parmi eux l'abondance, la paix et les vertus ; de mériter tous leurs respects, de se rendre comme maîtres de leurs volontés, de manier et faire mouvoir à son gré tout un Etat comme un vaisseau dont on tient le gouvernail, de le conduire toujours avec sûreté dans l'agitation, à travers de fréquents écueils, d'augmenter sa puissance et de la faire respecter et craindre partout sans la faire haïr?..... N'est-ce point là plutôt une belle idée de la politique que des avantages effectifs qu'elle pourra tirer de la confusion, de la contrariété et du tumulte? Nous le croirions sans doute si elle n'avait pas fait voir les grandes choses à l'aide de quelques génies extraordinaires formés comme exprès par la nature dans la longueur de leurs cours, ou plutôt si nous ne jouissions pas nous-mêmes de ce rare bonheur de les voir toutes se manifester à la gloire de notre empire par notre incomparable monarque avec un éclat et un étonnement qui lui attirent l'admiration de toute la terre et qui le font juger digne d'en porter toutes les couronnes.....

« La puissance publique d'ordonner et de faire exécuter, l'amour du Souverain et de l'Etat, la vertu et la justice, sont les trois conditions essentielles du magistrat. La première lui vient du Prince, la seconde de la nature, et la dernière de lui-même ; l'une le fait craindre ; mais la troisième ajoutant l'estime et le respect à l'amour et à la crainte, elle unit dans sa personne tout ce qui a le plus de force et de crédit sur les hommes. En effet, le véritable, solide et plus glorieux gouvernement est celui du cœur, et il ne peut appartenir qu'à la justice. C'est dans le cœur que tout le bien et tout le mal résident comme dans leur centre ; l'un et l'autre en sortent toujours, suivant les mouvements dont il est agité. Ainsi, nos obligations sont de travailler à le tenir dans le calme et à l'y ramener par les moyens qui lui sont le plus naturels ; sa nature est de se laisser conduire et entraîner par la raison. Il n'aime les vertus que parce qu'elles en sont la beauté et la force, et comme rien ne peut être vertueux que ce qui est juste, et que la justice est la droite et suprême raison, le cœur se rend et revient toujours à la justice, et cède à ses sentiments ; il s'en remplit et la respecte comme la cause de son bonheur. Son amour pour elle lui en donne pour ceux qui en ont le dépôt ; la réputation et les honneurs accompagnent toujours cet amour ; la fortune même s'y attache souvent malgré ses caprices, et il est difficile que le magistrat vigilant et juste se rende maître des cœurs sans devenir en même temps illustre et heureux.

« Il n'a besoin pour cela que de son propre caractère; c'est comme celui du sage. La prudence et la tranquillité d'esprit, c'est de se borner dans ses désirs et de les avoir médiocres, de savoir sans orgueil, d'être modéré sans indolence, ferme sans opiniâtreté, modeste sans présomption, humble sans abaissement, honnête sans affectation, sincère sans aucune feinte et flexible sans démission du cœur. Mais il lui est plus particulier pour ses fonctions d'être habile sans subtilité, appliqué sans intérêt, sévère avec équité, accessible, patient, attaché à l'ordre, constant dans la raison, ami de la justice et passionné pour le Prince et pour le public jusqu'à leur donner les fruits de ses veilles et de ses travaux. Ne vous étonnez pas de l'étendue de ces devoirs ; la justice est la partie la plus essentielle de tout gouvernement destiné à faire la prospérité et le bonheur ; et la première fonction de la Royauté, l'administration de ce qui nous en est confié, ne peut être bien exercée qu'avec la même pureté qui est dans sa source. Nous ne sommes que les ministres du souverain oracle en qui elle réside, et pour répondre avec fidélité à l'honneur de sa confiance, nous devons, autant que nous le pouvons, être remplis de son même esprit et de ses mêmes sentiments. Je vois d'abord la sagesse, l'application et le désintéressement qui se présentent pour se joindre à nous et ne nous point quitter dans le soin de régler les intérêts et la conduite des hommes ; l'autorité et la force viennent aussi pour nous aider avec dignité à les contenir dans l'obéissance. Mais la politique du parfait magistrat lui fait regarder différemment ces secours : les uns sont pour contraindre, les autres pour persuader, et son dessein est bien plus de persuader que de contraindre.

« C'est en effet sur les cœurs que le magistrat doit principalement établir son empire, et c'est de ces tribunaux particuliers où chacun s'accuse et se juge qu'il se doit rendre maître en y faisant écouter et approuver ses jugements. Mais quel moyen de s'assujettir ce qui est libre de sa nature et où l'autorité ne peut aucunement atteindre ? Comment régner sans sujets pour obéir ? Comment lier et attacher ce qui ne tombe sous aucun des sens et n'est que pur esprit ? Ce doit être toutefois l'idée et le dessein du magistrat : il doit savoir que la justice est une intelligence universelle qui entre et pénètre partout ; qui remue et excite les affections et s'en saisit jusqu'à les rendre de libres, ses captives ; qui les remplit de haine pour le trouble, la honte et le crime, d'amour pour l'ordre, l'honneur et la vertu, et qui maintient le calme au dedans et affermit au dehors l'autorité et la puissance légitime des maîtres de la terre.

« C'est à lui de s'animer de son esprit et de prendre tous ses mouvements, ses maximes, ses manières ; l'humanité, la douceur et la raison le feront entrer jusqu'au fond de l'intérieur ; il y gouvernera, il y régnera ; et, s'il trouve des obstacles extérieurs, il se servira, pour la gloire de la justice, de l'autorité comme d'une sévérité bienfaisante, crainte de quelques-uns, respectée de tous.

« Mais quel secours ne peut-il pas tirer de lui-même ? Rien ne persuade tant que l'exemple : sa politique est de se montrer orné des vertus ; que rien ne paraisse en lui de ce qu'il condamne dans les autres; qu'on n'y remarque que zèle, fermeté, et qu'amour pour les choses justes ; qu'il s'accommode au temps pour en donner dans un plus propre des marques plus éclatantes, et qu'il fasse toujours voir dans sa conduite aussi bien que dans ses sentiments la pureté et la droiture d'un cœur consacré à la justice. Il se verra alors honoré de l'estime et de la confiance du public ; et, à la faveur de son opinion qui peut tout, il jouira glorieusement sur lui du pouvoir de son ministère, et s'il arrive des temps où il soit moins considéré par son pouvoir, elle ne laissera pas de le faire respecter par sa vertu..... »

Enfin, à la rentrée du Parlement de la Saint-Martin 1689, où il avait pris pour texte de sa harangue : *L'union des vertus dans les devoirs,* il disait aux avocats : « Tout ce qui est dans la nature, soit spirituel ou sensible, étant composé de parties différentes qui se subdivisent en d'autres presqu'à l'infini, c'est justement que la beauté et la laideur ont été définies un assemblage de plusieurs choses dont l'union forme un tout qui, suivant qu'il est fait, plaît ou déplaît aux yeux et charme ou soulève l'esprit. En effet, le mérite n'est pas dans les choses, mais dans leur arrangement et dans leur usage : rien n'est bon dont il ne vienne du mal ; rien n'est mauvais dont il ne se tire du bien ; et c'est uniquement l'union des vertus dans les devoirs qui fait mériter l'estime et la louange, et qui peut rendre parfait et heureux.

« Vos fonctions, comme les nôtres, consistent dans

la vaste étendue de l'exercice des vertus ; la seule différence entre nous est que vous persuadez et que nous ordonnons. Mais l'égalité doit être dans notre conduite et dans nos sentiments. Les vertus qui vous conviennent sont un bien commun entre nous ; voue les soutenez par la force de la raison et par le pouvoir de vos propres exemples. Nous devons en donner de notre part et y ajouter l'autorité ; et, comme elles entrent dans nos communs devoirs et forment également l'orateur et le magistrat, c'est de leur union en vous comme en nous que tout dépend pour la considération et l'estime que nous devons chercher les uns et les autres comme les véritables biens de la vie...

« Les vertus sont faites les unes pour les autres ; pour peu qu'elles se séparent et se quittent, ce sont des taches et des vides qui gâtent et obscurcissent l'éclat des plus brillantes, et changent même en une manière de reproche ce qui serait admiré, s'il était soutenu. Rien n'est plus commun que l'amour de la vertu, et chacun se fait honneur de s'en montrer passionné ; cependant rien n'est plus rare que le vertueux. Ne vous en étonnez pas. Quelque chose lui manque dans les vertus particulières, ou plutôt dans leur union, qui doit former sa figure et la rendre parfaite. Le secret du sage est de les tenir toujours les unes aux autres dans ses devoirs comme des forces unies, toujours prêtes à combattre tout ce qui s'y oppose, et de conserver à chacune son rang, sans que les plus élevées fassent négliger les communes, parce qu'il les fait entrer toutes dans sa conduite, et que ce n'est que par l'ordre et la mesure qu'on apporte dans ses actions qu'on peut réussir dans ses desseins et acquérir de la gloire.

« Mais nous y parviendrons en nous montrant toujours tels que nous devons être, et en méritant cette réputation et cette estime qui nous rendent maîtres de la confiance et des cœurs : vous, par l'utilité et la sagesse de vos conseils; nous, par le bon usage de l'autorité des lois, seules sources de la tranquillité particulière et publique; et vous et nous par l'union et de fréquents exemples de notre modération en toutes choses et de notre droiture dans nos propres intérêts. La règle est générale : tout est devoir dans la vie. Les devoirs ne se remplissent qu'à l'aide des vertus; c'est donc seulement l'union des vertus dans les devoirs qui peut rendre heureux. Les peuples ne le peuvent être qu'en joignant la fidélité à la soumission, ni les Princes accroître et maintenir leur puissance, et se rendre dignes d'une vraie gloire, qu'en faisant paraître et régner avec eux toutes les vertus ensemble sur leur trône.

« N'est-ce pas de la force de cette union que sont venues les prospérités et grandeurs de ce royaume pendant sa longue et profonde paix? D'où vient cet ordre merveilleux et universel qui se garde encore tranquillement partout en toutes choses dans l'agitation présente? D'où sort enfin la puissance de cet empire si longtemps enviée et redoutée et toujours admirée, sinon de l'union des vertus de la plus parfaite obéissance avec celle du plus excellent commandement?...

« Mais admirons la puissance de cette union; nous sommes environnés d'un nombre extraordinaire d'ennemis qui emploient jusqu'aux forces et aux intérêts de la fausse religion pour attaquer cet Etat, le diviser et le perdre. Cependant leurs progrès avec tous leurs efforts ne passent pas leur propre pays et leurs pernicieux desseins de jeter le trouble parmi nous à la faveur de ces malheureux sectateurs, ne nous coûtent que des soins d'observer leur conduite. Nous redoublons au contraire, dans cette conjoncture, de fidélité et d'amour pour le Prince et pour l'Etat. On se tient uni au dedans, on arrête les ennemis au dehors, et on les force, dans ce temps de repos destiné à se rétablir, de prendre sur eux des quartiers qui achèveront de les ruiner et de les diviser par eux-mêmes. Nos villes, nos provinces et les campagnes marquent d'une manière nouvelle leur affection et leur zèle en donnant de toutes parts des secours volontaires aussi utiles pour l'Etat que glorieux pour elles, et Sa Majesté, de son côté, toujours incomparable dans les grandes choses, sait agir en cette importante occasion comme le puissant, le glorieux et le seul soutien de la religion, faire éclater en même temps sa prudence, sa justice et sa force, et rassurer ses peuples par l'admirable prévoyance qu'elle joint à sa sage tranquillité. Aussi voyons-nous l'union des vertus dans les devoirs de ceux qui commandent et obéissent faire la gloire des souverains, l'honneur des sujets et la sûreté des Etats. »

Les harangues que Brulart prononça aux Etats de la province répondent à ces mercuriales par la pompe et la magnificence du langage. Dans celle qui précède l'ouverture de la triennalité, le 9 mai 1671, il faisait entendre ces belles paroles sur la *Constitution des pouvoirs publics* : « Dans l'amour naturel que tous les hommes ont pour la liberté et dans la diversité de leurs sentiments sur tout ce qui se présente à l'esprit, il est admirable qu'ils aient eu tous la même opinion touchant l'autorité, et que partout elle ait été regardée avec respect comme la source de leur commun bonheur. Leur partage n'a été que sur la forme du gouvernement, et, chacun se faisant justice à soi-même en se dépouillant volontairement de son propre empire, il n'a plus été question entre eux que de régler ce qui leur serait le plus utile, ou l'association de plusieurs au souverain pouvoir, ou la domination d'un seul. Les uns ont rejeté la puissance des monarques par des mouvements d'ambition et de crainte; les autres ont fui le gouvernement d'un plus grand nombre par aversion pour la pluralité des maîtres, et il est assez difficile de décider qui, dans les divers établissements des empires, l'a emporté dans l'esprit des peuples, ou du tempérament ou de la raison.

« Mais on ne peut douter que tous les deux n'aient concouru à la naissance du nôtre et qu'il n'ait même pris sa forme dans celle des temps pour l'immortalité de sa durée, puisque avant les Clovis et les Pharamond que l'histoire fait, il y a près de treize siècles, des conquérants et les ancêtres de nos rois, nous voyons que les Gaules étaient déjà des pays d'Etats régis il y avait longtemps par leurs princes. En effet, qu'y avait-il de plus conforme à la raison, dans la nécessité de l'assujettissement des hommes, que d'être soumis sur la terre à un seul esprit, comme à l'image vivante de l'unité dont ils sont les créatures? Qu'y avait-il de plus sûr pour l'Etat et de plus convenable au tempérament et au caractère de notre nation, pleine de feu, d'ambition et de courage, que d'arrêter sa convoitise pour la gloire en détournant de devant ses yeux toute autre grandeur que celle du Souverain?..... Et quels plus heureux effets pouvait-on enfin attendre de ce concours de sentiments de notre nature et de la raison, que la stabilité inébranlable de cet Etat, malgré ses diverses agitations et la révolution des temps, que sa prospérité, plus florissante dans son grand âge que dans sa jeunesse, et que cet amour extraordinaire qu'ont toujours eu les Français pour la personne de leurs Princes?...

« Ces grands succès, Messieurs, regardent l'Etat en général; chacune de ses parties a aussi reçu en elle-même ses avantages de la forme de ce glorieux autant que solide gouvernement, et le nom de *Franc* a été considéré par toute la terre comme un nom de distinction et d'honneur. Mais vous avez cette gloire, qui vous est particulière entre tous les peuples de ce grand Etat, de vous être distingués d'eux non seulement par l'illustre titre de premier de ses membres, mais encore par la conservation de vos Etats, qui survivent par votre sage conduite depuis tant de siècles à la perte qu'ont faite la plupart des provinces de ce grand et magnifique privilége. Que pouvaient-elles estimer davantage que ce qui leur avait été transmis par l'antiquité la plus éloignée, et que ce que les premiers hommes s'étaient réservé comme les restes précieux de leur premier pouvoir? Et que devaient-elles conserver avec plus de soin que les droits dont vous jouissez, de vous assembler sous l'autorité du Souverain, de le voir agir auprès de vous par la voie de simple demande, pendant que vous le voyez user ailleurs du droit légitime qu'il a de prendre; d'être vous-mêmes les juges de vos forces et les arbitres d'une partie de vos reconnaissances et de vos devoirs; de délibérer et de résoudre sur quelques-uns de vos besoins; de représenter les autres avec éclat par vos bouches, ce qui est très souvent suivi de succès; et de faire même, quoique sujets, des manières de convention avec votre Prince, envers qui il n'est resté aux autres que la gloire de l'obéissance?

« Ce n'est, Messieurs, ni votre situation ni votre puissance qui vous ont maintenus dans ces rares avantages, qui ont échappé aux peuples plus éloignés et plus puissants : c'est uniquement le secret que vous avez eu de les surpasser en fidélité et en amour, de vous rendre comme maîtres de l'affection de vos Princes par ces liens naturels qui unissent mutuellement les cœurs, et de vous avoir souvent su faire de leurs simples intentions une loi agréable de vos volontés. Et ce sera cette prudente et estimable conduite qui conservera de même par vous à vos successeurs et descendants ces glorieuses prérogatives que vous tenez de la sagesse de vos pères, et qui rendra par là votre nom illustre dans les siècles futurs. Il n'est pas difficile de prendre à cette heure ces sentiments pour un monarque que toute l'Europe craint et admire, et qui en est effectivement l'arbitre. Ce n'est plus une vertu d'un grand prix parmi ses sujets que la soumission, dans un temps que les étrangers mêmes en sont remplis pour sa puissance; mais il est du devoir de ses peuples de regarder avec admiration et avec amour ce que les autres ne peuvent voir qu'avec étonnement et avec crainte, parce que la grandeur qu'il s'est élevée lui-même est également la source de la sûreté et de tous les liens dont jouissent les uns, et de la jalousie et de la frayeur des autres.

« C'est, Messieurs, par des moyens illustres qu'il l'a mise dans cette élévation qui surprend; c'est par la justice, dont il s'est fait le plus exact comme le premier dispensateur; c'est par cette grande intelligence dont il règle et anime tout son Etat; c'est par le commerce et par la navigation rétablis par ses soins que sont à présent portés partout les marques et le bruit de ses forces et de sa renommée; et c'est par un effet de cette nouvelle puissance que nous venons de voir un roi, tout glorieux et tout adoré qu'il est, envoyer auprès de lui rechercher son amitié par une ambassade de l'extrémité du monde. C'est enfin par une manière de réunion qu'il a faite à sa personne de tous les pouvoirs répandus dans un nombre infini d'officiers en éclairant toujours leur administration de ses vifs et pénétrants regards qu'il a étendu et affermi son empire, et qu'il s'est acquis une gloire révérée de ses propres jaloux et exceptée à jamais de l'atteinte des temps. Toute la terre a les yeux attachés sur sa personne comme sur la merveille de nos jours; mais, de quelque côté qu'on le regarde, on ne voit en lui que grandeur de courage, que prudence dans la conduite de ses desseins, que force d'esprit et de tête pour les soutenir, que modération dans ses sentiments, que justesse dans ses paroles, que justice dans ses mouvements.....»

Aux Etats ouverts le 4 août 1679, il disait, sur *l'autorité et l'obéissance* : « Quelque amour que les hommes aient toujours eu pour la liberté, ils ont rendu dans tous les temps cet honneur à l'autorité, de la reconnaître comme la source de tous les biens. Etant partout agités des mêmes passions, il fallait quelque chose d'assez fort parmi eux pour en arrêter les plus violents effets et leur procurer de l'ordre et du repos au milieu de cette confusion et de ce tumulte. L'esprit, tout difficile qu'il est à se fixer et à se soumettre, n'a rien trouvé de meilleur que la règle et la soumission. S'il s'élève plus haut que ses connaissances, il descend aussitôt et s'en reproche la faiblesse. Quoique libre et indépendant, il se rend justice en se condamnant souvent lui-même sur l'usage fait de sa liberté. Et, pour être naturellement si actif et si ambitieux, il ne se sent pas moins obligé de se réduire et de se renfermer dans certaines bornes où il trouve que son action, au lieu de le dissiper et de l'affaiblir, le recueille et le fortifie; et que son ambition, au lieu de lui causer des disgrâces et des chutes, l'élève et le soutient par de justes sentiments et des désirs réglés d'une véritable gloire. Il sent bien qu'il avait besoin de quelque loi puissante, comme celle de l'empire et de la domination, qui le liât à ses devoirs; qu'il fallait des règlements et des polices, des personnes autorisées pour les faire observer, et entre elles de la préférence pour éviter les contestations. Et, considérant ensuite l'invention du commandement et de l'obéissance comme le chef-d'œuvre de tous ses ouvrages, il en a fait tout l'ordre et la beauté du monde, les fondements du repos et des fortunes particulières et publiques, et les seuls guides assurés de la vie : l'un ordonne, l'autre exécute ; l'un montre le bien, l'autre en fait jouir ; l'un est la cause, l'autre l'effet. Ainsi on peut dire que rien n'a jamais été inventé de si grand et de si nécessaire que l'autorité, rien de si recommandable ni de si utile que l'obéissance, et rien de si beau ni de si heureux que le secret d'avoir su établir et réduire dans leur bonne intelligence comme dans un seul point le repos commun des hommes.

« Et comme entre les vertus morales celle-là est la plus estimable qui, par le détachement et le mépris de ce qui nous est le plus cher, nous rend plus agréables à ceux à qui nous devons ou nous voulons plaire, et que celle de l'obéissance nous fait dépouiller pour eux de notre volonté, de ce bien qui nous est si précieux, il est certain qu'elle est la plus digne de louange comme la plus utile des vertus ; qu'il n'y a ni fermeté ni dureté de cœur qu'elle ne change et n'amollisse par ses manières douces et insinuantes, et qu'après nous avoir changés en ses sentiments, elle sait, par un juste retour, nous en attirer de la reconnaissance et des grâces. C'est ce qui a fait que le sacrifice des victimes dans son plus grand crédit a cédé en mérite à l'obéissance. Tout y était seulement d'apparence et de figure, pour marquer la soumission du cœur par ce culte extérieur des autels, et la religion, allant plus loin, nous apprend que le prix d'une chair étrangère ne peut être comparé à celui du sacrifice de la propre volonté.

« Mais dans la société civile où on ne connaît presque rien que par le moyen des sens, où tout se règle et se meut par les ressorts d'une autorité nécessaire et visible fortifiée des sentiments de la religion, et où nous ne prenons la vie pour ainsi dire qu'à condition et sous la loi de l'obéissance, personne ne doit ignorer que la soumission ne doive être également effective et apparente ; qu'elle donne la dernière perfection aux plus importants ouvrages que l'autorité a commencés ; qu'il n'y ait conséquemment de la gloire à obéir comme il y en a à commander ; et que si le ciel avec justice a donné en partage à la partie supérieure des Etats la majesté et le souverain pouvoir pour le bien des hommes, il a aussi assigné à celui de l'inférieur l'obéissance avec des avantages accompagnés de gloire. Il était juste, en effet, de ne pas tant donner à l'un et que l'autre demeurât sans récompense. Le premier a sa dignité et sa grandeur, mais l'autre a son mérite. Bien que différentes et séparées dans leurs fonctions, elles y ont toujours les mêmes vues et les mêmes rapports et se demandent de mutuels secours. L'obéissance peut infiniment pour le maintien de l'ordre et du repos. Tout réussit quand on s'est bien mis en tête de tout exécuter ; les difficultés alors ne sont plus que des fantômes ; mais il faut être bien commandé et l'obéissance venant à être conduite et dirigée par une autorité agissante (telle que nous la connaissons) dont les ordres sont les plus purs sentiments de la sagesse, de l'honneur et de la raison, on voit sortir de ce concours une infinité de grandes choses. La vigueur des lois, le bonheur des peuples, la réputation et la tranquillité des

Etats en sont les plus communs effets ; on voit les plus hauts desseins conduits avec secret, leur exécution plus prompte que leur entreprise, et le bon succès presque toujours favorisé de la fortune ; on n'entend que le bruit et les acclamations qui viennent de la victoire et des triomphes... Et recherchant la cause qui produit tant de merveilles, on la trouve uniquement dans la plus parfaite obéissance jointe à la plus pure et à la plus juste autorité..... »

Aux Etats ouverts le 5 mai 1682, il disait, en parlant de *la gloire* : « On ne peut douter que le désir du repos et de la douceur de la vie n'ait fait établir les empires et inventer l'autorité et que chacun ne se soit volontairement dépouillé de son propre pouvoir pour en revêtir un ou plusieurs, suivant la différente opinion qu'ont eue les hommes de l'avantage d'être commandés par un seul ou par un grand nombre ; tous étant convenus que l'autorité légitime unit, range et conserve tous les biens et qu'elle est l'unique remède contre le désordre et la confusion. Il est difficile de croire que la puissance souveraine, qui est la plus pure, puisse être mieux placée que dans l'unité. Ce que nous en voyons et que nous en admirons doit suffire pour répondre à tous les doutes. Mais comme tout ce que la politique et la morale nous proposent de grandeurs, de vertus et de gloire se doivent assembler et unir dans ceux qui ont l'exercice de l'autorité suprême, il est plus important et plus convenable à la dignité de cette assemblée d'y faire voir que la gloire du Prince est comme la sûreté et l'ornement de l'Etat et que les peuples ne pouvaient être tranquilles et heureux, qu'autant qu'il est digne et couvert de gloire. De toutes les passions qui agitent le cœur de l'homme, il n'en est point de plus juste que l'amour de la gloire. Tout ce qui s'est jamais fait de grand et d'admirable pendant les guerres et durant la paix, n'a presque point eu d'autres motifs.

« La gloire, en effet, n'est autre chose que le prix du mérite et la récompense de la vertu ; c'est elle qui fait concevoir les plus hauts desseins et qui allume en nous cet agréable feu qui donne la vie aux plus grandes choses et qui les élève. C'est elle qui couronne les héros et qui a fait dire au plus éloquent des orateurs ces belles paroles, vraiment dignes de l'immortalité : *Les exemples de tant de grands hommes m'ont persuadé dès ma jeunesse qu'il n'y a rien en cette vie qui soit plus à désirer que l'honneur et la gloire, et que, pour les acquérir, il ne faut craindre ni l'exil, ni les tourments, ni la mort* (1). Mais chacun parle de la gloire et la cherche sans savoir presque ni ce que c'est ni à qui elle appartient. Ceux même qui en sont le plus agités, ignorent ce qui se doit appeler précisément gloire, et ne sachant pas ce qu'il faut faire pour l'acquérir, ou ne le faisant qu'imparfaitement, ils quittent à tout moment les voies qu'il faut tenir pour se rendre dignes de la posséder. Cependant plus on a d'élévation de cœur et d'esprit, plus on est touché des désirs de la gloire : les empires et tous les grands Corps la regardent comme le plus solide fondement de leur durée ;

(1) Cicéron.

les particuliers lui sacrifient ce qu'ils ont de plus précieux ; il n'est pas jusqu'aux plus faibles qui n'en aient des sentiments. On prétend aller à elle par mille chemins opposés ; une seule vertu éclatante semble à la plupart la pouvoir faire mériter. D'autres croient qu'elle ne peut briller qu'au milieu de toutes ensemble ; quelques-uns la poursuivent en feignant de la mépriser, pensant qu'elle fuit ceux qui la suivent et qu'elle suit ceux qui la méprisent. Chaque profession l'attire à soi. La religion a ses héros ; la justice croit y pouvoir prétendre par le bien universel qu'elle fait aux hommes; la valeur la cherche dans les périls, et chacun la met où il lui plaît.....

« Il est vrai toutefois de dire que tous ces désirs passionnés produisent beaucoup d'usurpations de la gloire, mais très peu de possesseurs légitimes. Il ne faut pas s'en étonner : la fausse gloire se présente plus souvent que la véritable, et il n'est pas donné à un grand nombre d'en savoir faire le discernement. L'ambition, si louable d'elle-même par les honneurs qu'elle propose, a souvent troublé le repos des Etats, et en a quelquefois changé entièrement la face. Par elle, les nouveautés et les erreurs se sont voulu mille fois jeter dans l'Eglise. Combien de fois le vice a-t-il pris la face de la vertu! La gloire même des conquérants n'est qu'une fausse gloire lorsque leur valeur ne se termine que par une grande injustice ; et l'esprit humain, tout inventeur qu'il est de l'honneur et du mérite, n'est bien souvent qu'un sujet révolté qui emploie ses propres lumières contre celui qui les lui a données, et, après s'être trompé le premier, trompe ses admirateurs et se déshonore en devenant l'esclave des passions déréglées dont il avait été fait le maître.

« Il n'y a donc qu'à connaître, qu'à aimer et qu'à suivre la véritable gloire. Ses caractères sont la droiture et l'élévation du cœur, sans jamais aucun orgueil, les seules actions illustres, beaucoup de fermeté contre tout ce qui s'y oppose et une grande application. C'est pourquoi elle est le partage des héros ; et comme elle est toujours juste et ne demande que le grand jour, elle veut bien y mettre les actions particulières et les élever suivant qu'elles sont dignes de louange et d'éclat. Mais qui pourrait l'atteindre et la mériter tout entière? Il faut l'approcher de plus près et la faire voir dans toute son étendue. C'est un mérite universel et illustre toujours égal et reconnu par l'opinion publique..... Comment remplir toujours dignement tant de difficiles devoirs de la vie? Comment exceller sans cesse en sagesse, en justice, en modération et en grandeur de courage? Et comment tout prévoir, tout régler, et soutenir sans faiblir le poids d'une grande réputation qui demande des soins continuels, qui attire de fréquentes et importantes affaires, et qui suscite beaucoup de jaloux et de grands ennemis? Mais la gloire dont je parle est celle des héros à qui tout est possible ; elle est un immense trésor destiné à enrichir les maîtres du monde pour en être ensuite les seuls et justes dispensateurs, et, par la justice de leur distribution, augmenter et embellir les Etats, et exciter et satisfaire les hommes. Ainsi, à mesure que les princes sont chargés de gloire, ils sont justes, puissants, redoutables au dehors ; tout leur fait honneur au dedans, et leurs peuples sont tranquilles et heureux. La véritable gloire combat et détruit l'orgueil, adoucit et humanise le cœur, et fait que les souverains règnent plutôt sur leurs sujets par un désir officieux de les secourir et de les défendre que par un désir ambitieux de leur commander : *Justi reges quibus imperant serviunt.*

Que ces vérités ont d'éclat et de force dans nos jours, et que ce que dont nous doutions tout à l'heure n'être qu'une idée, est réel et sensible ! Qu'il est glorieux à notre incomparable monarque d'avoir assemblé dans sa personne toutes les grandes qualités qui sont les fondements de toute la gloire humaine ! Qu'il suit bien les admirables règles des grands rois de savoir se donner des lois à soi-même avant que d'en donner au monde ; de ne rien croire au-dessous de lui de tout ce qui regarde la gloire de son empire ; de se considérer comme la cause prochaine de la félicité publique et d'être persuadé que sa justice et sa bonté produisent de plus grands et de plus solides effets que sa puissance.....! C'est la réputation de sa gloire autant que la force de ses armes qui a soumis des provinces entières à ses premières démarches, ouvert des villes orgueilleuses et puissantes à ses premiers regards, qui fait trembler les couronnes pour peu qu'il se donne de mouvement, et qui lui attire des extrémités de la terre des respects des plus puissants monarques..... ; l'abattement de l'hérésie, la destruction entière du faux honneur et le rétablissement de l'ordre et de la discipline dans toutes conditions, sont les fruits utiles de ses glorieux soins et les plus illustres effets que la paix pouvait faire espérer de son application....; le choix du mérite pour remplir les dignités et les emplois, est une de ses royales occupations. Vit-on jamais de plus sages ministres, tant de savants prélats, des magistrats plus exacts et plus éclairés, et la noblesse et les officiers de guerre plus braves, plus retenus et plus capables...?»

Aux Etats ouverts le 12 juin 1685, il disait, sur *la sagesse* : « Le premier et continuel désir de l'homme est d'être heureux; ce désir naît avec lui, et, croissant avec sa raison, il lui fait aimer les honneurs et la vertu comme les moyens les plus nobles, les plus agréables par eux-mêmes et les plus assurés pour le conduire à sa fin. Et comme rien n'est plus beau ni plus digne de lui que cet amour, il ne s'élève et ne se distingue qu'à mesure qu'il en est possédé et des mouvements qu'il se donne pour s'en montrer véritablement rempli. Ce n'est pas que la fortune ne puisse beaucoup pour le succès de ses entreprises. Les sacrifices idolâtres qu'on lui fait presque partout n'en rendent que trop persuadé. Elle n'est toutefois ni un esprit qui gouverne le monde, ni quelque chose qui nous entraîne et soit maître des événements, et nous ne la comprenons qu'imparfaitement par la figure qu'on lui donne pour marquer quelle est sa nature. Enfin, ce qu'on appelle la fortune n'est proprement qu'une rencontre de certaines conjonctures produites par hasard dans le cours invariable du temps, qui, allant toujours sans s'arrêter ni se fixer à rien, n'en peut fournir aucune qui n'ait sa même instabilité et qui ne la communique au bonheur qui vient seulement par elle.

On ne peut croire qu'une inconstante et une aveugle aient été proposées pour conduire l'homme, qui a reçu des lumières unies et certaines qui ne se peuvent jamais éteindre. Mais c'est uniquement à la sagesse, dont l'égalité, les sentiments et la fermeté admirables sont à l'épreuve de tous les temps, qu'il appartient de régler ses actions et son cœur. C'est d'elle seulement que peut sortir la félicité humaine, par l'ordre, par la justice et par la raison, qui en sont les fondements solides et inébranlables. C'est elle qui, après avoir fait former les empires, en fait l'ornement, la puissance et la durée....

« Tout est de sa connaissance et de son pouvoir. Mais ses desseins, qui sont, ce semble, principalement de se manifester dans les actions, s'attachent encore plus fortement au cœur de l'homme. Son plus grand soin est de le former et de le conserver comme la première source de la vie, en le remplissant de sentiments de justice, de force et de modération, qui sont les mobiles de tout ce qui se peut faire et penser de plus grand et de plus heureux ; et elle nous fait entendre que ceux qui ont de l'autorité ou de la prééminence sur les autres doivent être élevés au-dessus d'eux autant par le cœur que par les marques extérieures de leurs dignités ; que sans les grands courages il n'y eût eu point de princes, et qu'on n'a fait des maîtres du monde que parce qu'on a fait des cœurs aussi grands que lui... »

Le 15 mai 1688, à l'ouverture des Etats de la province, et où il avait pris pour sujet de sa harangue *le repos*, il disait : « La félicité est tellement le commun désir de tous les hommes, que leur volonté ne fait jamais aucune démarche que vers cet objet. L'amour même de la vie n'est ni plus juste ni plus naturel que ce sentiment, et la vue de devenir heureux fait mépriser tous les travaux et se jeter avec ardeur dans tous les périls. Mais où trouver, où fixer ce bonheur si universellement recherché sans différence de rang ni de qualité? Sera-ce dans l'autorité et dans les richesses, parce qu'elles assurent la considération et les honneurs? Sera-ce dans les sciences et curiosités, comme plus propres à satisfaire et à arrêter l'esprit? Sera-ce dans les plaisirs, qui réjouissent et contentent les sens? Toutes ces choses aident bien au bonheur que nous cherchons et en sont, si l'on veut, toute la matière, mais ce ne sont pas elles qui le donnent, et on peut les posséder toutes sans être heureux. Je n'entends pas parler de ce vrai bien universel, si difficile à imaginer et à comprendre; nous savons que tous les hommes ont droit d'y avoir une part égale, et par conséquent qu'il ne peut être dans les choses particulières, parce qu'elles ne peuvent être possédées que par un certain nombre; je m'attache seulement au bonheur que nous cherchons et le trouve uniquement dans le repos.

« La nature, cette maîtresse de tous les êtres, dont les ouvrages sont pour nous de continuelles et d'admirables leçons, nous apprend qu'elle ne produit ses merveilles que dans le repos. Nous l'admirons dans la régularité de l'ordre et du mouvement de chaque chose, et y remarquons toujours le calme. Nous jugeons que l'immutabilité de ses règles vient de sa tranquillité. Et il est merveilleux que tout soit animé et se meuve dans l'univers avec un éternel silence, qui est la marque certaine du vrai et profond repos. En faut-il davantage pour comprendre que le caractère de son auteur est d'être tranquille et nous a faits à son image? La tranquillité et le repos doivent donc être nos principaux traits. Grands sont les hommes qui en ont l'esprit! glorieux les princes pacifiques! heureux les peuples qui leur sont soumis! Grands les hommes par le calme intérieur qui les distingue! glorieux les princes par les qualités douces et paisibles d'où sortent les biens qu'ils répandent! heureux les peuples par les avantages et les fruits du repos!

« La sagesse, le plus estimable et le plus estimé de tous les biens, n'est autre chose qu'une possession tranquille de soi-même jointe à l'amour de la vertu. Avec elle on est modéré, intrépide, incorruptible et admiré, et le dernier degré de la sagesse est un calme de l'esprit qui rend pour ainsi dire invulnérable, non pas pour être hors de l'atteinte des coups, mais pour en être inutilement frappé. Et, s'il est trop difficile de pouvoir aller si loin, on peut au moins aspirer à une certaine tranquillité qui, à mesure qu'elle est accompagnée de l'honnêteté et de la justice des sentiments, rend non seulement heureux par la satisfaction intérieure qui est celle de toutes la plus sensible, mais encore attire à ceux qui la possèdent une estime distinguée avec le plaisir délicieux de se voir proposés pour modèles et honorés du titre de sages et de grands hommes..... Vous êtes assez persuadés des avantages du repos, et qu'il est tout le bonheur des hommes, pour en demeurer à cette vérité si connue et si sensible. Il s'agit seulement de faire la réflexion sur le calme dont vous jouissez et sur sa cause. Deux choses font le repos et la prospérité des peuples et des Etats : l'excellence du commandement et l'exacte obéissance.

« Si nous avions à nous former une juste et belle image de l'une et de l'autre, nous assemblerions dans la personne du prince, pour bien commander, avec les qualités du héros, toutes celles qui peuvent rendre les hommes heureux ; nous l'élèverions au-dessus de chacun d'eux par sa sagesse, par sa modération et par sa justice autant que par son rang ; nous joindrions à sa grandeur et à sa majesté une humanité et une douceur qui le feraient autant aimer que craindre. Nous demanderions toujours en lui, dans toutes sortes d'événements, une égale tranquillité, semblable à celle d'un homme placé au-dessus du vent et des orages ; qu'il s'appliquât de cet endroit à distribuer et à répandre les biens et les honneurs avec choix, suivant les besoins et le mérite ; qu'il sût dissiper et résoudre les vapeurs qui s'élèvent de temps à autre du monde politique comme du monde naturel, et y faire succéder et maintenir une agréable sérénité ; qu'il donnât enfin à tout ce qui partirait de sa volonté toujours bienfaisante un certain mouvement tranquille et réglé qui marquât, comme toutes ses autres actions, sa bonté, sa justice et son calme.

« Du côté des sujets, nous voudrions non seulement la fidélité, la soumission et l'amour du prince, mais qu'ils se crussent véritablement heureux, et que leur repos et leur bonheur fussent les gages assurés de leur amour.

« Mais pourquoi chercher dans des idées ce qui se trouve et se voit avec tant d'évidence dans notre incomparable monarque et dans vous ? Qui ne sait sur la terre quelle est sa sagesse et sa magnanimité? Qui ignore sa force et sa modération, ces deux parties du courage qui forment la suprême grandeur de l'âme et élèvent au plus éminent degré de la gloire héroïque ? La première le fait craindre, la seconde le fait admirer, et rien ne semblerait plus grand que la gloire de ses armes et de tant de victoires s'il ne l'avait pas surpassée par celle de sa sagesse et de sa tranquillité..... S'étant fait dans ses Etats le premier et perpétuel mobile de l'ordre, du calme et de la vertu, tout y est entraîné par son mouvement et y ressent son impression ; chaque profession s'y embellit par les vertus qui lui sont propres ; les sciences s'y raffinent, les mœurs s'y purifient ; la religion, après un siècle d'agitation, y est sans trouble ; rien n'est plus rare que les nouveautés odieuses qui fatiguèrent autrefois les fortunes ; le calme est grand, le commandement toujours prêt, les sujets et le règne tranquilles et heureux, et tous ces biens sont les fruits du brillant repos de l'esprit qui ordonne et qui conduit.

« De votre part, Messieurs, vous augmentez et affermissez votre bonheur par votre soumission et par votre amour. La tendresse de votre attachement s'est montrée en regardant comme vous avez fait sa maladie avec frayeur, et sa guérison comme votre propre salut. Vous lui élevez à présent un monument digne de sa gloire et de vous. Le palais (1) même que vous vous destinez

(1) Le palais des États, à Dijon. — Voir ce que nous avons dit de la construction de ce monument dans le Discours préliminaire de cet ouvrage.

répond parfaitement à la tranquillité et à la magnificence de son règne; et si en tout cela vous consultez moins vos forces que votre reconnaissance, vous apprendrez aux siècles à venir, par ces marques éternelles de votre repos, qu'avec lui on peut tout entreprendre..... »

Enfin dans le discours prononcé le 31 mai 1691, à l'ouverture des mêmes Etats, et où il se fit entendre pour la dernière fois (étant mort l'année suivante), Brulart avait choisi pour sujet : *Le génie du Prince.* On y reconnaît, quoique un peu flatté, le portrait du grand Roi dans le résumé d'un règne dont la grandeur avait fait oublier les fautes, et quand la coalition de tant d'ennemis qui menaçaient l'Etat ne permettait plus de s'en souvenir. « C'est une vérité bien reconnue, disait-il, que tout le bonheur et toute la gloire d'un Etat dépendent des qualités et du génie du Prince..... Mais où trouver ce génie sur qui la politique fonde tous ses desseins et forme toutes ses vues pour l'accroissement des Etats et la tranquillité des hommes? Et quelles annales nous peuvent fournir des exemples de cette rare élévation et des heureux avantages que nous cherchons? Tout cela, Messieurs, se rencontre dans l'auguste règne où nous vivons; l'histoire de tous les précédents n'apprend rien qui ne fasse admirer le nôtre davantage; il est l'étonnement de toute la terre, et rien ne marque si bien la solidité de sa gloire que l'admiration continuelle qui accompagne la longueur de sa durée, et que les divers mouvements de respect ou de crainte de toutes les actions au bruit de ses prospérités....; règne auguste par l'union de toutes les grandeurs humaines dans son glorieux chef,

« Il fallait une âme d'un ordre et d'une supériorité qui égalassent la dignité et l'éminence du trône..... Quelle différence de l'état présent du royaume, de son étendue et de ses forces, avec ce qu'il était lorsque notre Prince en prit le gouvernement! Chaque conjoncture, chaque événement a été, dès cet instant, toujours un nouveau sujet d'admirer et de révéler l'excellence de son génie : sa pénétration et sa prévoyance à qui rien n'échappe, sa fermeté que rien n'ébranle, et sa présence et sa raison toujours égales et tranquilles lui ont acquis l'autorité de ramener toujours les choses au point de ses justes et vastes desseins et d'y assujettir même pour ainsi dire la fortune. Enfin, tant d'actions surprenantes, de conquêtes et de triomphes, se joignant à la plus rare sagesse, font également respecter dans tout l'univers sa puissance et sa personne, et sont les plus solides et les plus glorieux soutiens de son empire.....

« Quelles marques plus éclatantes de sa justice et de sa magnanimité que la conquête rapide qu'on lui a vu faire autrefois de quarante-deux villes ou places de nom, en une seule campagne, sur une république puissante, pour la punir de son ingratitude et de son audace, et la restitution volontaire qu'il lui en fit après le châtiment, se laissant désarmer au milieu de ses triomphes par la seule soumission et le repentir des vaincus! Que de s'être plusieurs fois arrêté dans le courant de sa fortune contre la maison d'Autriche, se contentant de retenir ce qui pouvait assurer la frontière contre ses mauvais desseins si souvent reconnus, et de lui montrer ainsi qu'à toute la terre qu'il sait vaincre et user de la victoire! Que

d'avoir envoyé à l'extrémité de l'Europe un secours considérable aux Allemands épouvantés des troupes nombreuses de son ennemi naturel alors si redoutable, et de les avoir rassurés par la fameuse victoire de Raab, remportée uniquement par les Français, sans avoir voulu autre chose de cette grande action que la gloire d'avoir secouru et sauvé l'empire! Que d'avoir su maintenir les libertés de notre Eglise contre des entreprises ambitieuses capables de troubler notre repos, et de l'avoir fait par des voies douces et modérées, si convenables aux titres de très chrétien et de fils aîné de l'Eglise attachés à sa couronne.....

« Cependant, Messieurs, tout s'est armé et uni contre nous, et jamais tant de puissances n'ont été liguées contre une seule. Il ne faut pas toutefois s'en étonner. Tout est de mouvement et de contre-poids dans la nature. Mais aussi tout s'y fortifie et s'y embellit par les contraires : les vices font aimer les vertus, et l'agitation le repos ; ainsi servent la défiance et les alarmes à établir la sûreté ; ainsi l'union et la force de cet Etat, à présent admiré de tous les autres, ont succédé au trouble et au soulèvement qui l'avaient autrefois divisé et affaibli ; ainsi la réunion de tant d'ennemis ne fera qu'augmenter sa puissance et sa gloire. Tout dépend de la force du génie qui ordonne et qui conduit..... qui sait se servir avantageusement des occasions, tirer de grands biens des plus grands maux, et former l'action et l'esprit de ses ministres sur son modèle... Voilà la cause prochaine de nos prospérités, et ce sera celle de leur durée.

« C'est cette supériorité de génie de notre incomparable monarque qui lui fait pénétrer et toujours déconcerter les desseins de ses ennemis ; et c'est par elle qu'il a su, pendant cette grande guerre, les arrêter dans leur pays, y faire vivre à leur frais ses armées, en tirer de fortes contributions pour le soulagement de ses peuples, et y gagner l'année dernière trois batailles. Mais c'est elle seule qui pouvait lui faire imaginer de si loin, conduire et exécuter en personne cette dernière et étonnante entreprise, d'assembler en secret et faire subsister malgré la saison une armée formidable, et d'emporter rapidement à la vue de ses ennemis, par la puissance et la terreur de ses foudres, presque sans perte d'hommes, la plus forte et plus importante de leurs places en Flandre, en même temps d'autres en Italie de grande réputation, pendant que tant de princes ligués, assemblés et enflés d'espérance par leur grand nombre, délibéraient d'envahir cet Etat. Action célèbre et héroïque s'il en fut jamais, dont la mémoire durera autant que l'histoire de notre empire, et dont l'éclat et l'utilité seront longtemps le sujet de l'admiration et de la joie publiques. Quelle gloire pour notre Prince et quel avantage pour nous de prévenir l'ouverture de la campagne par des exploits inouïs qui étonnent nos ennemis, dérangent tous leurs desseins et feront tôt ou tard désirer et rechercher la paix par ceux-mêmes qui l'ont troublée !..»

Il semble qu'ici, parlementaire de race, Brulart si rigide, s'était fait courtisan. Mais les dangers du royaume dans cette conjoncture, ainsi que les besoins d'argent auxquels on pressait les Etats de subvenir, n'eussent pas permis de tenir un autre langage, quand le salut de la France était dans la résolution du Prince qui présidait à ses destinées. Qu'on lise ses harangues avec soin, et l'on verra, à côté des adulations dont on pourrait l'accuser, les maximes les plus hardies de la suprématie des grandes Cours de justice sur l'autorité royale et dont il eut tant à souffrir, quand il voulut y mettre un frein. Nous retrouverons dans l'histoire du Parlement de Bourgogne ce grand esprit soutenu par une inflexible volonté lors des luttes engagées par Louis XIV avec cette Compagnie et qui formeront un des épisodes les plus importants de sa vie. Les époques et les circonstances où ces discours furent prononcés par celui qui représentait le Souverain dans ces solennités, doivent donc être avant tout consultées pour prévenir des méprises ou de fausses accusations de faiblesse envers l'homme qui mérita le moins ce reproche et céda, dans ces louanges obligées, à l'admiration des grandes choses dont ce siècle était rempli.

Voilà, ainsi qu'on peut en juger par des fragments recueillis dans des écrits oubliés de nos jours (1), comment s'exprimait sous Louis XIV le premier magistrat du Parlement. Ces discours rapprochés de ceux que nous a laissés un illustre chancelier, suffiraient pour montrer ce que la magistrature et le palais eurent à

(1) Classés et mis en ordre, ils ne laisseront au lecteur le regret d'aucune omission importante, dont je me suis attaché à prévenir le reproche; ces harangues, et avec elles d'autres écrits qu'on lira plus tard, et qui émanent du même personnage, ont été transcrites sur des copies différentes, avec un soin religieux, qui livre à la publicité tout ce que la curiosité pouvait désirer connaître de ces œuvres capitales.

gagner dans des enseignements dont les vérités étaient rendues si frappantes, et où l'abondance des idées domine la majesté d'un style que deux siècles n'ont pas vieilli. Orateur, moraliste, philosophe, homme d'Etat, c'est du mélange de ces dons heureux dont un seul eût pu fonder une renommée, que sont sorties ces œuvres qui eurent sur les progrès des lettres en Bourgogne une influence attachée à un grand nom et à un grand modèle.

Jamais la justice n'avait, en s'adressant aux hommes, emprunté des accents plus nobles, et depuis le temps qu'ils ont retenti dans le temple des lois, a-t-on pu dire mieux ou aussi bien que celui, qui, brisant les liens d'une école barbare, fondait dans un majestueux langage celle du beau et du vrai, corrompus jusqu'à lui? Pour juger d'une révolution si considérable dont Brulart fut ici le promoteur hardi, on peut recourir aux harangues de Denis Brulart, son aïeul, et à celles prononcées par Jean Bouchu lui-même dans un temps plus rapproché. Il fallait à la restauration des lettres dans l'art oratoire des hommes nourris par des études fortes et qui y accommodassent leur génie en lutte avec de pernicieux exemples. Nicolas Brulart fut de ce nombre, s'il ne fut pas le restaurateur d'un genre dont Omer et Denis Talon avaient montré déjà la vraie grandeur, mais qui devait recevoir de lui la force et le naturel qui forment avec une philosophie sublime le caractère de ses harangues. Ce siècle, ne l'oublions pas, fut aussi celui de Lemaistre, de Patru, de Martinet, de Michel Langlois, de Nouet, loués par d'Aguesseau lui-même comme ayant les premiers extirpé de la parole publique l'emphase, la fausse érudition et le merveilleux. En Bourgogne, Charles Févret s'était associé, plutôt par ses conseils que par ses exemples, à cette œuvre de la renaissance, que Brulart accomplit, inspiré par le génie de son siècle.

Que devint depuis ce grand modèle l'usage des mercuriales publiques? Dégénéré entre les mains de Pierre Bouchu, son successeur, pour disparaître dans la révolution parlementaire de 1771, après avoir brillé de quelque honneur sous la présidence du premier des Fyot, on le voit passer entre les mains de chefs insoucieux ou impuissants, suivant la décadence des hommes dont se recruta cette Compagnie à son déclin. Un seul, entre tous, Charles de Brosses, inférieur à Brulart en élévation et néanmoins d'un esprit fertile très approprié à son temps, eût pu lui rendre son ancien lustre; mais, avec une première présidence qui lui échut dans les glaces de l'âge, le rationalisme du XVIIIe siècle avait, en refroidissant les cœurs, enlevé à l'éloquence ses plus généreux accents empruntés aux croyances qui en font la principale force. Aujourd'hui, en lisant ces magnifiques pages, n'est-ce pas le siècle de Louis XIV qui passe sous nos yeux dans ce style éclatant et simple à la fois, qui appartient à son auteur et se retrouve, fidèle écho, dans les souvenirs d'une Cité qui déjà, à la même époque, avait donné Bossuet à la France!

FIN DU PREMIER VOLUME.

www.ingramcontent.com/pod-product-compliance
Lightning Source LLC
LaVergne TN
LVHW010530100826
845148LV00001B/146

* 9 7 8 2 0 1 2 6 8 8 6 5 0 *